Der Sozialgerichtsprozess

Darstellung mit Schriftsatzmustern

begründet von

Klaus Niesel

Vorsitzender Richter
am Bayerischen Landessozialgericht

Fortgeführt von

Heike Herold-Tews

Vizepräsidentin
des Sozialgerichts Nürnberg

5., überarbeitete Auflage

Verlag C. H. Beck München 2009

Verlag C. H. Beck im Internet:
beck.de

ISBN 978 3 406 56789 6

Wilhelmstraße 9, 80801 München
Druck und Bindung: Nomos Verlagsgesellschaft
In den Lissen 12, 76547 Sinzheim

Satz: jürgen ullrich typosatz, 86720 Nördlingen

Gedruckt auf säurefreiem, alterungsbeständigem Papier
(hergestellt aus chlorfrei gebleichtem Zellstoff)

Vorwort zur 5. Auflage

Bei der Überarbeitung der fünften Auflage dieses Buches konnte der bisherige alleinige Verfasser, Herr VorsRiLSG Niesel, wegen seines zu frühen Todes nicht mehr mitwirken.

Klaus Niesel war schon ab der 1. Auflage darum bemüht, die Komplexität des sozialgerichtlichen Verfahrens, welches sich in wesentlichen Teilen von anderen gerichtlichen Verfahrensordnungen, etwa der ZPO oder der VwGO unterscheidet, für den täglichen Gebrauch anschaulich und übersichtlich darzustellen. Dies ist ihm durch straffe Stoffdarstellung mit präziser Ausarbeitung der Besonderheiten gelungen, so dass das Werk entsprechend seiner Zielsetzung dem Nutzer und den Beteiligten an einem sozialgerichtlichen Verfahren einen praxisorientierten Leitfaden für den Umgang mit den Besonderheiten und Schwierigkeiten des SGG an die Hand gibt.

Wie mein Vorgänger habe auch ich davon abgesehen, theoretischen Erörterungen, denen nur untergeordnete Bedeutung für den Verfahrensverlauf im Allgemeinen zukommt, allzu breiten Raum einzuräumen. Beibehalten habe ich die Übersicht über die leitgebenden Entscheidungen des BSG sowie der verschiedenen Landessozialgerichte und Sozialgerichte unter Berücksichtigung auch konträrer Standpunkte in der wesentlichen Literatur.

Nötig geworden ist die Überarbeitung durch zahlreiche Änderungen des SGG. Genannt seien hier vor allem das 1. Justizmodernisierungsgesetz, das Siebente Gesetz zur Änderung des Sozialgerichtsgesetzes, das Gesetz über die Verwendung elektronischer Kommunikationsformen in der Justiz, das Gesetz zur Neuregelung des Rechtsberatungsgesetzes und das Gesetz zur Änderung des Sozialgerichtsgesetzes und des Arbeitsgerichtsgesetzes.

Um die bisherige Ausrichtung des Werkes nicht zu ändern, ist es auch mir ein Anliegen, an dem Konzept der ausschließlich praxisorientierten Sachdarstellung fest zu halten. Für jedwede Kritik, Hinweise – auch auf etwaige Ungereimtheiten – sowie Anregungen und Vorschläge zur Verbesserung künftiger Sachdarstellung bin ich immer dankbar.

Nürnberg, im Januar 2009 Heike Herold - Tews

Inhaltsverzeichnis

A. Gerichtsverfassung

B. Das Widerspruchsverfahren

C. Das Klageverfahren

D. Das Berufungsverfahren

E. Die Nichtzulassungsbeschwerde zum LSG

F. Das Revisionsverfahren

RdNr

G. Die Nichtzulassungsbeschwerde zum BSG

RdNr

H. Die Beschwerde

I. Die Kosten

J. Vorläufiger Rechtsschutz

Verzeichnis der Schriftsatzmuster

Abkürzungs- und Literaturverzeichnis

aA	anderer Ansicht
Abs	Absatz
aF	alte Fassung
AFG	Arbeitsförderungsgesetz
ALG	Gesetz über die Alterssicherung der Landwirte
Anm	Anmerkung
AnwBl	Anwaltsblatt
Art	Artikel
AÜG	Arbeitnehmerüberlassungsgesetz
BaWü	Baden-Württemberg
BayLSG	Bayerisches Landessozialgericht
BayVBl	Bayerisches Verwaltungsblatt
BfA	Bundesversicherungsanstalt für Angestellte
BFH	Bundesfinanzhof
BGB	Bürgerliches Gesetzbuch
BGBl	Bundesgesetzblatt
BGHZ	Entscheidungssammlung des Bundesgerichtshofs in Zivilsachen
BKGG	Bundeskindergeldgesetz
Bley	Sozialgesetzbuch-Sozialversicherung Gesamtkommentar
BRAGO	Bundesgebührenordnung für Rechtsanwälte
Breithaupt	Sammlung von Entscheidungen aus dem Sozialrecht
BSG	Bundessozialgericht
BSGE	Entscheidungssammlung des Bundessozialgerichts
BSHG	Bundessozialhilfegesetz
BT-Drucksache	Bundestags-Drucksache
BVerfG	Bundesverfassungsgericht
BVerfGE	Entscheidungssammlung des Bundesverfassungsgerichts
BVG	Bundesversorgungsgesetz
bzw	beziehungsweise
DAngVers	Die Angestelltenversicherung (Zeitschrift)
dh	das heißt
DVBl	Deutsches Verwaltungsblatt
E-LSG	Entscheidungssammlung der Landessozialgerichte
EuGH	Europäischer Gerichtshof
f	nächste folgende Randnummer
ff	folgende Randnummern
GdB	Grad der Behinderung
GG	Grundgesetz
ggf	gegebenenfalls
GKG	Gerichtskostengesetz
GmSOGB	Gemeinsamer Senat der obersten Gerichtshöfe des Bundes
hM	herrschende Meinung
idR	in der Regel
iSd	im Sinne des
iVm	in Verbindung mit

KostO	Kostenordnung
Krasney/Udsching	Handbuch des sozialgerichtlichen Verfahrens
LSG	Landessozialgericht
LVA	Landesversicherungsanstalt
KassKomm	Kasseler Kommentar Sozialversicherungsrecht
Meyer-Ladewig	Kommentar zum SGG
MdE	Minderung der Erwerbsfähigkeit
mwN	mit weiteren Nachweisen
mWv	mit Wirkung vom
Nds	Niedersachsen
NJW	Neue Juristische Wochenschrift
Nr	Nummer
NVwZ	Neue Zeitschrift für Verwaltungsrecht
NVwZ-RR	Neue Zeitschrift für Verwaltungsrecht Rechtsprechungs-Report
NZS	Neue Zeitschrift für Sozialrecht
PKH	Prozeßkostenhilfe
P/S/W	Peters/Sautter/Wolff, Kommentar zur Sozialgerichtsbarkeit
RdNr	Randnummer
Reha	Rehabilitation
RhPf	Rheinland-Pfalz
RVG	Rechtsanwaltsvergütungsgesetz
RVO	Reichsversicherungsordnung
s	siehe
S	Satz oder Seite
SchlH	Schleswig-Holstein
SchwbG	Schwerbehindertengesetz
SG	Sozialgericht
SGb	Die Sozialgerichtsbarkeit (Zeitschrift)
SGB	Sozialgesetzbuch (mit römischen Ziffern für die einzelnen Bücher)
SGG	Sozialgerichtsgesetz
sog	sogenannte
SozR	Sozialrecht, von den Richtern des BSG herausgegebene Urteilssammlung
str	streitig
SVG	Soldatenversorgungsgesetz
ua	unter anderem
uU	unter Umständen
vgl	vergleiche
vH	vom Hundert
VV	Vergütungsverzeichnic der Anlage 1 zum RVG
VwGO	Verwaltungsgerichtsordnung
VwZG	Verwaltungszustellungsgesetz
zB	zum Beispiel
Zeihe	Kommentar zum SGG
ZPO	Zivilprozessordnung

Paragraphen ohne Gesetzesangabe sind solche des SGG

A. Gerichtsverfassung

I. Zulässigkeit des Sozialrechtswegs

1. Allgemeine Grundsätze

Die Zulässigkeit des Sozialrechtswegs ist eine **Sachurteilsvoraussetzung,** die das SG **von Amts wegen** zu prüfen hat. Ist der Rechtsweg nicht gegeben, hat das SG den Rechtsstreit (vor der Prüfung der örtlichen Zuständigkeit) an das zuständige Gericht zu verweisen (s dazu RdNr 11 ff). Der Rechtsweg zu den Sozialgerichten ist überwiegend nur in **öffentlich-rechtlichen Streitigkeiten nichtverfassungsrechtlicher Art** gegeben, da die Sozialgerichtsbarkeit eine besondere Verwaltungsgerichtsbarkeit ist. Im Bereich des Vertragsarztrechts und in der sozialen Pflegeversicherung kommen aber auch privatrechtliche Streitigkeiten in Betracht (s RdNr 7). Die engere **Generalklausel des § 51** klammert die Streitigkeiten aus der allgemeinen Generalklausel des § 40 VwGO aus, die der Sozialgerichtsbarkeit zugewiesen sind. Ob eine Streitigkeit öffentlich- oder privatrechtlicher Natur ist, bestimmt sich nach dem Beschluss des GmSOGB vom 4. 6. 1974 (BSG SozR 1500 § 51 Nr 2 = NJW 1974, 2087), wenn eine ausdrückliche Rechtswegzuweisung des Gesetzgebers fehlt, nach der **Natur des Rechtsverhältnisses,** aus dem der Klageanspruch hergeleitet wird. 1

Eine **öffentlich-rechtliche Streitigkeit** liegt vor, wenn sie aus Rechtsbeziehungen erwachsen ist, die öffentliche Aufgaben regeln oder wenn ein Hoheitsträger auf Grund besonderer, speziell ihn berechtigender oder verpflichtender Rechtsvorschriften beteiligt ist (BSG SozR 1500 § 51 Nr 23 mwN). Ausgangspunkt der Prüfung ist die Frage, welcher Art das Klagebegehren nach dem zugrunde liegenden Sachverhalt ist. Die bürgerlich-rechtliche Natur eines Klageanspruchs ergibt sich nicht schon daraus, dass das prozessuale Begehren auf **zivilrechtliche Anspruchsgrundlagen** gestützt wird (zB auf die §§ 812, 823 BGB). 2

Beispiele für die Zuständigkeit der Sozialgerichte: Klage der Bundesagentur für Arbeit auf Erstattung gezahlter Krankenversicherungsbeiträge gegen einen Empfänger von Unterhaltsgeld auch dann, wenn die Klage auf die zivilrechtlichen Vorschriften über ungerechtfertigte Bereicherung und unerlaubte Handlung gestützt wird (BGH NJW 1988, 1731). Streitigkeiten um den Erlass eines Schadensersatzanspruchs, der wegen eines Verkehrsunfalls vom Verletzten gemäß § 116 Abs 1 SGB X auf den Sozialversicherungsträger übergegangen ist (BSG SozR 2100 § 76 Nr 2 = NJW 1990, 342). Auch für die Klage auf Berichtigung der Arbeitsbescheinigung nach § 312 SGB III eines Arbeitnehmers gegen seinen ehemaligen Arbeitgeber ist die Sozialgerichtsbarkeit zuständig. Dies ergibt sich aus der öffentlich-rechtlichen Art aller mit mit dem Inhalt der Arbeitsbescheinigung zusammenhängenden Fragen (BAG AP zu § 2 ArbGG 1979 Nr 11).

3 Wird mit einer Klage ein **Amtshaftungsanspruch** (Art 34 S 3 GG iVm § 839 BGB) geltend gemacht, ist für diesen die Zivilgerichtsbarkeit zuständig (vgl § 17 Abs 2 S 2 GVG). Dies gilt auch, wenn mit der Klage ein Amtshaftungsanspruch als einer von mehreren prozessualen Ansprüchen geltend gemacht wird (BSG SozR 3–1500 § 51 Nr 13). Wird der Anspruch hingegen auf einen **sozialrechtlichen Herstellungsanspruch** gestützt (s dazu KassKomm-*Seewald* vor § 38 SGB IV RdNr 30ff; *Niesel* SGB III Anhang § 323 RdNr 28ff), sind die Sozialgerichte zuständig. Ein solcher setzt ein **objektives Fehlverhalten** der Verwaltung voraus (insbesondere die Verletzung von Aufklärungs-, Beratungs- oder Auskunftspflichten nach den §§ 13–15 SGB I), durch das die Entscheidung des Bürgers über die Wahrnehmung von Rechten zu seinen Ungunsten fehlgeleitet wurde. Während der Herstellungsanspruch idR auf Herstellung des Zustandes gerichtet ist, der eingetreten wäre, wenn sich die Behörde rechtmäßig verhalten hätte, geht der Amtshaftungsanspruch auf Schadensersatz und setzt ein Verschulden voraus.

2. Abs 2 – Durch § 51 Abs 1 zugewiesene Aufgaben

4 **a) Abs 1 Nr 1 – Angelegenheiten der gesetzlichen Rentenversicherung,** zu der auch die **Alterssicherung der Landwirte** nach dem GAL gehört. Bei Angelegenheiten der gesetzlichen Rentenversicherung handelt sich insbesondere um Streitigkeiten, die sich aus den Vorschriften des SGB VI ergeben, zB ob ein Anspruch auf Renten wegen verminderter Erwerbsfähigkeit (§§ 43, 45, 240–242 SGB IV) oder Altersrenten (§§ 35–37, 40, 236ff SGB VI) besteht.

4a **b) Abs 1 Nr 2 – Gesetzliche Krankenversicherung, soziale und private Pflegeversicherung.** Angelegenheiten der gesetzlichen Krankenversicherung sind solche, die nach den Vorschriften des SGB V von den gesetzlichen Krankenkassen zu erbringen sind, zB Krankengeld oder Heil- und Hilfsmittel. Zum Zuständigkeitsbereich der Sozialgerichtsbarkeit gehört neben der sozialen Pflegeversicherung nach dem SGB XI auch die private Pflegeversicherung. In der Pflegeversicherung wird häufig um die Einstufung in eine der drei Pflegestufen nach dem SGB XI gestritten.

4b **c) Abs 1 Nr 3 – Gesetzliche Unfallversicherung.** Erfasst werden insbesondere Streitigkeiten um Leistungen, die eine Berufsgenossenschaft nach den Vorschriften des SGB VII zu erbringen hat, zB um Renten oder Verletztengeld, auf die nach einem Arbeitsunfall ein Anspruch bestehen kann.

d) Abs 1 Nr 4 – Angelegenheiten der Arbeitsförderung einschließlich der übrigen Aufgaben der Bundesagentur für Arbeit. Hierunter fallen insbesondere die im SGB III geregelten Angelegenheiten, die in § 3 SGB III nicht abschließend aufgezählt sind oder der Bundesagentur für Arbeit gemäß § 370 Abs 2 SGB III übertragen worden sind. 5

e) Abs 1 Nr 4a – Angelegenheiten der Grundsicherung für Arbeitsuchende. Durch das Vierte Gesetz für moderne Dienstleistungen am Arbeitsmarkt vom 24. 12. 2003 (BGBl I 2954) wurde die Zuständigkeit für die Streitigkeiten nach dem SGB II zum 1. 1. 2005 auf die Sozialgerichtsbarkeit übertragen. In dem durch das 7. SGGÄndG vom 9. 12. 2004 eingefügten § 50a SGG ist zwar vorgesehen, dass durch Landesgesetz bestimmt werden kann, dass diese Angelegenheiten durch besondere Spruchkörper der Verwaltungsgerichte und Oberverwaltungsgerichte ausgeübt werden. Von dieser nach Art 3 Nr 5 iVm Art 4 des 7. SGG ÄndG bis 31. 12. 2008 befristeten Öffnungsklausel hat bislang jedoch kein Bundesland Gebrauch gemacht. Praktische Bedeutung kommt daher weder dieser Vorschrift noch den Folgeregelungen betreffend Berufsrichter (§ 50b), Präsidium (§ 50c) und ehrenamtliche Richter (§ 50d) der besonderen Spruchkörper zu. Die Zuständigkeit des Sozialgerichts ist nach hM (*Löns/Herold-Tews* SGB II § 31 RdNr 20; aA *Eicher/Spellbrink* SGB II § 16 RdNr 236c) auch bei Streitigkeiten zwischen Hilfebedürftigen und dem Ein–Euro-Job-Träger gegeben, da es sich nicht um Arbeitsverhältnisse, sondern um öffentlich-rechtliche Beschäftigungsverhältnisse handelt. 5a

f) Abs 1 Nr 5 – Sonstige Angelegenheiten der Sozialversicherung sind solche, die nicht einzelnen Versicherungszweigen zugeordnet werden können, zB Streitigkeiten nach dem Künstlersozialversicherungsgesetz. 5b

g) Abs 1 Nr 6 – Angelegenheiten des sozialen Entschädigungsrechts. Dazu zählen zB Leistungen der Kriegsopferversorgung, die im BVG ihre Grundlage haben. Ausdrücklich ausgenommen sind gemäß § 51 Abs 1 Nr 6 Streitigkeiten aus dem Bereich der Kriegsopferfürsorge, für diese sind die allgemeinen Verwaltungsgerichte zuständig. 6

h) Abs 1 Nr 6a – Angelegenheiten der Sozialhilfe und des Asylbewerberleistungsgesetzes. Durch das Gesetz zur Einordnung des Sozialhilferechts in das Sozialgesetzbuch vom 27. 12. 2003 (BGBl I 3022) wurde die Zuständigkeit für die Streitigkeiten nach dem SGB XII zum 1. 1. 2005 auf die Sozialgerichtsbarkeit übertragen. Ebenso wie für die Grundsicherung für Arbeitsuchende hätte nach § 50a SGG in der Fassung des 7. SGGÄndG durch Landesgesetz bestimmt werden können, dass diese Angelegenheiten durch besondere Spruchkörper der Verwaltungsgerichte und Oberverwaltungsgerichte ausgeübt werden. Hiervon hat aber ebenfalls kein Bundesland Gebrauch gemacht. 6a

i) Abs 1 Nr 7 – Schwerbehindertenrecht. Die mWv 1. 7. 2002 eingefügte Rechtswegzuweisung der Nr 7 entspricht der bis dahin in § 4 6b

Abs 6 SchwbG enthaltenen Regelung. Danach entscheiden die Sozialgerichte insbesondere über die Feststellung von Behinderungen, die Höhe des GdB und die Zuerkennung von Merkzeichen wie zB „G" (erhebliche Gehbehinderung) oder Rf (Rundfunkgebührenbefreiung).

7 **j) Abs 1 Nr 8 – Öffentlich-rechtliche Streitigkeiten nach dem Aufwendungsausgleichgesetz (AAG).** Bei diesen Angelegenheiten handelt es sich um Streitigkeiten um den Ausgleich der Arbeitgeberaufwendungen nach den §§ 1-10 dieses Gesetzes.

8 **k) Abs 1 Nr 9 –** betraf **Streitigkeiten bezüglich der Aufgaben der Hauptzollämter.** Durch das Gesetz zur Intensivierung der Bekämpfung der Schwarzarbeit vom 23. 7. 2004 wurde Nr 9 aufgehoben, weil gemäß Art 1 § 23 die Finanzgerichte über öffentliche Streitigkeiten hinsichtlich Verwaltungsakten der Behörden der Zollverwaltung nach dem Schwarzarbeitsgesetz entscheiden (BR-Drs 155/ 04, 100).

9 **l) Abs 1 Nr 10 – Durch Gesetz zugewiesene Angelegenheiten.** Gemäß § 51 Abs 1 Nr 10 entscheiden die Gerichte der Sozialgerichtsbarkeit ferner über öffentlich-rechtliche Streitigkeiten, für die durch Gesetz der Rechtsweg vor diesen Gerichten eröffnet wird. Der Rechtsweg kann den Sozialgerichten auch durch Landesrecht zugewiesen werden (zB in Bayern die Angelegenheiten des Zivilblindenpflegegeldgesetzes). Die **Zuständigkeit der Sozialgerichte** wird **ua durch folgende Gesetze** festgelegt:

Bundeskindergeldgesetz (§ 15, für Streitigkeiten nach diesem Gesetz); **Bundeserziehungsgeldgesetz** (§ 13, für Angelegenheiten nach den §§ 1 bis 12 dieses Gesetzes); **Soldatenversorgungsgesetz** (§ 88 Abs 7, in Angelegenheiten der Beschädigtenversorgung); **Zivildienstgesetz** (§ 51, für Streitigkeiten bei Ansprüchen wegen einer Zivildienstbeschädigung); **Häftlingshilfegesetz** (§ 10 Abs 3, für die dort genannten Streitigkeiten); **Entwicklungshelfer-Gesetz** (§ 19 Abs 2); Infektionsschutz**gesetz** (§ 68 Abs 2, in Impfschadenssachen); Gesetz über die Errichtung einer **Zusatzversorgungskasse für Arbeitnehmer in der Land- und Forstwirtschaft** (§ 10 Abs 2); Gesetz über die **Entschädigung für Opfer von Gewalttaten** (§ 7); **Anspruchs- und Anwartschaftsüberführungsgesetz** (§ 17); **Berufliches Rehabilitierungsgesetz** (§ 27 Abs 2, soweit bei der Durchführung die Bundesagentur für Arbeit oder die Träger der Rentenversicherung tätig werden).

10 **3. Abs 2 – Privatrechtliche Streitigkeiten in Angelegenheiten der Kranken- und Pflegeversicherung (§ 51 Abs 2).** Die Sozialgerichte sind gemäß § 51 Abs 2 auch für die privatrechtlichen Streitigkeiten der gesetzlichen Kranken- und Pflegeversicherung zuständig. Es handelt sich insbesondere um Streitigkeiten zwischen Versicherten und privatrechtlichen Versicherungsunternehmen und deren Verbänden. So entscheiden die Sozialgerichte auch über Klagen gegen private Unternehmen der Pflegeversicherung, zB welcher der drei Pflegestufen ein Versicherter nach § 15 SGB XI zuzuordnen ist.

4. Entscheidung über den Rechtsweg

a) Allgemeines

Die Rechtswegverweisung und das Verfahren bei der Entscheidung über den Rechtsweg wurde mWv 1. 1. 1991 für alle Gerichtsbarkeiten einheitlich in den **§§ 17, 17a, 17b GVG** geregelt. Über § 202 SGG sind diese Vorschriften für Entscheidungen über den Rechtsweg in der Sozialgerichtsbarkeit unmittelbar anzuwenden (bei der von der Prüfung der Zuständigkeit des Rechtswegs zu unterscheidenden Prüfung der sachlichen und örtlichen Zuständigkeit sind sie gemäß § 98 zum Teil entsprechend anzuwenden, dazu RdNr 184). Hat das SG den zu ihm beschrittenen Rechtsweg rechtskräftig für zulässig erklärt, sind nach § 17a Abs 1 GVG **andere Gerichte** an diese Entscheidung **gebunden.** Abweichend von dem bis zum 31. 12. 1990 geltenden Recht darf das LSG bzw BSG gemäß § 17a Abs 5 GVG **in zweiter und dritter Instanz nicht mehr prüfen,** ob der beschrittene Rechtsweg zulässig ist. Statt dessen ist über die Zulässigkeit des Rechtswegs in einem möglichst frühen Prozessstadium **vorab durch Beschluss zu entscheiden,** der mit der Beschwerde angefochten werden kann (s RdNr 15). **11**

b) Verweisung an eine andere Gerichtsbarkeit

Ist der **Sozialrechtsweg nicht gegeben,** muss das SG den Rechtsstreit gemäß § 17a Abs 2 S 1 GVG **nach Anhörung der Beteiligten** durch Beschluss an das zuständige Gericht **verweisen.** Anders als nach dem bis zum 31. 12. 1990 geltenden Recht ist **kein Verweisungsantrag erforderlich,** so dass eine Klage nicht mehr mit der Begründung als unzulässig abgewiesen werden kann, der Rechtsweg zu den Sozialgerichten sei nicht gegeben. **12**

Tenor eines Verweisungsbeschlusses

Der Rechtsweg zu den Sozialgerichten ist unzulässig. Der Rechtsstreit wird an das Arbeitsgericht München verwiesen.

Eine Kostenentscheidung hat wegen § 17b Abs 2 GVG nicht zu ergehen. Gemäß § 17a Abs 2 S 3 GVG ist der Verweisungsbeschluss für das Gericht, an das der Rechtsstreit verwiesen worden ist, **hinsichtlich des Rechtswegs bindend** (zum Beschwerderecht der Beteiligten s aber RdNr 15). Von diesem Gericht kann der Rechtsstreit aber **an das sachlich oder örtlich zuständige Gericht weiterverwiesen** werden (s BAG NJW 1996, 742). Die Bindung gilt grundsätzlich auch dann, wenn die Entscheidung nicht der Rechtslage entspricht. Dadurch sollen unnötige und zu Lasten der Beteiligten gehende Zuständigkeitsstreitigkeiten vermieden **13** werden. Umstritten ist, ob in besonders gelagerten Fällen **ausnahmsweise keine Bindungswirkung** eintritt. Dies wird zB angenommen, wenn die Verweisung jeder Rechtsgrundlage entbehrt, willkürlich ist oder auf der Versagung des rechtlichen Gehörs gegenüber einem Verfahrensbeteiligten beruht (so BAG NZA 1995, 1176 mwN; aA *Zeihe* § 17a GVG Anm 20a). Folgt man dieser Ansicht, hat das zuerst angegangene oberste Bundesgericht (zB BSG oder BAG) das zuständige Gericht zu bestimmen (s § 58 Abs 1 Nr 4 SGG, § 36 Nr 6 ZPO).

c) Vorabentscheidungen wegen des Rechtsweges

14 Gemäß § 17a Abs 3 S 1 GVG kann das SG vorab aussprechen, dass der beschrittene Rechtsweg zulässig ist, wenn zweifelhaft ist, ob der Sozialrechtsweg gegeben ist. Wird von einem Beteiligten die **Zulässigkeit des Rechtswegs gerügt,** muss gemäß § 17a Abs 3 S 2 GVG darüber vorab entschieden werden. Hält das SG den zu ihm beschrittenen Rechtsweg für zulässig, spricht es dies **durch Beschluss** aus, andernfalls verweist es den Rechtsstreit an das zuständige Gericht. Der Beschluss ist gemäß § 17a Abs 4 S 2 GVG **zu begründen und zuzustellen.** Außerhalb der mündlichen Verhandlung wirken die ehrenamtlichen Richter gemäß § 12 Abs 1 S 2 SGG nicht mit.

d) Rechtsmittel

15 Verweisungsbeschlüsse und Beschlüsse, mit denen der beschrittene Rechtsweg für zulässig erklärt wird, sind gemäß § 17a Abs 4 S 3 GVG mit der **Beschwerde** anfechtbar. Gemäß § 173 beträgt die **Beschwerdefrist einen Monat** (BSG SozR 3–1500 § 51 Nr 15). Über die Beschwerde entscheidet das LSG durch Beschluss. Das LSG kann gemäß § 17a Abs 4 S 4 GVG wegen grundsätzlicher Bedeutung oder Divergenz die **weitere Beschwerde zum BSG** zulassen. Eine Beschwerde gegen die Nichtzulassung der weiteren Beschwerde ist im Gesetz nicht vorgesehen (BSG SozR 3–1720 § 17a Nr 1). **Ein Abhilfeverfahren** ist ebenso wie bei den übrigen Beschwerden nach den §§ 172ff aufgrund der Streichung des § 174 durch das ab 1. 4. 2008 geltende Gesetz zur Änderung des Sozialgerichtsgesetzes und des Arbeitsgerichtsgesetzes – SGGArbGGÄndG – (vgl RdNr 590) nicht durchzuführen. Wird der Rechtsstreit an ein anderes Gericht verwiesen, ergeht keine **Kostenentscheidung,** weil nach § 17b Abs 2 GVG das Gericht, an das verwiesen wurde, auch über diese Kosten zu entscheiden hat. Im Beschwerdeverfahren über die Vorabentscheidung ist aber über die Kosten zu entscheiden (BSG SozR 3–1500 § 51 Nr 15 unter Hinweis auf BGH NJW 1993, 2541).

16 Hat das SG **inkorrekt durch Urteil entschieden,** obwohl der Rechtsweg gerügt wurde oder hat es die Klage als unzulässig abgewiesen, weil der unzulässige Rechtsweg beschritten worden sei, liegt ein wesentlicher Verfahrensmangel vor. Umstritten ist, ob gegen das Urteil nach dem **Grundsatz der Meistbegünstigung** wahlweise Berufung oder Beschwerde eingelegt werden kann. Da das SG in diesen Fällen nicht nur eine inkorrekte Entscheidung in falscher Form gefällt, sondern zu Unrecht in der Sache entschieden hat und die förmliche Aufhebung des Urteils erforderlich ist, ist nur die Berufung statthaft (so auch *Kopp* § 41 RdNr 32). Hat das SG den Rechtsweg zu Recht bejaht, kann das LSG über die Berufung aus prozessökonomischen Gründen in der Sache entscheiden. Liegen aber die Voraussetzungen des § 17a Abs 4 S 5 GVG vor (grundsätzliche Bedeutung oder Abweichung), muss es vorab durch Beschluss entscheiden und die weitere Beschwerde an das BSG zulassen (vgl für einen Fall, in dem das SG die Sprungrevision zugelassen hatte, BSG SozR 3–1720 § 17a Nr 1; dazu auch BSG, Urteil vom 29. 11. 1995 – 3 RK 32/94). Ist der Rechtsweg entgegen der Ansicht des SG nicht gegeben, ist dessen Urteil aufzuheben und der Rechtsstreit vom LSG durch Urteil an das zuständige Gericht zu verweisen.

II. Sachliche Zuständigkeit der Gerichte

Die Zuständigkeit, die von der zuvor behandelten Zulässigkeit des Rechtswegs zu unterscheiden ist, wird üblicherweise in die funktionelle, sachliche und örtliche Zuständigkeit unterteilt. Während sich die **funktionelle Zuständigkeit** darauf bezieht, welches Rechtspflegeorgan in der Sache tätig zu werden hat (zB das LSG gemäß § 29 in zweiter Instanz), bezieht sich die **sachliche Zuständigkeit** darauf, welches Gericht innerhalb des Rechtswegs in erster Instanz zu entscheiden hat. Die **örtliche Zuständigkeit** (s dazu RdNr 179ff) bestimmt, welches von mehreren sachlich zuständigen Gerichten aufgrund seines Sitzes zu entscheiden hat. **17**

Die **sachliche Zuständigkeit der Sozialgerichte** ist in § 8 geregelt. **18** Danach entscheidet das SG im ersten Rechtszug über alle Streitigkeiten, für die der Rechtsweg vor den Gerichten der Sozialgerichtsbarkeit offen steht (zur Zuständigkeit der Verwaltungsgerichte in Angelegenheiten nach § 51 Abs 1 Nr 6a in Angelegenheiten der Sozialhilfe und des Asylbewerberleistungsgesetzes sowie in Angelegenheiten der Grundsicherung für Arbeitsuchende nach dem SGB II siehe aber RdNr 5a und 6a). Nach § 29 Abs 2 bis 4 SGG in der Fassung des SGGArbGGÄndG vom 26. 3. 2008 in Kraft getreten am 1. 4. 2008 entscheiden die LSG nun auch im ersten Rechtszug. Diese erstinstanzliche Zuständigkeit beschränkt sich auf im einzelnen ausgewiesene spezielle Materien, in denen vorwiegend Rechtsfragen zu klären sind (§ 29 Abs 2). Darüberhinaus werden spezielle Zuständigkeiten auch dem LSG Nordrhein-Westfalen (§ 29 Abs 3) und dem LSG Berlin-Brandenburg (§ 29 Abs 4) zugewiesen. – Nur ausnahmsweise entscheidet das BSG im ersten und letzten Rechtszug (s RdNr 20). **Zuständigkeitsvereinbarungen** der Beteiligten haben gemäß § 59 keine rechtlichen Wirkungen. Daher können die Beteiligten zB nicht vereinbaren, dass anstelle des SG das LSG in erster Instanz über den Rechtsstreit entscheidet. Die Zuständigkeit des LSG kann zB nicht dadurch begründet werden, dass der Prozessgegner die Unzuständigkeit nicht geltend macht. Hält sich das angerufene Gericht für unzuständig, hat es den Rechtsstreit gemäß § 98 SGG iVm § 17a Abs 2 GVG von Amts wegen nach Anhörung der Beteiligten an das zuständige Gericht zu verweisen.

19 Gemäß § 29 Abs 1 entscheidet das **Landessozialgericht** im zweiten Rechtszug über Berufungen gegen Urteile und (iVm § 105 Abs 1 S 3) Gerichtsbescheide sowie über Beschwerden gegen andere Entscheidungen des SG. Das LSG ist wie das SG Tatsachengericht. Es entscheidet ergänzend zu den in § 29 Abs 2 bis 4 genanten Fällen, dh auf Klage hin, als erste Instanz, wenn ein während des Berufungsverfahrens ergangener Folgebescheid gemäß § 96 Gegenstand des anhängigen Berufungsverfahrens geworden ist (s RdNr 210).

20 Gemäß § 39 Abs 1 entscheidet das **Bundessozialgericht** im dritten Rechtszug über Revisionen sowie nach § 160a über Nichtzulassungsbeschwerden gegen Urteile des LSG. Im ersten und letzten Rechtszug ist das BSG ausnahmsweise nach § 39 Abs 2 zuständig bei Streitigkeiten nichtverfassungsrechtlicher Art zwischen dem Bund und den Ländern sowie zwischen verschiedenen Ländern, ferner gemäß §§ 88 Abs 7 SVG, 158 Nr 5 SGB IX bei Streitigkeiten von Angehörigen des Bundesnachrichtendienstes nach diesen Gesetzen sowie nach § 146 Abs 6 SGB III gegen die Bundesagentur für Arbeit bezüglich der Beeinflussung von Arbeitskämpfen durch Arbeitslosengeldgewährung (siehe dazu *Düe* in *Niesel*, Kommentar zum SGB III, Anm zu § 146).

III. Besetzung der Spruchkörper

21 Beim **Sozialgericht** bestehen Kammern in der Besetzung mit einem Vorsitzenden, der Berufsrichter ist, und zwei ehrenamtlichen Richtern. In dieser Besetzung entscheidet die Kammer nur in Terminen. Bei Beschlüssen außerhalb der mündlichen Verhandlung wirken die ehrenamtlichen Richter gemäß § 12 Abs 1 S 2 nicht mit. Es herrscht das **Fachkammerprinzip,** dh es bestehen Kammern für Angelegenheiten der Sozialversicherung, der Arbeitslosenversicherung einschließlich der übrigen Aufgaben der Bundesagentur für Arbeit, für Angelegenheiten der Grundsicherung für Arbeitsuchende, für Angelegenheiten der Sozialhilfe und des Asylbewerberleistungsgesetzes sowie für Angelegenheiten des sozialen Entschädigungsrechts und des Schwerbehindertenrechts und für Angelegenheiten des Vertragsarztrechts. Bei Bedarf sind für Angelegenheiten der Knappschaftsversicherung einschließlich der Unfallversicherung für den Bergbau eigene Kammern zu bilden. Die ehrenamtlichen Richter sind gemäß § 12 je nach Streitgegenstand aus unterschiedlichen Personenkreisen auszuwählen (Kreis der Versicherten, der Arbeitnehmer, der Arbeitgeber, Vertragsärzte usw).

In jedem Bundesland besteht nur ein **Landessozialgericht.** Nach § 28 **22**
Abs 1 S 4 können außerhalb des Sitzes eines LSG **Zweigstellen** errichtet werden, wovon bisher nur Bayern Gebrauch gemacht hat (zur Problematik s BayVGH NZS 1995, 332). Das LSG übt die rechtsprechende Tätigkeit durch **Fachsenate** aus. Jeder Senat wird mit einem Vorsitzenden, zwei weiteren Berufsrichtern und zwei ehrenamtlichen Richtern tätig. In dieser Besetzung entscheidet der Senat nur in Terminen. Bei Beschlüssen außerhalb der mündlichen Verhandlung wirken die ehrenamtlichen Richter nicht mit. Gemäß § 155 Abs 3 und 4 kann mit Einverständnis der Beteiligten auch der Vorsitzende bzw Berichterstatter entscheiden (dazu RdNr 406ff).

Das **Bundessozialgericht** hat seinen Sitz in Kassel. Seine rechtspre- **23**
chende Tätigkeit nimmt es durch Senate wahr. Diese sind wie die Senate des LSG besetzt. Will in einer Rechtsfrage ein Senat von der Entscheidung eines anderen Senats oder des Großen Senats abweichen, entscheidet gemäß § 41 Abs 2 auf eine Vorlage hin der Große Senat in der in § 41 Abs 5 festgelegten Besetzung.

B. Das Widerspruchsverfahren

I. Der Verwaltungsakt

1. Begriff Verwaltungsakt

In der weit überwiegenden Anzahl der sozialgerichtlichen Verfahren geht es um die Anfechtung belastender Verwaltungsakte, mit denen Behörden die Gewährung von Sozialleistungen abgelehnt oder zuvor gewährte wieder entzogen haben. Der Widerspruch (siehe §§ 83ff) ist nur zulässig, wenn der Widerspruchsführer durch einen Verwaltungsakt beschwert ist. Der Verwaltungsakt ist **in § 31 Satz 1 SGB X definiert** als jede Verfügung, Entscheidung oder andere hoheitliche Maßnahme, die eine Behörde zur Regelung eines Einzelfalles auf dem Gebiet des öffentlichen Rechts trifft und die auf unmittelbare Rechtswirkung nach außen gerichtet ist (s dazu und zur Allgemeinverfügung im Einzelnen Kass-Komm-*Krasney* Anm zu § 31 SGB X). Gemäß § 33 Abs 2 SGB X kann ein Verwaltungsakt **schriftlich, mündlich oder in anderer Weise erlassen** werden. Ein schriftlicher oder schriftlich bestätigter Verwaltungsakt ist gemäß § 35 Abs 1 S 1 SGB X schriftlich **zu begründen,** es sei denn, es liegen die Voraussetzungen des § 35 Abs 2 SGB X vor; von den Behörden wird er idR als Bescheid bezeichnet. 24

Ob es sich bei einer Maßnahme um einen Verwaltungsakt handelt, ist nach den für Willenserklärungen allgemein gültigen Auslegungsregeln zu beurteilen. Das **Fehlen einer Rechtsbehelfsbelehrung** spricht zwar idR gegen das Vorliegen eines Verwaltungsaktes, zwingt aber nicht in allen Fällen zu einer solchen Beurteilung (BSG SozR 7815 Art 1 § 7 Nr 1) und macht den Verwaltungsakt nicht nichtig (§ 40 SGB X). Bei **Abgrenzungsproblemen** ist darauf abzustellen, ob es sich aus der Sicht des Empfängers nach den Umständen des Einzelfalles um die Regelung eines Sachverhaltes handelt. Maßstab für den Inhalt der getroffenen Regelung ist der **Empfängerhorizont** eines verständigen Beteiligten, der in Kenntnis der tatsächlichen Zusammenhänge den **wirklichen Willen der Behörde** (§ 133 BGB) erkennen kann (BSG SozR 3–1300 § 32 Nr 2). 25

Ist der Inhalt des Verwaltungsakts **nicht genau bestimmt,** muss dieser durch **Auslegung** ermittelt werden. Soweit bei der Auslegung von Verwaltungsakten Unklarheiten bestehen, geht dies zu Lasten der Behörden (BSG SozR 2200 § 182 Nr 103). Kein Verwaltungsakt ist zB die **Ankündigung** zukünftigen Verhaltens. So ist das Anhörungsschreiben nach § 24 26

SGB X, in dem die Behörde mitteilt, es sei die Entziehung einer Sozialleistung beabsichtigt, kein Verwaltungsakt. Gleiches gilt für die Aufforderung, sich bei dem Leistungsträger zu melden oder in bestimmter Weise mitzuwirken. Teilt eine Behörde in einem formlosen Schreiben mit, eine Leistung werde abgelehnt und ein formeller Bescheid nur auf Wunsch erlassen, ist idR bereits dieses Schreiben ein Verwaltungsakt, weil eine Regelung vorliegt. Der Versicherte verliert jedoch keine Rechte, wenn er zunächst den Erlass eines formellen Bescheides beantragt.

27 Eine **Auskunft** ist idR kein Verwaltungsakt. So ist ein vom Rentenversicherungsträger erteilter **Versicherungsverlauf** (zB während des Scheidungsverfahrens im Rahmen des Versorgungsausgleichs) kein Verwaltungsakt, weil es sich um eine bloße „Wissenserklärung" handelt. Aus den Umständen des Einzelfalles kann sich jedoch ein Regelungswille ergeben. Macht der Versicherte geltend, bestimmte Versicherungszeiten seien im Versicherungsverlauf zu Unrecht nicht enthalten, ficht er damit nicht den Versicherungsverlauf an, sondern nimmt diesen zum Anlass, eine sogenannte **Vormerkung** der in Betracht kommenden Zeiten zu verlangen. Wird diese vom Versicherungsträger abgelehnt, liegt darin ein Verwaltungsakt (BSG SozR 2200 § 1251 Nr 75). Auch der Hinweis des Grundsicherungsträgers, dass künftig nur noch eine angemessene Miete statt der tatsächlichen Miete im Rahmen der Gewährung von Arbeitslosengeld II übernommen werden wird, stellt keinen Verwaltungsakt dar. Verwaltungsaktqualität kommt erst dem die Leistung herabsetzenden Bewilligungsbescheid zu.

28 **Schriftsätze in Prozessen** sind idR nur Beteiligtenvortrag und keine Verwaltungsakte, weil keine Regelung gewollt ist. Vom BSG (Urteil vom 30. 5. 1988 – 2 RU 72/87, unveröffentlicht) wurde aber zB folgender in einem Verfahren an das SG gerichteter Schriftsatz als Verwaltungsakt angesehen: „Eine Berufskrankheit nach § 551 Abs 1 RVO iVm Ziffer 3101 der 7. BEKVO liegt vor. Der am 10. 9. 1981 eingetretene Tod wurde mit Wahrscheinlichkeit durch die Berufserkrankung wesentlich mitverursacht. Wegen der Minderung der Erwerbsfähigkeit werden wir ein Gutachten bei Herrn Dr. G. einholen. Inwieweit Hinterbliebenenrente zu gewähren ist, wird von hier aus geprüft." Nach Ansicht des BSG hat die BG damit rechtsverbindlich anerkannt, dass der Tod des Versicherten mit Wahrscheinlichkeit durch eine Berufskrankheit wesentlich mitverursacht worden ist.

2. Bestandskraft

29 Wird gegen den Verwaltungsakt kein Rechtsbehelf eingelegt, wird er gemäß § 77 für die Beteiligten bindend, soweit durch Gesetz nichts anderes bestimmt ist. Die Bindungswirkung eines Verwaltungsaktes wird **Be-**

standskraft, die eines Urteils **Rechtskraft** genannt (siehe § 141). Mit dem Zugang des Verwaltungsaktes beim Adressaten ist die Behörde an diesen gebunden, auch wenn der Betroffene ihn noch anfechten kann (siehe § 39 Abs 1 SGB X). Der Verwaltungsakt bleibt wirksam, solange und soweit er nicht zurückgenommen, widerrufen, anderweitig aufgehoben oder durch Zeitablauf oder auf andere Weise erledigt ist (siehe § 39 Abs 2 SGB X). Zum **Verböserungsverbot (reformatio in peius)** im Widerspruchsverfahren siehe BSG SozR 3–1500 § 85 Nr 1 = NZS 1993, 421.

Grundsätzlich wird bei einem Verwaltungsakt **nur der Verfügungssatz** 30 **bestandskräftig.** Bei einem Rentenbescheid gehören zum Verfügungssatz zB nur die Feststellungen über Art, Dauer und Höhe der Rente, **nicht** dagegen die lediglich **der Begründung der Entscheidung dienenden Elemente** (siehe dazu BSG SozR 3–1500 § 77 Nr 1). Letztere erwachsen nicht mit in Bindung, es sei denn, dass der Versicherungsträger insoweit eine selbständige, der Bindungswirkung fähige Feststellung getroffen oder ein entsprechendes Anerkenntnis abgegeben hat. Da Verwaltungsakte – anders als Urteile – häufig keine strenge Trennung zwischen Tenor (= Verfügungssatz) und Begründung aufweisen, ist die gesamte Begründung daraufhin zu überprüfen, inwieweit sie für einen Verwaltungsakt typische, der Bindung fähige Regelungen trifft (BSG SozR 2200 § 587 Nr 7).

Beispiele: Die Feststellung bestimmter Gesundheitsstörungen als Unfallfolgen gehört 31 zum wesentlichen Teil des Verwaltungsaktes, auf die sich die Bindungswirkung erstreckt (BayLSG Breithaupt 1975, 269), nicht dagegen zB die rechtliche Beurteilung von Vorfragen oder die dem Bescheid zugrundegelegten Erwägungen (BSG SozR 2200 § 1268 Nr 10; 1500 § 77 Nr 56 mwN). Die Feststellung des Tages, an dem der Versicherungsfall eingetreten ist, gehört grundsätzlich zum Verfügungssatz (BSG SozR 1500 § 54 Nr 61). Dies gilt aber nicht, wenn die Rente abgelehnt wird, weil die Wartezeit nicht erfüllt ist (BSG SozR 1500 § 77 Nr 69). Eine befristete Rente hat hinsichtlich einer darin festgestellten Anrechnungszeit (§ 58 SGB VI) keine Bindungswirkung für die Weitergewährung der Rente (BSG SozR 3–1500 § 77 Nr 1).

Ausnahmen, dh andere gesetzliche Bestimmungen iSd § 77, sind in 32 den **§§ 44ff SGB X** geregelt. So ermöglicht **§ 44 SGB X** die Durchbrechung der materiellen Bestandskraft eines rechtswidrigen nicht begünstigenden Verwaltungsaktes. Ergibt sich im Einzelfall, dass bei Erlass eines früheren Verwaltungsaktes das Recht unrichtig angewandt oder von einem Sachverhalt ausgegangen worden ist, der sich als unrichtig erweist, und dass deshalb Sozialleistungen nicht erbracht worden sind, ist der Verwaltungsakt, auch nachdem er unanfechtbar geworden ist, gemäß § 44 Abs 1 SGB X mit Wirkung für die Vergangenheit zurückzunehmen. Die Behörde muss selbst dann einen sog **Zugunstenbescheid** erlassen, wenn über den gleichen Streitgegenstand bereits ein rechtskräftiges Urteil vorliegt. Da gemäß § 44 SGB X von der Behörde idR die Überprüfung eines belastenden Verwaltungsaktes verlangt werden kann und diese Überprüfung den Rechtsweg neu eröffnet, gibt es im Sozialrecht – für die Zeit ab der erneuten Antragstellung und den Vierjahreszeitraum des § 44 Abs 4 SGB X – **praktisch keine materielle Rechtskraft.** Ein Prozessbevollmächtigter kann daher wegen einer fehlerhaften Prozessführung idR nur für die Vergangenheit in Regress genommen werden, wenn die Voraussetzungen für eine Leistungsgewährung vorliegen (zu Einzelfragen zu den §§ 44ff SGB X s *Steinwedel* in KassKomm zu diesen Vorschriften). Sonderregelungen zu den §§ 44ff SGB X enthält **§ 330 SGB III für den Bereich der Arbeitsförderung** und über § 40 Abs 1 S 1 Nr 1 SGB II auch für den Bereich der Grundsicherung für Arbeitssuchende (dazu im Einzelnen *Niesel,* Kommentar zum SGB III, § 330 RdNr 3ff; *Eicher/Spellbrink* Kommentar zum SGB II § 40 RdNr 6ff).

3. Rechtsbehelfsbelehrung

33 Gemäß § 36 SGB X ist der schriftliche oder schriftlich bestätigte Verwaltungsakt mit einer schriftlichen Rechtsbehelfsbelehrung zu versehen. Diese muss **vollständig und richtig** sein. Die Frist für ein Rechtsmittel oder einen anderen Rechtsbehelf beginnt nach § 66 Abs 1 nur dann zu laufen, wenn der Beteiligte **über den Rechtsbehelf, die Verwaltungsstelle oder das Gericht,** bei denen der Rechtsbehelf anzubringen ist, den **Sitz und die einzuhaltende Frist** belehrt worden ist. Ist ein an sich nicht erforderlicher, aber nützlicher Hinweis in der Rechtsbehelfsbelehrung enthalten, darf er **nicht zu Unklarheiten führen.** Eine Rechtsbehelfsbelehrung ist zB nicht unrichtig, wenn neben der zutreffenden Angabe der Straße die Hausnummer des Gerichts falsch angegeben ist (BSG SozR 1500 § 66 Nr 9).

34 Ist die **Belehrung unterblieben oder unrichtig** erteilt worden, ist gemäß § 66 Abs 2 die **Einlegung** des Rechtsbehelfs, abweichend von der normalen Frist, **innerhalb eines Jahres seit der Zustellung oder Bekanntgabe möglich.** Ist zB bei einer Person, die ihren Wohnsitz im Ausland hat, in der Belehrung angegeben, die Widerspruchsfrist betrage einen Monat, obwohl die rechtlich zutreffende Frist drei Monate beträgt (s RdNr 46), ist diese unrichtig. Die Rechtsbehelfsbelehrung ist auch dann unrichtig, wenn sie nicht über die durch Sozialversicherungsabkommen eingeräumte Möglichkeit der Einlegung des Rechtsmittels bei einem ausländischen Versicherungsträger belehrt (BSG SozR 3–1500 § 66 Nr 7).

4. Bekanntgabe

35 Gemäß § 37 Abs 1 SGB X ist der Verwaltungsakt demjenigen Beteiligten bekannt zu geben, für den er bestimmt ist oder der von ihm betroffen ist. Eine förmliche **Zustellung** ist für Verwaltungsakte idR nicht vorgeschrieben. Widerspruchsbescheide sind seit dem 1. 6. 1998 nicht mehr zuzustellen, es reicht jetzt die Bekanntgabe. Ein durch die Post im Inland übermittelter Verwaltungsakt gilt gemäß § 37 Abs 2 SGB X mit dem dritten Tag nach der Aufgabe zur Post als **bekanntgegeben,** außer wenn er nicht oder zu einem späteren Zeitpunkt zugegangen ist. Diese Fiktion gilt zugunsten des Beteiligten auch dann, wenn der Verwaltungsakt tatsächlich bereits vor dem dritten Tag zugegangen ist. Im Zweifel hat die Behörde den Zugang des Verwaltungsaktes und den Zeitpunkt des Zugangs nachzuweisen (dazu auch RdNr 161).

II. Der Widerspruch

1. Allgemeines

Nach § 78 Abs 1 sind **vor Erhebung der Anfechtungsklage** Rechtmä- **36**
ßigkeit und Zweckmäßigkeit des Verwaltungsaktes in einem Vorverfahren (Widerspruchsverfahren) nachzuprüfen. § 78 Abs 3 bestimmt, dass dies auch für die **Verpflichtungsklage** gilt, wenn der Antrag auf Vornahme eines Verwaltungsaktes abgelehnt worden ist. In den in § 78 Abs 1 S 2 aufgezählten Fällen ist ein Vorverfahren nicht erforderlich (dazu und zu weiteren Ausnahmen s RdNr 38f). Sinn des Vorverfahrens ist es, die Gerichte durch seine Filterwirkung zu entlasten. Obwohl dieses in den §§ 78–86 geregelt ist, ist es als außergerichtlicher Rechtsbehelf sachlich Teil des Verwaltungsverfahrens, da der Verwaltungsakt nochmals von der Behörde überprüft wird.

Die Durchführung des Vorverfahrens ist eine **Prozessvoraussetzung,** **37**
die von den Gerichten in jeder Lage des Verfahrens **von Amts wegen zu beachten** ist. Es kann von den Beteiligten nicht abbedungen werden, daher muss es zB auch dann durchgeführt werden, wenn die Behörde dem Verwaltungsakt die unrichtige Rechtsbehelfsbelehrung angefügt hat, dass unmittelbar Klage eingelegt werden kann. Obwohl eine **Klage unzulässig** ist, solange das erforderliche Vorverfahren nicht durchgeführt ist, darf diese nach der Rechtsprechung des BSG vom SG nicht als unzulässig abgewiesen werden, vielmehr ist das Vorverfahren nachzuholen (siehe dazu RdNr 40ff), allerdings nur, wenn der Bescheid bei Klageerhebung noch nicht bestandskräftig war. Hat das SG trotz vor Eintritt der Bestandskraft erhobener Klage diese mit der Begründung als unzulässig abgewiesen, es sei kein Vorverfahren durchgeführt worden, liegt ein **wesentlicher Verfahrensmangel** vor; nicht hingegen, wenn es in der Sache entschieden hat, weil nach seiner materiell-rechtlichen Auffassung ein Vorverfahren nicht erforderlich ist (BSG SozR 1500 § 160 Nr 33). Im Berufungsverfahren muss das LSG der Behörde aber Gelegenheit geben, dieses nachzuholen.

2. Ausnahmen vom Vorverfahrenszwang

38 Nach **§ 78 Abs 1 S 2** ist ein Vorverfahren in folgenden Fällen nicht erforderlich:

- **§ 78 Abs 1 S 2 Nr 1**: wenn dies ein **Gesetz für besondere Fälle bestimmt.** Davon hat der Gesetzgeber insbesondere im Bereich des Vertragsarztrechts Gebrauch gemacht (s zB §§ 35 Abs 7 S 3, 36 Abs 3, 81 Abs 5 S 4, 92 Abs 3 S 3 SGB V). Auch bei Klagen gegen die Bundesagentur für Arbeit auf Aufhebung von Entscheidungen des Neutralitätsausschusses, für die das BSG zuständig ist, ist nach § 146 Abs 6 S 3 SGB III kein Vorverfahren erforderlich.
- **§ 78 Abs 1 S 2 Nr 2**: wenn der Verwaltungsakt von einer **obersten Bundes- oder Landesbehörde** oder dem **Präsidenten der Bundesagentur für Arbeit** erlassen worden ist.
- **§ 78 Abs 1 S 2 Nr 3**: wenn ein **Land oder Versicherungsträger klagt.** Daher ist zB der **Widerspruch eines Versicherungsträgers nicht statthaft** und verhindert den Ablauf der Klagefrist von einem Monat nach Zustellung oder Bekanntgabe auch dann nicht, wenn gleichwohl ein Vorverfahren durchgeführt wird (BSG SozR 3–1500 § 87 Nr 1 = NZS 1995, 94).

39 **Weitere Ausnahmen** vom Vorverfahrenszwang hat die Rechtsprechung des BSG für **Folgebescheide** zugelassen, die **nach § 96** zum Gegenstand des Klage- bzw Berufungsverfahrens geworden sind (siehe dazu auch RdNr 204), oder wenn gemäß § 75 Abs 5 ein **Beigeladener verurteilt** werden soll, weil dies nicht voraussetzt, dass die Sachurteilsvoraussetzungen für die Klage gegen diesen erfüllt sind (BSG SozR 2200 § 1237 a Nr 25). Ein Vorverfahren ist auch nicht erforderlich, wenn ein **Dritter durch einen Widerspruchsbescheid erstmalig beschwert** wird. Nach BSG SozR 3–8560 § 26 Nr 2 kann mit einer Untätigkeitsklage ohne abgeschlossenes Vorverfahren nicht nur auf Verbescheidung des Widerspruchs, sondern mit der isolierten Anfechtungsklage auf Entscheidung in der Sache selbst geklagt werden, wenn von der Behörde über den Widerspruch gegen die Aufhebung einer bindenden Leistungsbewilligung **nicht in angemessener Frist durch Widerspruchsbescheid entschieden** wurde.

39 a Nach § 85 Abs 4 in der Fassung des SGGArbGGÄndG kann über ruhend gestellte Widersprüche durch eine öffentlich bekanntgegebene Allgemeinverfügung entschieden werden, wenn die den angefochtenen Verwaltungsakten zugrundeliegende Gesetzeslage durch eine Entscheidung des Bundesverfassungsgerichts bestätigt wurde, Widerspruchsbescheide gegenüber einer Vielzahl von Widerspruchsführern zur gleichen Zeit ergehen müssen und durch sie die Rechtsstellung der Betroffenen ausschließlich nach einem für alle identischen Maßstab verändert wird.

3. Ohne Vorverfahren erhobene Klagen

Wurde eine Klage ohne das erforderliche Vorverfahren erhoben, darf nach hM kein Prozess- oder Sachurteil ergehen, vielmehr ist das Verfahren analog § 114 Abs 2 auszusetzen, um der **Behörde Gelegenheit zu geben, das Vorverfahren nachzuholen** (BSG SozR 1500 § 78 Nr 8; aA *Zeihe* § 78 Anm 6c: nicht nachholbar, daher Klageabweisung). Nach der Rechtsprechung des BSG liegt in der (unzulässigen) **Klageerhebung zugleich die Einlegung des Widerspruchs.** Die Nachholung des Vorverfahrens ist allerdings nur bis zum Schluss der mündlichen Verhandlung vor dem LSG möglich, nicht mehr im Revisionsverfahren; denn gemäß § 171 Abs 2 ist § 96 nicht anwendbar und gemäß § 168 S 1 sind Klageänderungen nicht zulässig. Der **Widerspruchsbescheid** wird nach seinem Erlass gemäß § 96 **Gegenstand des anhängigen Klageverfahrens,** die Klage richtet sich dann gegen den ursprünglichen Bescheid in der Gestalt des Widerspruchsbescheides (siehe dazu auch RdNr 204ff). 40

Umstritten ist, wie zu verfahren ist, wenn **sich die Behörde weigert,** das erforderliche Vorverfahren nachzuholen. Nach BSG SozR 1500 § 78 Nr 16 soll ihr durch ein **Zwischenurteil** (§ 202 SGG iVm § 303 ZPO, siehe jetzt auch § 130 Abs 2) die Verpflichtung zur Verbescheidung auferlegt werden können. Dies ist aber zweifelhaft, da ein Zwischenurteil an sich nur ergehen kann, wenn die Prozessvoraussetzungen erfüllt sind, was aber nicht der Fall ist (*Zeihe* § 78 Anm 6cff). Der korrekte Weg ist daher die Untätigkeitsklage (so auch *Meyer-Ladewig* § 78 RdNr 3a; s auch RdNr 39). Nach der Rspr des 4. Senats des BSG (SozR 3–8560 § 26 Nr 2) ist die unmittelbare Anfechtungsklage gegen den Ausgangsbescheid jedoch dann gegeben, wenn die Behörde nicht in angemesener Frist iSd § 88 Abs 2 durch Widerspruchsbescheid entschieden hat. 41

Umstritten ist ferner, ob **schriftsätzliche Äußerungen** im Klageverfahren **in einen Widerspruchsbescheid umgedeutet** werden können. Dies ist jedenfalls dann abzulehnen, wenn die Widerspruchsbehörde und die Behörde, die den Ausgangsbescheid erlassen hat, nicht identisch sind (BSG SozR 1500 § 78 Nr 15). Soweit angenommen wird, der **Widerspruchsbescheid könne durch Prozessvorbringen ersetzt** werden (vgl BSG SozR 1500 § 78 Nr 8 mwN), kann dies nur gelten, soweit das Vorbringen über bloßes Prozessvorbringen hinausgeht und seinem Inhalt nach einer Widerspruchsentscheidung entspricht (BSG SozR 7815 Art 1 § 7 Nr 1). Nach der nunmehr maßgeblichen Rspr des 6. Senats des BSG (SozR 3–5540 Anlage 1 § 10 Nr 1 = NJW 1999, 3439) macht ein Klageabweisungsantrag im anhängigen Streitverfahren den Erlass eines Widerspruchsbescheides nicht entbehrlich (vgl auch BSG SozR 4100 § 136 Nr 4: wenn das Vorverfahren gescheitert, dh von vornherein oder aufgrund der Stellungnahme im Prozess ersichtlich ist, dass das noch mög- 42 liche Vorverfahren eine gerichtliche Auseinandersetzung nicht zu vermeiden vermag).

4. Form und Frist der Widerspruchseinlegung

a) Form

43 Gemäß § 84 Abs 1 ist der Widerspruch **schriftlich oder zur Niederschrift** bei der Stelle einzureichen, die den Verwaltungsakt erlassen hat (siehe Schriftsatzmuster Nr 1). Der Rechtsbehelf muss nicht als Widerspruch bezeichnet worden sein, es reicht, wenn sich aus dem Schreiben durch Auslegung ergibt, dass sich der Beteiligte durch den Verwaltungsakt beeinträchtigt fühlt und eine nochmalige Überprüfung des Verwaltungsaktes anstrebt. **Begründung** und **Antragstellung** sind nicht vorgeschrieben, eine Begründung sollte jedoch erfolgen, weil die Behörde den Widerspruch sonst uU pauschal mit der bisherigen Begründung des angefochtenen Bescheides zurückweist. Es ist davon auszugehen, dass **im Zweifel eine Überprüfung in vollem Umfang gewollt** ist (BSG SozR Nr 10 zu § 78 SGG).

44 Eine bestimmte Schriftform ist nicht vorgeschrieben. Der Widerspruch kann auch **telegrafisch** oder mit **Telefax** oder **durch elektronische Übermittlung einer Textdatei** mit eingescannter Unterschrift eingelegt werden. Eine **telefonische** Einlegung reicht nach hM auch dann nicht, wenn hierüber vom zuständigen Bediensteten der Behörde eine Niederschrift gefertigt wird (*Meyer-Ladewig* § 84 RdNr 3 a). Wurde der Widerspruch **ohne Unterschrift** eingereicht, ist dies unschädlich, wenn sich aus dem Widerspruch oder beigefügten Anlagen hinreichend sicher ergibt, dass dieser vom Beteiligten herrührt. An die Widerspruchserhebung können nämlich nicht strengere Anforderungen gestellt werden als an die Klageerhebung, für die in § 92 nur vorgeschrieben ist, dass die Klageschrift unterzeichnet sein **soll** (s RdNr 157).

45 Ein Rechtsbehelf ist **im Zweifel als Widerspruch zu behandeln,** wenn er bei der Stelle eingeht, die den Verwaltungsakt erlassen hat. IdR ist davon auszugehen, dass nicht lediglich eine **Gegenvorstellung** beabsichtigt ist. Bei dieser handelt es sich um kein Rechtsmittel, sondern um eine Anregung zur Änderung der Entscheidung durch die Behörde. Wenn ein nicht rechtskundig vertretener Empfänger eines Bescheides oder Widerspruchsbescheides dessen Unrichtigkeit geltend macht, will er idR nicht eine Gegenvorstellung, sondern ein Rechtsmittel einlegen (BSG SozR 1500 § 92 Nr 2). **Dienstaufsichtsbeschwerden** oder **Petitionen** sind ebenfalls keine Rechtsmittel. Gegebenenfalls können diese aber als solche ausgelegt werden, wenn sich das aus den Umständen ergibt.

b) Frist

Die Widerspruchsfrist beträgt gemäß § 84 Abs 1 S 1 **einen Monat** nach der Bekanntgabe des Verwaltungsaktes. Bei der Bekanntgabe bzw Zustellung im **Ausland** beträgt sie gemäß § 84 Abs 1 S 2 drei Monate, was durch die mWv 2. 1. 2001 eingefügte Vorschrift klargestellt wurde sodass die frühere Rechtsprechung des BSG überholt ist. Für die Berechnung der Fristen gilt § 64 (siehe RdNr 160ff). **46**

War dem Verwaltungsakt keine oder eine **unrichtige Rechtsbehelfsbelehrung** beigefügt, läuft gemäß § 84 Abs 2 S 3 die Jahresfrist des § 66 Abs 2. Auf die Besonderheiten des Fristbeginns bei Zustellung durch eingeschriebenen Brief muss nicht hingewiesen werden; der Hinweis „nach Zustellung" ist vollständig (BSG SozR 3–1500 § 66 Nr 2 = NZS 1993, 375). Nennt die Rechtsbehelfsbelehrung (abgesehen von der Dreimonatsfrist bei Bekanntgabe im Ausland) eine längere als die Monatsfrist, ist die Belehrung iSd § 66 Abs 2 S 1 unrichtig (BSG SozR 3–1500 § 66 Nr 1). **47**

Im Falle der **Entscheidung über den Widerspruch durch Allgemeinverfügung** im Sinne des § 85 Abs 4 (RdNr 39a) beträgt die Widerspruchsfrist nach § 87 Abs 1 S 2 und 3 in der Fassung des SGGArbGGÄndG ebenfalls ein Jahr.

Der **Eingang der Widerspruchsschrift** innerhalb der Widerspruchsfrist bei den in § 84 Abs 2 S 1 genannten **anderen Behörden ist fristwahrend.** Es muss sich allerdings um Stellen handeln, die Aufgaben der öffentlichen Verwaltung wahrnehmen. Diese sind gemäß § 84 Abs 2 S 2 verpflichtet, den Widerspruch unverzüglich an die zuständige Stelle weiterzuleiten. Die Einreichung des Widerspruchs bei einer anderen Behörde ist etwa zu empfehlen, wenn sich die Widerspruchsstelle nicht am gleichen Ort befindet und die Gefahr besteht, dass der Widerspruch bei dieser nicht mehr innerhalb der Frist eingeht (siehe Schriftsatzmuster Nr 2). Der Widerspruch sollte insbesondere kurz vor Fristablauf nicht in einem an die Widerspruchsstelle gerichteten und verschlossenen Umschlag in den Briefkasten der anderen Behörde eingeworfen werden; denn wenn dieser ungeöffnet an die Widerspruchsstelle weitergeleitet wird und bei dieser verspätet eingeht, ist die Frist nicht gewahrt (vgl zur Klagefrist BSG NJW 1990, 2836). **48**

War die **Widerspruchsfrist versäumt,** ist im Widerspruchsbescheid **aber eine sachliche Entscheidung getroffen** worden, ist das Gericht hieran gebunden; der angefochtene Bescheid ist dann nicht als bindend anzusehen (BSG SozR 1500 § 84 Nr 3; aA *Zeihe* § 84 Anm 10b bb). **49**

Als **Folge der Fristversäumnis** kann die Behörde den Widerspruch als unzulässig zurückweisen, sie kann aber auch eine sachliche Entscheidung treffen (siehe auch RdNr 49). Gemäß § 84 Abs 2 S 3 iVm § 67 ist, wenn der Beteiligte ohne Verschulden gehindert war, die Frist einzuhalten, **Wiedereinsetzung in den vorigen Stand** zu gewähren (siehe hierzu all- **50** gemein RdNr 165 ff). Fehlt dem Verwaltungsakt die erforderliche Begründung oder ist die Anhörung nach § 24 SGB X unterblieben und ist dadurch die rechtzeitige Anfechtung des Verwaltungsaktes versäumt worden, gilt die Versäumung gemäß § 41 Abs 3 SGB X als nicht verschuldet.

51 Hat die **Behörde die Wiedereinsetzung abgelehnt** und sieht das Gericht später die vom Beteiligten hierfür vorgebrachten Gründe als ausreichend an oder werden Wiedereinsetzungsgründe erstmalig vorgetragen, hat es die Entscheidung über die Wiedereinsetzung nachzuholen (BSG SozR 4495 § 11 Nr 1). Der Beteiligte kann aus prozessökonomischen Gründen nicht auf eine Verpflichtungsklage auf Wiedereinsetzung verwiesen werden. Stellt sich erst im Gerichtsverfahren heraus, dass die **Frist entgegen der Ansicht der Behörde gewahrt** war und hat diese den Widerspruch ohne Sachprüfung als unzulässig zurückgewiesen, musste das Gericht bis zur Einfügung des § 131 Abs 5 durch Art 8 des 1. Justizmodernisierungsgesetzes vom 24. 8. 2004 sachlich entscheiden. Nunmehr kann der Rechtsstreit auch zur erneuten Prüfung **an die Verwaltung zurückverweisen** werden. Es ist nicht erforderlich, dass die Behörde zunächst eine sachliche Prüfung im Vorverfahren nachholt; erlässt sie gleichwohl einen Widerspruchsbescheid in der Sache, wird dieser nach § 96 Abs 1 Gegenstand des Klageverfahrens.

5. Aufschiebende Wirkung des Widerspruchs

a) Grundsatz

52 Der vorläufige Rechtsschutz ist mWv 2. 1. 2002 durch das 6. SGG-ÄndG vom 17. 8. 2001 (BGBl I 2144) neu geregelt worden. Die bis dahin in § 86 Abs 2–4 und § 97 enthaltenen Regelungen waren unzureichend und sind durch die eingefügten §§ 86 a und 86 b (vgl RdNr 638 ff) ersetzt worden. § 86 a Abs 1 S 1 bestimmt jetzt, dass der **Widerspruch grundsätzlich aufschiebende Wirkung** hat. Dieser Grundsatz wird aber dadurch stark eingeschränkt, dass die aufschiebende Wirkung kraft Gesetzes in den in § 86 a Abs 2 genannten Fällen nicht eintritt (siehe RdNr 55 ff). Ist dies der Fall, kann aber gemäß § 86 a Abs 3 die Stelle, die den Verwaltungsakt erlassen hat (was in der Praxis kaum vorkommen wird) oder die Widerspruchsbehörde die sofortige Vollziehung ganz oder teilweise aussetzen (siehe RdNr 61). Zudem sieht § 86 b die Möglichkeit vor, durch das Gericht im Wege des einstweiligen Rechtsschutzes die aufschiebende Wirkung ganz oder teilweise anordnen zu lassen (siehe dazu RdNr 638 ff).

53 **Rechtsfolge** des Eintritts der aufschiebenden Wirkung ist, dass die Behörde den **Verwaltungsakt nicht vollziehen** darf. So muss diese zB nach der Widerspruchseinlegung eine mit dem angefochtenen Verwaltungsakt **entzogene Leistung weiter zahlen.** In den Fällen, in denen die aufschie-

bende Wirkung kraft Gesetzes eintritt, wirkt diese zurück; die Leistung ist daher **ab Einstellung nachzuzahlen.** Die Verfahrensweise, eine aufgrund eines Entziehungsbescheides eingestellte Leistung nach Einlegung des Widerspruchs nicht wieder einzuweisen, ist rechtswidrig. Sollte sich die Widerspruchsstelle auch nach Androhung dienstaufsichtsrechtlicher Maßnahmen (was idR am schnellsten zum Erfolg führen wird) weigern, die Leistung wieder einzuweisen, kann eine Feststellungsklage erhoben werden, dass der Widerspruch aufschiebende Wirkung hat, die zur Beschleunigung mit dem Antrag auf Erlass einer einstweiligen Anordnung verbunden werden kann (dazu RdNr 638 ff).

Die **aufschiebende Wirkung endet** mit der Bestandskraft des Aus- **54**
gangsbescheides, also zB mit der Rücknahme des Widerspruchs oder der Anfechtungsklage oder der Rechtskraft eines klageabweisenden Urteils. Stellt sich heraus, dass der angefochtene Verwaltungsakt rechtmäßig war, sind wegen der aufschiebenden Wirkung **zu Unrecht gewährte Leistungen zu erstatten.**

b) Nichteintritt der aufschiebenden Wirkung gemäß § 86a Abs 2

aa) § 86a Abs 2 Nr 1 – Die Vorschrift bestimmt, dass die aufschie- **55**
bende Wirkung nicht eintritt, wenn sich der Widerspruch gegen Entscheidungen über **Versicherungs-, Beitrags- und Umlagepflichten** sowie die Anforderung von **Beiträgen, Umlagen** und sonstigen öffentlichen **Abgaben** einschließlich der darauf entfallenden Nebenkosten richtet. Durch diese Regelung soll die finanzielle Funktionsfähigkeit der Sozialversicherung gesichert werden.

bb) § 86a Abs 2 Nr 2 – Anders als in Angelegenheiten der Sozialversi- **56**
cherung (siehe § 86a Abs 2 Nr 3) bestimmt die Vorschrift, dass in Angelegenheiten des sozialen Entschädigungsrechts (dh Angelegenheiten, die sich insbesondere nach den Vorschriften des BVG richten) und der Bundesagentur für Arbeit der Widerspruch bei Verwaltungsakten, die eine laufende Leistung herabsetzen oder entziehen, keine aufschiebende Wirkung hat. Wird von einer Agentur für Arbeit zB festgestellt, dass der Anspruch auf Arbeitslosengeld wegen des Eintritts einer Sperrzeit ruht, muss das Arbeitslosengeld auf Grund eines eingelegten Widerspruchs nicht weiter gezahlt werden. Eine Verpflichtung zur Weiterzahlung kann nur dadurch erreicht werden, dass gemäß § 86a Abs 3 durch die Behörde, die den Verwaltungsakt erlassen hat oder durch die Widerspruchsstelle oder gemäß § 86b durch das Gericht angeordnet wird, dass die sofortige Vollziehung ausgesetzt wird (siehe RdNr 61 und 638 ff). Die aufschiebende Wirkung des Widerspruchs ist also bei der Entziehung von Leistungen auf die Kranken-, Unfall- und Rentenversicherung einschließlich der Alterssicherung der Landwirte sowie die Pflegeversicherung beschränkt.

cc) § 86a Abs 2 Nr 3 bestimmt, dass (anders als der Widerspruch) die **57**
Anfechtungsklage in Angelegenheiten der Sozialversicherung (dh der

Kranken-, Unfall- und Rentenversicherung einschließlich der Alterssicherung der Landwirte sowie der Pflegeversicherung) bei Verwaltungsakten, die eine laufende Leistung herabsetzen oder entziehen, keine aufschiebende Wirkung hat (siehe dazu RdNr 189ff). Anders als das Widerspruchsverfahren führt also eine sich anschließende Anfechtungsklage nicht dazu, dass der Versicherungsträger entzogene Sozialleistungen (zB Renten oder Krankengeld) während des Klageverfahrens weiter zahlen muss.

58 **dd) § 86a Abs 2 Nr 4 – In durch Bundesgesetz vorgeschriebenen Fällen.** Gemäß § 86a Abs 2 Nr 4 tritt die aufschiebende Wirkung des Widerspruchs nicht ein, wenn dies durch ein Bundesgesetz vorgeschrieben ist. So bestimmt zB **§ 336a SGB III,** dass Widerspruch und Klage unter anderem bei Entscheidungen auf Erstattung von Arbeitslosengeld durch Arbeitgeber nach den §§ 147a, 147b, 148 SGB III keine aufschiebende Wirkung haben. Gleiches gilt für Entscheidungen über Arbeitserlaubnisse nach § 285 SGB III und über Arbeitsberechtigungen nach § 286 SGB III. Für die Grundsicherung für Arbeitsuchende regelt § 39 SGB II, dass Widerspruch und Anfechtungsklage gegen einen Verwaltungsakt, in welchen Fällen der Widerspruch keine aufschiebende Wirkung hat. § 39 S 1 Nr 1 SGB II regelt unter anderem den Ausschluss der aufschiebenden Wirkung des Widerspruchs gegen einen Verwaltungsakt, der Leistungen der Grundsicherung aufhebt, zurücknimmt, widerruft oder herabsetzt. Die zu der bis 31. 12. 2008 geltenden Fassung teilweise in der Literatur vertretene Ansicht (so *Berendes,* Sgb 2008, 215f), der Ausschluss der aufschiebenden Wirkung erfasse nur die Aufhebung für die Zukunft, nicht jedoch die für die Vergangenheit, kann aufgrund der Neufassung des § 39 SGB II durch das Gesetz zur Neuausrichtung der arbeitsmarktpolitischen Instrumente nicht mehr aufrecht erhalten werden. Durch die Neufassung ist nun jedoch klargestellt, dass der Widerspruch gegen den Erstattungsbescheid aufschiebende Wirkung hat. Für das Vertragsarztrecht enthält das SGB V zahlreiche Sonderregelungen, siehe zB § 85 Abs 4 SGB V bei Anfechtungen der Honorarfestsetzung oder § 89 Abs 1 SGB V bei Entscheidungen des Schiedsamtes.

59 **ee) § 86a Abs 2 Nr 5 – Anordnung der sofortigen Vollziehung.** Gemäß § 86a Abs 2 Nr 5 kann die Ausgangsbehörde oder die Widerspruchsstelle die an sich nach dem Gesetz eingetretene aufschiebende Wirkung dadurch beseitigen, dass sie die sofortige Vollziehung anordnet. Es handelt sich um eine **Ermessensentscheidung,** die voraussetzt, dass dies im öffentlichen Interesse oder im überwiegenden Interesse eines Beteiligten liegt. Die Anordnung der sofortigen Vollziehung ist nur gerechtfertigt, wenn eine umfassende Abwägung aller öffentlichen und privaten Belange zum Ergebnis kommt, dass das Vollziehungsinteresse überwiegt (so die Begründung zum 6. SGGÄndG, BT-Drucks 14/5943 zu § 34).

Die Anordnung der sofortigen Vollziehung muss **schriftlich** erfolgen und ist zu **begründen.** Aus der Begründung muss sich ergeben, warum das öffentliche Interesse an der sofortigen Vollziehung überwiegt. Es genügt nicht, wenn lediglich der Wortlaut, auf den sich der Verwaltungsakt stützt, wiederholt wird. Auf Antrag des Betroffenen kann das Gericht gemäß § 86b Abs 1 S 1 Nr 2 die aufschiebende Wirkung des Verwaltungsaktes wieder herstellen (dazu RdNr 638 ff). 60

c) Aussetzung der Vollziehung nach § 86a Abs 3

In den in § 86a Abs 2 genannten Angelegenheiten kann die Stelle, die den Verwaltungsakt erlassen hat, oder die Widerspruchsstelle gemäß § 86a Abs 3 den Vollzug eines Verwaltungsaktes, der eine laufende Leistung entzieht, aussetzen. Gleiches gilt nach § 86a Abs 4, wenn eine Erlaubnis nach § 1 AÜG geändert worden ist, aufgehoben oder nicht verlängert wird. 61

Die **Aussetzung des Vollzugs** erfolgt auf Antrag des Beschwerten, der keiner besonderen Form bedarf, oder von Amts wegen. Die Aussetzung steht im **Ermessen** der Behörde. Sie hat eine Abwägung zwischen den Interessen des Beschwerten an der Aussetzung und den Interessen der Verwaltung am sofortigen Vollzug vorzunehmen. Dabei können die Erfolgsaussichten nicht unberücksichtigt bleiben. Sind diese ungewiss, ist der Vollzug jedenfalls dann auszusetzen, wenn er sich als unbillige Härte darstellen würde. Der Vollzug kann auch teilweise ausgesetzt werden und gemäß Abs 3 S 4 mit Auflagen, zB einer Sicherheitsleistung, versehen werden. Die Anordnung einer Sicherheitsleistung ist nicht zulässig, wenn es dem Rechtsuchenden nicht möglich ist, diese aufzubringen (BVerfG NVwZ 199, 638). Wird der Antrag, die sofortige Vollziehung auszusetzen, von der Behörde abgelehnt, kann beim Gericht der Antrag gestellt werden, die aufschiebende Wirkung nach § 86b anzuordnen (dazu RdNr 638ff). 62

6. Einbeziehung von Folgebescheiden nach § 86

Ergeht **während des Vorverfahrens ein neuer Verwaltungsakt,** der den ursprünglichen Verwaltungsakt abändert, wird dieser gemäß § 86 Gegenstand des Vorverfahrens. Insoweit wird im Einzelnen auf die Ausführungen in RdNr 204 ff zur inhaltsgleichen Regelung des § 96 Abs 1 bezüglich der Einbeziehung von Folgebescheiden in das Klageverfahren verwiesen. Die Einlegung eines gesonderten Rechtsbehelfs gegen den neuen Verwaltungsakt ist weder erforderlich noch zulässig, da er **kraft Gesetzes zum Gegenstand** des Vorverfahrens wird. War der Widerspruch gegen den ursprünglichen Verwaltungsakt wegen Fristversäumnis unzulässig, wird er bezüglich des neuen Bescheides zulässig, so dass über diesen sachlich zu entscheiden ist. Die Gerichte müssen über den Folgebe- 63 scheid auch dann entscheiden, wenn er von der Widerspruchsstelle übersehen wurde. Das Verfahren muss also nicht ausgesetzt werden, um das Widerspruchsverfahren insoweit nachzuholen (BSG SozR 2200 § 313a Nr 6).

7. Verfahren und Widerspruchsbescheid

64 Hält die **Ausgangsbehörde** den Widerspruch für begründet, muss sie diesem gemäß § 85 Abs 1 **abhelfen.** Hilft sie nicht oder nur teilweise ab, muss sie den Widerspruch der **Widerspruchsstelle vorlegen.** Von dieser ist der Verwaltungsakt auf seine **Recht- und Zweckmäßigkeit** hin zu überprüfen. Der Widerspruchsbescheid ist gemäß § 85 Abs 3 schriftlich zu erlassen, zu begründen und den Beteiligten bekanntzugeben (die formelle Zustellung ist seit 1. 6. 1998 nicht mehr erforderlich). Die Verletzung dieser Verfahrensvorschriften berechtigt die Gerichte jedenfalls dann, wenn der Verwaltungsakt nicht schlechthin nichtig ist und das Verfahren keine Ermessensfrage betrifft, nicht zu dessen Aufhebung, es ist vielmehr sachlich zu entscheiden (BSG SozR 1500 § 85 Nr 7). Mit Erlass des Widerspruchsbescheides ist das Widerspruchsverfahren abgeschlossen, die Behörde ist daher **nicht befugt, einen zweiten Widerspruchsbescheid zu erlassen.** Ein solcher wird gemäß § 96 Gegenstand eines sich ggf anschließenden Klageverfahrens und ist aufzuheben (BSG SozR 3–5850 § 1 Nr 1 S 5).

65 Der Widerspruchsbescheid ist mit einer **Rechtsmittelbelehrung** zu versehen, die über die einzuhaltende Frist und den Sitz des zuständigen Gerichts belehrt (zu den Folgen einer unterbliebenen oder unrichtigen Belehrung siehe RdNr 34).

8. Kosten des Widerspruchsverfahrens (§ 63 SGB X)

a) Grundsatz

66 Das Widerspruchsverfahren ist **für den Bürger kostenfrei.** Die Behörden dürfen also für ihr Tätigwerden auch dann keine Gebühren erheben, wenn der Widerspruch erfolglos ist. **Soweit der Widerspruch erfolgreich** ist, hat die Behörde dem Widerspruchsführer gemäß § 63 Abs 1 S 1 SGB X die zur zweckentsprechenden Rechtsverfolgung **notwendigen Aufwendungen zu erstatten.** Diese sind nach § 63 Abs 1 S 2 SGB X ferner dann zu erstatten, wenn der Widerspruch nur deshalb keinen Erfolg hatte, weil **Verfahrens- und Formvorschriften gemäß § 41 SGB X geheilt** wurden. Darin kommt der von der Rechtsprechung für das sozialgerichtliche Verfahren entwickelte Grundsatz zum Ausdruck, dass eine Kostenerstattung auch bei einem erfolglosen Rechtsbehelf möglich ist, wenn dieses durch die Behörde veranlasst wurde (siehe RdNr 611). Zu den

notwendigen Aufwendungen zählen insbesondere diejenigen, die durch die Zuziehung eines Bevollmächtigten entstanden sind (siehe RdNr 71).

§ 63 SGB X sieht eine **Kostenerstattung** nur für das Widerspruchsverfahren vor, **nicht für das Verwaltungsverfahren,** das dem Widerspruchsverfahren vorausgegangen ist. Auf dieses ist § 63 SGB X nicht entsprechend anwendbar. Das gilt zB auch dann, wenn einem **Antrag nach § 44 SGB X** auf Neuberechnung einer Rente entsprochen wurde (BSG SozR 1300 § 63 Nr 1). § 63 SGB X gilt auch nicht für eine formlose **Gegenvorstellung** (KassKomm-*Krasney* § 63 SGB X RdNr 3). Ein Anspruch auf Kostenerstattung kann aber außerhalb eines Verwaltungsverfahrens nach den **Verzugsregeln des BGB** bestehen, zB dann, wenn die Inanspruchnahme eines Rechtsanwalts erforderlich war, weil die Behörde trotz mehrmaliger Mahnungen fällige Rechnungen nicht beglichen hat (BSG SozR 3–1300 § 61 Nr 1 = NJW 1996, 1693). **67**

Grundsätzlich ist der **Widerspruch „erfolgreich"** iSd § 63 Abs 1 S 1 SGB X, wenn die Behörde ihm statt gibt. Für die begünstigende Entscheidung muss die **Widerspruchsbegründung nicht kausal** gewesen sein. Daher kommt eine Kostenerstattung auch dann in Betracht, wenn dem Widerspruch aus anderen als den geltend gemachten Gründen stattgegeben wurde oder der Erfolg zB auf einer Änderung der Rechtsprechung des BSG beruht. Die Kostenerstattung ist nicht ausgeschlossen, wenn erst im Widerspruchsverfahren neue Beweismittel vorgelegt wurden, weil die Behörde den Sachverhalt von Amts wegen ermitteln musste (KassKomm-*Krasney* § 63 SGB X RdNr 6). Keine Kosten sind aber zu erstatten, wenn die abhelfende Entscheidung nicht dem Widerspruch, sondern einem anderen Umstand zuzurechnen ist, zB wenn erst nachträglich Mitwirkungspflichten erfüllt werden (BSG SozR 3–1500 § 63 Nr 3 = NZS 1992, 159). Hatte der Widerspruch nur **teilweise Erfolg,** sind die Kosten entsprechend dem Obsiegen und Unterliegen **teilweise zu erstatten** (sog Quotelung). **68**

b) Kostenentscheidung

Die **Kostenentscheidung ist ein Verwaltungsakt,** der mit der Klage angefochten werden kann. In der Entscheidung hat die Behörde bei den Angelegenheiten, in denen der Auftraggeber nicht zu den in § 183 genannten Personen gehört, auch den Gegenstandswert festzusetzen. Wurde im Widerspruchsbescheid keine Kostenentscheidung getroffen, hat die Widerspruchsstelle dies auf Antrag (siehe Schriftsatzmuster Nr 3) durch einen gesonderten Verwaltungsakt nachzuholen, der mit der Klage angefochten werden kann. **Folgt dem Widerspruchsverfahren ein Klageverfahren,** werden die Kosten des Widerspruchsverfahrens als außergerichtliche **Kosten des Gerichtsverfahrens** behandelt und können zusammen mit diesen festgesetzt werden (s RdNr 616). Ist in einem **Vergleich** keine Kostenregelung getroffen worden, tragen die Beteiligten entsprechend § 195 ihre Kosten selbst. **69**

c) Erstattungsfähige Aufwendungen

70 Zu erstatten sind die **zur zweckentsprechenden Rechtsverfolgung** oder Rechtsverteidigung **notwendigen Aufwendungen.** Dies entspricht der Regelung des § 193 Abs 2 bezüglich des gerichtlichen Verfahrens. Zu erstatten sind zB Aufwendungen für Porto, Fotokopien aus den Akten, Telefongespräche mit der Behörde, Fahrtkosten; **nicht erstattungsfähig** sind Kosten für den Zeitaufwand, der zB für die Fertigung von Schriftsätzen erforderlich war.

71 Gemäß § 63 Abs 2 SGB X sind die **Gebühren und Auslagen eines Rechtsanwalts** oder eines sonstigen Bevollmächtigten im Vorverfahren erstattungsfähig, wenn die **Zuziehung eines Bevollmächtigten notwendig** war. Darauf kommt es nicht an, wenn sich ein Klageverfahren anschließt, weil dann die Kosten des vorausgegangenen Widerspruchsverfahrens zu den Kosten iSd § 193 gehören (SG Berlin Breithaupt 1990, 438; dazu auch RdNr 616). Die Notwendigkeit der Zuziehung eines Bevollmächtigten ist nach den Umständen des Einzelfalles **vom Standpunkt eines verständigen Widerspruchsführers** aus und nicht aus der Sicht der rechtskundigen Behörde zu beurteilen. Die Beauftragung eines Rechtsanwalts ist das gute Recht des Bürgers, seine Erkenntnis- und Urteilsfähigkeit, ob dies notwendig ist, darf nicht überschätzt werden (BVerwGE 17, 245 = NJW 1964, 686). Die Notwendigkeit der Zuziehung kann daher **nicht nur in schwierigen oder umfangreichen Verfahren** bejaht werden, weil der Bürger nur in Ausnahmefällen in der Lage ist, selbst seine Rechte gegenüber der Verwaltung ausreichend wahrzunehmen. IdR kann die **Zuziehung eines Bevollmächtigten** nur dann als nicht notwendig angesehen werden, wenn sie sich als **rechtsmissbräuchlich** darstellt. Dies kann zB gegeben sein, wenn eine Leistung zunächst wegen der fehlenden Mitwirkung des Widerspruchsführers abgelehnt worden ist. In Schwerbehindertensachen ist die Zuziehung eines Bevollmächtigten idR notwendig (BSG, Urteil vom 8.10. 1987 – 9a RVs 10/87, unveröffentlicht).

72 Gemäß § 63 Abs 1 S 3 SGB X hat der Erstattungsberechtigte die von ihm **verschuldeten Aufwendungen selbst zu tragen,** wobei er sich das Verschulden seines Vertreters zurechnen lassen muss. Unter Verschulden ist in diesem Zusammenhang das Außerachtlassen der im Verwaltungsverfahren gebotenen Sorgfalt zu verstehen. Ein Verschulden liegt zB nicht vor, wenn in einer Schwerbehindertensache ein erst im Vorverfahren bestellter Bevollmächtigter weitere Gesundheitsstörungen mitgeteilt hat, die bei der Antragstellung noch nicht geltend gemacht wurden. Ein Verschulden kommt erst in Betracht, wenn die Verwaltung ihre Aufklärungspflicht erfüllt hat (BSG, Urteil vom 8.10. 1987 – 9a RVs 10/87, unveröffentlicht).

d) Kostenfestsetzung

Die Höhe der zu erstattenden Kosten wird gemäß § 63 Abs 3 SGB X **auf Antrag durch die Behörde** festgesetzt, die die Kostenentscheidung getroffen hat. Die Entscheidung über den Kostenfestsetzungsantrag ist ein Verwaltungsakt, der durch Widerspruch und Klage angefochten werden kann. Die **Rechtsanwaltsgebühren** sind idR Rahmengebühren, sie sind gemäß § 3 Abs 2 RVG nur dann nach dem Gegenstandswert zu berechnen, wenn der Auftraggeber nicht zu den in § 183 SGG genannten Personen gehört. Zur **Höhe** der Rechtsanwaltsgebühren s im Einzelnen RdNr 623 ff. **73**

Der Anspruch auf Erstattung der Aufwendungen für eine Rechtsverfolgung im Widerspruchsverfahren ist nach der Rechtsprechung des BSG (SozR 1300 § 63 Nr 9) **nicht zu verzinsen,** weil § 104 Abs 1 S 2 ZPO nicht entsprechend anwendbar sein soll. Dies gilt aber nicht, wenn dem Widerspruchsverfahren ein Klageverfahren folgt, weil es sich dann bei den Kosten des Widerspruchsverfahrens um einen Teil der zu erstattenden außergerichtlichen Kosten des Klageverfahrens handelt (SG Konstanz AnwBl 1987, 293). **74**

C. Das Klageverfahren

I. Allgemeine Verfahrensgrundsätze

1. Amtsbetrieb und Amtsermittlung

Im sozialgerichtlichen Verfahren gilt der Grundsatz des **Amtsbetriebs.** 75
Anders als im Zivilprozess ist das Inganghalten des Verfahrens also **nicht Aufgabe der Parteien,** sondern des Gerichts. Dieses hat von Amts wegen Termine anzuberaumen sowie Ladungen und Zustellungen vorzunehmen. Die **Zustellungen** erfolgen gemäß § 63 Abs 2 nach den Vorschriften der ZPO. Parteizustellungen, wie sie in der ZPO vorgesehen sind, gibt es im sozialgerichtlichen Verfahren nicht.

Nach dem in § 103 festgelegten **Amtsermittlungsprinzip** (siehe hier- 76
zu auch RdNr 233ff) hat das Gericht den **Sachverhalt von Amts wegen zu erforschen.** Die Beteiligten müssen weder ihnen günstige Tatsachen behaupten noch ungünstige bestreiten. Das Ausmaß der Ermittlungen liegt im pflichtgemäßen Ermessen des Gerichts, wobei es von seiner rechtlichen Beurteilung auszugehen hat. An das Vorbringen und die Beweisanträge der Beteiligten ist es dabei nicht gebunden, zur **Sachaufklärung** kann es insbesondere die in § 106 Abs 3 aufgeführten Maßnahmen durchführen. Von der Verpflichtung, den Sachverhalt von Amts wegen zu ermitteln, ist das Gericht wegen etwaiger Versäumnisse der Behörden im Verwaltungsverfahren nicht entbunden.

Wegen einer fehlerhaften Sachaufklärung war vor Inkrafttreten des 1. 77
Justizmodernisierungsgesetzes vom 24. 8. 2004 eine **Zurückverweisung an die Behörde nicht möglich.** Nun bestimmt § 131 Abs 5, dass das Gericht im Beschlussverfahren, wenn es eine weitere Sachaufklärung für erforderlich hält, den Verwaltungsakt und den Widerspruchsbescheid aufheben kann, ohne in der Sache selbst zu entscheiden. Diese Durchbrechung des Grundsatzes, dass das Gericht den Sachverhalt von Amts wegen zu ermitteln hat, ist allerdings nur binnen sechs Monaten seit Eingang der Akten der Behörde bei Gericht und nur wenn die Ermittlungen erheblich sind sowie die isolierte Aufhebung der Bescheide unter Berücksichtigung der Belange der Beteiligten sachdienlich ist, möglich. Durch das SGGArbGGÄndG wurde § 131 Abs 5 S 1 nun mit Wirkung zum 1. 4. 2008 noch durch Einfügung „in den Fällen des § 54 Abs 1 S 1 und Abs 4" ergänzt. Damit wird die Anwendbarkeit der Regelung für kombinierte Anfechtungs- und Verpflichtungsklagen und kombinierte Anfechtungs- und Leistungsklagen erweitert (RdNr 104a).

78 An ein **Geständnis** iSd § 288 ZPO ist das Gericht **nicht gebunden.** Auch im sozialgerichtlichen Verfahren sind die Tatsachengerichte verpflichtet, die **angebotenen Beweise auszuschöpfen,** es sei denn, die unter Beweis gestellte Tatsache wird vom Gericht bereits als erwiesen angesehen. Dass die rechtzeitig angetretenen entscheidungserheblichen Beweise erhoben werden müssen, ergibt sich bereits aus dem Grundsatz des rechtlichen Gehörs (BVerfG NJW 1979, 413, 414). Das Gericht darf eine Beweiserhebung zB nicht mit der Begründung ablehnen, der Kläger habe keine die Verschlimmerung seiner Gesundheitsstörungen bestätigenden Befundunterlagen vorgelegt.

79 **Ermittlungen,** die das Gericht selbst anstellen kann, darf es **nicht dem Kläger aufbürden** (BSG SozR Nr 56 zu § 103). So muss es zB von Amts wegen die Behauptung auf ihren Wahrheitsgehalt überprüfen, ein bestimmtes Leiden habe sich verschlimmert (BSG SozR 1500 § 103 Nr 27). Wird zB am Ende des Berufungsverfahrens bezüglich einer Erkrankung der **Sachvortrag gewechselt,** ist eine weitere Sachaufklärung dann nicht erforderlich, wenn sich in den Akten keine die Behauptung stützenden medizinischen Äußerungen finden lassen. Dies gilt insbesondere dann, wenn über den vergangenen Zeitraum der Krankheitsverlauf zeitnah dokumentiert ist (BSG SozR 1500 § 103 Nr 25).

80 Die **Ermittlungspflicht** besteht **auch bezüglich der Prozessvoraussetzungen.** So muss zB von Amts wegen festgestellt werden, ob die **Rechtsmittelfristen** gewahrt sind. Das SG (und im Berufungsverfahren das LSG) hat daher auch ohne entsprechenden Sachvortrag der Beteiligten zu ermitteln, wann der Widerspruchsbescheid bekannt gegeben und ob bei einer Fristversäumnis die Voraussetzungen für eine **Wiedereinsetzung** in den vorigen Stand gegeben sind. Es hat ferner zu prüfen, ob der Sachentscheidung **Verfahrensfehler** entgegenstehen, die von Amts wegen zu beachten sind, zB das Erfordernis einer notwendigen **Beiladung.** Bei **Ermessensentscheidungen** sind die Tatsachen zu ermitteln, die diesen zugrunde liegen. Bei einem Streit um die Gewährung einer Maßnahme zur Teilhabe am Arbeitsleben aus der gesetzlichen Rentenversicherung nach den §§ 9ff SGB VI muss zB ermittelt werden, ob die gesundheitlichen oder versicherungsrechtlichen Voraussetzungen (die sog Eingangsvoraussetzungen für die eigentliche Ermessensentscheidung) vorliegen, da diese nicht den Ermessensbereich betreffen (siehe dazu im Einzelnen Kass-Komm-*Niesel* § 13 SGB VI RdNr 12ff).

81 Gemäß § 103 S 1 sind bei der von Amts wegen durchzuführenden Aufklärung des Sachverhalts **die Beteiligten heranzuziehen.** Die Mitwirkung konnte bis zum Inkrafttreten des SGGArbGGÄndG zum 1. 4. 2008 auch nicht erzwungen werden. Die Ermittlungspflicht des Gerichts war daher durch die Mitwirkungsbereitschaft der Beteiligten begrenzt. Die **mangelnde Mitwirkungsbereitschaft** hatte das Gericht nicht von der Verpflichtung, die möglichen Ermittlungen anzustellen, entbunden. Durch

die Einfügung des (im wesentlichen § 87b VwGO entsprechenden) § 106a SGG kann der Vorsitzende einem Beteiligten nun eine Frist zur Angabe entscheidungserheblicher Tatsachen oder zur Bezeichnung von Beweismitteln setzen, nach entsprechender Belehrung über die Folgen einer Fristversäumung verspätet vorgebrachte Erklärungen oder Beweismittel zurückweisen und ohne weitere Ermittlungen entscheiden, wenn eine Zulassung „nach freier Überzeugung des Gerichts die Erledigung des Rechtstreits verzögern würde“ und der Beteiligte „die Verspätung nicht genügend entschuldigt“. Diese neu eingeführte und im Verlauf des Gesetzgebungsverfahrens mehrfach kritisierte **Präklusionsregelung** lässt sich nur schwer mit dem für das sozialgerichtliche Verfahren maßgeblich prägenden Amtsermittlungsgrundsatz vereinbaren.

Die **Folgen der mangelnden Mitwirkung** hat nach den Grundsätzen **82** der objektiven **Beweislast** (Feststellungslast) derjenige zu tragen, der sich auf eine Tatsache beruft, die den geltend gemachten Anspruch begründet. Kann sich das Gericht nicht von dem Vorhandensein der anspruchsbegründenden Tatsachen überzeugen, ist die Klage abzuweisen. Ein **Grundsatz,** dass **im Zweifel für den Versicherten, Hilfebedürftigen** oder **Versorgungsberechtigten** zu entscheiden ist, **besteht nicht.** Die Verletzung der Amtsermittlungspflicht ist ein Verfahrensfehler, der zur Zulassung einer an sich nicht statthaften Berufung führen kann (s RdNr 443ff).

2. Entscheidung nach freier Überzeugung

Gemäß **§ 128 Abs 1** entscheidet das Gericht nach seiner freien, aus **83** dem Gesamtergebnis des Verfahrens gewonnenen Überzeugung. Das Recht auf **freie Beweiswürdigung ist verletzt,** wenn das Gericht gegen die Denkgesetze oder allgemeine Erfahrungssätze verstößt oder von nicht existierenden Erfahrungssätzen ausgeht. Die Grenzen der freien Beweiswürdigung sind ferner überschritten, wenn das Gesamtergebnis des Verfahrens nicht ausreichend berücksichtigt oder eine Beweiswürdigung unzulässigerweise vorweggenommen wird.

3. Grundsatz der Mündlichkeit und Unmittelbarkeit

Im sozialgerichtlichen Verfahren gilt, wie auch in den anderen Ver- **84** fahrensarten, der Grundsatz der Mündlichkeit. Gemäß **§ 124 Abs 1** entscheidet das Gericht, soweit nichts anderes bestimmt ist, aufgrund mündlicher Verhandlung (zur Entscheidung nach Aktenlage und ohne mündliche Verhandlung s RdNr 298ff). Anders als im Zivilprozess kann das Gericht **auch in Abwesenheit eines Beteiligten** mit den/dem erschienenen Beteiligten verhandeln und aufgrund mündlicher Verhandlung entscheiden (s RdNr 297). Im sozialgerichtlichen Verfahren kann

kein Versäumnisurteil ergehen. Nach dem Grundsatz der Mündlichkeit muss die Verhandlung und Beweisaufnahme vor dem erkennenden Gericht stattfinden. Gemäß § 129 kann das Urteil nur von den Richtern gefällt werden, die an der dem Urteil zugrunde liegenden Verhandlung teilgenommen haben.

85 Nach dem **Grundsatz der Unmittelbarkeit** ist das Gericht verpflichtet, den Sachverhalt unmittelbar festzustellen. Es darf diesen nicht durch andere Stellen (zB durch Versicherungsträger oder andere Behörden) feststellen lassen oder Protokolle von Beweisaufnahmen in anderen Verfahren anstelle eigener Ermittlungen verwerten. Der Grundsatz der Unmittelbarkeit der Beweisaufnahme erlaubt lediglich dann eine Durchbrechung, wenn die Beteiligten sich einverstanden erklären, dass Niederschriften anderer Gerichte über Zeugenvernehmungen anstelle einer erneuten Vernehmung verwertet werden (BSG SozR 1500 § 117 Nr 3).

86 Ist eine unmittelbare Beweisaufnahme nicht möglich, können Zeugenaussagen in anderen Verfahren aber im Wege des **Urkundenbeweises** verwertet werden. Hat das SG Zeugen einvernommen, kann das Ergebnis der Beweisaufnahme grundsätzlich auch im Berufungsverfahren verwertet werden. Ob das LSG zur **Wiederholung der Beweisaufnahme** verpflichtet ist, beurteilt sich nach der Lage des Einzelfalls. Das LSG darf sich nicht ohne weiteres über die Glaubwürdigkeitsbeurteilung des SG hinwegsetzen, ohne den Zeugen selbst gesehen und gehört zu haben (BSG SozR 2200 § 368 a Nr 21).

4. Das rechtliche Gehör

87 Das durch Art 103 Abs 1 GG abgesicherte prozessuale Grundrecht auf rechtliches Gehör ist in § 62 nochmals ausdrücklich hervorgehoben worden. Es besagt, dass ein Beteiligter **vor Erlass einer Entscheidung** Gelegenheit haben muss, sich zu **äußern und gehört zu werden.** Das Gericht muss **Ausführungen** der Verfahrensbeteiligten **zur Kenntnis nehmen** und in Erwägung ziehen; andererseits besteht keine Verpflichtung, sich mit jedem Vorbringen in den Entscheidungsgründen ausdrücklich zu befassen (BSG SozR 3–4100 § 141 b Nr 10). § 128 Abs 2 schreibt zudem ausdrücklich vor, dass das Urteil nur auf Tatsachen und Beweisergebnisse gestützt werden darf, zu denen sich die Beteiligten äußern konnten.

88 Das Gericht muss **gerichtskundige Tatsachen in den Prozess einführen** und zum Gegenstand der mündlichen Verhandlung machen (BSGE 22, 19, 20; SozR Nr 70 zu § 128 SGG; SozR 1500 § 128 Nr 4). So muss dem Kläger zB bei einem Rechtsstreit um die Gewährung einer Rente wegen teilweiser Erwerbsminderung nach § 240 SGB VI bezüglich der Verweisungstätigkeiten, auf die das Gericht diesen verweisen will, Gelegenheit zur Äußerung gegeben werden (s dazu KassKomm-*Niesel* § 240

SGB VI RdNr 112). Nicht hingewiesen werden muss auf **allgemeinkundige Tatsachen,** dh auf solche, die so geartet sind, dass verständige und erfahrene Menschen regelmäßig ohne weiteres von ihnen Kenntnis haben oder sich von ihnen durch Benutzung allgemein zugänglicher, zuverlässiger Quellen unschwer überzeugen können oder über die man sich aus zuverlässigen Quellen ohne besondere Fachkunde sicher unterrichten könnte. Insbesondere handelt es sich hierbei um Tatsachen, die allen Beteiligten mit Sicherheit gegenwärtig sind und von denen diese wissen, dass sie für die Entscheidung erheblich sein können (BSG SozR 2200 § 1246 Nr 138).

Gemäß § 127 kann in einem Termin ein für einen Beteiligten **ungünstiges Urteil nicht ergehen,** wenn er nicht davon benachrichtigt worden ist, dass **in der mündlichen Verhandlung eine Beweisaufnahme** stattfindet und er in dieser nicht zugegen oder vertreten ist. Das Gericht darf seine Entscheidung auch nicht auf rechtliche Gesichtspunkte stützen, die von einem Beteiligten erkennbar übersehen worden sind. **89**

Das Gericht darf keine **Überraschungsurteile** fällen, § 278 Abs 3 ZPO ist insoweit über § 202 anwendbar. Das Gebot, das rechtliche Gehör zu wahren, hat grundsätzlich den Vorrang vor dem Gebot, den Rechtsstreit möglichst in einer mündlichen Verhandlung zu erledigen. Der Anspruch auf rechtliches Gehör ist verletzt, wenn das Gericht den Beteiligten **mit einer Beweiswürdigung oder einer Rechtsauffassung überrascht,** mit der dieser nach dem bisherigen Verfahrensverlauf nicht zu rechnen brauchte (BSG SozR 3–1500 § 62 Nr 2). Der Grundsatz des rechtlichen Gehörs schützt nur die Anhörung einer Partei zum Sachverhalt, **nicht hinsichtlich ihrer Rechtsmeinung** (BSG NJW 1991, 1910 unter Hinweis auf BVerfG NJW 1980, 1093). Wird das Recht auf rechtliches Gehör verletzt, liegt darin ein **Verfahrensmangel,** der zur Zulassung der Berufung bzw Revision führen kann. **90**

Beispiele für eine Verletzung des rechtlichen Gehörs: Das Gericht entscheidet, obwohl der Kläger, dessen persönliches Erscheinen angeordnet war, begründet mitgeteilt hat, er sei verhindert (BSG SozR 1500 § 62 Nr 8). Der Vertagungsantrag eines wegen plötzlicher Erkrankung verhinderten Prozessbevollmächtigten wird abgelehnt (BSG SozR 1750 § 227 Nr 2 = NJW 1984, 888; zur Problematik der Terminsverlegung s auch RdNr 279). Das Gericht entscheidet mit Zustimmung des Klägers, ohne diesen davon zu unterrichten, dass dessen Prozessbevollmächtigter auf der Fahrt zum Termin wegen eines Unfalls telefonisch einen Antrag auf Terminsverlegung gestellt hat (BSG, Urteil vom 15. 3. 1988 – 4/11 a RA 76/87, unveröffentlicht). Ein am Tag vor der mündlichen Verhandlung oder sogar am gleichen Tag eingegangener Schriftsatz wird dem Gericht nicht mehr vorgelegt und daher bei der Entscheidung nicht berücksichtigt (BSG SozR 3–1500 § 62 Nr 20; SozR 1500 § 62 Nr 17). Die Beteiligten werden von der Beiziehung und Verwertung von Akten nicht unterrichtet (BSG SozR Nr 12 zu § 62). Schriftsätze anderer Beteiligter oder eingeholte Gutachten werden nicht zugestellt. Werden Sachverständigengutachten den Beteiligten erstmalig im Termin zur mündlichen Verhandlung zur Kenntnis gebracht, so ist deren Verlangen, sich vor Abgabe einer Stellungnahme sachkundig beraten zu lassen, zu entsprechen (BSG SozR 3–1500 § 62 Nr 5 = NJW 1991, 2310). Das Gericht entscheidet nach dessen Ablehnung nicht erneut über einen PKH-Antrag, obwohl sich inzwischen neue Gesichtspunkte ergeben haben, die **91**

eine andere Beurteilung nahelegen (BSG SozR 3–1500 § 62 Nr 19). Das Gericht erlässt im Anschluss an den erstmaligen Vortrag eines Gutachtens durch den Sachverständigen im Termin zur mündlichen Verhandlung ein Urteil, obwohl ein Beteiligter zur näheren Prüfung des Gutachtens hilfsweise Vertagung beantragt hat (BSG SozR 3–1500 § 128 Nr 14).

92 Für das Gericht besteht insbesondere dann eine **Hinweispflicht,** wenn es von einer Beweiswürdigung oder einer Rechtsauffassung ausgeht, mit der die Beteiligten nach dem bisherigen Verfahrensverlauf nicht zu rechnen brauchten. Dabei ist ihnen eine **angemessene Äußerungsfrist** einzuräumen.

Beispiele für die Hinweispflicht des Gerichts: Das Rechtsmittel ist unzulässig, obwohl es in der Rechtsmittelbelehrung als zulässig bezeichnet wurde. Von einem Beteiligten wurde übersehen, dass ein Folgebescheid gemäß § 96 Gegenstand des Verfahrens geworden ist (BSGE 5, 159). Vom Gericht werden als gerichtsbekannt angesehene Tatsachen in das Verfahren eingeführt (BSG SozR Nr 91 zu § 128 SGG = NJW 1973, 392). Ist aus den schriftlichen Äußerungen des Gerichts oder dem Verlauf einer mündlichen Verhandlung zu entnehmen, dass nur noch Rechtsfragen bei einem unstreitigen oder vollständig aufgeklärten und festgestellt erscheinenden Sachverhalt, nicht aber noch Beweisfragen zur Entscheidung stehen, hat das Gericht bei einer dann anderen Würdigung darauf hinzuweisen und Gelegenheit zu geben, einen Beweisantrag zu stellen (BSG SozR 1500 § 160 Nr 70). In einem Verfahren wegen sozialer Entschädigung oder in der Unfallversicherung kann ein Beteiligter idR davon ausgehen, dass der Schädigungstatbestand als sicher festgestellt gilt, wenn das Gericht ein medizinisches Gutachten über den ursächlichen Zusammenhang mit den bestehenden Gesundheitsstörungen einholt und die Beweisanordnung den Zusatz enthält, dass der Tatbestand der Schädigung unterstellt werden solle.

II. Klagearten

1. Allgemeines

93 In den §§ 54, 55 sind die möglichen Klagearten aufgeführt. Da idR ein Verwaltungsakt angefochten wird, handelt es sich zumeist um **kombinierte Klagen,** dh die Leistungs-, Feststellungs- oder Verpflichtungsklage ist idR mit einer Anfechtungsklage verbunden. Gemäß § 123 entscheidet das Gericht **über die vom Kläger erhobenen Ansprüche,** ohne an die Fassung der Anträge gebunden zu sein (s RdNr 201). Anders als im Zivilprozess kommt daher der Fassung der Anträge nicht die entscheidende Bedeutung zu. Abzustellen ist vielmehr auf das mit der Klage **tatsächlich Gewollte,** was uU durch Auslegung oder Rückfragen ermittelt werden muss. Gemäß § 112 Abs 2 muss der Vorsitzende **auf sachdienliche Anträge hinwirken.**

2. Kombinierte Anfechtungs- und Leistungsklagen

94 **Häufigste Klageart** ist die in § 54 Abs 4 geregelte kombinierte Anfechtungs- und Leistungsklage. Mit dieser erstrebt der Kläger die **Aufhebung**

eines Verwaltungsaktes, mit dem eine Leistung ganz oder teilweise abgelehnt wurde, und die **Verurteilung zur Leistung** (s Schriftsatzmuster Nr 6). Die Klage ist nur zulässig, wenn ein Verwaltungsakt vorliegt, mit dem eine beantragte Leistung ganz oder teilweise abgelehnt wurde. Ferner muss idR das Vorverfahren durchgeführt worden sein (s RdNr 36ff). Auf die Leistung muss ein **Rechtsanspruch** bestehen (zB auf Renten wegen verminderter Erwerbsfähigkeit oder Altersrenten, Arbeitslosengeld, Grundsicherungsleistungen nach SGB II und SGB XII, Krankengeld), dh die Leistungsgewährung darf **nicht im Ermessen der Behörde** stehen (wie zB bei Reha-Maßnahmen nach den §§ 9ff SGB VI). Andernfalls darf nicht zur Leistung, sondern nur zur Erteilung eines neuen Verwaltungsaktes verurteilt werden (s RdNr 102).

Wird eine Leistung in Geld begehrt, kann gemäß § 130 Abs 1 ein **95** **Grundurteil** ergehen. Dies ist idR schon deshalb erforderlich, weil zB die genaue Höhe einer Rente oder des Arbeitslosengeldes ohne erhebliche Schwierigkeiten für den Versicherten oder das Gericht kaum festgestellt werden kann. Im Klageantrag und Urteil **muss** also der **Zahlbetrag nicht beziffert werden.** Nach der Verurteilung zur Leistung dem Grunde nach ist die Behörde verpflichtet, einen Ausführungsbescheid zu erteilen, mit dem erst die genaue Höhe der Leistung festgelegt wird. Dieser Bescheid kann, da er ein Verwaltungsakt ist, seinerseits mit der Begründung angefochten werden, die Leistung sei nicht richtig berechnet worden.

Antrag und Urteilstenor einer kombinierten Anfechtungs- und Leistungsklage

> Die Beklagte wird unter Aufhebung des Bescheides vom ... in der Gestalt des Widerspruchsbescheides vom ... verurteilt, dem Kläger Rente wegen verminderter Erwerbsfähigkeit ab dem ... zu leisten.

3. Isolierte Anfechtungsklagen

Die isolierte Anfechtungsklage spielt im sozialgerichtlichen Verfahren **96** eine geringere Rolle als in der allgemeinen Verwaltungsgerichtsbarkeit, weil das Klagebegehren idR nicht auf die Abwehr eines Eingriffs in Rechte, also nicht lediglich auf die Aufhebung eines belastenden Verwaltungsaktes, sondern auf die Verurteilung zur Gewährung einer Sozialleistung ausgerichtet ist. Die isolierte Anfechtungsklage ist nur und immer dann die richtige und zulässige Klageart, wenn eine Behörde durch einen Verwaltungsakt **in Rechte eines Beteiligten eingegriffen** hat (s Schriftsatzmuster Nr 8).

Beispiele: Die **Rücknahme** eines rechtswidrigen begünstigenden Verwaltungsaktes nach § 45 SGB X; die **Aufhebung** eines Verwaltungsaktes mit Dauerwirkung bei einer Änderung der Verhältnisse nach § 48 SGB X; die Verpflichtung zur **Erstattung** nach § 50 SGB X; die **Aufrechnung** oder **Verrechnung** nach den §§ 51, 52 SGB I; im Vertragsarztrecht die **Zulassungsentziehung.** Die **Versagung einer Sozialleistung** wegen fehlender Mitwirkung (§ 66 SGB I) ist grundsätzlich allein mit der Anfechtungsklage anzugreifen, weil die Verwaltung in diesen Fällen gerade nicht über die materiellen Voraussetzungen der begehrten Leistung entschieden hat (BSG SozR 1200 § 66 Nr 13) Für den einstweiligen Rechtsschutz ist aber § 86 b Abs 2 SGG anzuwenden (vgl RdNr 655).

97 Bei einer Anfechtungsklage gegen einen eine Sozialleistung entziehenden Bescheid **beurteilt sich die Rechtmäßigkeit** nach der Sach- und Rechtslage im **Zeitpunkt seines Erlasses,** dh der Bekanntgabe dieses Bescheides. Dies gilt auch dann, wenn erst nachträglich eine die Entziehung begründende Änderung der Verhältnisse eintritt (BSG SozR 3–1500 § 54 Nr 18 = NZS 1994, 46). Ein Bescheid, mit dem eine Dauerrente wegen Besserung der gesundheitlichen Verhältnisse entzogen wird, kann daher vom SG zB nicht mit der Maßgabe abgeändert werden, dass die Entziehung erst zu einem späteren Zeitpunkt wirksam wird, weil die Änderung der gesundheitlichen Verhältnisse zwar nicht zur Zeit der Bekanntgabe des Entziehungsbescheides, aber zu einem späteren Zeitpunkt eingetreten sei.

98 Da **mit der Aufhebung** des angefochtenen Verwaltungsaktes (das SG hebt zB einen Rentenentziehungsbescheid auf) die **ursprüngliche Leistungsbewilligung wiederhergestellt** wird, fehlt für eine zusätzliche (unechte) Leistungsklage nach § 54 Abs 4 das Rechtsschutzbedürfnis. Eine **zusätzlich erhobene Leistungs- oder Verpflichtungsklage** ist daher als **unzulässig** abzuweisen, wenn der Antrag (Hinweispflicht des Gerichts!) nicht entsprechend eingeschränkt wird; denn ein Leistungsurteil bietet keine bessere Vollstreckungsmöglichkeit als ein reines Aufhebungsurteil (dazu BSG SozR 3–1300 § 45 Nr 24). Der in der Praxis häufig zusätzlich gestellte Antrag, die entzogene Leistung über den im angefochtenen Entziehungsbescheid festgestellten Zeitpunkt hinaus zu gewähren, ist daher überflüssig und unzulässig.

Antrag und Urteilstenor einer isolierten Anfechtungsklage

> Der Bescheid der Beklagten vom ... in der Gestalt des Widerspruchsbescheides vom ... wird aufgehoben.

4. Kombinierte Anfechtungs- und Verpflichtungsklagen

99 Kann die Behörde nicht zur Leistungsgewährung, sondern nur **zur Erteilung eines neuen Verwaltungsaktes** verurteilt werden, ist die mit der Anfechtungsklage verbundene Verpflichtungsklage die allein zulässige Klageart (s Schriftsatzmuster Nr 9). So handelt es sich zB bei der Klage auf **Vormerkung von rentenrechtlichen Zeiten** (s § 149 SGB VI) um eine kombinierte Anfechtungs- und Verpflichtungsklage (BSG SozR 2200 § 1251 Nr 24), weil der Rentenversicherungsträger über die vorzumerkenden Zeiten einen gesonderten Bescheid zu erteilen hat. Die kombinierte Anfechtungs- und Verpflichtungsklage ist nur zulässig, wenn ein Verwaltungsakt vorliegt, mit dem die beantragte Leistung ganz oder teilweise abgelehnt wurde. Ferner muss das Vorverfahren durchgeführt worden sein (s RdNr 36ff).

Antrag und Urteilstenor einer kombinierten Anfechtungs- und Verpflichtungsklage

> Die Beklagte wird unter Aufhebung des Bescheides vom ... in der Gestalt des Widerspruchsbescheides vom ... verpflichtet, die Zeit vom ... bis ... als Beitragszeit vorzumerken.

Auch die Klage, mit der ein **Zugunstenbescheid nach § 44 SGB X** **100**
begehrt wird, ist eine kombinierte Anfechtungs- und Verpflichtungsklage, weil nur die Behörde berechtigt ist, den Ursprungsbescheid zurückzunehmen (s dazu KassKomm-*Steinwedel* § 44 SGB X RdNr 16). Richtige Klageart ist daher in den Fällen des § 44 SGB X die kombinierte Anfechtungs- und Verpflichtungsklage, die **mit einer Leistungsklage verbunden** ist. Die häufig praktizierte „Durchverurteilung" zur Leistung ist somit nicht zulässig. Klageantrag und Urteilstenor lauten daher zB:

> Der Bescheid vom ... (= der negative Zugunstenbescheid) in der Gestalt des Widerspruchsbescheides vom ... wird aufgehoben.
> Die Beklagte wird verpflichtet, den Bescheid vom ... (= den Ursprungsbescheid) zurückzunehmen und dem Kläger ... (= die begehrte Leistung) ab dem ... zu zahlen.

Ein Unterfall der Verpflichtungsklage ist die **Verpflichtungsbescheidungsklage.** **101**
Diese ist die richtige Klageart, wenn die **Leistungsgewährung im Ermessen der Behörde** steht (zB bei Reha-Leistungen nach den §§ 9ff SGB VI, s hierzu im Einzelnen KassKomm-*Niesel* § 13 SGB VI RdNr 12ff). In diesen Fällen ist die auf Verurteilung zu einer bestimmten Reha-Leistung gerichtete allgemeine Leistungsklage oder die kombinierte Anfechtungs- und Leistungsklage unzulässig (BSG SozR 2200 § 1236 Nr 50); steht die Bewilligung von Reha-Leistungen aber (wie nach § 97 SGB III, wenn die Bundesagentur für Arbeit zuständig ist) nicht im Ermessen, ist die kombinierte Anfechtungs- und Leistungsklage bzw, wenn der Anspruch noch nicht beziffert werden kann, die Feststellungsklage die zulässige Klageart (s *Niesel,* Kommentar zum SGB III, § 7 RdNr 15ff).

102 Ist der Behörde ein Ermessen eingeräumt, ist die **kombinierte Anfechtungs- und Verpflichtungsklage nur zulässig,** wenn das Begehren auf eine bestimmte Leistung gerichtet ist und der Ermessensspielraum aufgrund der tatsächlichen Umstände des Einzelfalles derart eingeschränkt ist, dass diese rechtmäßig nur eine einzige Entscheidung treffen dürfte – sog **Ermessensreduzierung auf Null** – (BSG SozR 3–5765 § 10 Nr 1 und 3; SozR 3–1200 § 39 Nr 1) oder wenn wegen der streitigen Ermessensleistung bereits ein bewilligender Verwaltungsakt vorliegt und es nur um dessen Ausführung geht bzw die Verwaltung ihr Ermessen bereits vollständig und rechtmäßig ausgeübt hat (vgl BSG SozR 1200 § 48 Nr 12 mwN). Liegt einer dieser Ausnahmefälle nicht vor, ist die kombinierte Anfechtungs- und Verpflichtungsklage unzulässig. Der Antrag auf Verurteilung zur Leistung enthält aber den Antrag auf Verpflichtung zum Erlass eines neuen Verwaltungsaktes.

102a Durch das 1. Justizmodernisierungsgesetz wurde § 131 insoweit ergänzt, als in Abs 5 die Möglichkeit **reiner Bescheidungsurteile für den Fall, dass das Gericht eine weitere Sachaufklärung noch für erforderlich hält,** geschaffen wurde (RdNr 77). Es handelt sich um eine Ermessensentscheidung des Gerichts, die nur bei Erfordernis weiterer Sachaufklärung binnen sechs Monaten seit Eingang der Akten bei Gericht getroffen werden kann. Maßgebend ist, ob unter Würdigung aller relevanten Belange des Einzelfalls und Beachtung des Gebots effektiven Rechtsschutzes die Gründe für eine Aufhebung der Verwaltungsentscheidung gegenüber dem Interesse an einer zügigen Gesamtbereinigung des Rechtssteits überwiegen (*Zeihe* § 131 Rdnr 32).

102b Nach Einfügung des Abs 5 war dann streitig, ob die Norm lediglich für die seltenen Fälle der reinen Anfechtungsklage eine Zurückverweisung an die Verwaltung gestattet (so BSG Urteil vom 17. 4. 2007 – B 5 RJ 30/05 R – SozR 4. 1500 § 131 Nr 2). Zur Klarstellung wurde durch das SGG-ArbGGÄndG § 131 Abs 5 S 1 mit Wirkung zum 1. 4. 2008 noch durch Einfügung „in den Fällen des § 54 Abs 1 S 1 und Abs 4“ ergänzt. Damit sollte die **Anwendbarkeit der Regelung für kombinierte Anfechtungs- und Verpflichtungsklagen und kombinierte Anfechtungs- und Leistungsklagen erweitert** werden. Ergänzend dazu war durch die Anfügung des Satzes 2 an § 131 Abs 2 S 1 die Möglichkeit, in allen Klagekonstellationen Bescheidungsurteile zu erlassen, geschaffen worden. Durch das Gesetz zur Änderung des Vierten Buches Sozialgesetzbuch und anderer Gesetze nahm der Gesetzgeber mit Wirkung ab 1. 1. 2009 in Art 8 jedoch erneut eine Änderung des § 131 vor. Der erst eingefügte S 2 in Abs 2 sowie die Einfügung in Abs 5 S 1 wurde gestrichen und statt dessen in Abs 5 nach S 1 folgender S 2 eingefügt: „S 1 gilt auch bei Klagen auf Verurteilung zum Erlass eines Verwaltungsakts und bei Klagen nach § 54 Abs 4; Abs 3 ist entsprechend anzuwenden.“ Diese letzte Änderung dient ausschließlich der Klarstellung. Es steht nun fest, dass die Verweisung auf Abs 3 nur für Verpflichtungs- und kombinierte Klagen gem § 54 Abs 4 gilt. Die Tenorierung erfolgt wie bei der Verpflichtungsbescheidungsklage.

Antrag und Urteilstenor einer Verpflichtungsbescheidungsklage

Die Beklagte wird unter Aufhebung des Bescheides vom ... in der Gestalt des Widerspruchsbescheides vom ... verurteilt, über den Antrag vom ... unter Beachtung der Rechtsauffassung des Gerichts erneut zu entscheiden.

5. Isolierte (echte) Leistungsklagen

Mit der in § 54 Abs 5 geregelten isolierten Leistungsklage, die auch **103** echte Leistungsklage genannt wird, kann die **Verurteilung zu einer Leistung** begehrt werden, **auf die ein Rechtsanspruch besteht.** Anders als bei den zuvor behandelten Klagearten setzt diese nicht voraus, dass bezüglich des Streitgegenstandes bereits ein Verwaltungsakt erlassen wurde. Hauptanwendungsfälle sind die **Erstattungsstreitigkeiten** zwischen Behörden **im Gleichordnungsverhältnis** nach den §§ 102ff SGB X. Die isolierte Leistungsklage ist aber auch bei Streitigkeiten zwischen Versicherungsträgern und Privatpersonen oder nur zwischen Privatpersonen möglich. Echte Leistungsklagen sind auch die Unterlassungsklagen. Für die Klagebefugnis ist insoweit § 54 Abs 1 Nr 2 entsprechend anwendbar. Die vorbeugende Unterlassungsklage auf Unterlassung einer drohenden hoheitlichen Handlung (auch auf Unterlassen eines Verwaltungsaktes!) ist ebenfalls eine Leistungsklage. Die Rechtsprechung verlangt hier aber ein qualifiziertes, dh gerade auf Inanspruchnahme vorbeugenden Rechtschutzes gerichtetes Rechtschutzinteresse, das nicht vorliegt, wenn der Betroffene auf nachträglichen Rechtschutz verwiesen werden kann.

Beispiele: Streit zwischen Arbeitgeber und Arbeitnehmer auf einen Beitragszuschuss zur Krankenversicherung nach § 257 SGB V; auf Unterlassung eines wettbewerbswidrigen Verhaltens gegen anderen Sozialleistungsträger (BSGE 84,67); Schadensersatzklage der Bundesagentur für Arbeit gegen einen Arbeitgeber oder den Insolvenzverwalter (BSGE 56, 20); Gebührenansprüche einer Hebamme gegen die Krankenkasse (BSGE 60, 54). Klagen gegen ein Unternehmen der privaten Pflegeversicherung, zB auf Leistungen nach der Pflegestufe I.

Die echte Leistungsklage nach § 54 Abs 5 ist vor allem dann die richti- **104** ge Klageart, wenn sich der erhobene **Anspruch aus dem Gesetz** ergibt und ein **Verwaltungsakt nicht ergehen muss.** Sie kommt aber auch in Betracht, wenn das Leistungsbegehren seine Grundlage in einem für die Beteiligten bindend gewordenen Verwaltungsakt hat. Das Gesetz lässt nämlich die Vollstreckung aus einem Verwaltungsakt zugunsten des Bürgers nicht zu, so dass nur die Leistungsklage verbleibt. Wird zB eine **durch Verwaltungsakt bewilligte Leistung formlos eingestellt,** dh ohne dass der Bewilligungsbescheid nach § 45 oder § 48 SGB X aufgehoben wurde, ist die isolierte Leistungsklage zulässig (BSG SozR 1500 § 54 Nr 40). Ist ein Aufhebungsbescheid ergangen, ist nur die isolierte Anfechtungsklage zulässig (s RdNr 98). Mit der Leistungsklage kann die Verurteilung zu einem vom Kläger bezifferten Zahlbetrag begehrt werden, möglich ist aber auch ein Grundurteil nach § 130 Abs 1.

Antrag und Urteilstenor einer echten Leistungsklage

Die Beklagte wird verurteilt, dem Kläger die Kosten für die mit Bescheid vom ... bewilligte Weiterbildungsmaßnahme (in Höhe von ...) zu erstatten.

6. Feststellungsklagen

a) Allgemeines

105 Die in § 55 geregelte Feststellungsklage **ist zulässig,** wenn neben den allgemeinen Prozessvoraussetzungen 1. **Streitgegenstand** eine der in § 55 Abs 1 Nr 1–4 und Abs 2 genannten Feststellungen ist (s RdNr 106f), 2. ein **Feststellungsinteresse** gegeben ist (s RdNr 108f) und 3. die Feststellungsklage **nicht subsidiär** ist, dh der Kläger sein Ziel nicht mit einer Anfechtungs- und/oder Leistungsklage verfolgen kann (s RdNr 110f). Eine kombinierte Anfechtungs- und Feststellungsklage ist die richtige Klageart, wenn ein Verwaltungsverfahren durchzuführen ist und die Behörde durch Verwaltungsakt entschieden hat (dazu RdNr 111). Nur die isolierte Feststellungsklage ist an **keine Frist** gebunden.

Antrag und Urteilstenor einer Feststellungsklage

Der Bescheid der Allgemeinen Ortskrankenkasse ... vom ... in der Gestalt des Widerspruchsbescheides vom ... wird aufgehoben. Es wird festgestellt, dass der Kläger bei dieser seit dem ... pflichtversichert ist.

b) Streitgegenstand

106 Hauptanwendungsfall der Feststellungsklage ist die in § 55 Abs 1 Nr 1 genannte **Feststellung des Bestehens** (positive Feststellungsklage) **oder Nichtbestehens** (negative Feststellungsklage) **eines Rechtsverhältnisses.** Den übrigen in § 55 genannten Fällen kommt, bis auf den Fall der Feststellung der Nichtigkeit eines Verwaltungsaktes, keine eigenständige

Bedeutung zu, weil diese auch von der allgemeinen Regelung des § 55 Abs 1 Nr 1 erfasst werden, die Aufzählung ist daher im Wesentlichen nur klarstellend. Unter **Rechtsverhältnis** versteht man die Rechtsbeziehungen zwischen Personen oder zwischen Personen und Gegenständen, die sich aus einem konkreten Sachverhalt aufgrund einer Norm des öffentlichen Rechts ergeben, zB das Bestehen der Versicherungspflicht oder eines Versicherungsverhältnisses (vgl BSG SozR 1500 § 55 Nr 22; SozR 3–2500 § 10 Nr 2 = NZS 1994, 21). Möglich ist auch eine vorbeugende Feststellungsklage auf Feststellung eines zukünftigen Rechtsverhältnisses. Sie verlangt aber ein spezielles, auf die Inanspruchnahme vorbeugenden Rechtsschutzes gerichtetes Interesse (s vorbeugende Unterlassungsklage RdNr 103).

Das Rechtsverhältnis muss hinreichend konkretisiert sein, da die **Klärung abstrakter Rechtsfragen nicht zulässig** ist. Ausreichend ist es aber, wenn die Feststellung einzelner Rechte und Pflichten begehrt wird. Mit einer Klage können aber **nicht lediglich einzelne Elemente** eines Anspruchs oder reine Tatsachen festgestellt werden. Eine sog **Elementenfeststellungsklage** ist idR nicht statthaft (BSGE 37, 245, 247). Nach dem mWv 2. 1. 2002 eingefügten § 130 Abs 2 besteht nunmehr aber die Möglichkeit, durch **Zwischenurteil** über eine entscheidungserhebliche Sach- oder Rechtsfrage zu entscheiden, wenn dies sachdienlich ist. 107

c) Feststellungsinteresse

Nach § 55 Abs 1 muss der Kläger **ein berechtigtes Interesse an der baldigen Feststellung** haben. Anders als nach § 256 ZPO ist kein rechtliches Interesse erforderlich, es reicht ein berechtigtes Interesse. Ausreichend ist daher jedes nach der Sachlage vernünftigerweise gerechtfertigte Interesse, das **rechtlicher, wirtschaftlicher oder ideeller Art** sein kann. Ein Feststellungsinteresse ist nicht gegeben, wenn der erstrebten Feststellung ein denselben Gegenstand regelnder **bindender Verwaltungsakt entgegensteht.** Insbesondere bei der Feststellung des Kausalzusammenhangs gemäß § 55 Abs 1 Nr 3 muss stets geprüft werden, ob ein Rechtsschutzinteresse besteht, weil häufig direkt auf die begehrte Leistung geklagt werden kann. 108

Beispiele für ein bestehendes Feststellungsinteresse: Klage der geschiedenen Ehefrau im eigenen Namen auf Feststellung der Versicherungspflicht des früheren Ehemannes in der gesetzlichen Kranken- und Rentenversicherung (BSG SozR 1500 § 55 Nr 22). Klage eines in der gesetzlichen Krankenversicherung Versicherten auf Feststellung der Familienversicherung seiner Angehörigen (BSG SozR 3–2500 § 10 Nr 2 = NZS 1994, 21). Klage auf Feststellung, dass die Einbehaltung von Lohnanteilen für die vom Arbeitgeber entrichteten Arbeitnehmer-Beitragsanteile rechtswidrig ist (BSG SozR 2200 § 394 Nr 1). Feststellung der Förderungsfähigkeit einer beruflichen Förderung gegen die Bundesagentur für Arbeit, wenn die Einzelansprüche nicht bezifferbar sind (BSG SozR 4460 § 5 Nr 3; SozR 4100 § 44 Nr 52; SozR 4100 § 41 Nr 47; dahingestellt in SozR 3–4100 § 58 Nr 5). Feststellung, dass eine Körperverletzung, die noch keine Leistungsansprüche auslöst, eine Wehrdienst- 109 beschädigung war, sowohl dann, wenn die Verwaltung eine Wehrdienstbeschädigung verneint, als auch dann, wenn sie sich weigert, dazu überhaupt Stellung zu nehmen (BSG SozR 3–1500 § 55 Nr 18).

d) Subsidiarität der Feststellungsklage

110 Die Feststellungsklage ist **gegenüber der Anfechtungs- und Leistungsklage** grundsätzlich subsidiär. Diese Rangfolge der Klagearten ist im SGG zwar nicht ausdrücklich geregelt, jedoch allgemein anerkannt. Die Feststellungsklage ist daher zB unzulässig, wenn ein Rechtsverhältnis, dessen Bestehen festgestellt werden soll, Gegenstand einer gleichzeitig anhängigen (auch einen anderen Zeitraum betreffenden) Leistungsklage ist (BSG SozR 1500 § 55 Nr 23). Auch die vorbeugende Feststellungsklage ist zur vorbeugenden Unterlassungsklage (RdNr 103) subsidiär.

111 Die isolierte Feststellungsklage ist **ohne vorangegangenes Verwaltungs- und Vorverfahren idR unzulässig,** weil ein streitig gewordenes öffentlich-rechtliches Verhältnis grundsätzlich zunächst in einem Verwaltungsverfahren durch Verwaltungsakt zu regeln ist (BSG SozR 2200 § 385 Nr 10 = NJW 1985, 2215). Insbesondere können die **für die Anfechtungs- und Verpflichtungsklage geltenden Fristen nicht** durch eine Feststellungsklage **umgangen** werden. So ist zB die Klage, mit der ein Versicherter gegenüber seiner Krankenkasse die Höhe seines Beitrags festgestellt haben will, unzulässig, wenn ein Verwaltungsverfahren nicht durchgeführt worden ist und die Kasse zur Erhebung einer Feststellungsklage keinen besonderen Anlass gegeben hat (BSG SozR 1500 § 55 Nr 27). **Ausnahmen** vom Grundsatz der Subsidiarität hat die Rechtsprechung in einzelnen, besonders gelagerten Fällen bei **Klagen gegen juristische Personen des öffentlichen Rechts** zugelassen, weil bei diesen davon auszugehen sei, dass sie aufgrund ihrer verfassungsrechtlichen Bindung an Gesetz und Recht der gerichtlichen Entscheidung auch ohne einen mit dem Leistungsurteil erreichbaren Vollstreckungsdruck Folge leisten werden.

7. Fortsetzungsfeststellungsklagen

112 Hat sich der **ursprüngliche prozessuale Anspruch** durch Rücknahme des Verwaltungsaktes oder auf andere Art (zB durch Zeitablauf, Änderung der Verhältnisse) **erledigt,** kann der Kläger die Klage zurücknehmen und beantragen, dass durch Beschluss über die außergerichtlichen Kosten entschieden wird (zur Kostenentscheidung siehe RdNr 602 ff). Er kann den Klageantrag aber gemäß § 131 Abs 1 S 3 auch auf einen Feststellungsantrag umstellen, dass der Verwaltungsakt rechtswidrig war, wenn dafür ein Feststellungsinteresse besteht (dazu RdNr 114). Antragsberechtigt ist **nur der Kläger,** nicht der Beklagte oder der Beigeladene. Der Antrag kann auch noch im Revisionsverfahren gestellt werden, weil es sich nach hM nicht um eine Klageänderung handelt. Ist die Klage bereits zurückge-

nommen oder für erledigt erklärt worden, ist die Umstellung nicht mehr möglich.

Antrag und Urteilstenor einer Fortsetzungsfeststellungsklage

Es wird festgestellt, dass der Bescheid der Beklagten vom ... in der Gestalt des Widerspruchsbescheides vom ... rechtswidrig war.

Die Fortsetzungsfeststellungsklage ist **unter folgenden Voraussetzungen zulässig:** (1.) Die ursprüngliche Klage war zulässig, (2.) ein erledigendes Ereignis ist eingetreten, (3.) es besteht ein klärungsfähiges Rechtsverhältnis und (4.) es liegt ein Feststellungsinteresse vor. – Obwohl § 131 Abs 1 nach seinem Wortlaut nur für Anfechtungsklagen gilt, ist eine Fortsetzungsfeststellungsklage **auch bei Verpflichtungs- und kombinierten Anfechtungs- und Verpflichtungsklagen** zulässig (BSG SozR 3–1500 § 88 Nr 1). Auch eine **Untätigkeitsklage** kann unter den Voraussetzungen des § 131 Abs 1 S 3 auf eine Fortsetzungsfeststellungsklage umgestellt werden (BSG SozR 3–1500 § 88 Nr 1). 113

Das für die Zulässigkeit einer Fortsetzungsfeststellungsklage erforderliche **Feststellungsinteresse** kann **rechtlicher, wirtschaftlicher oder ideeller Natur** sein. Entscheidend ist, dass die erstrebte gerichtliche Entscheidung geeignet ist, die Position des Klägers zu verbessern. Ein Feststellungsinteresse kann gegeben sein wegen eines Schadensinteresses, wegen eines Rehabilitierungsinteresses oder wegen des Interesses, der Wiederholung gleichartiger Verwaltungsakte vorzubeugen. Ein **Rehabilitierungsinteresse** kommt zB wegen diskriminierender Wirkungen des Verwaltungsaktes in Betracht. Ein **Schadensinteresse** kann insbesondere darauf gestützt werden, es werde beabsichtigt, gegen die Behörde, die den Verwaltungsakt erlassen hat, einen **Amtshaftungsprozess zu führen.** Ein solcher darf aber nicht offensichtlich aussichtslos sein. Aussichtslosigkeit kann aber nur dann angenommen werden, wenn ohne ins Einzelne gehende Prüfung erkennbar ist, dass ein Anspruch unter keinem rechtlichen Gesichtspunkt besteht (vgl BVerwG NVwZ 1992, 1092). 114

Ein berechtigtes Interesse unter dem Gesichtspunkt der **Wiederholungsgefahr** setzt die hinreichend bestimmte (konkrete) Gefahr voraus, dass unter im Wesentlichen unveränderten tatsächlichen und rechtlichen Umständen ein gleichartiger Verwaltungsakt ergehen wird. Es darf **nicht völlig ungewiss bleiben,** ob in Zukunft noch einmal die gleichen tatsächlichen Verhältnisse vorliegen wie im Zeitpunkt des Erlasses des erledigten Verwaltungsaktes (BSG SozR 3–1500 § 55 Nr 12 = NZS 1992, 75). Für letzteres reicht nicht jede abstrakte, im Übrigen aber ungewisse oder vage Möglichkeit, dass die Behörde erneut über ein entsprechendes Begehren des Klägers zu entscheiden haben wird. Ein berechtigtes Interesse ist gegeben, wenn sich die Wiederholungsgefahr schon verwirklicht hat, indem 115 zB der ursprüngliche Bescheid **durch einen entsprechenden Bescheid ersetzt** wurde (vgl mit umfangreichen Nachweisen BSG SozR 4100 § 91 Nr 5 = NZA 1990, 411).

8. Untätigkeitsklagen

a) Allgemeines

116 Durch die in § 88 geregelte Untätigkeitsklage soll gewährleistet werden, dass ein **Beteiligter nicht durch Untätigkeit in seinen Rechten beeinträchtigt** wird. Durch die der Behörde gemäß § 20 SGB X obliegende Amtsermittlungspflicht kann bis zum Abschluss des Verwaltungsverfahrens eine lange Zeit vergehen, so dass die in § 88 als angemessen angesehenen Fristen oft nicht eingehalten werden können. Die Untätigkeitsklage ist häufig ein **ungeeignetes Mittel, das Verfahren zu beschleunigen.** Müssen zB in einem Rentenverfahren von der Behörde ausländische Beitragszeiten abgeklärt oder medizinische Gutachten eingeholt werden, kann eine Untätigkeitsklage das Verfahren noch weiter verzögern, weil dem SG die Verwaltungsakten vorzulegen sind. Dieses wird das Verfahren uU aussetzen, so dass im Ergebnis eine weitere Verzögerung eintritt. Es kann daher sinnvoller sein, gemäß § 42 SGB I von der Behörde eine **Vorschusszahlung** zu verlangen oder, wenn kein zureichender Grund für die Verzögerung besteht, dienstaufsichtsrechtlich vorzugehen.

117 Die Untätigkeitsklage geht als Unterart der Verpflichtungsklage **auf Verbescheidung** des Antrags bzw des Widerspruchs. Nach der Rechtsprechung des BSG (SozR 3–8560 § 26 Nr 2) ist aber dann, wenn die Behörde über einen Widerspruch gegen einen Verwaltungsakt, mit dem eine bindende Leistungsbewilligung aufgehoben worden ist, nicht in angemessener Frist durch Widerspruchsbescheid entschieden hat, auch eine Anfechtungsklage in der Sache selbst (Aufhebung des Aufhebungsbescheides), nicht nur eine Bescheidungsklage zulässig. Auch in diesen Fällen kann aber wahlweise auf Verbescheidung geklagt werden.

Antrag und Urteilstenor einer Untätigkeitsklage

> Die Beklagte wird verurteilt, über den Antrag (Widerspruch) des Klägers vom ... unter Beachtung der Rechtsauffassung des Gerichts zu entscheiden.

b) Sperrfristen

118 Die Untätigkeitsklage ist **nur zulässig, wenn** die in § 88 genannten sog **Sperrfristen eingehalten** sind. Die einzuhaltenden Fristen sind in Abs 1 bezüglich des Antrags auf Erlass eines Verwaltungsaktes und in Abs 2 bezüglich des Widerspruchs unterschiedlich festgelegt. Die Sperr-

fristen betragen beim Antrag auf Erlass eines Verwaltungsaktes sechs Monate; beim Widerspruch wurden sie durch das 6. SGGÄndG ab dem 2. 1. 2002 einheitlich auf drei Monate festgesetzt (früher betrug sie in Angelegenheiten der Krankenversicherung und der Bundesagentur für Arbeit nur einen Monat). Die Fristberechnung erfolgt nach § 64 (dazu RdNr 160). Eine **vor Ablauf der maßgeblichen Sperrfrist eingelegte** Untätigkeitsklage **wird** nach der Rechtsprechung des BSG (SozR 3–1500 § 88 Nr 2) **zulässig,** wenn die Fristen während des sozialgerichtlichen Verfahrens abgelaufen sind. Daher darf das SG eine vor Ablauf der Frist eingelegte Untätigkeitsklage nicht als unzulässig abweisen, sondern muss den **Rechtsstreit** aus prozessökonomischen Gründen **aussetzen.**

c) Zureichender Grund

Hat die Behörde nicht innerhalb der genannten Fristen entschieden, **119**
hat das SG gemäß § 88 Abs 1 S 2 zu **prüfen, ob ein zureichender Grund** vorliegt, dass der Verwaltungsakt bzw der Widerspruchsbescheid noch nicht erlassen wurde.

Beispiele: Die Notwendigkeit der Einholung von Sachverständigengutachten oder **komplizierte Ermittlungen** (zB die Aufklärung ausländischer Beitragszeiten); **Personalmangel** oder besondere Arbeitsbelastungen sind nur ausnahmsweise zu berücksichtigen (zB wenn eine Gesetzesänderung eine erhebliche Arbeitsbelastung verursacht); nicht, wenn insoweit ein Organisationsmangel vorliegt. Das **Abwarten von Entscheidungen** in Musterprozessen oder ein strafrechtliches Ermittlungsverfahren sind zB keine zureichenden Gründe. Die **Nichtbegründung des Widerspruchs** stellt allein keinen zureichenden Grund für eine Nichtbescheidung des Widerspruchs dar. Etwas anderes gilt nur, wenn der Widerspruchsführer eine Begründung angekündigt hat (LSG RhPf Breithaupt 1995, 975). Wegen der Möglichkeit der Bescheiderteilung nach § 66 SGB I kann eine **Mitwirkungspflichtverletzung** für sich genommen grundsätzlich noch kein zureichender Grund dafür sein, dass die Behörde einen Antrag unbeschieden gelassen hat (BSG SozR 3–1500 § 88 Nr 2).

d) Verfahrensweise des SG

Liegt ein zureichender Grund vor, dass die Behörde noch nicht ent- **120**
schieden hat, muss das SG das Verfahren bis zu einer von ihm zu bestimmenden Frist **aussetzen.** Die Frist kann auch wiederholt verlängert werden. Bei der Fristbestimmung sind die Interessen der Behörde und des Klägers abzuwägen. Die Aussetzung erfolgt bei freigestellter mündlicher Verhandlung durch Beschluss, der mit der Beschwerde angefochten werden kann.

Liegt kein zureichender Grund vor oder entscheidet die Behörde nicht **121**
innerhalb der gesetzten Frist, ist diese gemäß § 131 Abs 3 zu verurteilen, über den Antrag bzw den Widerspruch unter Beachtung der Rechtsauffassung des Gerichts zu entscheiden. Nach der Rechtsprechung des BSG (BSGE 73, 244; 75, 56) ist die Untätigkeitsklage anders als in der VwGO und FGO auf Verurteilung der Behörde zur Bescheidung und nicht auf Erlass eines Verwaltungsakts mit bestimmtem Inhalt gerichtet. Allerdings kann das SG in den Fällen des § 88 Abs 2 dann ausnahmsweise sach-

lich entscheiden, wenn sich der durch eine bindende Leistungsbewilligung Begünstigte mit dem Widerspruch gegen einen Eingriff in die ihm zuerkannte Rechtsposition wendet und der Leistungsträger sich über einen längeren Zeitraum hinweg weigert, das Vorverfahren ordnungsgemäß zu betreiben (BSGE 75, 262, 268; *Meyer-Ladewig/Keller/Leitherer* SGG § 88 RdNr 9b).

122 Hat die Behörde den beantragten Verwaltungsakt bzw Widerspruchsbescheid **nach Erhebung der Untätigkeitsklage erlassen,** kommt es darauf an, wie sie in der Sache entschieden hat. Hat sie dem Antrag bzw dem Widerspruch **sachlich stattgegeben,** muss der Kläger die Hauptsache gemäß § 88 Abs 1 S 3 **für erledigt erklären,** da das Rechtsschutzbedürfnis weggefallen ist. Das Gericht entscheidet dann auf Antrag gemäß §§ 102 S 2, 193 Abs 1 durch Beschluss über die außergerichtlichen Kosten. Unter den Voraussetzungen des § 131 Abs 1 S 3 kann die Untätigkeitsklage auch auf eine **Fortsetzungsfeststellungsklage** umgestellt werden (BSG SozR 3–1500 § 88 Nr 1; s auch RdNr 113).

123 Wurde dem Antrag bzw Widerspruch sachlich **nicht stattgegeben,** bestehen folgende Möglichkeiten: Der Kläger kann (1.) die **Untätigkeitsklage zurücknehmen** und gegen den ablehnenden Bescheid bzw Widerspruchsbescheid eine **neue Klage erheben** oder er kann (2.) die Untätigkeitsklage **auf eine kombinierte Anfechtungs- und Leistungsklage umstellen,** da diese Klageänderung idR sachdienlich ist (s dazu LSG Nds Breithaupt 1992, 432). Das Gericht muss den Kläger auf die Möglichkeit der Klageänderung hinweisen. – Wird die Untätigkeitsklage zurückgenommen, kann der Kläger beantragen, durch Beschluss über die außergerichtlichen Kosten zu entscheiden. Ist die Untätigkeitsklage umgestellt worden, ist für eine gesonderte Kostenentscheidung nach § 193 kein Raum, weil das Verfahren nicht erledigt ist und ein einheitliches Verfahren vorliegt. Ob für die Erhebung der Untätigkeitsklage von der Beklagten Kosten zu erstatten sind, hängt dann letztlich von der Kostenentscheidung im umgestellten Verfahren ab. Ist die Durchführung des Widerspruchsverfahrens vorgeschrieben (s RdNr 36ff), muss dieses ggf nachgeholt werden.

e) Kostenentscheidung

124 Bei einer **zulässigen Untätigkeitsklage** hat die Behörde dem Kläger **idR die Kosten zu erstatten,** weil dieser damit rechnen durfte, dass der Antrag bzw Widerspruch vor der Klageerhebung verbeschieden werden würde. Eine Kostenerstattung kommt dann **nicht** in Betracht, **wenn** der Kläger bereits zum Zeitpunkt der Klageerhebung erkennen konnte, dass die Klage unbegründet ist, weil ein **zureichender Grund für die Untätigkeit** bestanden hat. Eine Kostenerstattung kommt ferner nicht in Betracht, wenn dem Kläger die sachlichen Gründe für die Untätigkeit rechtzeitig vor Klageerhebung durch eine **Zwischenmitteilung** bekanntgegeben wurden. Eine generelle Erstattungspflicht für den Fall, dass die Absicht, weitere Ermittlungen anzustellen, dem Betroffenen nicht durch einen Zwischenbescheid mitgeteilt wurde, ist abzulehnen. Diesem war es nämlich vor Erhebung der Untätigkeitsklage idR zuzumuten, bei der Behörde durch Sachstandsanfrage oder Anmahnung des Widerspruchsbescheides vorstellig zu werden (LSG Nds Breithaupt 1992, 432; aA LSG RhPf Breithaupt 1993, 439). Zur **Höhe der Rechtsanwaltsgebühren** s RdNr 623ff.

III. Die Beteiligten und ihre Vertreter

1. Beteiligte

Anders als die ZPO spricht das SGG nicht von Parteien, sondern von **125** Beteiligten. Beteiligte am Verfahren sind gemäß § 69 **Kläger, Beklagter und Beigeladener.** In § 70 ist die Beteiligtenfähigkeit, dh die Fähigkeit geregelt, Kläger, Beklagter oder Beigeladener eines sozialgerichtlichen Verfahrens sein zu können. Anders als bei der Parteifähigkeit im Zivilprozess können **auch nichtrechtsfähige** Personenvereinigungen, durch Landesrecht bestimmte Behörden, im Vertragsarztrecht Berufungs- und Zulassungsausschüsse sowie Schiedsämter Beteiligte sein. Die Beteiligtenfähigkeit ist **Prozessvoraussetzung,** die in jeder Lage des Verfahrens von Amts wegen beachtet werden muss. Kläger und Beklagter sind die Hauptbeteiligten. Wer Beklagter ist, muss uU durch **Auslegung** ermittelt werden. Auf die Bezeichnung in der Klageschrift kommt es nicht an (es wird zB statt der Bundesagentur für Arbeit die örtliche Agentur für Arbeit verklagt). Stellt sich im Verfahren heraus, dass eine andere Behörde als leistungspflichtig in Betracht kommt, ist diese gemäß § 75 beizuladen und kann ggf verurteilt werden (s RdNr 135f).

2. Beiladung

a) Allgemeines

Durch die in § 75 geregelte Beiladung kann ein **Dritter am Prozess** **126** **beteiligt** werden; diese entspricht der Nebenintervention und Streitverkündung des Zivilprozesses, die im sozialgerichtlichen Verfahren nicht vorgesehen sind. Die Beiladung **dient der Prozessökonomie,** weil sie dem Beigeladenen die Möglichkeit eröffnet, auf eine auch ihn betreffende Entscheidung Einfluss nehmen zu können. Gemäß § 141 Abs 1 **bindet ein rechtskräftiges Urteil auch den Beigeladenen,** und zwar unabhängig davon, ob er sich im Prozess eingelassen hat oder nicht. **Im Revisionsverfahren** ist die Beiladung gemäß § 168 nur ausnahmsweise zulässig. Neben der Beiladung der Bundesrepublik Deutschland in Angelegenheiten der Kriegsopferversorgung ist nach der ab 1. 3. 1993 geltenden Fassung des § 168 S 2 jetzt auch die Nachholung der notwendigen Beiladung möglich, sofern der (bisher nicht) Beigeladene zustimmt. Das Gesetz unterscheidet in § 75 die einfache (siehe RdNr 130) und die notwendige (siehe RdNr 127 ff) Beiladung. Bei letzterer besteht ein Anspruch auf Beiladung, die **von Amts wegen** zu erfolgen hat. Wird nicht beigeladen, liegt ein wesentlicher Verfahrensfehler vor.

b) Notwendige Beiladung

127 **aa) § 75 Abs 2 Alternative 1**. Dritte sind zum Rechtsstreit beizuladen, wenn sie an dem streitigen Rechtsverhältnis derart beteiligt sind, dass die **Entscheidung** auch ihnen gegenüber **nur einheitlich ergehen kann.** Das ist insbesondere dann gegeben, wenn die zu erwartende Entscheidung zugleich **in die Rechtssphäre eines Dritten unmittelbar eingreift.** Würde dieser nicht am Rechtsstreit beteiligt werden, würde die Rechtskraft der Entscheidung ihn nicht binden (§ 141 Abs 1) und es könnte ihm gegenüber später anders entschieden werden. Um dies zu vermeiden, ist er im Rechtsstreit beizuladen (vgl BSG SozR 3–1500 § 75 Nr 2 mwN).

128 **Beispiele für die notwendige Beiladung:** In Angelegenheiten der **Kriegsopferversorgung** gemäß § 75 Abs 1 S 2 die Bundesrepublik Deutschland auf deren Antrag hin. Belastete oder begünstigte Dritte bei **Verwaltungsakten mit Doppelwirkung,** zB beim Streit um eine sog Geschiedenenwitwenrente nach § 243 SGB VI die Witwe, weil die Hinterbliebenenrente nach § 91 SGB VI zwischen der Geschiedenen und der Witwe aufzuteilen ist. **Versicherungspflicht** oder **Wirksamkeit von Pflichtbeiträgen:** Arbeitgeber, Arbeitnehmer und die betroffenen Versicherungsträger. Bei einem Streit über die **Befreiung des Ehegatten von der Versicherungspflicht** ist der Landwirt beizuladen (BSG SozR 3–5868 § 3c Nr 5). **Nachversicherung** zur Rentenversicherung: Arbeitgeber und Arbeitnehmer. **Krankenversicherungspflicht als Rentner:** beim Streit des Rentners mit seiner Krankenkasse über diese der zuständige Rentenversicherungsträger (BSG SozR 3–1500 § 1500 § 75 Nr 2). **Kindererziehungszeiten:** wenn diese nach dem Tod der Mutter entweder vom Vater oder einer Pflegemutter beansprucht werden, der jeweils andere. Die **Betriebsvertretung** in Verfahren gegen die Bundesagentur für Arbeit wegen Leistungen zur Erhaltung und Schaffung von Arbeitsplätzen (BSG SozR 1500 § 75 Nr 4: Kurzarbeitergeld; SozR aaO Nr 10 und SozR 4100 § 80 Nr 1: zum früheren Schlechtwettergeld bzw Wintergeld, jetzt Winterausfallgeld). Bei **Erstattungsstreitigkeiten** zwischen einem Träger der Sozialhilfe und einem Kranken- bzw Rentenversicherungsträger der Versicherte wegen der ungeklärten Situation im Hinblick auf die Erfüllungsfiktion des § 107 SGB X (s BSG SozR 1500 § 75 Nrn 60 und 80). Der Versicherte ist aber nicht beizuladen, wenn dessen Rechte durch den Erstattungsstreit nicht mehr berührt werden können. Das ist zB der Fall, wenn es um die Kostenerstattung für eine Leistung geht, die dieser bereits erhalten hat und die er deshalb unabhängig vom Ausgang des Verfahrens nicht nochmals beanspruchen kann und die er auch nicht zurückerstatten muss (vgl BSG Urt v 17. 11. 1987 – 4 a RJ 5/87, insoweit in SozR 2200 § 1237 Nr 21 nicht vollständig abgedruckt; siehe auch SozR 3–2200 § 1237 a Nr 2). Bei der Abzweigung nach § 48 SGB I ist der Leistungsbezieher, von dessen Leistung die Abzweigung erfolgt, im Rechtstreit des Abzweigungsbegünstigten gegen den Leistungsträger, und bei der Klage des Leistungsberechtigten gegen die Abzweigungsentscheidung der Abzweigungsbegünstigte notwendig beizuladen.

bb) § 75 Abs 2 Alternative 2. Ergibt sich im Verfahren, dass bei Ablehnung des Anspruchs statt des Beklagten **ein anderer Versicherungsträger leistungspflichtig** sein kann, ist dieser notwendig beizuladen. Der Anspruch gegen den Beklagten und den Beigeladenen muss nicht inhaltlich derselbe sein, aber die Ansprüche müssen sich gegenseitig ausschließen, zB der Anspruch auf Krankengeld gegen die Krankenkasse und der Anspruch auf Insolvenzgeld gegen die Bundesagentur für Arbeit (BSG SozR 1500 § 75 Nr 42) Der Sozialrechtsweg muss gegeben sein. Eine anderweitige Anhängigkeit des Anspruchs gegen den anderen Pflichtigen schadet nicht. Gleiches gilt in Angelegenheiten der Kriegsopferversorgung für ein anderes uU leistungspflichtiges Land. In diesen Fällen der sog **unechten notwendigen Beiladung** kann der beigeladene Versicherungsträger bzw das Land gemäß § 75 Abs 5 auch verurteilt werden (s RdNr 135). Dies soll ermöglichen, rasch zu einer Sachentscheidung kommen zu können. Bei einer fehlenden Passivlegitimation ist im sozialgerichtlichen Verfahren daher eine Klagerücknahme und erneute Klageerhebung bzw ein Parteiwechsel nicht erforderlich. Der zuständige Leistungsträger bzw das andere Land ist **von Amts wegen** beizuladen und ggf zu verurteilen. **129**

Durch das 6. SGGÄndG wurde mWv 1. 2. 2002 durch den eingefügten § 75 Abs 2a die Möglichkeit eröffnet, in sog Massenverfahren mit mehr als 20 Personen (häufig in Vertragsarztangelegenheiten) durch Beschluss anzuordnen, dass nur solche Personen beigeladen werden, die dies innerhalb einer bestimmten Frist beantragen. Der unanfechtbare Beschluss ist im Bundesanzeiger bekanntzumachen und muss in im Bundesgebiet verbreiteten Tageszeitungen veröffentlicht werden. Die Regelung soll der Abkürzung und Vereinfachung des Verfahrens dienen. Ob das Gericht von dieser Möglichkeit Gebrauch macht, steht in seinem Ermessen. **129a**

c) Einfache Beiladung

Nach § 75 Abs 1, der die einfache Beiladung regelt, kann das Gericht von Amts wegen oder auf Antrag andere, deren **berechtigte Interessen durch die Entscheidung berührt** werden, beiladen. Es genügen wirtschaftliche, ideelle oder tatsächliche Interessen. Anders als die notwendige Beiladung steht die einfache **im Ermessen des Gerichts.** Es liegt kein Verfahrensfehler vor, wenn sie unterbleibt. **130**

d) Verfahren

Die Beiladung erfolgt **durch Beschluss,** der gemäß § 75 Abs 3 S 3 unanfechtbar ist. Gegen einen Beschluss des SG, mit dem eine Beiladung abgelehnt oder aufgehoben wird, ist die Beschwerde hingegen zulässig. Das LSG kann die **Beiladung im Berufungsverfahren nachholen,** die notwendige muss nachgeholt werden, da sonst ein Verfahrensfehler vorliegt, der im Revisionsverfahren häufig zur Aufhebung und **131**

Zurückverweisung führt. Gemäß § 75 Abs 3 ist der **Beiladungsbeschluss allen Beteiligten zuzustellen.** Dabei sollen der Stand der Sache und der Grund der Beiladung angegeben werden. Um das rechtliche Gehör zu wahren, sind den Beigeladenen die bisher gewechselten Schriftsätze, Gutachten usw zuzustellen. Der Beiladungsbeschluss sollte wegen der unterschiedlichen Wirkung der notwendigen und einfachen Beiladung die Feststellung enthalten, um welche Art der Beiladung es sich handelt. Enthält der Beschluss diese Feststellung nicht, liegt darin allerdings kein wesentlicher Verfahrensmangel.

132 Die **Aufhebung von Beiladungsbeschlüssen** ist im SGG nicht geregelt. Nach allgemeiner Meinung können aber Beiladungen auch vom Rechtsmittelgericht jedenfalls dann aufgehoben werden, wenn die Beiladung rechtswidrig war. Die Beiladung eines **Nicht-Beteiligungsfähigen** ist in jeder Lage des Verfahrens **von Amts wegen aufzuheben** (BSG SozR 1500 § 70 Nr 5; SozR 3–1500 § 75 Nr 23). Der Beigeladene wird in seinem Anspruch auf rechtliches Gehör verletzt, wenn er zum Termin zur mündlichen Verhandlung nicht geladen wurde und die **Beiladung im Termin vor der Urteilsverkündung aufgehoben** wird (BSG SozR 3–1750 § 551 Nr 6).

e) Wirkungen der Beiladung

133 Mit der Zustellung des Beiladungsbeschlusses wird der Beigeladene zum Beteiligten. Gemäß § 75 Abs 4 S 1 kann er innerhalb der Anträge der anderen Beteiligten **selbständig Angriffs- und Verteidigungsmittel** geltend machen und alle Verfahrenshandlungen wirksam vornehmen. **Abweichende Sachanträge** kann er gemäß § 75 Abs 4 S 2 nur bei einer notwendigen Beiladung stellen. Ein einfach Beigeladener kann also dem Prozess nicht eine vom Willen der Hauptbeteiligten abweichende Richtung geben. Abweichende Verfahrensanträge (zB Beweisanträge) sind jedoch möglich.

134 Ein rechtskräftiges **Urteil bindet den Beigeladenen** wie die übrigen Beteiligten auch dann, wenn er am Verfahren nicht mitgewirkt hat. Der Beigeladene kann nicht verhindern, dass die Hauptbeteiligten den **Rechtsstreit ohne seine Zustimmung beenden,** zB durch Vergleich, Klagerücknahme, Erledigungserklärung oder Anerkenntnis. Obwohl der Beigeladene Beteiligter ist, kann er **als Zeuge** vernommen werden, soweit er Tatsachen bekunden soll, die seine Interessen nicht berühren (BSG SozR 1500 § 117 Nr 3). Der **Tod des Beigeladenen** unterbricht das Verfahren nicht. **Rechtsmittel** können auch von einfach Beigeladenen eingelegt werden, soweit sie beschwert sind. Die Sprungrevision kann von den Hauptbeteiligten ohne Zustimmung des Beigeladenen eingelegt werden. Das Rechtsmittel eines Beigeladenen ist als unzulässig zu verwerfen, wenn dieser unter keinem rechtlichen Gesichtspunkt schlüssig behaupten kann, in eigenen Rechten durch das angefochtene Urteil verletzt zu sein (BSG SozR 3–1500 § 75 Nr 31).

f) Verurteilung des Beigeladenen (§ 75 Abs 5)

Gemäß § 75 Abs 5 kann ein beigeladener Versicherungsträger, ein Träger der Grundsicherung für Arbeitsuchende, ein Träger der Sozialhilfe oder in Angelegenheiten des sozialen Entschädigungsrechts ein Land verurteilt werden, wenn sie zwar nicht verklagt, aber in Wirklichkeit **passiv legitimierte Leistungsträger** sind (Träger der Grundsicherung und Träger der Sozialhilfe wurden durch das SGB II Fortentwicklungsgesetz mit Wirkung ab 1. 8. 2006 eingefügt). Sinn der Regelung ist es, einen neuen Rechtsstreit und die Gefahr sich widersprechender Entscheidungen zu vermeiden. Unerheblich ist es, ob die **Sachurteilsvoraussetzungen** für die Klage gegen den Beigeladenen vorliegen (BSG SozR 2200 § 1237a Nr 25). Es ist also insbesondere nicht erforderlich, dass der Beigeladene über den Streitgegenstand durch Verwaltungsakt entschieden hat. **135**

Eine Verurteilung des Beigeladenen kommt jedoch **nur subsidiär** in Betracht; diese darf erst stattfinden, wenn (soweit) die Klage gegen den Beklagten keinen Erfolg haben kann. Einer Verurteilung nach § 75 Abs 5 muss **nicht stets inhaltlich derselbe Anspruch** wie der gegen den Beklagten erhobene zugrunde liegen (s RdNr 129); so kann zB auch nach einer Abweisung der Klage auf Zahlung von Übergangsgeld der Beigeladene zur Zahlung des Krankengeldes verurteilt werden. In solchen Fällen müssen sich aber die **Ansprüche** gegen den Beklagten und gegen den Beigeladenen **gegenseitig ausschließen,** es muss sich um zwei Ansprüche handeln, die nicht nebeneinander bestehen (BSG SozR 5090 § 6 Nr 4). Der Beigeladene kann nicht verurteilt werden, wenn er **bereits einen bestandskräftigen ablehnenden Bescheid erteilt** hat (BSG SozR 1500 § 75 Nr 38). **136**

3. Prozessfähigkeit

Gemäß § 71 Abs 1 ist ein Beteiligter **prozessfähig,** soweit er sich durch Verträge verpflichten kann. Dies entspricht der zivilrechtlichen Regelung in § 52 ZPO. Nach § 71 Abs 2 sind **Minderjährige** in eigenen Sachen prozessfähig, soweit sie durch Vorschriften des bürgerlichen oder öffentlichen Rechts für den Gegenstand des Verfahrens als geschäftsfähig anerkannt sind. Nach § 36 Abs 1 SGB I können Minderjährige, die das 15. Lebensjahr vollendet haben, Anträge auf Sozialleistungen stellen und verfolgen sowie Sozialleistungen entgegennehmen. Diese sind also **in eigenen Angelegenheiten voll prozessfähig,** so dass auch die Zustellungen an sie vorzunehmen sind. Die Rücknahme eines Rechtsbehelfs bedarf aber der Zustimmung des gesetzlichen Vertreters; entsprechendes gilt für einen Vergleichsabschluss, wenn dieser sich als teilweiser Verzicht auf die geltend gemachte Sozialleistung darstellt. Der gesetzliche Vertreter kann, wenn er nicht als solcher für den Minderjährigen tätig wird, als Prozess- **137** bevollmächtigter auftreten. Entsprechend § 36 Abs 2 S 1 SGB I kann die Prozessfähigkeit vom gesetzlichen Vertreter durch schriftliche Erklärung gegenüber dem Gericht eingeschränkt werden. Die Prozessfähigkeit ist **Prozessvoraussetzung** und muss in jeder Lage des Verfahrens von Amts wegen beachtet werden.

138 Die **Feststellung der Prozessunfähigkeit** hat idR unter Einschaltung eines medizinischen Sachverständigen zu erfolgen. Nur ausnahmsweise kann das Gericht die Feststellung allein treffen, wenn eindeutige Symptome vorliegen, die auch einem medizinisch nicht vorgebildeten Laien eindeutige Schlüsse gestatten (dazu zB LSG Berlin Breithaupt 1995, 385). Erforderlich ist idR die vorherige **persönliche Anhörung** des Betroffenen (BSG SozR 3–1500 § 71 Nr 1 = NJW 1994, 215). Diese ist nicht erforderlich, wenn der Prozessunfähige selbst Verfahrenshandlungen nicht vorgenommen hat, sondern zB seine Eltern (BSG SozR 3–4100 § 58 Nr 7).

4. Prozessbevollmächtigte und Beistände

139 Für das Verwaltungsverfahren gilt § 13 SGB X. Prozessbevollmächtigter kann grundsätzlich jede natürliche prozessfähige Person sein.

140 In **§ 73** sind aufgrund der Änderungen durch Art 12 Gesetz zur Neuregelung des Rechtsberatungsgesetzes (in Kraft getreten gemäß Art 20 zum 1. 7. 2008) nun **alle Regelungen hinsichtlich der Vertretung und Bevollmächtigung für Verfahren vor den Sozialgerichten aller Instanzen zusammengefasst.** Die entsprechende Regelung für das Bundessozialgericht im bisherigen § 166 konnte daher aufgehoben werden. Vor den Sozialgerichten und den Landessozialgerichten kann das Verfahren wie bisher von den Beteiligten selbst geführt werden (§ 73 Abs 1).

141 Findet eine Vertretung statt, bestimmt § 73 Abs 2 nun abschließend, wer neben **Rechtsanwälten und Rechtslehrern an einer deutschen Hochschule mit Befähigung zum Richteramt vertretungsbefugt** ist. Dies sind unter anderem Beschäftigte der Leistungsträger, volljährige Familienangehörige, Rentenberater im Umfang ihrer Befugnisse nach § 10 Abs 1 Nr 2 Rechtsdienstleistungsgesetz, Steuerberater und Steuerbevollmächtigte in Angelegenheiten nach den §§ 28h und 28p SGB IV, Gewerkschaften und Vereinigungen, deren satzungsgemäße Aufgaben die gemeinschaftliche Interessenvertretung, Beratung und Vertretung von Behinderten und Leistungsempfängern ist. Nicht vertretungsberechtigt sind daher nach wie vor **ärztliche Gutacher,** die für Beteiligte tätig gewesen sind, weil insoweit Interessenkonflikte auftreten können. Hierunter fällt auch der behandelnde Arzt, der sich im Verwaltungsverfahren geäußert hat.

142 § 73 Abs 3 regelt die Zurückweisung nicht vertretungsberechtigter Personen. Die **Zurückweisung** nicht zugelassener Prozessbevollmächtigter hat durch nicht anfechtbaren Beschluss zu erfolgen; bis dahin sind alle Prozesshandlungen wirksam. Das Gericht kann auch den unter § 73 Abs 3 S 2 Nr 1 und 2 vertretungsberechtigten Personen die weitere Vertretung untersagen. Für Beschäftigte eines Sozialversicherungsträgers gilt dies jedoch nicht.

V**or dem BSG besteht nach wie vor Vertretungszwang (§ 73 Abs 4).** **143**
Nach § 73 Abs 5 wird Richtern der Auftritt als Bevollmächtigte vor dem Gericht, dem sie angehören, und ehrenamtlichen Richtern der Auftritt vor einem Spruchkörper, dem sie angehören, verboten.

Die **Vollmacht** ist gemäß § 73 Abs 6 S 1 **schriftlich zu erteilen** **143a**
und bis zur Verkündung der Entscheidung zu den Akten einzureichen. Die bisher ausdrücklich normierte Möglichkeit, die Vollmacht auch **zur Niederschrift** des Gerichts zu erteilen, ist im Gesetz nicht mehr angesprochen. In der Sache wird es trotzdem weiterhin zulässig sein, die Vollmacht in dieser Weise zu erteilen. Die Niederschrift ist zu den Akten zu nehmen und ersetzt nach allgemeinen Grundsätzen die Schriftform. Der Nachweis der Bevollmächtigung kann nur durch die Vorlage der **schriftlichen Vollmacht im Original** geführt werden; es reicht aus, dass der Prozessbevollmächtigte dem Gericht eine **beglaubigte Fotokopie** vorlegt oder die ihm erteilte schriftliche Vollmacht durch **Telefax** übermittelt. Die frühere formalistische Rechtsprechung findet im Rahmen des § 73 Abs 6 S 1 nF keine Anwendung mehr. Eine **im Verwaltungsverfahren vorgelegte Vollmacht,** aus der sich nicht klar ergibt, ob sie für einen sich möglicherweise anschließenden Rechtsstreit gelten soll, ist nicht ausreichend (dazu BSG SozR 3–1500 § 73 Nr 2 = NJW 1992, 196). In der **Bestellung eines neuen Bevollmächtigten** kann der Widerruf der Vollmacht des früheren Bevollmächtigten nur dann gesehen werden, wenn zum Ausdruck kommt, dass der neue Bevollmächtigte anstelle des früheren bestellt werden soll (BSG SozR 3–1500 § 73 Nr 8).

Das **Fehlen der Vollmacht ist gemäß § 73 Abs 6 S 1 von Amts we-** **143b**
gen zu beachten. Ohne Vollmacht vorgenommene Prozesshandlungen sind bis zur Genehmigung schwebend unwirksam. Wird keine Vollmacht vorgelegt, hat das Gericht eine **Frist zur Beibringung** zu setzen, die mit dem Hinweis verbunden sein muss, dass die Klage anderenfalls abgewiesen werden kann. Der Mangel der Vollmacht bei Einlegung eines Rechtsmittels kann **durch Genehmigung des Beteiligten,** die auch in der Erteilung der Vollmacht liegt, mit rückwirkender Kraft **geheilt** werden, soweit noch nicht ein das Rechtsmittel als unzulässig verwerfendes Prozessurteil vorliegt. Im Revisionsverfahren kann der Mangel der fehlenden Vollmacht nicht mehr rückwirkend geheilt werden (GmSOGB NJW 1984, 2149 = SozR 1500 § 73 Nr 4). Ist mit einem Bevollmächtigten, der bisher keine Vollmacht vorgelegt hat, in der mündlichen Verhandlung **zur Sache verhandelt worden,** darf die Klage nicht im glei-

chen Termin als unzulässig abgewiesen werden; vielmehr ist zu vertagen und eine Frist zur Beibringung der Vollmacht zu setzen (LSG Berlin Breithaupt 1990, 774).

143c Bislang war zwar nicht ausdrücklich geregelt, ob das Vorliegen einer Vollmacht von Amts wegen zu prüfen ist. Die Rechtsprechung nahm dies allerdings an, sodass die Klage als unzulässig abzuweisen war, wenn die Vollmacht des Klägervertreters trotz Fristsetzung und Hinweis auf die entsprechende Rechtsfolge nicht zu den Akten gereicht wurde (BSG Beschluss vom 16. 7. 2003, AZ B13 RJ 83/02 B). Durch § 73 Abs 6 S 4 wird dies dahingehend eingeschränkt, dass das Gericht den **Mangel der Vollmacht von Amts wegen zu beachten hat, wenn kein Rechtsanwalt auftritt.** Dies wirft die Frage auf, ob ein Prozessurteil auch weiterhin möglich ist, wenn der Mangel der Vollmacht des Rechtsanwalts nicht durch den Gegner gerügt wird.

Für **Umfang und Wirkung der Vollmacht** gelten gemäß § 73 Abs 6 S 6 die §§ 81, 84 bis 86 ZPO entsprechend. Insbesondere muss sich ein Beteiligter das **Verschulden seines Prozessbevollmächtigten** gemäß § 85 Abs 2 ZPO zurechnen lassen.

144 Gemäß § 73 Abs 7 können die Beteiligten in der mündlichen Verhandlung einen **Beistand** (dieser ist nicht mit dem Rechtsbeistand zu verwechseln) hinzuziehen. Dieser tritt nicht für, sondern (nur) in der mündlichen Verhandlung neben dem Beteiligten auf, ist also kein Prozessbevollmächtigter, so dass Zustellungen nicht an diesen vorzunehmen sind. Das vom Beistand Vorgetragene gilt als von dem Beteiligten vorgebracht, soweit es nicht von diesem sofort widerrufen oder berichtigt wird.

5. Prozesskostenhilfe (PKH) und Beiordnung

a) Allgemeines

145 Gemäß § 73a Abs 1 S 1 gelten für die PKH die **§§ 114ff ZPO entsprechend,** demzufolge ist Voraussetzung für die Gewährung, dass der Beteiligte nach seinen persönlichen und wirtschaftlichen Verhältnissen die Kosten der Prozessführung nicht oder nur zum Teil oder nur in Raten aufbringen kann. Nach Maßgabe das § 115 Abs 1 ZPO ist das Einkommen einzusetzen, nach § 115 Abs 3 ZPO auch Vermögen. Das nach Abzügen (§ 115 Abs 1 S 3 Nr 1 ZPO) verbleibende monatliche Einkommen ist anhand der Tabelle zu § 115 Abs 2 ZPO zu überprüfen, inwieweit Raten zu zahlen sind. Nachfolgend soll allerdings nur auf die für das sozialgerichtliche Verfahren geltenden Besonderheiten eingegangen werden. (Zur PKH für die Nichtzulassungsbeschwerde zum BSG s auch RdNr 574ff.)

§ 73a Abs 1 S 2 bestimmt, dass der beizuordnende Rechtsanwalt **auf Antrag vom Gericht ausgewählt** wird, wenn der Beteiligte insoweit von seinem Wahlrecht keinen Gebrauch macht. Die Beiordnung allein steht der Bevollmächtigung durch den Kläger nicht gleich, vielmehr muss dieser den beigeordneten Rechtsanwalt zusätzlich mit seiner Vertretung beauftragen und ihm für sein Auftreten eine **Vollmacht erteilen** (BSG SozR 1500 § 64 Nr 1 unter Hinweis auf BGHZ 60, 255).

Es **können nur Rechtsanwälte beigeordnet werden,** nicht andere Personen, zB nicht Rentenberater oder Verbandsvertreter iSd § 73 Abs 2 Nr 3 oder 5. Wird der Beteiligte bereits durch einen Bevollmächtigten iSd § 73 Abs 2 Nr 5 vertreten, kann die PKH gemäß § 73a Abs 2 nicht bewilligt werden. Nach dem Beschluss des BSG vom 12. 3. 1996 – 9 RV 24/94 – gilt dies auch, wenn die Vertretung durch eine Verbandsvertreter wegen der Mitgliedschaft in einem Verband möglich wäre. PKH kann daher nicht bewilligt werden, wenn einem Verbandsvertreter gekündigt und die Beiordnung eines Anwalts beantragt wird. Der Beiordnung eines Rechtsanwalts steht nicht entgegen, dass dieser für den Kläger **bereits als Betreuer bestellt** wurde (LSG Nds Breithaupt 1995, 804). PKH kann auch **ohne Beiordnung** eines Rechtsanwalts zB **für Kosten von Fotokopien** bewilligt werden (LSG Hamburg Breithaupt 1995, 289). 146

PKH kann gemäß § 73a Abs 3 **nicht für Kosten eines Gutachtens nach § 109** bewilligt werden, weil das Gericht nicht gezwungen werden kann, ein Gutachten auf Kosten der Staatskasse einzuholen, das es nicht für erforderlich hält. Nach der Rechtsprechung des BSG (SozR 3--1500 § 109 Nr 2) ist dem unbemittelten Beteiligten die Verwirklichung des Rechtsschutzes auch ohne die Möglichkeit, für die Einholung eines Gutachtens nach § 109 PKH zu bewilligen, hinreichend gewährleistet. Der **Antrag** auf Gewährung der PKH kann formlos erfolgen (siehe Schriftsatzmuster Nr 12). Insbesondere kann vom Kläger **keine Begründung des Rechtsmittels** verlangt werden, um dem Gericht die Überprüfung der Erfolgsaussichten zu ermöglichen. Das Gericht hat die gebotene summarische Überprüfung der Erfolgsaussichten vielmehr von Amts wegen anhand der Akten vorzunehmen. 147

Die **Entscheidung ergeht durch Beschluss.** Gegen die Bewilligung der PKH kann die Staatskasse gemäß § 127 Abs 2 S 1 iVm Abs 3 ZPO nur wegen unterbliebener Ratenfestsetzung Beschwerde einlegen. Gegen die **Ablehnung** der PKH durch das SG ist die **Beschwerde zulässig,** es sei denn das Gericht hat ausschließlich die **persönlichen und wirtschaftlichen Voraussetzungen verneint** (§ 172 Abs 3 Nr 2 in der Fassung des SGGArbGGÄndG in Kraft getreten am 1. 4. 2008 vgl RdNr 585). Die Beschwerde ist (anders als beim einstweiligen Rechtsschutz § 172 Abs 3 Nr 1) auch dann zulässig, wenn in der Hauptsache die Berufung nach § 144 Abs 1 nicht zulässig wäre, weil § 172 als Sonderregelung die Zulässigkeit der Beschwerde im sozialgerichtlichen Verfahren abschließend bestimmt. Entscheidet das SG über ein PKH-Gesuch **inkorrekt im Urteil,** ist die Beschwerde zulässig (LSG Nds Breithaupt 1995, 735). 148

149 Ist von einem iSd § 114 S 1 ZPO „armen“ Beteiligten ein **„isoliertes“ Prozesskostenhilfegesuch** (dh ohne gleichzeitige Berufungseinlegung) innerhalb der Rechtsmittelfrist form- und fristgerecht eingereicht und **abgelehnt** worden, muss diesem **Wiedereinsetzung** in den vorigen Stand gewährt werden, wenn das Rechtsmittel binnen eines Monats nach Zustellung der Ablehnung formgerecht eingelegt wird (BSG SozR 3–1550 § 67 Nr 5 = NVwZ 1993, 509). Eine **erneute Entscheidung** nach der Ablehnung eines PKH-Antrages ist erforderlich, wenn sich inzwischen neue Gesichtspunkte ergeben haben, die eine andere Beurteilung nahelegen (BSG SozR 3–1500 § 62 Nr 19).

b) Erforderlichkeit der Beiordnung eines Rechtsanwalts

150 Wann iSd § 121 Abs 2 ZPO die Vertretung durch einen Rechtsanwalt erforderlich erscheint, kann im sozialgerichtlichen Verfahren grundsätzlich **nicht anders als im Zivilprozess** beurteilt werden. Ein strengerer Maßstab kann nicht mit der Begründung angelegt werden, das Gericht habe gemäß § 103 den **Sachverhalt von Amts wegen zu erforschen.** Dies würde dem in der generellen Übernahme der Vorschriften der ZPO zum Ausdruck gekommenen Willen des Gesetzgebers widersprechen. Abzustellen ist auf die Umstände des Einzelfalles.

151 **Erforderlich** ist die anwaltliche Vertretung, wenn es sich um eine rechtlich oder tatsächlich **nicht einfache Sache** handelt oder der Antragsteller mangels hinreichender **geistiger Gewandtheit** zur sachgerechten Prozessführung nicht fähig ist. Die **Bedeutung des Rechtsstreits** für den Antragsteller ist zu berücksichtigen, insbesondere dann, wenn es um seine Existenz geht, wie zB bei einer Rente wegen verminderter Erwerbsfähigkeit oder Leistungen zur Sicherung des Lebensunterhalts. Die Erforderlichkeit der Beiordnung ist in einem solchen Fall nur dann zu verneinen, wenn die Sach- und Rechtslage einfach und klar überschaubar ist. Auch wenn zB ein auf den allgemeinen Arbeitsmarkt verweisbarer Versicherter die Rente erstrebt, kann die Beiordnung idR nicht mit der Begründung abgelehnt werden, es handele sich um einen nicht besonders schwierigen Fall. Das Gegenteil wird durch die große Zahl der höchstrichterlichen Entscheidungen zu dieser Frage belegt (LSG NRW AnwBl 1986, 456). Dass **für die Behörde sach- und rechtskundige Bedienstete** auftreten, kann iSd § 121 Abs 2 ZPO nicht der Vertretung des Gegners durch einen Rechtsanwalt gleichgestellt werden. Wird von einem Kläger die Einlegung eines **Rechtsmittels bis zur Entscheidung über den Antrag auf PKH zurückgestellt** und wird deswegen die Rechtsmittelfrist versäumt, kann die Wiedereinsetzung in den vorigen Stand nicht mit der Begründung versagt werden, der Einschaltung eines Rechtsanwalts habe es nicht bedurft (BSG SozR 3–1500 § 67 Nr 11).

c) Hinreichende Erfolgsaussicht

Ob die beabsichtigte Rechtsverfolgung iSd § 114 ZPO hinreichende 152
Aussicht auf Erfolg bietet, muss ebenfalls nach den Umständen des Einzelfalles beurteilt werden. Dies ist anzunehmen, wenn der Antragsteller eine **reale Chance** hat, **zu obsiegen.** Dies ist dann zu bejahen, wenn sein Rechtsstandpunkt zumindest vertretbar ist und die zugrunde liegenden Tatsachen als erweisbar erscheinen. Stehen medizinische Fragen im Vordergrund, ist die Erfolgsaussicht idR anzunehmen, wenn **von Amts wegen ein weiteres Gutachten** einzuholen ist. Entsprechendes hat zu gelten, wenn sonstige **weitere Ermittlungen** (zB Zeugeneinvernahmen) durchzuführen sind. Sind **komplizierte Rechtsfragen** zu klären, muss idR PKH bewilligt werden. Allgemein gilt, dass die **hinreichende Erfolgsaussicht nicht mit der Wahrscheinlichkeit des Obsiegens gleichzusetzen** ist. Wenn erkennbar Verfahrensfehler vorliegen, darf die Erfolgsaussicht einer an sich **unzulässigen Berufung** nicht allein mit der Begründung verneint werden, Verfahrensfehler seien bisher nicht gerügt worden. Liegen keine Anhaltspunkte für wesentliche Verfahrensfehler vor, genügt eine materiell-rechtliche Erfolgsaussicht allein nicht (LSG NRW Breithaupt 1981, 923). Wenn klar auf der Hand liegt, dass der Antragsteller letztlich **nicht erreichen kann, was er im Prozess erreichen will,** ist der PKH-Antrag zurückzuweisen (BSG NZS 1995, 237). PKH ist zB wegen Mutwilligkeit zu versagen, wenn der Versicherte statt unmittelbar auf die begehrte Leistung zunächst auf Erteilung einer Auskunft über einzelne Voraussetzungen des Leistungsanspruchs klagt (BSG SozR 3–1500 § 73a Nr 6).

d) Zeitpunkt der Entscheidung

Über den Antrag auf Gewährung der PKH ist grundsätzlich **vor der** 153
Einholung von medizinischen Gutachten zu entscheiden. Dennoch im Zeitpunkt der verzögerlichen Entscheidung bereits eingeholte Gutachten sind bei der Beurteilung der hinreichenden Erfolgsaussichten nicht zu berücksichtigen (LSG Hessen SGb 1986, 562). Wird über den Antrag auf Bewilligung der PKH **nicht entschieden,** kann darin ein Verfahrensfehler in Form eines Verstoßes gegen das Rechtsstaatsprinzip und einer Verletzung des rechtlichen Gehörs liegen (BSG SozR 1750 § 114 Nr 7).

6. Bestellung eines besonderen Vertreters

Gemäß § 72 Abs 1 kann für einen **nicht prozessfähigen Beteiligten,** 154
für den kein gesetzlicher Vertreter vorhanden ist, ein besonderer Vertreter bestellt werden. Die Bestellung muss erfolgen, wenn das Gericht darüber hinaus nicht die Bestellung eines gesetzlichen Vertreters veranlasst. Der Beteiligte ist vor der Bestellung zu hören (dazu auch RdNr 138). Ob Pro-

zessunfähigkeit vorliegt, ist **von Amts wegen** zu ermitteln, ggf ist ein Gutachten nach Aktenlage einzuholen. Die Bestellung erfolgt **durch Beschluss,** der mit der Beschwerde angefochten werden kann, für die der Beteiligte als prozessfähig anzusehen ist. Gemäß § 50 FGG ist dem **Vormundschaftsgericht** Mitteilung zu machen. Die Bestellung wirkt auch für die weiteren Instanzen desselben Rechtsstreits. Es besteht auch für einen Rechtsanwalt keine Verpflichtung zur Übernahme des Amtes. Für die **Kosten** des besonderen Vertreters kann dem Beteiligten PKH nur dann bewilligt werden, wenn die beabsichtigte Rechtsverfolgung hinreichende Aussicht auf Erfolg bietet (BSG SozR 1500 § 72 Nr 2). Ggf besteht ein Anspruch gegen die Staatskasse nach § 1835 BGB (LSG Hamburg Breithaupt 1987, 517).

155 Die Bestellung eines besonderen Vertreters ist nach § 72 Abs 2 auch möglich, wenn der **Aufenthaltsort des Beteiligten** oder seines gesetzlichen Vertreters vom Sitz des Gerichts **weit entfernt** ist. Eine weite Entfernung liegt iSd Vorschrift nur vor, wenn der Aufenthaltsort außerhalb des Gerichtsbezirks liegt. In diesem Fall ist die Zustimmung des Beteiligten oder seines Vertreters erforderlich. Der Bestellung eines besonderen Vertreters bedarf es nicht, wenn das Rechtsschutzbegehren auch aus anderen Gründen unzulässig oder zweifellos offensichtlich unbegründet ist (LSG Berlin Breithaupt 1995, 385 mwN).

IV. Die Klageerhebung

1. Form der Klageerhebung

156 Im sozialgerichtlichen Verfahren bestehen **weniger strenge Formvorschriften** für die Klageerhebung als in anderen Verfahrensordnungen. Gemäß § 90 ist die Klage bei dem zuständigen Gericht der Sozialgerichtsbarkeit (s RdNr 179ff) schriftlich oder zur Niederschrift des Urkundsbeamten der Geschäftsstelle zu erheben (zur Fristwahrung durch die Einreichung bei einer anderen Behörde siehe RdNr 163). Ob die Erhebung einer Klage gewollt war, ist ggf durch Auslegung und Rückfragen zu klären. Ankündigungen von Klagen und **Bitten um Auskunft oder Rat** sind keine Klageerhebung. So liegt zB in dem unzulässigen Antrag, die **Klagefrist zu verlängern,** nicht zugleich die Klageerhebung (LSG RhPf Breithaupt 1975, 1005). (Zu **Gegenvorstellungen** siehe RdNr 45).

157 Eine **eigenhändige Unterschrift** ist zur wirksamen Klageerhebung nach wie vor **nicht erforderlich,** nach dem die Klageschrift lediglich mit Orts- und Tagesangabe unterzeichnet sein **soll.** Anders als die Klage müssen Berufungs- und Revisionsschriften unterzeichnet sein. Die Klage kann auch mit **Telegramm oder Telefax** eingelegt werden (vgl allgemein zu Rechtsmitteln BSG SozR 3–1500 § 67 Nr 7 S 17 mwN). Da eine Klage nicht telefonisch eingelegt werden kann, sollte insbesondere dann, wenn kurz vor Ablauf der Klagefrist die Gefahr besteht, dass die Klageschrift das Gericht nicht mehr rechtzeitig erreicht, der Weg gewählt werden, die Klage bei einer anderen Behörde einzureichen, weil die Klagefrist dadurch gemäß § 91 Abs 1 gewahrt wird (s RdNr 163).

Die Klage kann **nicht per E-Mail** eingelegt werden es sei denn, die An- **157a**
forderungen des **§ 65a – Elektronische Kommunikation** – (eingeführt durch das Gesetz über die Verwendung elektronischer Kommunikationsformen in der Justiz – JkomG –) wären erfüllt. Die Zulassung der Übermittlung elektronischer Dokumente ist nach § 65a Abs 1 S 1 vom Erlass einer entsprechenden Verordnung abhängig. Im Bereich der Sozialgerichtsbarkeit haben bislang der Bund für das BSG sowie die Länder Rheinland-Pfalz, Bremen, Hessen und Berlin/Brandenburg Verordnungen erlassen.

In Rheinland-Pfalz können elektronische Dokumente eingereicht werden beim LSG, SG Speyer, SG Trier und SG Mainz; in Bremen nur beim LSG, in Hessen bei der gesamten Sozialgerichtsbarkeit; in Berlin/Brandenburg beim LSG, SG Neuruppin, SG Potsdam, SG Cottbus und SG Frankfurt(Oder).

2. Klagefrist

a) Allgemeines

Gemäß § 87 Abs 1 S 1 beträgt die Klagefrist **einen Monat** nach Be- **158**
kanntgabe des Verwaltungsaktes. Hat ein Vorverfahren stattgefunden, beginnt gemäß § 87 Abs 2 die Klagefrist mit der Bekanntgabe des Widerspruchsbescheides. Erfolgte die Bekanntgabe **im Ausland,** beträgt die Frist gemäß § 87 Abs 1 S 2 drei Monate. Bei einer fehlenden oder **unrichtigen Rechtsmittelbelehrung** verlängert sich die Frist gemäß § 66 Abs 2 auf ein Jahr; erfolgte eine schriftliche Belehrung dahingehend, dass ein Rechtsbehelf nicht gegeben sei, läuft keine Frist (siehe RdNr 34).

Die Klagefrist gilt, da auf das Vorliegen eines Verwaltungsaktes abge- **159**
stellt wird, für alle kombinierten und isolierten Anfechtungsklagen. Nach § 89 ist die **Klage an keine Frist gebunden,** wenn die Feststellung der Nichtigkeit eines Verwaltungsaktes oder die Feststellung des zuständigen Versicherungsträgers begehrt wird oder wenn es sich um eine Untätigkeitsklage handelt. Auch für isolierte Leistungs- und Feststellungsklagen besteht keine Frist, weil kein Verwaltungsakt angefochten wird. Das Erfordernis der fristgerechten Klageerhebung kann nicht dadurch umgangen werden, dass zB statt einer Anfechtungsklage eine Feststellungsklage erhoben wird. Als Verteidigungsmittel innerhalb eines anhängigen Verfahrens ist auch die Widerklage an keine Frist gebunden.

b) Berechnung der Frist

160 Die Berechnung der Klagefrist richtet sich nach § 64. Der **Lauf der Klagefrist beginnt** gemäß § 64 Abs 1 mit dem Tage nach der Zustellung oder, wenn diese nicht vorgeschrieben ist, mit dem Tage nach der Eröffnung oder Verkündung. Ab dem 1. 6. 1998 müssen Widerspruchsbescheide nicht mehr formell zugestellt werden, es reicht gemäß § 85 Abs 3 S 1 die Bekanntgabe. Wird jedoch zugestellt, gelten gemäß § 85 Abs 3 S 2 die §§ 2–15 VwZG. Für Zustellungen des Gerichts gelten ab 1. 7. 2002 die Vorschriften der ZPO (s §§ 166–190 ZPO), vorher wurde nach dem VwZG zugestellt.

161 Bei der Zustellung durch die Post **mittels eingeschriebenen Briefes** gilt dieser gemäß § 4 Abs 1 VwZG mit dem dritten Tag nach der Aufgabe zur Post als zugestellt. Ist unsicher, ob der Brief innerhalb der Dreitagesfrist zugegangen ist, hat nicht der Empfänger, sondern der Absender des Schriftstückes den Tag des Zugangs nachzuweisen (BSG SozR 3–1960 § 4 Nr 1 = NJW 1991, 63). Die **Benachrichtigung durch die Post,** dass ein Einschreibebrief abzuholen ist, stellt noch **keine Zustellung** im Sinne von § 182 ZPO dar (BSG aaO).

162 Die **Monatsfrist endet** gemäß § 64 Abs 2 S 1 mit Ablauf des Tages, der dem Tag der Bekanntgabe bzw Zustellung entspricht.

Beispiel: Wurde der Widerspruchsbescheid zB am 4. September bekanntgegeben, endet die Klagefrist am 4. Oktober um 24 Uhr. Gemäß § 64 Abs 2 S 2 endet die Frist mit dem Monatsende, wenn diesem Monat der entsprechende Tag fehlt. Erfolgte die Zustellung zB am 31. Januar, endet die Klagefrist am 28. Februar (bei einem Schaltjahr am 29. Februar).

Gemäß § 64 Abs 3 verschiebt sich die Frist auf den nächsten Werktag, wenn der letzte Tag der Frist auf einen **Sonnabend, Sonntag oder gesetzlichen Feiertag** fällt. Abzustellen ist darauf, ob der Feiertag am Sitz des Gerichts besteht (vgl BSG SozR 3–1500 § 160 a Nr 18).

c) Einlegung bei anderen Behörden

163 Nach § 91 Abs 1 ist die **Klagefrist gewahrt,** wenn die Klageschrift innerhalb der Frist **bei anderen inländischen Behörden** oder den in dieser Vorschrift genannten Stellen eingegangen ist. Die Einreichung der Klageschrift bei einer anderen Behörde ist etwa zu empfehlen, wenn sich das zuständige SG nicht am gleichen Ort befindet und die Gefahr besteht, dass die Klageschrift bei diesem nicht mehr innerhalb der Frist eingeht (s Schriftsatzmuster Nr 5). Nach BSG NJW 1990, 2836 darf sie nicht in einem an das SG gerichteten und verschlossenen Umschlag in den Briefkasten der Behörde eingeworfen werden, so dass dieser ungeöffnet an das SG weitergereicht wird; sie muss der Behörde als Klageschrift erkennbar sein. Folgt man dieser Ansicht, wird aber idR Wiedereinsetzung zu gewähren sein. Aus § 91 ergibt sich allerdings für Behörden nicht die Ver-

pflichtung, sozialgerichtliche Klagen entgegenzunehmen (BSG SozR 3–1500 § 91 Nr 1).

Behörden iSd § 91 Abs 1 sind alle Stellen, die Aufgaben der öffentlichen Verwaltung wahrnehmen. Dazu zählen auch andere Gerichte, gesetzgebende Organe oder Petitionsausschüsse. In Sozialversicherungsabkommen (zB Art 86 EWG-Verordnung 1408/71) ist idR auch die fristwahrende Einlegung bei entsprechenden Behörden im Ausland vorgesehen. Die Klageschrift ist von der unzuständigen Behörde gemäß § 91 Abs 2 unverzüglich **an das zuständige SG abzugeben.** Die Klage wird dann erst mit Eingang beim Gericht **rechtshängig.** Wurde die Klage bei einem unzuständigen SG erhoben, das nicht nur als andere Behörde iSd § 91 Abs 1 angegangen wurde, ist die Klage gemäß § 98 SGG iVm § 17a Abs 2 GVG an das zuständige Gericht zu verweisen. **164**

3. Wiedereinsetzung in den vorigen Stand

a) Allgemeines

Gemäß § 67 Abs 1 ist demjenigen, der ohne Verschulden gehindert war, eine **gesetzliche Verfahrensfrist** einzuhalten, auf Antrag Wiedereinsetzung in den vorigen Stand zu gewähren. § 67 Abs 1 entspricht im Wesentlichen § 233 ZPO. Nach der Rechtsprechung des Großen Senats des BSG (BSGE 38, 248, 258) sind aber die **Regelungen des § 67** für den Betroffenen **günstiger als die der ZPO,** weil der betroffene Personenkreis, der vor den Sozialgerichten klagt, idR als besonders schutzwürdig anzusehen ist. Daher dürfen die **Anforderungen** zur Erlangung der Wiedereinsetzung **nicht überspannt** werden (BSG SozR 3–1500 § 67 Nr 1 mwN = NJW 1991, 3236). **165**

§ 67 gilt nur für gesetzliche Verfahrensfristen, nicht für richterliche Fristen (zB nicht für Fristen, die zur Äußerung gesetzt wurden), weil diese gemäß § 65 verlängert werden können. Praktische Bedeutung hat die Wiedereinsetzung insbesondere bei der **Versäumung von Rechtsmittelfristen.** § 67 findet gemäß § 84 Abs 2 auch im **Widerspruchsverfahren** Anwendung (s RdNr 50). Bezüglich der Versäumung von Fristen im vorausgegangenen **Verwaltungsverfahren** enthält § 27 SGB X entsprechende Regelungen. Eine Wiedereinsetzung ist grundsätzlich auch bei materiellen **Ausschlussfristen** möglich. Unzulässig ist sie nach § 27 Abs 5 SGB X nur dann, wenn sie durch eine Rechtsvorschrift ausgeschlossen ist oder sich die Unzulässigkeit durch Auslegung nach dem Zweck der jeweiligen Fristbestimmung und der ihr zugrundeliegenden Interessenabwägung ergibt (BSG SozR 1300 § 27 Nr 4). Einer Wiedereinsetzung steht grundsätzlich nicht der Umstand entgegen, dass das **Rechtsmittel** wegen Fristversäumnis **bereits als unzulässig verworfen** worden ist (BSG SozR 1500 § 67 Nr 2). **166**

b) Ohne Verschulden

167 Wiedereinsetzung kann nur gewährt werden, wenn die Frist ohne Verschulden versäumt wurde. Verschulden ist nicht gegeben, wenn auch bei Anwendung der gebotenen Sorgfalt durch einen **gewissenhaft und sachgemäß Prozessführenden** die Versäumung der Verfahrensfrist nicht vermieden worden wäre, bzw ein Beteiligter diejenige Sorgfalt nicht außer Acht gelassen hat, die einem gewissenhaften Prozessführenden nach den gesamten Umständen zuzumuten ist (BSG SozR 1500 § 67 Nr 1 = NJW 1975, 1380). Dabei ist von den auch im Zivilrecht gültigen Maßstäben auszugehen. Gemäß § 41 Abs 3 SGB X gilt die Versäumung der Rechtsbehelfsfrist als nicht verschuldet, wenn sie dadurch verursacht wurde, dass einem **Verwaltungsakt die erforderliche Begründung fehlt** oder die nach § 24 SGB X erforderliche **Anhörung unterblieben** ist.

168 Das **Verschulden des Prozessbevollmächtigten** muss sich ein Beteiligter gemäß § 73 Abs 4 SGG iVm § 85 Abs 2 ZPO zurechnen lassen. Dies soll nach Ansicht des BSG (SozR 1500 § 67 Nr 10) nicht für das Verschulden eines vom Gericht ausgewählten Rechtsanwalts nach Bewilligung der Prozesskostenhilfe und Beiordnung gelten, weil die Auswahl nicht im Verantwortungsbereich des Beteiligten gelegen habe. Dagegen wird zu Recht eingewandt, dass auch bei gesetzlicher Vertretung eine Verschuldenszurechnung erfolge und die Auffassung des BSG im Hinblick auf die Wahlfreiheit des § 73a Abs 1 S 2 überholt sei (dazu *Krasney/Udsching* VII RdNr 19 mwN). Beim Verschulden von **nicht vertretungsberechtigten Hilfspersonen,** zB des Personals eines Rechtsanwalts, kommt es darauf an, ob eigenes Auswahl- und Überwachungsverschulden vorliegt. Ein Rechtsanwalt kann die Berechnung üblicher und in seiner Praxis häufig vorkommender Fristen sowie die Führung des Fristenkalenders seinem gut ausgebildeten und sorgfältig überwachten Büropersonal überlassen (ständige Rechtsprechung, siehe zB BGH NJW 1994, 2551; BSG SozR 3–1500 § 67 Nr 9). Die Rechtsprechung zu § 233 ZPO ist uneingeschränkt anwendbar. **Behörden** müssen sich ebenso wie ein Rechtsanwalt das Verschulden der Bediensteten zurechnen lassen (BSG SozR 1500 § 67 Nr 18).

169 **Beispielsfälle aus der Rechtsprechung**: Kein Verschulden bei Fristversäumnis des Bürgers aufgrund des **Fehlverhaltens einer Behörde,** zB wenn die Berufung trotz ordnungsgemäßer Rechtsmittelbelehrung bei einer anderen Behörde eingereicht wurde und aus deren Verschulden erst nach Fristablauf beim LSG eingeht (BSG SozR 1500 § 67 Nr 1 = NJW 1975, 1380; dazu auch BVerfG SozR 3–1500 § 67 Nr 22). **Verzögerte Briefbeförderung durch die Post** ist nicht schuldhaft, wenn der Zugang bei regelmäßigem Betriebsablauf rechtzeitig gewesen wäre; denn der Bürger darf darauf vertrauen, dass die durch die Leitvorgaben der Post festgelegten regelmäßigen Postlaufzeiten eingehalten werden (BVerfG, Beschluss vom 27. 2. 1992 – 1 BvR 1294/91). Die Gerichte dürfen die Wiedereinsetzung nicht mit der Begründung versagen, der Betroffene habe „nach Sachlage" oder „erfahrungsgemäß" mit der Verzögerung der Sendung rechnen müssen. Vielmehr ist bei Zweifeln eine Auskunft der Post dazu einzuholen, wie lange die Postlaufzeit nach den organisatorischen

und betrieblichen Vorkehrungen der Post bemessen ist. Dies gilt auch bei einer unvollständigen Adressierung (BVerfG SozR 3–1100 Art 103 Nr 8 mwN). Ausländer mit Wohnsitz im Inland sind idR nicht mangels ausreichender **Deutschkenntnisse** ohne Verschulden gehindert, Fristen einzuhalten; Wiedereinsetzung nur, wenn alles unternommen wurde, was möglich und zumutbar war, um die Frist zu wahren (BSG SozR 1500 § 67 Nr 21 = NJW 1989, 680). Ein Rechtsanwalt muss idR auch eine **Vorfrist im Fristenkalender** eintragen (BSG SozR 3–1500 § 67 Nr 9). Bei **Krankheit** Wiedereinsetzung nur, wenn diese so schwer war, dass nicht selbst gehandelt und kein anderer beauftragt werden konnte; nicht, wenn ein Arzt aufgesucht werden konnte (LSG Nds Breithaupt 1984, 1015). Schuldhaft, wenn trotz Hinweises auf dem Benachrichtigungsschein angenommen wird, dass **beim Postamt niedergelegtes Schriftstück** erst mit der Abholung zugestellt sei (LSG Thüringen Breithaupt 1995, 540). Nicht schuldhaft, wenn **Restfrist für eine angemessene Überlegung und Beratung** nicht ausreicht; der Kläger ist nicht gehalten, die Klage innerhalb der verbleibenden Zeit einzureichen (BSG SozR 1500 § 67 Nr 19). Bei **technischer Störung des Telefaxgerätes** keine Wiedereinsetzung, wenn der Ausfall zu einem Zeitpunkt aufgetreten oder konkret vorhersehbar war, als die Übermittlung noch auf anderem Weg möglich und zumutbar war (BSG SozR 3–1500 § 67 Nr 7). Bei **Urlaubsabwesenheit** sind keine besonderen Vorkehrungen zu treffen, wenn es sich um den üblichen Jahresurlaub von nur mehreren Wochen handelt (BSG SozR 1500 § 67 Nr 6). Ein Rechtsmittelführer, der die Einlegung eines **Rechtsmittels bis zur Entscheidung über den Antrag auf PKH zurückstellt** und deswegen die Rechtsmittelfrist versäumt, kann die Wiedereinsetzung nicht mit der Begründung versagt werden, der Einschaltung eines Rechtsanwalts habe es nicht bedurft (BSG SozR 3–1500 § 67 Nr 11).

c) Verfahren

Wiedereinsetzung wird gemäß § 67 Abs 1 **auf Antrag** gewährt. Dieser 170
ist gemäß § 67 Abs 2 S 1 **binnen eines Monats** nach Wegfall des Hindernisses zu stellen. Ein Antrag ist gemäß § 67 Abs 2 S 4 nicht erforderlich, wenn die versäumte Handlung innerhalb des Monats nachgeholt worden ist. In diesen Fällen ist die Wiedereinsetzung von Amts wegen zu gewähren, wenn die übrigen Voraussetzungen erfüllt sind. Fällt das Hindernis bereits vor Fristablauf weg, muss geprüft werden, ob der verbleibende Zeitraum für die Fristwahrung ausreichend gewesen wäre. Nach § 67 Abs 3 ist der Antrag **nach einem Jahr** seit dem Ende der versäumten Frist **unzulässig,** außer wenn er vorher infolge höherer Gewalt unmöglich war. **Höhere Gewalt** liegt vor, wenn die Fristversäumnis auch durch die größte, nach den Umständen des Einzelfalles vernünftigerweise vom Beteiligten zu erwartende Sorgfalt nicht abgewendet werden konnte. Nach Wegfall der höheren Gewalt läuft die Monatsfrist des § 67 Abs 2.

Innerhalb der Monatsfrist ist die **versäumte Rechtshandlung** (zB die 171
Klage- oder Berufungseinlegung) **nachzuholen.** Diese muss nach Form und Inhalt der versäumten Handlung entsprechen. Die Nachholung der versäumten Rechtshandlung ist Zulässigkeitsvoraussetzung für die Wiedereinsetzung. Gemäß § 67 Abs 2 S 2 sollen die **Tatsachen** zur Begründung des Antrags **glaubhaft gemacht** werden. Aus der Formulierung als Soll-Vorschrift ergibt sich aber, dass das Gericht den Sachverhalt, der für die Entscheidung über den Antrag auf Wiedereinsetzung rechtserheblich ist, **von Amts wegen aufklären** muss (siehe auch RdNr 80). Dies gilt insbe-

sondere dann, wenn das übrige Vorbringen des Klägers oder sonstige Umstände auf das Vorhandensein von Tatsachen hindeuten, die eine Wiedereinsetzung rechtfertigen. Unterlässt das Gericht in diesen Fällen die Sachaufklärung oder eine Entscheidung über die Wiedereinsetzung, liegt ein wesentlicher Verfahrensmangel vor (BSG SozR Nr 9 zu § 67 SGG = NJW 1957, 1944). Der Antrag kann also nicht zurückgewiesen werden, weil zunächst keine Tatsachen vorgetragen oder glaubhaft gemacht wurden.

d) Entscheidung des Gerichts

172 Das Gericht kann über die Wiedereinsetzung vorab **durch gesonderten Beschluss oder erst in den Urteilsgründen** entscheiden. Welche Entscheidungsart gewählt wird, hängt in der Praxis im Wesentlichen davon ab, ob Wiedereinsetzung zu gewähren ist oder nicht. Ist zB die Klagefrist versäumt und **Wiedereinsetzung nicht zu gewähren,** wird das SG die Klage idR aus prozessökonomischen Gründen **durch Prozessurteil** (als unzulässig) abweisen, weil sich der Rechtsstreit durch einen versagenden Beschluss nicht erledigt und es danach – ggf nach Durchführung des Beschwerdeverfahrens – doch ein Prozessurteil erlassen muss. Ist **Wiedereinsetzung zu gewähren,** wird das SG idR in **der Sache entscheiden** und lediglich in den Urteilsgründen ausführen, dass die Voraussetzungen hierfür erfüllt sind.

173 Über die **Versagung** der Wiedereinsetzung kann aber **auch durch Beschluss** entschieden werden, der mit der Beschwerde angefochten werden kann. Ergeht der Beschluss ohne mündliche Verhandlung, wirken die ehrenamtlichen Richter nach der eindeutigen Regelung des § 12 Abs 1 S 2 nicht mit (aA LSG RhPf Breithaupt 1991, 259). Die **Bewilligung** der Wiedereinsetzung **durch Beschluss** kommt insbesondere in Betracht, wenn der Rechtsstreit noch nicht entscheidungsreif ist. Da das Gericht **an die eigene Entscheidung gebunden** ist (BVerfGE 8, 255), kann dadurch vermieden werden, dass (zB für Gutachten) unnötige Kosten anfallen, wenn das Gericht in anderer Besetzung später bezüglich der Wiedereinsetzung zu einer ablehnenden Entscheidung kommt. Denn in der Durchführung von Sachermittlungsmaßnahmen allein liegt keine Wiedereinsetzung, weil **keine stillschweigende Entscheidung** möglich ist.

Wiedereinsetzungsbeschluss

> Dem Kläger wird hinsichtlich der versäumten Klagefrist Wiedereinsetzung in den vorigen Stand bewilligt.
> Dieser Beschluss ist gemäß § 67 Abs 4 Satz 2 SGG unanfechtbar.

e) Rechtsmittel

174 Gemäß § 67 Abs 4 S 2 ist die **Bewilligung der Wiedereinsetzung** durch Beschluss **unanfechtbar.** Auch wenn die Wiedereinsetzung erst in

den Urteilsgründen bewilligt wurde, ist deren Rechtmäßigkeit in den Rechtsmittelinstanzen nicht überprüfbar (BSGE 13, 61). Gegen einen **ablehnenden Beschluss des SG** ist die **Beschwerde** zulässig (zur Beschwerde RdNr 579 ff). Wurde die Wiedereinsetzung abgelehnt, obwohl die Voraussetzungen dafür erfüllt sind, kann sie **vom Rechtsmittelgericht bewilligt** werden (BSG SozR 3–4100 § 103 Nr 8; BSG SozR 3–1500 § 67 Nr 5). Das gilt auch, wenn **über den Wiedereinsetzungsantrag nicht entschieden** wurde, weil er zB übersehen worden ist. Über einen übergangenen Antrag darf das Rechtsmittelgericht aber nicht negativ entscheiden, weil es dem Betroffenen dadurch die Möglichkeit nimmt, dass die Vorinstanz nach einer Zurückverweisung doch noch (unanfechtbar) Wiedereinsetzung bewilligt. Der Rechtsstreit ist daher zurückzuverweisen (vgl BSG SozR 3–4100 § 103 Nr 8).

4. Inhalt der Klageschrift

§ 92 in der ab 1. 4. 2008 (Änderung durch das SGGArbGGÄndG) gel- **175**
tenden Fassung bestimmt jetzt, dass die Klage **den Kläger, den Beklagten und den Gegenstand des Klagebegehrens bezeichnen muss**. Bis 31. 3. 2008 war § 92 als **Sollvorschrift** ausgestaltet, um auch rechtlich ungewandten Personen Rechtsschutz zu gewährleisten. Entspricht die Klage nicht den Anforderungen des § 92 Abs 1, hat der Vorsitzende den Kläger zu der erforderlichen Ergänzung innerhalb einer bestimmten Frist aufzufordern.

Es steht in seinem Ermessen, dem Kläger für die Ergänzung der in **176**
§ 92 Abs 1 S 1 genannten Erfordernisse eine Frist mit ausschließender Wirkung zu setzen, nach deren Ablauf die Klage als unzulässig abgewiesen wird. Im Hinblick auf die besonderen Aufklärungspflichten des Vorsitzenden (§§ 106 Abs 1, 112 Abs 2 S 2), die Verpflichtung des Gerichts auf angemessene und sachdienliche Anträge hinzuwirken und den Umstand, dass das Gericht an die Fassung der Anträge ohnehin nicht gebunden ist (§ 123 s auch RdNr 201), sollte von der Möglichkeit der Fristsetzung nach § 92 Abs 2 S 2 nur äußerst selten Gebrauch gemacht werden (s RdNr 234 b).

Ferner **soll** die Klage nach § 92 Abs 1 S 3 einen **bestimmten Antrag** **177**
enthalten und vom Kläger oder einer zu seiner Vertretung befugten Person unterzeichnet sein. Ebenso sollen die **zur Begründung dienenden Tatsachen und Beweismittel angegeben sein**, die angefochtene Verfügung und der Widerspruchsbescheid sollen in Urschrift oder in Abschrift beigefügt werden. Fehlende oder zu unbestimmte Angaben bzw die Vorlage der Bescheide können nachgeholt werden; die Klage darf allein wegen Fehlens der in § 92 Abs 1 S 3 und 4 genannten Erfordernissen nicht als unzulässig abgewiesen werden.

Dadurch, dass die zur Begründung dienenden Tatsachen und Beweismittel angegeben werden sollen, wird **keine Beweisführungspflicht** begründet. Der Sachverhalt ist vielmehr von Amts wegen zu ermitteln.

178 Gemäß § 93 S 1 sind der Klageschrift, den sonstigen Schriftsätzen und nach Möglichkeit den Unterlagen **Abschriften für die Beteiligten** beizufügen, weil diese den übrigen Beteiligten von Amts wegen zuzustellen sind. Trotz der Fassung des Gesetzes handelt es sich um eine **Sollvorschrift,** deren Verletzung keine prozessualen Folgen hat. Ggf können aber gemäß § 93 S 3 vom Kläger die Kosten für vom Gericht gefertigte Abschriften eingezogen werden. Die Höhe der Kosten richtet sich nach dem analog anzuwendenden Gerichtskostengesetz.

5. Örtliche Zuständigkeit

179 Welches SG örtlich zuständig ist, wird in § 57 geregelt. **Sonderregelungen** enthalten die §§ 57a, 57b für Vertragsarzt- und Wahlangelegenheiten. Korrespondierend mit der Einführung erstinstanzlicher Zuständigkeiten der Landessozialgerichte ändern sich aufgrund des SGG-ArbGGÄndG auch die Vorschriften zur örtlichen Zuständigkeit gem. § 57a. Für Angelegenheiten des Risikostrukturausgleichs entfällt die bisherige Zuständigkeit des SG Köln im Hinblick auf die neu geschaffene Zuständigkeit des LSG Nordrhein-Westfalen. Für die zweite und dritte Instanz erübrigt sich eine Regelung der örtlichen Zuständigkeit, weil für Revisionsverfahren allein das BSG zuständig ist und es in jedem Bundesland nur ein LSG gibt, das für die Rechtsmittel gegen Entscheidungen der Sozialgerichte im jeweiligen Bundesland zuständig ist. Das SG muss seine örtliche Zuständigkeit **von Amts wegen prüfen** und den Rechtsstreit ggf an das örtlich zuständige SG verweisen; im Rechtsmittelverfahren ist eine Überprüfung nicht mehr möglich (dazu RdNr 184). Gemäß § 59 haben **Vereinbarungen** der Beteiligten über die Zuständigkeit **keine rechtliche Wirkung,** eine Prorogation ist nicht möglich. Abzustellen ist auf den Zeitpunkt des Eintritts der Rechtshängigkeit, gemäß § 98 SGG iVm § 17 Abs 1 S 1 GVG sind **nachträgliche Veränderungen,** zB eine Wohnsitzverlegung, für die einmal begründete örtliche Zuständigkeit des Gerichts **unerheblich.**

180 Um den Rechtsschutz zu erleichtern, wird in § 57 Abs 1 bezüglich der örtlichen Zuständigkeit grundsätzlich **auf den Kläger abgestellt.** Örtlich zuständig ist das SG, in dessen Bezirk der Kläger zur Zeit der Klageerhebung seinen **Sitz oder Wohnsitz** oder in Ermangelung dessen seinen Aufenthaltsort hat. Wahlweise kann der Kläger gemäß § 57 Abs 1 S 1 auch vor dem für den **Beschäftigungsort** zuständigen SG klagen, wenn er in einem Beschäftigungsverhältnis steht. Das ausgeübte Wahlrecht bindet das Gericht, eine nachträgliche Änderung ist nicht möglich. Nach dem Wortlaut des Gesetzes besteht das Wahlrecht nur, wenn der Kläger in einem Beschäftigungsverhältnis steht. Darunter ist nur die Ausübung einer abhängigen Beschäftigung, nicht aber einer selbständigen Tätigkeit zu verstehen.

Den **Wohnsitz** hat gemäß § 30 Abs 3 S 1 SGB I eine Person dort, wo **181** sie eine Wohnung unter Umständen innehat, die darauf schließen lassen, dass sie diese beibehalten und benutzen wird. Im Übrigen sind die §§ 7ff BGB heranzuziehen. Den gewöhnlichen **Aufenthaltsort** hat gemäß § 30 Abs 3 S 2 SGB I jemand dort, wo er sich unter Umständen aufhält, die erkennen lassen, dass er an diesem Ort oder in diesem Gebiet nicht nur vorübergehend verweilt. Der nur für juristische Personen in Betracht kommende **Sitz** bestimmt sich in erster Linie durch Gesetz, Satzung oder Vertrag. Fehlt es an einer solchen Festlegung, kommt es auf den Ort an, an dem die juristische Person handelt. **Bezirksverwaltungen,** die nach der Satzung unselbständige und an Weisungen gebundene Verwaltungsstellen sind, haben keinen eigenen Sitz (BSG SozR 1500 § 57 Nr 2).

Klagt eine Körperschaft oder Anstalt des öffentlichen Rechts oder in **182** Angelegenheiten der Kriegsopferversorgung ein Land, ist gemäß § 57 Abs 1 S 2 der **Sitz,** Wohnsitz oder Aufenthaltsort **des Beklagten maßgebend,** wenn dieser eine natürliche Person oder eine juristische Person des Privatrechts ist. Hat der Kläger seinen Sitz, Wohnsitz oder Aufenthaltsort im **Ausland,** ist gemäß § 57 Abs 3 das SG örtlich zuständig, in dessen Bezirk der Beklagte seinen Sitz, Wohnsitz oder Aufenthaltsort hat. Als **Sonderregelung** bestimmt **§ 369 SGB III**, dass dann, wenn eine **Klage gegen die Bundesagentur für Arbeit** Bezug auf den Aufgabenbereich einer Regionaldirektion oder einer Agentur für Arbeit hat, die Klage auch bei dem Gericht erhoben werden kann, in dessen Bezirk die Regionaldirektion oder die Agentur für Arbeit ihren Sitz hat. Diesen Klägern steht also ein Wahlrecht zu, ob sie die Klage zum SG Nürnberg oder zu dem nach § 369 SGB III in Betracht kommenden SG erheben (dazu im Einzelnen *Niesel* in *Niesel,* Kommentar zum SGB III, 3. Aufl bei § 369).

Ist die erstmalige Gewährung einer **Hinterbliebenenrente** streitig, **183** kommt es gemäß § 57 Abs 2 S 1 auf den Wohnsitz bzw Aufenthaltsort der Witwe oder des Witwers bzw der in § 57 Abs 2 S 2 und 3 genannten Personen an. Dadurch sollen insbesondere unterschiedliche Entscheidungen bei mehreren Hinterbliebenen vermieden werden, weil bei der Klage eines Hinterbliebenen die anderen idR beizuladen sind. Ob eine **erstmalige Bewilligung** im Streit ist, bestimmt sich danach, ob der Kläger in einem Rechtsstreit gegen eine bestimmte Behörde erstmalig Beteiligter ist. Klagt ein Beteiligter eine Hinterbliebenenrente ein, die bisher nur unter anderen Beteiligten streitig war, liegt daher ebenfalls ein erstmaliger Streit iSd § 57 Abs 2 vor. Eine erstmalige Bewilligung ist auch streitig, wenn auf Erlass eines Zugunstenbescheides nach § 44 SGB X geklagt wird und die Hinterbliebenenrente früher bereits abgewiesen worden ist (*Zeihe* § 57 Anm 14c).

184 Ist das SG **örtlich unzuständig,** muss es den Rechtsstreit nach Anhörung der Beteiligten gemäß § 98 S 1 SGG iVm § 17a Abs 2 S 1 GVG **von Amts wegen** durch Beschluss an das örtlich zuständige SG **verweisen.** Der Beschluss kann gemäß § 98 S 2 nicht mit der Beschwerde angefochten werden und ist für das SG, an das verwiesen worden ist, bindend. Das LSG kann im Berufungsverfahren gemäß § 17a Abs 5 GVG nicht prüfen, ob das SG örtlich zuständig gewesen ist.

V. Die Wirkungen der Klageerhebung

1. Rechtshängigkeit

185 Im sozialgerichtlichen Verfahren wird gemäß § 94 die Streitsache allein **durch Erhebung der Klage** rechtshängig. Anders als im zivilgerichtlichen Verfahren (§ 253 Abs 1 ZPO) ist die **Zustellung nicht Voraussetzung** des Eintritts der Rechtshängigkeit. Abzustellen ist auf den Eingang der Klageschrift beim SG. Wurde eine bei einem unzuständigen SG erhobene Klage an das zuständige SG verwiesen, wird der Rechtsstreit gemäß § 98 S 1 SGG iVm § 17b Abs 1 GVG mit Eingang der Akten bei dem im Verweisungsbeschluss bezeichneten SG anhängig. Die Wirkungen der Rechtshängigkeit beim unzuständigen SG bleiben aber bestehen. Der Eingang der Klageschrift bei einer Behörde begründet die Rechtshängigkeit nicht, sondern wahrt gemäß § 91 lediglich die Klagefrist.

186 Die **Rechtshängigkeit endet** durch Urteil, Klagerücknahme, Klagerücknahmefiktion, gerichtlichen Vergleich, angenommenes Anerkenntnis, übereinstimmende Erledigungserklärung sowie durch die Rücknahme eines Rechtsmittels. Der außergerichtliche Vergleich wird in der Praxis als übereinstimmende Erledigungserklärung angesehen (s RdNr 321).

187 Die **Rechtshängigkeit bewirkt** gemäß § 45 Abs 2 SGB I iVm § 209 BGB die Unterbrechung der **Verjährung.** § 291 BGB ist nicht entsprechend anwendbar, so dass neben den Zinsen nach § 44 SGB I keine zusätzlichen **Prozesszinsen** anfallen. Gemäß § 17 Abs 1 S 2 GVG ist während der Rechtshängigkeit über den gleichen Streitgegenstand eine **weitere Klage unzulässig.** Dies gilt auch für Klagen von Rechtsnachfolgern und Beigeladenen, da sich die Bindungswirkung von Urteilen gemäß § 141 Abs 1 auf diese erstreckt. Unzulässig ist die Klage, die zeitlich später rechtshängig wurde. Ist zB zur Fristwahrung eine Klage gemäß § 91 bei einer Behörde eingereicht und eine weitere Klage direkt beim SG eingereicht worden, ist die später beim SG eingegangene Klage unzulässig.

Die Behörde kann nach der Rechtshängigkeit weiterhin **über den Streitgegenstand verfügen,** insbesondere den streitbefangenen Verwaltungsakt aufheben oder abändern. Der neue Verwaltungsakt wird dann gemäß § 96 Abs 1 Gegenstand des anhängigen Verfahrens (s RdNr 204 ff). Da dieser von Amts wegen in das anhängige Verfahren einbezogen wird, ist eine weitere Klage bezüglich dieses Verwaltungsaktes wegen anderweitiger Rechtshängigkeit unzulässig (BSG SozR 1500 § 94 Nr 2). Dies gilt auch dann, wenn der neue Verwaltungsakt von der Behörde mit der fehlerhaften Rechtsmittelbelehrung versehen wurde, der neue Verwaltungsakt könne mit der Klage bzw dem Widerspruch angefochten werden. Die Rechtshängigkeit muss in jeder Lage des Verfahrens von Amts wegen beachtet werden. Die später eingelegte Klage ist als unzulässig abzuweisen. 188

2. Aufschiebende Wirkung der Anfechtungsklage

a) Grundsatz

Der vorläufige Rechtsschutz ist mWv 2. 1. 2002 durch das 6. SGGÄndG vom 17. 8. 2001 (BGBl I 2144) neu geregelt worden. Die bis dahin in § 86 Abs 2–4 und § 97 enthaltenen Regelungen waren unzureichend und sind durch die der eingefügten §§ 86a und 86b ersetzt worden. § 86a Abs 1 S 1 bestimmt jetzt, dass (neben dem Widerspruch RdNr 52 ff) die **Anfechtungsklage grundsätzlich aufschiebende Wirkung** hat. Dieser Grundsatz wird aber dadurch stark eingeschränkt, dass die aufschiebende Wirkung kraft Gesetzes in den in § 86a Abs 2 genannten Fällen nicht eintritt (siehe RdNr 55 ff). Ist dies der Fall, kann aber das Gericht im Wege des einstweiligen Rechtsschutzes gemäß § 86b Abs 1 S 1 Nr 2 die aufschiebende Wirkung ganz oder teilweise anordnen (siehe dazu RdNr 638 ff). 189

Rechtsfolge des Eintritts der aufschiebenden Wirkung ist, dass die Behörde den **Verwaltungsakt nicht vollziehen** darf. So muss diese zB nach der Erhebung der Anfechtungsklage eine mit dem angefochtenen Verwaltungsakt **entzogene Leistung weiter zahlen.** In den Fällen, in denen die aufschiebende Wirkung kraft Gesetzes eintritt, wirkt diese zurück; die Leistung ist daher **ab Einstellung nachzuzahlen.** 190

Die **aufschiebende Wirkung endet** mit der Bestandskraft des Ausgangsbescheides, also zB mit der Rücknahme der Anfechtungsklage oder der Rechtskraft eines klageabweisenden Urteils. Stellt sich heraus, dass der angefochtene Verwaltungsakt rechtmäßig war, sind wegen der aufschiebenden Wirkung **zu Unrecht gewährte Leistungen zu erstatten.** 191

b) Nichteintritt der aufschiebenden Wirkung gemäß § 86a Abs 2

aa) § 86 Abs 2 Nr 1 – Die Vorschrift bestimmt, dass die aufschiebende Wirkung nicht eintritt, wenn sich die Anfechtungsklage gegen Entscheidungen über **Versicherungs-, Beitrags- und Umlagepflichten** sowie die Anforderung von **Beiträgen, Umlagen** und sonstigen öffentli- 192 chen **Abgaben** einschließlich der darauf entfallenden Nebenkosten richtet. Durch diese Regelung soll die finanzielle Funktionsfähigkeit der Sozialversicherung gesichert werden.

193 **bb) § 86a Abs 2 Nr 2 –** Anders als in Angelegenheiten der Sozialversicherung (siehe § 86a Abs 2 Nr 3) bestimmt die Vorschrift, dass in Angelegenheiten des sozialen Entschädigungsrechts (dh Angelegenheiten, die sich insbesondere nach den Vorschriften des BVG richten) und der Bundesagentur für Arbeit die Anfechtungsklage bei Verwaltungsakten, die eine laufende Leistung herabsetzen oder entziehen, keine aufschiebende Wirkung hat. Wird von einer Agentur für Arbeit zB festgestellt, dass der Anspruch auf Arbeitslosengeld wegen des Eintritts einer Sperrzeit ruht, muss das Arbeitslosengeld auf Grund eines eingelegten Widerspruchs nicht weiter gezahlt werden. Eine Verpflichtung zur Weiterzahlung kann nur dadurch erreicht werden, dass gemäß § 86b Abs 1 S 1 Nr 2 durch das Gericht angeordnet wird, dass die sofortige Vollziehung ausgesetzt wird (dazu RdNr 638ff). Die aufschiebende Wirkung der Anfechtungsklage ist also bei der **Entziehung von Leistungen** auf die Kranken-, Unfall- und Rentenversicherung einschließlich der Alterssicherung der Landwirte sowie die Pflegeversicherung beschränkt.

194 **cc) § 86a Abs 2 Nr 3** bestimmt, dass (anders als der Widerspruch) die Anfechtungsklage in Angelegenheiten der Sozialversicherung (dh der Kranken-, Unfall- und Rentenversicherung einschließlich der Alterssicherung der Landwirte sowie der Pflegeversicherung) bei Verwaltungsakten, die eine laufende Leistung herabsetzen oder entziehen, keine aufschiebende Wirkung hat. Anders als das Widerspruchsverfahren führt also eine sich an dieses anschließende Anfechtungsklage nicht dazu, dass der Versicherungsträger entzogene Sozialleistungen (zB Renten oder Krankengeld) während des Klageverfahrens weiter zahlen muss.

195 **dd) § 86a Abs 2 Nr 4 – In durch Bundesgesetz vorgeschriebenen Fällen.** Gemäß § 86a Abs 2 Nr 4 tritt die aufschiebende Wirkung der Anfechtungsklage nicht ein, wenn dies durch ein Bundesgesetz vorgeschrieben ist. So bestimmt zB **§ 336a SGB III,** dass die Klage unter anderem bei Entscheidungen auf Erstattung von Arbeitslosengeld durch Arbeitgeber nach § 147a SGB III keine aufschiebende Wirkung hat. Gleiches gilt für Entscheidungen über Arbeitserlaubnisse nach § 285 SGB III und über Arbeitsberechtigungen nach § 286 SGB III.

196 Für die Grundsicherung für Arbeitsuchende regelt § 39 SGB II, in welchen Fällen die Anfechtungsklage keine aufschiebende Wirkung hat. § 39 S 1 Nr 1 SGB II regelt unter anderem den Ausschluss der aufschiebenden Wirkung der Anfechtungsklage gegen einen Verwaltungsakt, der Leistungen der Grundsicherung aufhebt, zurücknimmt, widerruft oder herabsetzt. Dem Wortlaut des § 39 SGB II in der aufgrund des Gesetzes zur Neuausrichtung der arbeitsmarktpolitischen Instrumente ab 1. 1. 2009 geltenden Fassung ist nun allerdings zu entnehmen dass zumindest

die Anfechtungsklage gegen den Erstattungsbescheid aufschiebende Wirkung hat (vgl RdNr 58).

Für das Vertragsarztrecht enthält das SGB V zahlreiche Sonderregelungen, siehe zB § 85 Abs 4 SGB V bei Anfechtungen der Honorarfestsetzung oder § 89 Abs 1 SGB V bei Entscheidungen des Schiedsamtes. **197**

VI. Der Streitgegenstand

1. Keine Bindung an die Anträge

Der **Begriff Streitgegenstand** deckt sich mit dem des erhobenen Anspruchs iSd § 322 ZPO. Entscheidend ist der Klageantrag nur, wenn er sich mit dem erhobenen Anspruch deckt. Wenn der Wortlaut des Antrags nicht eindeutig ist, muss **im Wege der Auslegung** festgestellt werden, welches **das erklärte Prozessziel** ist. Bei der Auslegung eines Prozessantrages ist der **wirkliche Wille des Prozessführenden maßgebend,** soweit er sich aus den Umständen ergibt, die für das Gericht und die anderen Beteiligten erkennbar sind (BSG SozR 2200 § 205 Nr 65). Neben dem Wortlaut des Antrages sind sämtliche Schriftsätze des Beteiligten, seine vorher zu Protokoll des Gerichts gegebenen Erklärungen sowie der Inhalt der Behördenakten heranzuziehen. **Im Zweifel** ist davon auszugehen, dass der Kläger **alles** zugesprochen haben möchte, **was ihm aufgrund des Sachverhalts zusteht.** **198**

Beispiel: Hat ein Kläger seinen Klageantrag dahingehend formuliert, er begehre (nur) die Entschädigung für eine Berufskrankheit, nicht aber für einen Arbeitsunfall, besteht idR kein Anhalt dafür, dass er den geltend gemachten Rentenanspruch bewusst nur darauf beschränken will. Arbeitsunfall und Berufskrankheit stehen nämlich hinsichtlich des Entschädigungsanspruchs nicht beziehungslos nebeneinander. Liegt die Möglichkeit nahe, dass die Gesundheitsstörungen, falls sie nicht als Berufskrankheit anzusehen sind, durch einen Arbeitsunfall verursacht sein könnten, muss das Gericht auch bei der Unterlassung einer entsprechenden Entscheidung der Berufsgenossenschaft idR von Amts wegen prüfen, ob der Rentenantrag aufgrund eines Arbeitsunfalls begründet ist (BSG SozR 5670 Anl 1 Nr 2102 Nr 2). **199**

Auch im sozialgerichtlichen Verfahren kann der Kläger **über den Streitgegenstand verfügen.** Das Gericht darf dem Kläger nicht etwas zusprechen, was er nicht begehrt; über einen klar begrenzten Antrag kann es also nicht hinausgehen. **200**

Hinsichtlich des Streitgegenstandes in **Grundsicherungsangelegenheiten** (SGB II) wurde aus der Aufspaltung der Zuständigkeit (Bundesagentur für Arbeit und Kommunen) und der Reihenfolge der Berücksichtigung von Einkommen und Vermögen jedoch abgeleitet (BSG 7. 11. 2006, B 7b AS 8/06), dass eine Klage auch nur auf Gewährung höherer Unterkunftskosten gerichtet sein kann, das Gericht in diesem Falle die Höhe der Regelleistung und Ansprüche auf Mehrbedarf nicht prüfen muss, obgleich es Einzelleistungen des Gesamtanspruchs Arbeitslosengeld II nach § 19 SGB II sind. **201**

202 Jedoch muss die **Beschränkung des Klagezieles eindeutig, klar, unmissverständlich und bedingungslos** ausgesprochen werden, um wirksam zu sein (vgl BSG ZfS 1988, 46 mwN). Ein angefochtener Verwaltungsakt darf vom Gericht nicht zum Nachteil des Klägers abgeändert werden **(Verbot der reformatio in peius),** und zwar auch dann nicht, wenn sich im Verfahren herausstellt, dass dem Kläger eine mit dem angefochtenen Verwaltungsakt gewährte Leistung nicht zusteht. Für den Kläger ist daher die **Klageabweisung die ungünstigste Entscheidung.** Im Berufungs- und Revisionsverfahren darf das angefochtene Urteil gemäß §§ 202 SGG iVm 536, 559 ZPO nur insoweit abgeändert werden, als seine Abänderung beantragt worden ist. Lediglich für die Kostenentscheidung gilt das Verbot der reformatio in peius nicht.

203 **Unabhängig von der Bezeichnung** des angefochtenen Verwaltungsaktes sind auch diejenigen Verwaltungsakte als **angefochten** anzusehen, deren Anfechtung nach Lage der Dinge den Belangen des Betroffenen entspricht. Angefochten ist daher auch ein im Widerspruch oder in der Klage **nicht ausdrücklich genannter Verwaltungsakt,** den der Betreffende anfechten muss, um zu dem erkennbar angestrebten Erfolg zu kommen. Muss ein Verwaltungsakt angefochten werden, um den Eintritt der Bestandskraft zu verhindern, ist es unerheblich, wenn der Kläger **nicht ausdrücklich beantragt** hat, den Bescheid **aufzuheben;** denn das Gericht entscheidet über die erhobenen Ansprüche, ohne an die Fassung der Anträge gebunden zu sein (BSG SozR 4100 § 66 Nr 1 = NZA 1987, 396).

2. Einbeziehung von Folgebescheiden nach § 96

a) Grundsatz

204 § 96 Abs 1 wurde durch SGGArbGGÄndG mit Wirkung ab 1. 4. 2004 nun neu gefasst. Nach Klageerhebung wird ein neuer Verwaltungsakt nur dann Gegendstand des Klageverfahrens, wenn er nach Erlass des Widerspruchsbescheides ergangen ist und den angefochtenen Verwaltungsakt abändert oder ersetzt. Der **Normzweck** besteht nach wie vor darin, im Interessse einer sinnvollen **Prozessökonomie** ein schnelles und zweckmäßiges Verfahren dadurch zu ermöglichen, dass der Folgebescheid nachgeprüft werden kann, ohne dass eine neue Klage oder eine gewillkürte Klageänderung erforderlich ist. Außerdem soll § 96 abweichende gerichtliche Entscheidungen vermeiden und dadurch die Rechtssicherheit fördern. Die Vorschrift dient dem Schutz des Betroffenen vor der Gefahr, dass ihm Rechtsnachteile erwachsen, falls er weitere Schritte unterlässt (BSG SozR 1500 § 96 Nr 6 mwN). Eine entsprechende Regelung enthält § 86 Abs 1 für das Widerspruchsverfahren (s RdNr 63). Da es sich um einen Fall der **gesetzlichen Klageänderung** handelt, sind gegen Folgebe-

scheide wegen bereits bestehender Rechtshängigkeit **Klage- und Widerspruchsverfahren grundsätzlich unzulässig** (zum umstrittenen Wahlrecht der Beteiligten s aber RdNr 207).

Die Sozialgerichte haben § 96 in der Vergangenheit verschiedentlich extensiv ausgelegt. Teilweise wurde die Einbeziehung des neuen Verwaltungsaktes in das anhängige Verfahren schon dann als gerechtfertigt angesehen, wenn der neue Verwaltungsakt mit dem anhängigen Streitgegenstand in irgendeinem tatsächlichen oder rechtlichen Zusammenhang stand. Nach der Rechtsprechung des BSG war **§ 96** aus prozessökonomischen Gründen auch dann **entsprechend anzuwenden,** wenn eine Änderung bzw Ersetzung nicht vorlag, der Folgebescheid den Streitstoff des bereits anhängigen Rechtsstreits beeinflusste bzw berührte, so dass immerhin ein innerer Zusammenhang bestandt und der Grundgedanke des § 96 Abs 1 die Einbeziehung des Folgebescheides rechtfertigte. **205**

Mit der Neufassung soll erreicht werden, dass eine **Einbeziehung nur noch möglich** ist, wenn er nach Erlass des Widerspruchsbescheides ergangen ist und den **Verwaltungsakt ersetzt oder abändert**. Die nun durch Gesetz eingeführte Begrenzung auf die direkte Anwendung führt zu mehr Rechtssicherheit und wirkt im Einzelfall einer Verfahrensverzögerung entgegen. Beteiligten, die Folgebescheide in ein anhängiges Klageverfahren einbeziehen möchten, bleibt die Möglichkeit der Klageänderung unter den Voraussetzungen des § 99. **206**

b) Dispositionsbefugnis der Beteiligten

Umstritten ist, ob ein Folgebescheid auch dann zum Gegenstand des Verfahrens wird, wenn dies dem **Willen der Beteiligten widerspricht.** Da der Umfang des Streitgegenstandes auch im sozialgerichtlichen Verfahren vom Kläger bestimmt wird (s RdNr 200), ist ein **Verzicht** der Beteiligten auf die Einbeziehung zulässig (BSG SozR 1500 § 96 Nr 13). Im Hinblick auf den Normzweck des § 96, Folgebescheide aus prozessökonomischen Gründen in das Verfahren einzubeziehen (s RdNr 204), ist dem Kläger auch ein **Wahlrecht** einzuräumen. Liegen zB zahlreiche Anpassungs- und Änderungsbescheide vor (was zB im Bereich des Arbeitsförderungsrechts häufig gegeben ist), ist es prozessunökonomisch, wenn sämtliche Bescheide gegen den Willen des Klägers auch dann einzubeziehen sind, wenn sich die Beklagte bereit erklärt, diese später entsprechend dem Ausgang des Rechtsstreits über den Erstbescheid zu korrigieren. Aus einer Regelung, die den Kläger vor Rechtsnachteilen bewahren soll, kann nicht abgeleitet werden, dass diesem das Recht genommen wird, einen Folgebescheid zunächst von der Behörde nochmals im Widerspruchsverfahren auch auf die Zweckmäßigkeit hin überprüfen zu lassen. Das BSG (SozR 1500 § 144 Nr 6) hat es als zulässig angesehen, dass ein Bescheid, der nach § 96 als mitangefochten gilt, nicht zum Gegen- **207** stand des Verfahrens wird, wenn der Kläger seine **Klage ausdrücklich auf den ersten Bescheid beschränkt.** Die gilt jedenfalls dann, wenn es sich um abgrenzbare Gegenstände handelt (*Meyer-Ladewig/Keller/Leitherer* § 96 RdNr 11 a).

c) Voraussetzungen

208 **aa) Anhängiger Rechtsstreit.** Wegen des ursprünglichen Verwaltungsaktes muss ein Rechtsstreit anhängig sein (dazu RdNr 185). Der Folgebescheid wird auch dann Gegenstand des anhängigen Verfahrens, wenn die **Klage gegen den ursprünglichen Bescheid unzulässig** war. War zB die Klagefrist versäumt und ergeht während des Klageverfahrens ein Folgebescheid, muss das Gericht diesen sachlich überprüfen. Wird nur die Klage gegen den Erstbescheid zurückgenommen, bleibt die Klage bezüglich des Folgebescheides rechtshängig. Ergeht der Folgebescheid nach Erlass des Widerspruchsbescheides, jedoch noch **vor der Klageerhebung,** werden beide Gegenstand des Klageverfahrens (BSG SozR 1500 § 86 Nr 1). Zum Zeitpunkt des Erlasses des neuen Verwaltungsakts darf das **Klageverfahren noch nicht erledigt** sein; ist bereits das Berufungsverfahrens anhängig, wird der Folgebescheid Gegenstand des Berufungsverfahrens (s RdNr 210).

209 **bb) Änderung oder Ersetzung.** Voraussetzung der Einbeziehung eines Folgebescheides ist, dass dieser den ursprünglichen Bescheid ändert oder ersetzt. Dies ist festzustellen, indem die in beiden Bescheiden im Verfügungssatz getroffenen Regelungen miteinander verglichen werden. Ein bloßer Sachzusammenhang reicht nicht. Eine **Änderung** liegt vor, wenn sich durch den Folgebescheid die durch den ursprünglichen Bescheid gesetzte Beschwer geändert, dh erhöht oder gemindert hat. Das ist zB der Fall, wenn dem belastenden Erstbescheid durch den Folgebescheid teilweise abgeholfen wird, nicht hingegen, wenn vollständig abgeholfen wird. Eine **Ersetzung** liegt vor, wenn der Erstbescheid vollständig aufgehoben und der Folgebescheid ganz an dessen Stelle tritt.

209 a **Beispiele** für die Einbeziehung von Folgebescheiden: Während eines **Vormerkungsverfahrens,** das nur wegen der Feststellung und Bewertung von rentenrechtlichen Zeiten geführt wird, erlässt der Rentenversicherungsträger einen Bescheid, mit dem eine Rente gewährt wird. Der Rentenbescheid wird nach § 96 Gegenstand des anhängigen Verfahrens (BSG SozR 1500 § 96 Nr 13). – **Teilabhilfebescheide,** nicht aber Abhilfebescheide, die klaglos stellen, oder Bescheide, die das Urteil des SG lediglich nach § 154 ausführen (BSG SozR 1500 § 96 Nr 12). – Bescheide, die während eines Streits um die Höhe der Rente bzw der MdE die **Leistungen vollständig entziehen** (BSG SozR 5670 Anl 1 Nr 5101 Nr 3). – § 96 Abs 1 findet keine Anwendung, wenn während eines laufenden Honorarstreitverfahrens weitere Bescheide ergehen, die den Honoraranspruch des Vertragsarztes für spätere **Abrechnungsquartale** regeln (BSG SozR 3–2500 § 87 Nr 12 unter Aufgabe der früheren Rechtsprechung; BSG SozR 3–2500 § 37 Nr 11). – Ein **wegen fehlender Ermessensausübung** rechtswidriger Bescheid wird während des Gerichtsverfahrens durch einen anderen ersetzt (Großer Senat des BSG SozR 3–1300§ 41 Nr 7). Wird während eines **Leistungen nach dem SGB II** betreffenden Klageverfahrens ein Bescheid erlassen, der einen **anderen**

Bewilligungszeitraum betrifft, wird dieser auch dann nicht Gegenstand des Klageverfahrens, wenn er die gleiche Regelung trifft wie der bereits angefochtenen Bescheid.

d) Zweite und dritte Instanz

Ergeht ein Folgebescheid **nach Einlegung der Berufung,** wird dieser 210
Gegenstand des Berufungsverfahrens. Das LSG entscheidet über den Folgebescheid **erstinstanzlich auf Klage hin,** weil kein Urteil des SG vorliegt. Bezüglich des Folgebescheides ist **kein Widerspruchsverfahren durchzuführen.** Da das LSG auf Klage hin zu entscheiden hat, muss es uU über den Folgebescheid auch dann entscheiden, wenn an sich nach § 144 Abs 1 die **Berufung nicht statthaft** ist. Ist die Berufung bezüglich des angefochtenen Urteils unzulässig, muss diese verworfen und bezüglich der Klage gegen den Folgebescheid sachlich entschieden werden, und zwar auch dann, wenn die Berufung bezüglich des ursprünglichen Bescheides zurückgenommen wird. Wegen des Folgebescheides ist statt eines Berufungsantrages ein Klageantrag zu stellen.

Ergeht der Folgebescheid nach Erlass des Urteils des SG, aber **vor** 211
Einlegung der Berufung, wird auch dieser Gegenstand des Berufungsverfahrens (BSG SozR 1500 § 96 Nr 6). Wird keine Berufung eingelegt, bleibt das SG für die Entscheidung über den Folgebescheid zuständig, wenn das Urteil des SG zum Zeitpunkt des Erlasses des Folgebescheides noch nicht rechtskräftig war. Zur Einbeziehung von Folgebescheiden bei einer **Nichtzulassungsbeschwerde** zum LSG s RdNr 480.

Ergeht ein Folgebescheid **während des Revisionsverfahrens,** gilt er 212
gemäß § 171 Abs 2 **als mit der Klage beim SG angefochten,** es sei denn, dass der Kläger durch den Folgebescheid klaglos gestellt oder dem Klagebegehren durch die Entscheidung des BSG zum ursprünglichen Verwaltungsakt in vollem Umfang entsprochen wird. Das SG muss ggf nach Abschluss des Revisionsverfahrens über den Folgebescheid entscheiden. Eine gesonderte Klageerhebung ist nicht erforderlich. Wird der Rechtsstreit an das LSG zurückverwiesen, wird der Folgebescheid Gegenstand des Berufungsverfahrens. Ein Verstoß des LSG gegen § 96 ist im Revisionsverfahren **nur auf Rüge hin zu beachten** (BSG SozR 1500 § 53 Nr 2). Hat das LSG über die im Folgebescheid getroffene Verfügung konkludent entschieden, hat auch das BSG darüber zu befinden (BSG SozR 3–2500 § 57 Nr 4).

e) Verfahren

Wird ein Folgebescheid gemäß § 96 Gegenstand des Verfahrens, be- 213
steht diesbezüglich eine **Hinweispflicht des Gerichts;** andernfalls liegt eine Verletzung des Anspruchs auf rechtliches Gehör und damit ein wesentlicher Verfahrensmangel vor. Der Vorsitzende hat gemäß § 106 Abs 1 darauf hinzuwirken, dass der Folgebescheid von den Beteiligten bei der **Antragstellung** berücksichtigt wird, dass insoweit also ein Klageantrag

zu stellen ist. Ein Verfahrensmangel liegt auch vor, wenn das SG den Folgebescheid übersehen und über diesen daher nicht entschieden hat. Ggf kann gemäß § 140 Abs 1 ein **Ergänzungsurteil** beantragt werden. Das LSG hat über einen übersehenen Folgebescheid jedenfalls dann zu entscheiden, wenn dies ein Beteiligter beantragt und die anderen Beteiligten nicht widersprechen. Das LSG darf über einen Folgebescheid **nicht durch Beschluss,** sondern muss durch Urteil entscheiden (*Kummer* X.31 mwN).

Tenor des LSG bei einer Berufung mit Folgebescheid

Die Berufung des Klägers gegen das Urteil des Sozialgerichts ... vom ... wird zurückgewiesen.
Die Klage gegen den Bescheid der Beklagten vom ... wird abgewiesen.
Außergerichtliche Kosten sind nicht zu erstatten.
Die Revision wird nicht zugelassen.

3. Die Klageänderung

214 Die Regelungen bezüglich der Klageänderung in § 99 entsprechen im Wesentlichen denen der §§ 263, 264 ZPO. Gemäß § 99 Abs 1 ist auch im sozialgerichtlichen Verfahren eine Klageänderung nur zulässig, wenn **die übrigen Beteiligten einwilligen oder** das Gericht die Änderung für **sachdienlich** hält. Unter der Klageänderung ist die **Änderung des Streitgegenstandes** zu verstehen. Eine Klageänderung ist bei der Änderung des Klageantrages (s RdNr 215), des Klagegrundes (s RdNr 218) oder dem Wechsel der Beteiligten (s RdNr 217) gegeben. Die Klageänderung muss nicht ausdrücklich erklärt werden, es reicht, wenn sie sich aus dem geänderten Sachvortrag ergibt. Gemäß § 99 Abs 3 liegt **keine Klageänderung** vor, wenn ohne Änderung des Klagegrundes nur die tatsächlichen oder rechtlichen **Ausführungen ergänzt oder berichtigt** werden. Auch ein **Wechsel der Klageart,** zB von der Feststellungs- zur verbundenen Anfechtungs- und Leistungsklage, stellt keine Klageänderung dar.

215 Eine **Änderung des Klageantrags** liegt vor, wenn das Gericht eine vom ursprünglichen Klageantrag abweichende Entscheidung treffen soll. Bei der Beurteilung der Frage, ob eine Änderung des ursprünglichen Klageantrags vorliegt, kommt es nicht auf dessen Fassung, sondern auf den **erhobenen Anspruch** an, weil das Gericht gemäß § 123 nicht an die Fassung der Anträge gebunden ist. Der erhobene Anspruch darf nicht mit einzelnen **Begründungselementen** dieses Anspruchs verwechselt werden.

Beispiel: Mit dem Klageantrag wird zunächst die Anrechnung einer weiteren Beitragszeit bei der Rentenberechnung geltend gemacht, dann wird der Antrag auf die Berücksichtigung einer Anrechnungszeit umgestellt. Darin liegt keine Klageänderung, weil die einzelnen Zeiten nur Begründungselemente des erhobenen Anspruchs auf eine höhere Rente sind. Gleiches gilt, wenn zur Begründung eines höheren Grades der MdE bzw eines höheren GdB statt einer ursprünglich geltend gemachten Gesundheitsstörung andere oder zusätzliche geltend gemacht werden.

Keine Klageänderung liegt vor, wenn ein **unklar gestellter Antrag** 216
nur in den richtigerweise zu stellenden umzudeuten ist. Gemäß § 99 Abs 3 liegt keine Klageänderung vor, wenn der Klageantrag ohne Änderung des Klagegrundes in der Hauptsache oder in Bezug auf Nebenforderungen **erweitert oder beschränkt** oder statt der ursprünglich geforderten Leistung wegen einer später **eingetretenen Veränderung** eine andere Leistung verlangt wird.

Ein **Beteiligtenwechsel** und damit eine Klageänderung liegt vor, wenn 217
an die Stelle des Klägers oder des Beklagten ein anderer Kläger bzw Beklagter tritt. Der Wechsel oder das Hinzutreten **weiterer Beigeladener** ist nur dann eine Klageänderung, wenn der Beigeladene an die Stelle des Beklagten tritt. Keine Klageänderung liegt hingegen vor, wenn die **Beteiligten nur falsch bezeichnet** wurden (statt der Bundesagentur für Arbeit wurde zB die Agentur für Arbeit verklagt, s RdNr 175) oder ein Rechtsnachfolger in das Verfahren eintritt. Ein Beteiligtenwechsel ist **auch noch im Berufungsverfahren möglich.**

Eine **Änderung des Klagegrundes** und damit eine Klageänderung 218
liegt vor, wenn dieselbe Leistung aus einem anderen Sachverhalt begehrt wird. Dies ist zB gegeben, wenn der Anspruch auf eine Unfallrente während des Klageverfahrens mit einem anderen Unfall begründet wird. Keine Änderung des Klagegrundes liegt vor, wenn lediglich **ergänzende Begründungen** gegeben oder andere **Teilfaktoren** eines einheitlichen Anspruchs geltend gemacht werden. Nach dem **Grundsatz der Einheitlichkeit des Anspruchs** ist der Anspruch bezüglich aller einzelnen Elemente des Anspruchs zu überprüfen. Werden im Laufe des Verfahrens bisher nicht vorgebrachte Elemente geltend gemacht, liegt darin keine Klageänderung.

Beispiel: Erst im Laufe des Klage- oder Berufungsverfahrens werden zur Begründung 218a
der Höhe der MdE weitere Unfall- bzw Schädigungsfolgen geltend gemacht, die der Behörde noch nicht bekannt waren und daher auch nicht Gegenstand der im Bescheid getroffenen Regelung sein konnten. Das Vorbringen unterliegt der gerichtlichen Prüfung und Entscheidung, ohne dass die Behörde hierzu durch Verwaltungsakt entschieden haben muss. Dies gilt zB auch dann, wenn die Höherbewertung der MdE zunächst mit einem besonderen beruflichen Betroffensein gemäß § 30 Abs 2 BVG, später aber mit dem Hinzutreten weiterer Schädigungsfolgen begründet wird (BSG SozR 1500 § 99 Nr 2).

Es ist auch möglich, im Laufe des Verfahrens die **Begründung zu** 219
wechseln oder eine zurückgezogene Begründung zu wiederholen. Der Kläger kann diesbezüglich nicht auf ein gesondertes Verfahren verwiesen werden (BSGE 11, 26). Die Gerichte sind nicht daran gebunden, wie

die Behörde einzelne Elemente eines einheitlichen Anspruchs bewertet hat.

Beispiel: Der Anspruch auf eine höhere Rente wegen Erwerbsminderung wird zunächst damit begründet, es seien zu Unrecht bestimmte Beitragszeiten nicht berücksichtigt worden, dann wird geltend gemacht, ein höherer Anspruch ergebe sich durch die Anrechnung anderer Beitrags- oder Anrechnungszeiten. Darin liegt keine Klageänderung.

220 Gemäß § 99 Abs 1 ist die **Klageänderung zulässig,** wenn die übrigen **Beteiligten einwilligen** oder das Gericht sie für sachdienlich hält. Die Einwilligung ist eine Prozesshandlung, diese kann daher nicht widerrufen werden. Es muss die Einwilligung aller Beteiligten, auch die des Beigeladenen, vorliegen. Nicht erforderlich ist die Einwilligung eines **neuen Beklagten,** der in den Prozess einbezogen wird, und zwar auch dann nicht, wenn die Einbeziehung erst im Berufungsverfahren erfolgen soll, weil dieser durch die von Amts wegen vorzunehmenden Ermittlungen hinreichend geschützt ist. Deshalb sind bereits durchgeführte **Beweisaufnahmen** nicht zu wiederholen, wenn sie nicht, etwa wegen eines neuen Sachvortrags, objektiv erforderlich sind.

221 Haben sich die anderen Beteiligten schriftsätzlich oder in der mündlichen Verhandlung **auf die abgeänderte Klage eingelassen,** ist die Einwilligung gemäß § 99 Abs 2 anzunehmen, es sei denn, diese haben der Änderung widersprochen. Im **Nichterscheinen** zum Termin und in der nur **hilfsweisen Einlassung** zur Sache liegt keine Einwilligung. Haben die übrigen Beteiligten eingewilligt, muss das Gericht auch dann über die geänderte Klage entscheiden, wenn es die Klageänderung selbst nicht für sachdienlich hält.

222 Die Klageänderung ist auch **ohne Einwilligung** der übrigen Beteiligten zulässig, wenn das Gericht sie für **sachdienlich** hält. Hierüber hat es nach sachgerechtem Ermessen zu entscheiden. Eine Klageänderung ist idR sachdienlich, wenn zwischen den Beteiligten dadurch ein Streit endgültig bereinigt und ein weiterer Prozess vermieden werden kann. Der Grundsatz, den Rechtsstreit möglichst in einem Termin zu erledigen, hat keinen Vorrang, so dass die Sachdienlichkeit nicht allein wegen der Notwendigkeit **weiterer Ermittlungen** verneint werden kann. Wird ein völlig neuer Streitgegenstand zur Entscheidung gestellt, kann eine Sachdienlichkeit idR nicht angenommen werden.

223 Bezüglich der geänderten Klage müssen die **allgemeinen Prozessvoraussetzungen** vorliegen; denn diese können durch eine Klageänderung nicht umgangen werden. Insbesondere muss über den neuen Streitgegenstand **bereits durch Verwaltungsakt entschieden** worden sein. Das Widerspruchsverfahren ist nachzuholen. Ein Verwaltungsakt des Beklagten ist nicht erforderlich, wenn er sich den von einer anderen Behörde erlassenen Verwaltungsakt zurechnen lassen muss. Dies ist zB gegeben, wenn während des Klageverfahrens wegen eines Wohnortwechsels des Klägers die

Versorgungsbehörde eines anderen Landes zuständig wird. Bei der Verurteilung eines Beigeladenen gemäß § 75 Abs 5 (hierzu RdNr 135) muss dieser seinerseits keinen Verwaltungsakt erlassen haben (BSG SozR 2200 § 1237 a Nr 25).

Voraussetzung ist, dass die **örtliche Zuständigkeit** gegeben und die **Klagefrist** zum Zeitpunkt der Klageänderung eingehalten ist. Wurde ein Verwaltungsakt nicht oder nur teilweise angefochten, kann die eingetretene **Bestandskraft nicht durch eine Klageänderung beseitigt** werden. **224**

Beispiel: Gegen einen den Anspruch auf eine Rente wegen Erwerbsminderung ablehnenden Bescheid wurde nur bezüglich der Rente wegen teilweiser Erwerbsminderung Klage erhoben. Dann kann im Wege der Klageänderung nicht der Anspruch auf die Rente wegen voller Erwerbsminderung weiterverfolgt werden. Ist die Klagefrist bereits abgelaufen, ist die Klage insoweit unzulässig, es sei denn, es kann Wiedereinsetzung in den vorigen Stand bewilligt werden. – Im Beispielsfall ist aber zu prüfen, ob tatsächlich eine Einschränkung des Klagebegehrens gewollt war. Hat sich insbesondere ein rechtsunkundiger Kläger nur im Ausdruck vergriffen (teilweise statt volle Erwerbsminderung), liegt darin keine Einschränkung des Begehrens.

Eine Klageänderung ist **auch im Berufungsverfahren möglich,** es gelten die gleichen Grundsätze wie im Klageverfahren. Ist der Kläger im Berufungsverfahren Berufungsbeklagter, kann er die Klage nur ändern, wenn er **Anschlussberufung** einlegt. Erfolgt eine Klageänderung, wird diese idR als Anschlussberufung auszulegen sein. Eine **unzulässige Berufung** kann durch eine Klageänderung jedoch **nicht zulässig werden.** Das LSG kann auch über Ansprüche entscheiden, über die das SG nicht entschieden hat. Das LSG entscheidet dann erstinstanzlich auf Klage hin. Hält das LSG die Klageänderung für unzulässig, so ist allein die Klage als unzulässig abzuweisen, nicht aber die Berufung als unzulässig zu verwerfen. Falls das LSG die geänderte Klage lediglich mangels eines ordnungsgemäßen Vorverfahrens als unzulässig ansieht, hat es Gelegenheit zu geben, das Vorverfahren nachzuholen (BSG, Urteil vom 27.4.1989 – 9 RVs 2/89, unveröffentlicht). **225**

Behörden können in der Berufungsinstanz eine Änderung des Streitgegenstandes auch durch eine Anschlussberufung nicht erreichen, wenn sie über den Gegenstand **durch Verwaltungsakt entscheiden** können. Wurde ein Rentenversicherungsträger zB vom SG verurteilt, Beitragszeiten nach dem FRG anzurechnen, kann er in der Berufung nicht geltend machen, das SG habe die Leistungsgruppen nicht festgelegt, weil er diese durch einen Verwaltungsakt festlegen kann. Gemäß § 168 ist die Klageänderung **im Revisionsverfahren nicht zulässig.** **226**

Das Gericht entscheidet idR **im Endurteil** über die Klageänderung, eine Entscheidung durch **Zwischenurteil** ist möglich. Gemäß § 99 Abs 4 ist die Entscheidung, dass eine Änderung der Klage nicht vorliegt oder zuzulassen ist, unanfechtbar. Daraus ergibt sich im Umkehrschluss, dass **227** die Entscheidung, mit der eine Klageänderung nicht zugelassen wird, anfechtbar ist. Es liegt kein Verfahrensfehler vor, wenn das Gericht nicht auf die Möglichkeit einer Klageänderung hinweist (BSG SozR Nr 2 zu § 112 SGG).

4. Klagehäufung

228 Gemäß § 56 können vom Kläger **mehrere Klagebegehren** zusammen in einer Klage verfolgt werden (objektive Klagehäufung), wenn sie sich gegen denselben Beklagten richten, im Zusammenhang stehen und dasselbe Gericht zuständig ist. Der Bestimmung kommt keine große praktische Bedeutung zu. Werden vom Kläger mit einer Klage mehrere Ansprüche verfolgt, die nicht im Zusammenhang stehen, oder richten sich diese gegen unterschiedliche Beklagte, kann das Gericht das Verfahren trennen. Keine Klagehäufung liegt vor, wenn ein Anspruch auf unterschiedliche Anspruchsgrundlagen gestützt wird.

5. Verbindung und Trennung

229 Gemäß § 113 Abs 1 kann das Gericht durch Beschluss mehrere bei ihm anhängige Streitigkeiten derselben oder verschiedener Beteiligter zur gemeinsamen Verhandlung und Entscheidung **verbinden.** Voraussetzung ist, dass die geltend gemachten Ansprüche im Zusammenhang stehen oder von vornherein in einer Klage hätten geltend gemacht werden können. Es muss sich um **mehrere Streitigkeiten** handeln. Das ist nicht gegeben, wenn mehrere Beteiligte gegen dasselbe Urteil Berufung eingelegt haben, hierbei handelt es sich vielmehr um denselben Rechtsstreit. Das Erfordernis des **Zusammenhangs** der Ansprüche ist weit zu fassen, ein rechtlicher Zusammenhang ist nicht erforderlich. Es können auch Streitigkeiten verbunden werden, für die nach dem Geschäftsverteilungsplan unterschiedliche Kammern bzw Senate zuständig sind, wenn dadurch nicht die Zuständigkeit besonderer Fachkammern bzw -senate (zB in Angelegenheiten des Vertragsarztrechts) umgangen wird.

230 Die Verbindung ist **nur zur gemeinsamen Verhandlung und Entscheidung** zulässig. Sie darf nicht nur zur gemeinsamen Verhandlung oder Beweisaufnahme erfolgen, es liegt aber kein Verfahrensfehler vor, wenn verbundene Streitsachen nach der gemeinsamen Verhandlung oder Beweisaufnahme wieder getrennt werden, also keine gemeinsame Entscheidung erfolgt. Die Verbindung steht im Ermessen des Gerichts, sie erfolgt durch **Beschluss** bei freigestellter mündlicher Verhandlung, der gemäß § 172 Abs 2 nicht mit der Beschwerde angefochten werden kann.

231 Gemäß § 113 Abs 2 kann das Gericht **verbundene Streitsachen trennen,** wenn dies zweckmäßig ist. Eine Trennung ist auch möglich, wenn

unterschiedliche Ansprüche mit einer Klage geltend gemacht wurden, nicht hingegen, wenn ein einheitlicher Anspruch unterschiedlich begründet wird. Die Trennung steht im **Ermessen** des Gerichts, sie erfolgt durch Beschluss, der gemäß § 172 Abs 2 nicht mit der Beschwerde angefochten werden kann. Durch eine Trennung kann eine ursprünglich zulässige Berufung nicht unzulässig werden.

Verbindungsbeschluss

Der Rechtsstreit S 5 Ar 123/04 wird mit dem Rechtsstreit S 5 Ar 345/04 unter dem Aktenzeichen S 5 Ar 123/04 zur gemeinsamen Verhandlung und Entscheidung verbunden.

Trennungsbeschluss

Über den Anspruch auf Arbeitslosengeld und den Anspruch auf Übergangsgeld wird in getrennten Verfahren verhandelt und entschieden. Der Rechtsstreit bezüglich des Arbeitslosengeldes wird unter dem bisherigen Aktenzeichen fortgeführt, der Rechtsstreit bezüglich des Übergangsgeldes erhält das neu einzutragende Aktenzeichen.

Durch § 114a, der durch das SGGArbGGÄndG mit Wirkung zum 1. 4. **231a**
2008 eingeführt wurde, besteht nun auch die **Möglichkeit, Musterverfahren durchzuführen.** Wenn die Rechtmäßigkeit einer behördlichen Maßnahme Gegenstand von mehr als 20 Verfahren an einem Gericht ist, kann das Gericht eines oder mehrere Verfahren nach Anhörung der Beteiligten durch unanfechtbaren Beschluss (§ 114a Abs 1) aussetzen. Nach rechtskräftigem Abschluss des Musterverfahrens kann das Gericht unter bestimmten Voraussetzungen und Rückgriff auf die im Musterverfahren erhobenen Beweise die ausgesetzten Verfahren durch Beschluss entscheiden (§ 114a Abs 2).

6. Widerklage

Gemäß § 100 kann auch im sozialgerichtlichen Verfahren eine Wider- **232**
klage erhoben werden, wenn der Gegenanspruch mit dem mit der Klage geltend gemachten Anspruch oder mit den gegen ihn vorgebrachten Verteidigungsmitteln zusammenhängt. Voraussetzung ist, dass eine **Klage anhängig** ist, und zwar unabhängig davon, ob diese zulässig ist. Die Widerklage kann auch erst **im Berufungsverfahren** erhoben werden, die eingelegte Berufung muss dann aber zulässig sein, die Einwilligung des Klägers ist nicht erforderlich. Ein **rechtlicher Zusammenhang** ist schon dann anzunehmen, wenn Anspruch und Gegenanspruch aus demselben

Rechtsverhältnis hergeleitet werden oder ein unmittelbarer wirtschaftlicher Zusammenhang besteht. Die Widerklage kann **nur vom Beklagten,** nicht vom Beigeladenen erhoben werden, sie kann sich auch gegen einen notwendig Beigeladenen richten. Sie ist nicht zulässig, wenn der Beklagte auch durch Verwaltungsakt entscheiden kann.

VII. Die Vorbereitung der mündlichen Verhandlung

1. Aufklärung des Sachverhalts

233 Gemäß § 106 Abs 2 hat der Vorsitzende (im Berufungsverfahren idR der Berichterstatter) bereits vor der mündlichen Verhandlung alle Maßnahmen zu treffen, die notwendig sind, um den Rechtsstreit möglichst in einer mündlichen Verhandlung zu erledigen. Da das **Amtsermittlungsprinzip** (dazu RdNr 75 ff) gilt, sind Anträge der Beteiligten bezüglich Art und Umfang der erforderlichen Maßnahmen nur als Anregungen zu verstehen. § 106 Abs 3 enthält eine **nicht abschließende** Aufzählung der in Betracht kommenden Maßnahmen. Abweichend von § 358 a ZPO ist für die Durchführung der Ermittlungsmaßnahmen keine bestimmte Form vorgeschrieben, so dass zB Sachverständigengutachten ohne formellen Beweisbeschluss aufgrund einer Beweisanordnung eingeholt werden können (dazu RdNr 241). Die Anordnung der Durchführung einer bestimmten Maßnahme ist eine **prozessleitende Verfügung,** die gemäß § 172 Abs 2 nicht mit der Beschwerde angefochten werden kann. Einzelheiten der Vorbereitung der mündlichen Verhandlung durch den Vorsitzenden regelt § 104. Neu eingefügt durch das SGGArbGGÄndG wurden im Interesse einer Beschleunigung des Gerichtsverfahrens die Sätze 5 und 6, wonach die Verwaltungsakten im Original oder als beglaubigte Abschriften binnen eines Monats vorgelegt werden sollen.

234 Zur Aufklärung des Sachverhalts kann der Vorsitzende gemäß § 106 Abs 3 Nr 1, 2 und 3 für die Entscheidung erhebliche **Urkunden** und **Krankenunterlagen** beiziehen sowie **Auskünfte** jeder Art einholen. Die Vorlage von Urkunden kann von natürlichen und juristischen Personen des Privatrechts und von allen Behörden verlangt werden. Eine **Vorlageverpflichtung** besteht im Rahmen des § 119 nur für Behörden, Privatpersonen können bei einer Weigerung nur als Zeugen einvernommen werden. Der in § 106 Abs 3 Nr 2 geregelten Beiziehung von **ärztlichen Unterlagen** kommt in der Praxis eine große Bedeutung zu, da diese Unterlagen erst die Grundlage für die einzuholenden medizinischen Sachverständigengutachten bilden. Erforderlich ist die Entbindung der Ärzte von der ärztlichen Schweigepflicht.

2. Präklusionsvorschriften

Neu eingefügt ist mit Wirkung ab 1. 4. 2008 der im Wesentlichen § 87b VwGO entsprechende § 106a SGG. Nach dieser Vorschrift kann der Vorsitzende einem Beteiligten eine **Frist zur Angabe entscheidunserheblicher Tatsachen oder zur Bezeichnung von Beweismitteln setzen** und nach **Belehrung** über die Folgen einer Fristversäumung **verspätet** vorgebrachte Erklärungen oder Beweismittel **zurückweisen** und ohne weitere Ermittlungen entscheiden, wenn eine Zulassung nach der freien Überzeugung des Gerichts die Erledigung des Rechtsstreits verzögern würde und der Beteiligte die Verspätung nicht genügend entschuldigt. Die fristgebundene Aufforderung muss zugestellt werden (§ 63 Abs 1 S 1), da eine gesetzliche Frist in Gang gesetzt wird. Der tatsächliche Zugang heilt jedoch eventuelle Zustellungsmängel (§ 63 Abs 2 in Verbindung mit § 189 ZPO). **234a**

§ 106a wird durch den ebenfalls zum 1. 4. 2008 in Kraft getretenen § 157a ergänzt. Diesem zufolge können im ersten Rechtszug entgegen einer hierfür gesetzten Frist nicht vorgebrachte Erlärungen und Beweismittel zurückgewiesen werden bzw bereits zu Recht zurückgewiesene Erklärungen oder Beweismittel ausgeschlossen bleiben. Derartige **Präklusionsregelungen** waren dem sozialgerichtlichen Verfahren bislang fremd. Sie erscheinen im Hinblick auf das Amtsermittlungsprinzip auch bedenklich und zudem fragwürdig, da auch abgeschlossene Gerichtsverfahren durch einen Antrag auf Rüchnahme bei der Verwaltung nach § 44 SGB X ohnehin neu aufgerollt werden können. Da Präklusonsvorschriften nach der Rechtsprechung des BVerfG (BVerfGE 69/126) wegen ihrer einschneidenden Folgen nur ausnahmsweise zur Anwendung kommen dürfen, wird von diesen Vorschriften nur selten Gebrauch gemacht werden können. **234b**

Anders als im Zivilprozess ist das Gericht nicht zur Zurückweisung verpflichtet. Sie steht vielmehr in seinem Ermessen. Die Zurückweisung verspäteten Vorbringen erfolgt im Rahmen der Endentscheidung. Dabei müssen **sämtliche Voraussetzungen für eine Präklusion** – also Angabe des Präklusionstatbestandes sowie Ausführungen zur Verspätung, zur Verzögerung, zum Fehlen von Entschuldigungsgründen und zur Ausübung des tatrichterlichen Präklusionsermessen – ohne weiteres **erkennbar oder nachvollziehbar** sein. **234c**

3. Zeugenbeweis – Augenschein

Für den **Zeugenbeweis** gelten uneingeschränkt die Regelungen der §§ 373ff ZPO. Eine formelle **Parteivernehmung** ist im sozialgerichtli- **235** chen Verfahren nicht vorgesehen, da in § 118 Abs 1 nicht auf die §§ 445–455 ZPO verwiesen wird; die Beteiligten können aber formlos gehört werden. Ein **Augenschein** ist vom Gericht dann durchzuführen, wenn es sich nur dadurch einen unmittelbaren Eindruck verschaffen kann. Der Augenschein muss zB durchgeführt werden, wenn es um die Frage geht, ob und in welchem Grad Gesundheitsstörungen entstellend wirken, weil sich dies nach dem Eindruck eines Sachverständigen oder nach Fotografien nicht beurteilen lässt (BSG SozR 3–1750 § 372 Nr 1).

4. Sachverständigengutachten nach § 106

a) Allgemeines

236 Im Sozialgerichtsprozess spielen insbesondere **medizinische Sachverständigengutachten** eine große Rolle, weil der Ausgang des Prozesses häufig von medizinischen Fragen abhängt, zB von den Einschränkungen der Leistungsfähigkeit, der Einschätzung des GdB bzw der MdE oder dem ursächlichen Zusammenhang zwischen einer Gesundheitsschädigung und einem Arbeitsunfall. Gemäß § 118 Abs 1 sind die für den Sachverständigenbeweis geltenden Bestimmungen der **§§ 402ff ZPO entsprechend** anzuwenden. Nach § 103 ist das Gericht verpflichtet, ein Gutachten **von Amts wegen** einholen, soweit dies zur Aufklärung des Sachverhalts erforderlich ist. Als Besonderheit bestimmt § 109, dass auf Antrag vom Gericht ein bestimmter Arzt als Gutachter zu hören ist (dazu RdNr 254ff).

b) Erforderlichkeit eines Gutachtens

237 Da das Gericht bezüglich der entscheidungserheblichen medizinischen Vorfragen idR nicht über eigene Sachkunde verfügt, muss es den Sachverhalt durch Einholung von Sachverständigengutachten aufklären. Soweit sich das Gericht mit medizinischen Lehrmeinungen auseinandersetzt und dies aufgrund **eigener Sachkunde** tut, muss die Grundlage ersichtlich sein; das Gericht muss darlegen, worauf die Sachkunde beruht (BSG SozR Nr 33 zu § 103 SGG und Nr 61 zu § 128 SGG), damit die Beteiligten dazu Stellung nehmen können (vgl BSG SozR 1500 § 62 Nr 3 und 11).

238 Hängt der Anspruch auf eine Sozialleistung von medizinischen Fragen ab, liegen idR bereits **im Verwaltungsverfahren eingeholte Gutachten** vor. Das Gericht ist nicht generell in jedem Fall verpflichtet, zur Beurteilung der in diesen Gutachten behandelten medizinischen Fragen nochmals Beweis zu erheben. Bei der Verwertung der von einer Behörde eingeholten Gutachten handelt es sich um einen **Urkundenbeweis,** derartige Gutachten sind keine Privatgutachten (BSG SozR Nr 66 zu § 128). **Anlass zu weiteren Ermittlungen** besteht zB in folgenden Fällen: die im Verwaltungsverfahren eingeholten Gutachten zur Beurteilung des medizinischen Sachverhalts sind nicht ausreichend; der Kläger trägt substantiierte Beanstandungen gegen die ärztlichen Feststellungen und Auffassungen vor; die Gutachten liegen längere Zeit zurück und es bestehen Anhaltspunkte dafür, dass sich zwischenzeitlich eine Änderung ergeben hat.

Grundsätzlich können auch **Gutachten aus anderen Verfahren** beigezogen werden. Ein in einem früheren Prozess eingeholtes Gutachten kann aber idR nur verwertet werden, wenn das gleiche Sozialrechtsgebiet betroffen war. Ein zur Beurteilung der Leistungsfähigkeit im Hinblick auf eine Rente wegen verminderter Erwerbsfähigkeit erstelltes Gutachten reicht zB nicht aus, um in einem anderen Verfahren Fragen der Kausalität zu klären (*Krasney/Udsching* III RdNr 55). Die in anderen Verfahren gewonnenen Erkenntnisse können (nur) **im Wege des Urkundenbeweises verwertet** werden, nachdem diese den Beteiligten **zuvor zur Kenntnis** zugeleitet worden sind (BSG SozR 3–2200 § 1246 Nr 33 = NZS 1993, 453). **239**

Die Einholung eines weiteren Gutachtens ist idR erforderlich, wenn mehrere sich im Ergebnis **widersprechende Gutachten** vorliegen und sich die Widersprüche auch durch ergänzende Stellungnahmen der Sachverständigen nicht klären lassen. Das gilt aber dann nicht, wenn ein Gutachter von unzutreffenden tatsächlichen Voraussetzungen oder einer überholten Lehrmeinung ausgegangen ist. Das Gericht darf sich nicht allein deshalb einem Sachverständigen anschließen, weil dieser aus Vorprozessen bekannt ist (BSG SozR 1500 § 128 Nr 31; s auch RdNr 250). Der häufig verwendete **Begriff Obergutachten ist falsch,** weil es keine Gutachten gibt, denen generell ein höherer Beweiswert zukommt. **240**

c) Erteilung des Gutachtensauftrages

Der Sachverständige wird vom Gericht entweder mit einem formellen **Beweisbeschluss oder** mit einer formlosen **Beweisanordnung** beauftragt, zu den beweiserheblichen Fragen ein Gutachten zu erstellen. Das Gericht muss dem Sachverständigen von Amts wegen alle **ärztlichen Unterlagen zur Verfügung stellen,** die für die Erstellung des Gutachtens erforderlich sind. Deshalb sind vor der Erteilung des Gutachtensauftrages von Amts wegen Befundberichte behandelnder Ärzte, Krankengeschichten, Röntgenaufnahmen usw beizuziehen. Hierbei sollte der Kläger schon aus eigenem Interesse mitwirken und zB die Anschriften der behandelnden Ärzte bekanntgeben sowie diese von der ärztlichen Schweigepflicht entbinden. **241**

Die **Auswahl des Sachverständigen** obliegt, abgesehen von den nach § 109 einzuholenden Gutachten (hierzu RdNr 254ff), dem Gericht. § 404 Abs 4 ZPO, nach dem sich die Beteiligten auf einen bestimmten Gutachter einigen können, ist im sozialgerichtlichen Verfahren nicht anwendbar. Es können **nur natürliche Personen** zu Sachverständigen bestellt wer- **242** den, die Ernennung einer Klinik oder eines Instituts ist nicht zulässig. Grundsätzlich ist die **namentliche Benennung des Sachverständigen erforderlich,** es ist aber ausreichend, wenn zB der Chefarzt oder Leiter einer Klinik beauftragt wird, weil der Gutachter damit hinreichend **bestimmbar** ist.

243 Auch ein **Zusatzgutachter ist vom Gericht zu ernennen.** Die in der Praxis häufig geübte Verfahrensweise, dass der vom Gericht ernannte Sachverständige seinerseits einen anderen Arzt beauftragt, ein Zusatzgutachten zu erstellen, ist nicht zulässig. Ist die Hinzuziehung eines weiteren Sachverständigen erforderlich, muss der beauftragte Sachverständige gemäß § 407 a Abs 1 ZPO das Gericht verständigen, das über die Ernennung zu entscheiden hat. Die **Abgrenzung** eines Zusatzgutachtens **von der Mitarbeit iSd § 407 a Abs 2 S 2 ZPO** (dazu auch RdNr 246) ist im Einzelfall allerdings problematisch. Ein Zusatzgutachten liegt nur vor, wenn sich der andere Arzt auch mit den Beweisfragen gutachterlich auseinandersetzt, nicht hingegen, wenn er nur bestimmte zusätzliche Befunde erhoben (zB Gewebeuntersuchungen, Röntgenaufnahmen, Computertomogramm) und diese wiedergegeben und gewürdigt hat (*Krasney/Udsching* III RdNr 63).

d) Stellung und Pflichten des Sachverständigen

244 Der Sachverständige ist nur **Gehilfe des Gerichts** bei der Aufklärung des Sachverhalts. Die rechtliche Entscheidung, ob zB eine verminderte Erwerbsfähigkeit vorliegt, ein ursächlicher Zusammenhang zwischen Gesundheitsstörung und dem Arbeitsunfall besteht oder um welchen Grad die Erwerbsfähigkeit gemindert ist, hat allein das Gericht zu treffen. Der Sachverständige darf daher zB nicht dazu Stellung nehmen (und vom Gericht auch nicht gefragt werden), ob ein Kläger im Sinne einer gesetzlichen Bestimmung vermindert erwerbsfähig, hilflos oder beruflich besonders betroffen ist. Als Gehilfe des Gerichts hat der Sachverständige nur die für die Entscheidung maßgeblichen **medizinischen Grundlagen** zu liefern. Für die **Ablehnung** des gerichtlichen Sachverständigen gelten gemäß § 118 Abs 1 die Regelungen des § 406 ZPO entsprechend (dazu RdNr 291).

245 Die **Weiterübertragung des Gutachtensauftrags** durch den Sachverständigen an einen anderen Sachverständigen (zB durch den ernannten Chefarzt an einen Oberarzt) **ist unzulässig.** Dies ist durch § 407 a Abs 2 S 1 ZPO ausdrücklich geregelt. Die in der Praxis anzutreffende Verfahrensweise von Großkliniken, die Gutachten durch eine zentrale Gutachterstelle auf die beschäftigten Ärzte zu verteilen, ist rechtswidrig. Wurde das Gutachten nicht von dem zum Sachverständigen bestellten Arzt, sondern von einem anderen Arzt gefertigt, kann dieser **nicht nachträglich zum Sachverständigen bestellt** werden. Die nachträgliche Genehmigung mit der Folge einer wirksamen Bestellung zum Sachverständigen ist unwirksam (BSG, Urteil vom 25.10. 1989 – 2 RU 38/89, unveröffentlicht).

Soweit der Sachverständige sich der **Mitarbeit einer anderen Person** bedient, hat er diese gemäß § 407a Abs 1 S 2 ZPO **namhaft zu machen** und den **Umfang ihrer Tätigkeit anzugeben.** Dies gilt nicht, soweit es sich nur um Hilfsdienste von untergeordneter Bedeutung handelt. Als derartige Hilfsdienste sind zB Blutabnahmen, Röntgenaufnahmen usw anzusehen, auch wenn diese durch Ärzte erfolgen. Der Gutachter muss seinerseits die wesentlichen Prüfungen und Beurteilungen, die seine besondere Sachkunde erfordern, selbst vornehmen. Liegen Anhaltspunkte dafür vor, dass andere Personen bei der Erstellung des Gutachtens mitgewirkt haben und hat der Sachverständige hierzu keine Angaben gemacht, muss das Gericht den Umfang der Mitarbeit **von Amts wegen ermitteln.** Ist der Anteil der Tätigkeit des Sachverständigen unzureichend, kann das Gutachten nicht verwertet werden. **246**

Der **Sachverständige** muss für das Gutachten eindeutig **selbst die volle Verantwortung übernehmen,** und zwar nicht nur die fachliche, sondern auch die zivil- und strafrechtliche Verantwortung, weil er unter der Strafdrohung der §§ 153ff StGB steht und gemäß § 410 Abs 1 S 2 ZPO vereidigt werden kann. Die bloße Unterzeichnung des Gutachtens mit dem Zusatz „Einverstanden" ist nicht ausreichend, es muss vielmehr ein Einverständnis **„aufgrund eigener Urteilsbildung"** vorliegen (BSG SozR 1500 § 128 Nr 24 = NJW 1985, 1422). Da der Sachverständige gesetzlich verpflichtet ist, den Umfang der Mitarbeit anderer Personen anzugeben (dazu RdNr 246), ist davon auszugehen, dass er die volle Verantwortung auch für ein in „Wir-Form" erstattetes Gutachten übernimmt, das noch von einem weiteren Arzt unterzeichnet ist. **247**

e) Verwertung des Gutachtens

Das Gericht muss das Gutachten **auf seine Schlüssigkeit überprüfen** und diesbezügliche Zweifel ggf durch Rückfragen klären. Das Gutachten darf nur entschädigt werden, wenn die **Beweisfragen vollständig beantwortet** wurden. Eine **unklare Sachverständigenaussage** kann nicht durch freie Beweiswürdigung oder durch Auslegung ermittelt werden, sondern ist durch Nachfrage bei dem Sachverständigen zu klären (BSG SozR 1500 § 128 Nr 36). Das Gericht darf weitere Sachverständigengutachten oder Nachfragen bei Sachverständigen nicht ablehnen, wenn sich diese als notwendig erweisen, um das Gesamtergebnis des Verfahrens ausreichend und umfassend berücksichtigen zu können (zum Gesamtergebnis vgl BSG SozR Nr 40 und 56 zu § 128 SGG). **248**

Das Gericht darf einem Gutachten in der Entscheidung nicht folgen, ohne sich mit den **Gegenrügen eines anderen Gutachtens** nachprüfbar auseinanderzusetzen (BSG SozR Nr 33 zu § 128 SGG). Dabei müssen in der Abwägung wohlerwogene und stichhaltige Gründe dargelegt werden (BSG SozR Nr 2 zu § 128 SGG). Auch müssen aus dem Urteil die **Gründe** ersichtlich sein, die **für die richterliche Überzeugungsbildung** lei- **249** tend gewesen sind (BSG SozR Nr 79 zu § 128 SGG); dabei dürfen nicht Sachverständigengutachten oder andere Beweismittel, die für die Entscheidung wesentlich sind, in den Gründen übergangen werden (BSG SozR Nr 10 zu § 128 SGG).

250 Kommen zwei Sachverständige in ihren **Gutachten zu entgegengesetzten Ergebnissen,** darf sich das Gericht nicht allein deshalb einem Sachverständigen anschließen, weil er dem Gericht aus Vorprozessen bekannt ist; es müssen vielmehr vor einer abschließenden Beweiswürdigung alle weiteren Aufklärungsmöglichkeiten (zB durch Fragen nach dem tatsächlichen Ausgangspunkt, den medizinischen Lehrmeinungen und wissenschaftlichen Grundlagen) ausgeschöpft werden, um die Widersprüche zu konkretisieren, zu verringern oder auszuräumen (BSG SozR 1500 § 128 Nr 31 = SGb 1988 mit Anm Müller).

f) Anhörung des Sachverständigen

251 Auch im sozialgerichtlichen Verfahren kann gemäß § 118 SGG iVm § 411 Abs 3 ZPO die gerichtliche Anordnung des Erscheinens des Sachverständigen **zur Erläuterung des schriftlichen Gutachtens** beantragt werden. Da von den Sozialgerichten medizinische Gutachten wesentlich häufiger als zB von den Zivilgerichten einzuholen sind, wird davon allerdings wenig Gebrauch gemacht, weil die Gutachter und Gerichte dadurch zeitlich überfordert wären. Daher werden die Gutachter zu den Einwendungen der Beteiligten **idR schriftlich gehört,** zumal dies im Hinblick auf die oft nicht einfache Materie ein höheres Maß an Präzision gewährleistet als die mündliche Äußerung im Termin (so auch *Udsching* NZS 1992, 50, 52). Das Recht auf schriftliche Anhörung des Sachverständigen darf vom Gericht nicht mit der Begründung versagt werden, es halte den Sachverhalt durch das Gutachten für geklärt (BSG Urteil vom 20. 8. 1987 – 5a RKn 1/87 = Kompaß 1988, 77).

252 **Voraussetzung der Ladung** des Sachverständigen ist gemäß § 411 Abs 4 S 2 ZPO, dass die Beteiligten dem Gericht ihre Einwendungen gegen das Gutachten innerhalb eines angemessenen Zeitraumes mitteilen. Wird der Antrag auf Ladung nicht **vor dem nächsten Termin** nach Erstellung des Gutachtens gestellt, entfällt das Antragsrecht auch für ein folgendes Berufungsverfahren (BSG SozR 1750 § 411 Nr 2). Zudem ist die **Sachdienlichkeit darzulegen** (vgl BSG SozR 1750 § 411 Nr 2), die Fragen an den Sachverständigen müssen **objektiv sachdienlich** sein, es genügt nicht, dass diese subjektiv für sachdienlich gehalten werden (BSG, Urteil vom 27. 6. 1984 – 9b 48/83, unveröffentlicht).

g) Terminsgutachten

253 Das Gericht kann auch einen Terminsarzt laden, der sein Gutachten nach einer im Gericht vorgenommenen Untersuchung einer Gerichtsbediensteten diktiert, sodass es dem Gericht sofort in der nach der Untersu-

chung erfolgenden mündlichen Verhandlung vorliegt. Erforderlich ist allerdings, dass ihm die vollständigen Akten für einen zur Einsicht ausreichenden Zeitraum zur Verfügung standen, neue Befundberichte der behandelnden Ärzte beigezogen sind und er eine kompetente Untersuchung durchgeführt hat (vgl hierzu BSG SozR 1500 § 160a Nr 60 *Plagemann* NJW 92, 400; *Krasney/Udsching* III 32). Das Gutachten eines Terminsarztes über das Vorliegen von Gesundheitsstörungen und über ihre Ursachen, das nur auf die Untersuchung während einer Gerichtsverhandlung gestützt wird und deshalb nur auf Untersuchungsmethoden beruht, wie sie bei einer solchen Untersuchung sachlich, zeitlich und örtlich möglich sind, kann dem Gericht idR jedenfalls dann **kein überzeugendes Bild von dem Gesundheitszustand** des Untersuchten vermitteln, wenn es nicht an Untersuchungen (Gutachten, Röntgenbilder, Krankenpapiere) anknüpft (BSG SozR Nr 42 zu § 128; Urteile vom 25. 5. 1960 – 11 RV 92/60 und 30. 3. 1966 – 2 RU 246/63; Beschluss vom 30. 5. 1980 – 8a BU 34/80). In einer Entscheidung vom 17. 1. 1967 (10 RV 895/63) führt das BSG aus, der Mangel der Beweiswürdigung liege darin, dass das Gericht in Kenntnis der völligen Unzulänglichkeit beim Zustandekommen des Gutachtens diesem ausschlaggebende Bedeutung beigemessen und die Fehlerquelle in Kauf genommen habe, die diesem Gutachten anhaftete und bei genügender Zeit zur Vorbereitung leicht zu vermeiden gewesen wäre. Nach allgemeiner Erfahrung sei es auch für einen erfahrenen Sachverständigen unmöglich, sich in der kurzen Zeit von zehn Minuten Dauer ein zutreffendes Bild über Unfallfolgen zu machen. Das **rechtliche Gehör ist verletzt,** wenn das Gericht im Anschluss an den erstmaligen Vortrag eines Gutachtens durch den Sachverständigen im Termin zur mündlichen Verhandlung ein Urteil erlässt, obwohl ein Beteiligter **zur näheren Prüfung des Gutachtens hilfsweise Vertagung beantragt** hat (BSG SozR 3–1500 § 128 Nr 14).

5. Sachverständigengutachten nach § 109

a) Allgemeines

Gemäß § 109 Abs 1 S 1 muss **auf Antrag ein bestimmter Arzt** gutachtlich gehört werden. 254 Der Antrag kann auch noch im Berufungsverfahren gestellt werden (dazu auch RdNr 268). Obwohl das Gesetz nur auf Versicherte, Behinderte, Versorgungsberechtigte oder Hinterbliebene abstellt, sind alle natürlichen Personen **antragsberechtigt,** soweit ihre gesundheitlichen Verhältnisse beweiserheblich sind (zB auch hilfebedürftige Kläger in Grundsicherungsangelegenheiten nach dem SGB II und SGB XII), **nicht** hingegen **Versicherungsträger oder Behörden.** § 109 durchbricht den Grundsatz des § 103 S 2, dass das Gericht nicht an Beweisanträge gebunden ist, weil die Anhörung eines bestimmten Arztes erzwungen werden kann, wenn nicht die Voraussetzungen des § 109 Abs 2 vorliegen. Das dem Antragsteller eingeräumte Recht, einen Arzt seines Vertrauens als gerichtlichen Sachverständigen bestimmen zu können, ist als Ausgleich dafür gedacht, dass die Behörden im Verwaltungsverfahren idR Ärzte ihrer Wahl hören. Eine **Hinweispflicht des Gerichts,** dass nach § 109 ein bestimmter Arzt gehört werden kann, besteht nach hM nur in besonders gelagerten Fällen.

255 Das Gutachten nach § 109 ist ein **gerichtliches Sachverständigengutachten, nicht nur ein Privatgutachten.** Dies ergibt sich bereits daraus, dass der Gutachter **vom Gericht** zum Sachverständigen **zu ernennen** ist. Der Arzt muss daher seine Kosten unabhängig davon, wer diese letztlich zu tragen hat, allein mit dem Gericht abrechnen. Wird dem Gericht (was in der Praxis relativ häufig vorkommt) vom benannten Arzt ein Gutachten eingereicht, ohne dass dieser vom Gericht zuvor mit der Erstellung des Gutachtens beauftragt wurde, handelt es sich um ein Privatgutachten, das vom Gericht nicht entschädigt und zudem nur als Parteivortrag gewertet werden kann. Der Kläger sollte daher den Arzt nicht von sich aus mit der Gutachtenserstattung beauftragen. Der Arzt kann vom Gericht **nicht nachträglich zum Sachverständigen ernannt** werden, weil dieser bei der Erstellung des Gutachtens nicht unter der Strafdrohung der §§ 153ff StGB stand.

256 Für ein Gutachten nach § 109 gelten dieselben **Grundsätze wie bei einem von Amts wegen eingeholten** Gutachten. Das Gericht ist daher verpflichtet, die Erstellung des Gutachtens wie bei einem von Amts wegen eingeholten Gutachten zu überwachen. So hat es darauf hinzuwirken, dass das Gutachten dem erteilten Auftrag entspricht, es muss dieses auf seine Schlüssigkeit überprüfen und vom Arzt ggf ergänzende Stellungnahmen anfordern. Da es sich nicht um ein Privatgutachten handelt, kommt ihm grundsätzlich auch dann kein geringerer Beweiswert zu, wenn es zB vom behandelnden Arzt erstattet worden ist. Der Gutachter kann von der Beklagten nicht allein deshalb **wegen Besorgnis der Befangenheit abgelehnt** werden, weil es sich um den behandelnden Arzt handelt.

b) Auswahl des Arztes

257 Der Antragsteller kann den **Arzt frei wählen,** er sollte aber von der Überlegung ausgehen, dass er uU die Kosten für das Gutachten selbst zu tragen hat (dazu RdNr 271ff). Es empfiehlt sich daher eine Rücksprache mit dem Arzt, der als Sachverständiger benannt werden soll, ob dieser sich für das entsprechende Fachgebiet hinreichend kompetent hält und bereit ist, das Gutachten in angemessener Frist zu erstellen. So wird zB ein ohne sein Wissen benannter **Chefarzt** einer Klinik aus zeitlichen Gründen häufig ein Gutachten nicht selbst erstellen wollen. Der **Hausarzt** des Klägers wird als Gutachter häufig in eine Konfliktsituation ge-

raten; ist er als Gutachter nicht hinreichend erfahren, wird die Beklagte das Gutachten zudem häufig nicht anerkennen. **Ausländische Ärzte** können nur ausnahmsweise benannt werden, weil diese nicht der deutschen Gerichtsbarkeit unterliegen und daher zB nicht durch Ordnungsgelder zur Erstellung des Gutachtens angehalten werden können.

Die Anhörung **mehrerer Ärzte** ist möglich, wenn dies sachgerecht ist, weil zB Gutachten unterschiedlicher Fachrichtungen erforderlich sind. Zu denselben Beweisfragen muss das Gericht aber **bei unverändertem Sachverhalt kein neues Gutachten** nach § 109 einholen, auch nicht im Berufungsverfahren (BSG SozR Nr 18 zu § 109; siehe aber RdNr 268). Die **mehrmalige Anhörung des gleichen Arztes** kommt nur in Betracht, wenn besondere Umstände vorliegen, etwa dann, wenn das Gericht von Amts wegen ein weiteres Gutachten eingeholt hat, aus dem sich neue Tatsachen ergeben haben, die in dem Gutachten nicht gewürdigt worden sind. **258**

c) Form und Frist der Antragstellung

Für den Antrag auf Einholung eines Gutachtens nach § 109 ist keine bestimmte Form vorgeschrieben (siehe Schriftsatzmuster Nr 13). Es muss aber klargestellt werden, dass ein **Gutachten nach § 109 gewollt** ist und nicht lediglich angeregt wird, einen bestimmten Arzt von Amts wegen zu hören. Der Arzt muss mit dem Namen und der ladungsfähigen Anschrift benannt werden, zumindest aber muss er **individuell bestimmbar** sein (zB der Chefarzt einer bestimmten Klinik). Dem Gericht dürfen nicht mehrere Ärzte zur Auswahl überlassen werden, unzureichend sind zB die Formulierungen „einer der Ärzte" oder „ein Oberarzt" einer bestimmten Klinik. Der Antrag muss dahin gehen, den Arzt als Sachverständigen, nicht nur als sachverständigen Zeugen, zu hören. Das **Beweisthema** muss nicht näher bezeichnet werden, insbesondere müssen die Beweisfragen im Antrag nicht formuliert werden. Der Antrag kann **auch hilfsweise** für den Fall gestellt werden, dass das Gericht kein Gutachten von Amts wegen einholt. **259**

Das Gesetz sieht **keine bestimmte Frist** für die Antragstellung vor, der Antrag kann auch vorsorglich bereits mit der Klageerhebung gestellt werden. Er sollte möglichst frühzeitig, spätestens jedoch dann gestellt werden, **wenn erkennbar** ist, dass das **Gericht von Amts wegen kein weiteres Gutachten** einholen will. Wird der Antrag verspätet, insbesondere erst im Termin zur mündlichen Verhandlung gestellt, kann er unter den Voraussetzungen des § 109 Abs 2 abgelehnt werden (dazu RdNr 264 ff). **260**

d) Ablehnung des Antrags

Der Antrag auf Einholung eines Gutachtens nach § 109 kann vom Gericht nur unter folgenden Voraussetzungen abgelehnt werden: **261**

– das Gutachten ist **nicht beweiserheblich** (siehe RdNr 262)
– vom Kläger wurde der festgesetzte **Kostenvorschuss nicht eingezahlt** (siehe RdNr 263)
– die **Voraussetzungen des § 109 Abs 2 sind erfüllt,** dh der Antrag wurde in der Absicht, das Verfahren zu verschleppen, oder aus grober Nachlässigkeit nicht früher gestellt (siehe RdNr 264ff)
– das Antragsrecht ist verbraucht (siehe RdNr 269)

Die **Ablehnung** ist gemäß § 172 Abs 2 **nicht beschwerdefähig,** weil es sich um die Ablehnung eines Beweisantrages handelt. Sie kann lediglich zusammen mit dem Urteil angefochten und im Berufungsverfahren als Verfahrensmangel geltend gemacht werden.

262 Wie jede Beweisaufnahme setzt auch die Einholung eines Gutachtens nach § 109 voraus, dass das Gutachten **beweiserheblich** ist. Es darf daher kein Gutachten eingeholt werden, wenn die Klage zB wegen Fristversäumnis als unzulässig abgewiesen werden muss oder etwa der Anspruch auf eine Rente wegen Erwerbsminderung schon deshalb nicht besteht, weil die versicherungsrechtlichen Voraussetzungen nicht erfüllt sind. Das Gericht kann die Einholung des Gutachtens aber nicht mit der Begründung ablehnen, eine weitere Aufklärung des Sachverhalts sei von einem weiteren Gutachten nicht zu erwarten, weil darin eine vorweggenommene Beweiswürdigung liegen würde.

263 Das Gericht kann die Anhörung des Gutachters gemäß § 109 Abs 1 S 2 davon abhängig machen, dass der Antragsteller einen **Kostenvorschuss** leistet und die Kosten vorbehaltlich einer anderen Entscheidung des Gerichts endgültig trägt. Die **Höhe des Vorschusses** muss sich an den voraussichtlich anfallenden Kosten orientieren, wozu vom Gutachter ein Kostenvoranschlag eingeholt werden kann. Das Gericht handelt ermessensfehlerhaft, wenn es den Vorschuss „zur Abschreckung" zu hoch festsetzt. Bei der Festsetzung der Höhe des Vorschusses können aber die finanziellen Verhältnisse des Antragstellers nicht berücksichtigt werden. Gemäß § 73a Abs 3 kann für die Kosten **keine Prozesskostenhilfe** bewilligt werden (siehe RdNr 147). Das Gutachten kann aber **auch ohne Kostenerhebung** eingeholt werden. Dann muss einem weiteren Antrag nach § 109 bei unverändertem Sachverhalt nicht stattgegeben werden (siehe RdNr 258). Der Beschluss, mit dem der Kostenvorschuss festgesetzt wird, ist Teil der Aufklärungsanordnung und daher gemäß § 172 Abs 2 **nicht beschwerdefähig.** Geht der Kostenvorschuss verspätet ein, so berechtigt dies noch nicht zur Ablehnung des Antrags; die Ablehnung ist nur unter den Voraussetzungen des § 109 Abs 2 zulässig.

264 Nach **§ 109 Abs 2** kann das Gericht den Antrag ablehnen, wenn durch die Zulassung die **Erledigung des Rechtsstreits verzögert** werden würde und der Antrag nach der freien Überzeugung des Gerichts **in Verschleppungsabsicht oder aus grober Nachlässigkeit nicht früher gestellt** worden ist. Da die Einholung eines weiteren Gutachtens idR eine

Verzögerung der Erledigung bewirkt und die subjektiven Voraussetzungen für eine **Verschleppungsabsicht** kaum nachweisbar sind, kann die Ablehnung zumeist nur damit begründet werden, der Antrag sei aus grober Nachlässigkeit nicht früher gestellt worden.

Die **Ablehnung wegen grober Nachlässigkeit** kommt nur in Betracht, 265
wenn der Antragsteller jede Sorgfalt außer Acht lässt, die von einem **sorgfältig Prozessführenden** erwartet werden kann. Diese Voraussetzung ist idR erfüllt, wenn sich der Antragsteller ohne triftigen Grund ungebührlich lange Zeit passiv verhalten hat. Ein Zeitraum von einem Monat kann idR als angemessene Überlegungsfrist angesehen werden, es kommt aber auf den **Einzelfall** an. Grobe Nachlässigkeit kann nur angenommen werden, wenn ein **Verschulden** des Antragstellers vorliegt, wobei dieser sich gemäß § 73 Abs 6 s 6 SGG iVm § 85 Abs 2 ZPO das Verschulden seines Prozessbevollmächtigten zurechnen lassen muss.

Der für die grobe Nachlässigkeit erforderliche subjektive Tatbestand 266
ist erfüllt, wenn der **Antragsteller erkennt** oder erkennen musste, **dass** die von Amts wegen durchzuführende **Beweiserhebung abgeschlossen** ist und er nicht innerhalb einer angemessenen Frist den Antrag stellt (BSG SozR Nr 24 zu § 109). Wird dem Kläger ein von Amts wegen eingeholtes Gutachten nur zur Kenntnis- und Stellungnahme innerhalb einer bestimmten Frist übersandt, kann grobe Nachlässigkeit idR nicht allein deshalb angenommen werden, weil der Antrag nicht innerhalb der Frist gestellt wurde. Denn wann das Gericht seine Beweisaufnahme als abgeschlossen ansieht, ist für einen Außenstehenden **ohne entsprechenden Hinweis nicht erkennbar.** Wird allerdings explizit eine Frist für den Antrag nach § 109 gesetzt, kann bei Versäumung der Frist die Einholung eines Gutachtens nach § 109 abgelehnt werden. Liegt kein **Zustellungsnachweis** vor, kann sich der Beteiligte darauf berufen, von seiner Verpflichtung zur rechtzeitigen Antragstellung nicht gewusst zu haben. In der Regel ist, wenn das Gericht keine Frist gesetzt hat, allerdings eine Frist von einem Monat für die Stellung des Antrags ausreichend (Keller in Meyer-Ladewig /Keller/Leitherer SGG § 109 RdNr 11).

Um einen Antrag als grob nachlässig zu spät gestellt anzusehen, muss 267
das Gericht – jedenfalls dann, wenn die angemessene Frist nur geringfügig überschritten ist – klären, ob für die verspätete Antragstellung **rechtfertigende Gründe** vorliegen (BSG SozR Nr 40 zu § 109). Hat das Gericht zur Stellung des Antrags eine Frist gesetzt, liegt grobe Nachlässigkeit vor, wenn die Hinderungsgründe für eine fristgerechte Antragstellung nicht innerhalb der Frist mitgeteilt wurden. Wird von Amts wegen **im Termin ein Gutachten** eingeholt, ist der Antrag auf Einholung eines weiteren Gutachtens nach § 109 nie verspätet, weil die Beweisaufnahme des Gerichts noch nicht abgeschlossen war.

Im Berufungsverfahren darf ein Antrag nicht allein deshalb als ver- 268
spätet zurückgewiesen werden, weil er vom SG mit dieser Begründung

hätte zurückgewiesen werden können. Hat der Kläger zB vor dem SG keinen Antrag gestellt, obwohl ihn das SG auf diese Möglichkeit ausdrücklich hingewiesen und zur Antragstellung eine angemessene Frist gesetzt hat, kann ein vor dem LSG gestellter Antrag von diesem nicht mit der Begründung abgelehnt werden, er sei verspätet gestellt worden (BSG SozR 3–1500 § 109 Nr 1 = NJW 1991, 3053 unter Aufhebung von LSG BaWü Breithaupt 1990, 786).

269 Das **Anhörungsrecht ist verbraucht,** wenn das Gericht den benannten Arzt zum Sachverständigen bestellt hat, der Kläger dann aber auf dessen Anhörung verzichtet, weil dieser ihn hat wissen lassen, dass das Gutachten für ihn ungünstig ausfallen werde. Es ist nicht verbraucht, wenn auf den Arzt aus sachlichen Gründen (zB fehlende Sachkunde, Arbeitsüberlastung) verzichtet wird.

270 Die Ablehnung des Antrags auf Einholung eines Gutachtens nach § 109 erfolgt idR **in den Urteilsgründen,** sie kann – auch wenn sie durch gesonderten Beschluss erfolgt – nur mit der Entscheidung in der Hauptsache angefochten werden. Wurde der Antrag zu Unrecht abgelehnt, ist dies ein wesentlicher **Verfahrensmangel,** der zur Zulassung einer an sich nicht statthaften Berufung führen kann.

e) Kostentragung

271 Darüber, ob die für das Gutachten entstandenen Kosten vom Antragsteller oder von der Staatskasse zu tragen sind, entscheidet das Gericht auf nicht befristeten Antrag hin oder von Amts wegen **durch Beschluss.** Zuständig ist jeweils das Gericht, von dem das Gutachten eingeholt wurde. Auch wenn gegen das Urteil des SG bereits Berufung eingelegt worden ist, muss der Antrag auf Kostenübernahme für ein vom SG nach § 109 eingeholtes Gutachten daher beim SG gestellt werden (siehe Schriftsatzmuster Nr 14). Der Beschluss kann mit der Beschwerde angefochten werden (s RdNr 275).

272 **Maßgebliches Kriterium für die Übernahme der Kosten** auf die Staatskasse ist, ob das Gutachten neue Gesichtspunkte aufgezeigt oder neue Erkenntnisse gebracht hat, die zur weiteren **Sachaufklärung wesentlich beigetragen** haben. Die Beurteilung der Kostenübernahmepflicht kann nicht allein nach dem **Ergebnis des Rechtsstreits** erfolgen (LSG Hessen Breithaupt 1979, 587). Unerheblich ist es daher, ob der Antragsteller aufgrund des Gutachtens einen vollen, teilweisen oder keinen Erfolg erreicht hat. Im Rahmen der vom Gericht zu treffenden **Ermessensentscheidung** kommt eine Kostenübernahme auch dann in Betracht, wenn das Gutachten bei letztlich gleichlautender Leistungsbeurteilung hinsichtlich der Befunderhebung, der Diagnose und der Diskussion mit den Vorgutachten **neue Erkenntnisse** gebracht hat.

273 Die Kosten sind insbesondere dann auf die Staatskasse zu übernehmen, wenn sich das Gericht in seinem Urteil auf **neue Erkenntnisse**

stützt, die erstmalig in diesem Gutachten zur Sprache kamen. Die Kostenübernahme kann andererseits nicht allein mit der Begründung versagt werden, das Gericht habe sich im Urteil **nicht auf das Gutachten gestützt,** sondern allein das von Amts wegen eingeholte Gutachten zur Grundlage seiner Entscheidung gemacht. Unerheblich ist es, ob die **Schlussfolgerungen des Gutachtens insgesamt überzeugend** sind; denn die Entscheidung über die Kostentragungspflicht hängt nicht von der Beweiswürdigung, sondern davon ab, ob das Gutachten die Aufklärung des Sachverhaltes **objektiv gefördert** hat. Zur wesentlichen Sachaufklärung hat ein Gutachten idR schon dann beigetragen, wenn es den Beklagten zur Unterbreitung eines Angebotes veranlasst hat oder es dem Gericht Veranlassung gab, ein **weiteres Gutachten von Amts wegen** einzuholen. Nicht allein entscheidend ist, dass es einen wesentlichen **Beitrag zur Erledigung** des Rechtsstreits gebracht hat. Bestätigt ein nach § 109 eingeholtes Gutachten nur die Erkenntnisse, die schon vorhanden waren und nimmt der Kläger seine Klage daraufhin zurück, kann er sich nicht darauf berufen, die Rücknahme habe im Sinne einer Wiederherstellung des Rechtsfriedens das Verfahren gefördert, so dass die Kosten auf die Staatskasse zu übernehmen seien (LSG RhPf Breithaupt 1978, 93). Eine Kostenübernahme kommt zB in Betracht, wenn von Amts wegen nur ein sogenanntes **Terminsgutachten** ohne eingehende Befunderhebung eingeholt wurde, das Beweisergebnis durch das Gutachten nach § 109 aber auf eine sicherere Basis gestellt wurde, weil erstmalig erforderliche diagnostische Maßnahmen durchgeführt wurden. Allein mit der Begründung, das Gutachten habe die vom Gericht gestellten **Beweisfragen nicht beantwortet,** kann die Kostenübernahme nicht abgelehnt werden; denn das Gericht ist – wie auch bei von Amts wegen eingeholten Gutachten – verpflichtet, darauf hinzuwirken, dass das Gutachten dem erteilten Auftrag entspricht. Eine Kostenübernahme kann auch bei einer verfahrensrechtlich **unrichtigen Sachbehandlung durch das Gericht** geboten sein (LSG RhPf Breithaupt 1986, 454). Stellt sich zB nachträglich heraus, dass die Einholung des Gutachtens nicht erforderlich war, weil etwa der Anspruch auf eine Rente wegen verminderter Erwerbsfähigkeit schon wegen nicht erfüllter Wartezeit nicht besteht oder die Berufung unzulässig ist, muss auf die fehlerhafte rechtliche Beurteilung des Gerichts zum Zeitpunkt der Erteilung des Gutachtensauftrages abgestellt werden; denn andernfalls hätte der Antragsteller ein Kostenrisiko zu tragen, das nicht vom Inhalt des eingeholten Gutachtens abhängt. Wenn das Gutachten **nicht dem Auftrag entspricht,** weil es zB von einem anderen Arzt einer Klinik erstellt wurde, darf es vom Gericht nicht entschädigt werden, so dass auch gegen den Antragsteller kein Erstattungsanspruch besteht.

Die Kosten für ein Gutachten nach § 109 können auch nur **teilweise** 274
auf die Staatskasse übernommen werden. Dies kommt insbesondere

dann in Betracht, wenn das Gutachten nur bezüglich eines Teilbereichs des Beweisthemas neue Erkenntnisse gebracht hat.

275 Wird die Übernahme der Kosten auf die Staatskasse abgelehnt, kann der Beschluss des SG vom Antragsteller **mit der Beschwerde angefochten** werden (siehe Schriftsatzmuster Nr 15). Hat das SG über die Kostenerstattung nicht durch Beschluss, sondern in den Urteilsgründen entschieden, ist nach dem von der Rechtsprechung entwickelten Grundsatz der Meistbegünstigung, nach dem sowohl das richtige als auch das der Entscheidungsform entsprechende Rechtsmittel gegeben ist, die Beschwerde ebenfalls statthaft.

6. Erörterungstermine

276 Gemäß § 106 Abs 3 Nr 7 kann der Vorsitzende (bzw beim LSG der zuständige Berichterstatter) einen **Erörterungstermin** anberaumen und hierzu das persönliche Erscheinen der Beteiligten anordnen. Der Erörterungstermin soll die Spruchkörper entlasten und **dient der weiteren Sachaufklärung** sowie der Vorbereitung der mündlichen Verhandlung. Er darf daher nicht als „Klagerücknahmeerzwingungstermin" ausgestaltet werden. Erscheint ein Beteiligter ohne hinreichenden Grund nicht, obwohl das persönliche Erscheinen angeordnet worden ist, kann gegen ihn durch Beschluss, der mit der Beschwerde anfechtbar ist, ein **Ordnungsgeld** wie gegen einen ausgebliebenen Zeugen festgesetzt werden.

7. Terminierung

a) Allgemeines

277 Gemäß § 110 Abs 1 bestimmt der Vorsitzende Ort und Zeit der mündlichen Verhandlung, der den Beteiligten idR mindestens zwei Wochen vorher mitgeteilt werden soll. Die Terminsbestimmung erfolgt **von Amts wegen.** Da in sozialgerichtlichen Streitsachen häufig umfangreiche Sachermittlungen durchzuführen sind, gilt § 216 Abs 2 ZPO nicht, der eine unverzügliche Terminierung vorschreibt. In der Ladung sind die Beteiligten gemäß § 110 Abs 1 S 2 darauf hinzuweisen, dass im Falle ihres Ausbleibens nach Lage der Akten entschieden werden kann (dazu RdNr 298). Es kann ein Verstoß gegen § 110 Abs 2 vorliegen und damit das rechtliche Gehör verletzt sein, wenn ein **auswärtiger Termin** angesetzt wird, obwohl der Kläger seinen Wohnsitz am Sitz des Gerichtes hat. Dies gilt zB, wenn ein Prozessbevollmächtigter infolge der Anberaumung eines auswärtigen Termins gehindert wird, diesen Termin wahrzunehmen (BSG, Urteil vom 25. 10. 1995 – 5/4 RA 109/94).

278 **Ladungen** sind nach der ab dem 1. 7. 2002 geltenden Fassung des § 63 Abs 2 nicht mehr zuzustellen, es reicht jetzt die Bekanntgabe. Ist ein Pro-

zessbevollmächtigter bestellt, muss die Ladung diesem bekannt gegeben werden. Die einem Prozessbevollmächtigten zugestellte Terminsbenachrichtigung verliert nicht dadurch ihre Wirkung, dass dieser danach das Mandat niederlegt; dem Beteiligten muss die Ladung nicht nochmals bekannt gegeben werden. Die **Ladungsfrist von zwei Wochen** ist nicht zwingend vorgeschrieben; sie kann unterschritten werden, sofern dadurch das rechtliche Gehör nicht verletzt wird. Die bloße Verletzung der Ordnungsvorschrift des § 110 Abs 1 S 1 ist kein Verfahrensmangel (BSG SozR Nr 7 zu § 110), die **Dreitagefrist** des § 217 ZPO darf jedoch **nicht unterschritten** werden (BSG SozR 3–1500 § 110 Nr 3 = NZS 1992, 160).

b) Terminsverlegung

Für Terminsaufhebungen und -verlegungen **gilt § 227 ZPO entsprechend.** Wird aufgrund mündlicher Verhandlung entschieden, muss den 279
Beteiligten Gelegenheit gegeben werden, sich zur Sach- und Rechtslage in der mündlichen Verhandlung zu äußern. Ein **erheblicher Grund** für die Terminsverlegung eröffnet nicht nur die Möglichkeit, sondern die **Pflicht des Gerichts zur Terminsverlegung.** Daher ist ein Termin zB zu verlegen, wenn ein Rechtsanwalt kurzfristig für die gleiche Zeit eine Ladung zu einer Hauptverhandlung vor einer Großen Strafkammer erhalten hat (BSG SozR 3–1750 § 227 Nr 1 = NJW 1996, 677). Die Entscheidung über einen Verlegungsantrag ist gemäß § 227 Abs 2 ZPO vom Vorsitzenden kurz zu begründen.

Beispiele aus der Rechtsprechung: Betreiben die Prozessbevollmächtigten eine An- 280
waltssozietät, so ist ein erheblicher Grund für eine Vertagung nicht schon deshalb gegeben, weil innerhalb dieser Sozietät der **„Sachbearbeiter" verhindert** ist (BSG, Urteil vom 25. 10. 1995 – 5/4 RA 109/94). – Ein Vertagungsantrag, der mit dem **Urlaub des Prozessbevollmächtigten** begründetet wird, darf abgelehnt werden, wenn nicht dargelegt wird, dass eine Terminswahrnehmung durch einen in der Sozietät oder Bürogemeinschaft mit dem Prozessbevollmächtigten stehenden Rechtsanwalt ebenfalls nicht in Betracht kommt (BVerwG, Urteil vom 5. 12. 1994 – 8 B 179/94 = Buchholz 310 § 108 VwGO Nr 259). – Auch im sozialgerichtlichen Verfahren kann ein Beteiligter grundsätzlich darauf verwiesen werden, einen **anderen Rechtsanwalt** mit der Wahrnehmung des angesetzten Termins zu beauftragen, wenn hierzu sein Prozessbevollmächtigter nicht in der Lage oder nicht Willens ist (BSG, Beschluss vom 31. 5. 1990 – 11 BAr 153/89; Beschluss vom 25. 11. 1992 – 2 BU 159/92 = SGb 1993, 644 mit Anm Plagemann). – Bei einer **plötzlichen Verhinderung** kann jedoch die Ablehnung der Verlegung des Termins den Anspruch auf rechtliches Gehör verletzen (BSG SozR 1750 § 227 Nr 2 mwN). – Bei einer hinreichenden Entschuldigung (zB wegen eines Krankenhausaufenthalts) ist zumindest eine vorherige Unterrichtung des Klägers erforderlich, auch wenn kein ausdrücklicher Antrag auf Terminsverlegung gestellt wird. Der Beteiligte darf dann darauf vertrauen, dass er noch **Gelegenheit zur persönlichen Äußerung** erhält (vgl BSGE 47, 35, 37; BSG, Urteil vom 27. 1. 1993 – 6 RKa 19/92).

c) Anordnung des persönlichen Erscheinens

Gemäß § 111 Abs 1 kann das persönliche Erscheinen eines Beteiligten 281
zur mündlichen Verhandlung angeordnet werden. Dies soll in erster Linie der **weiteren Sachaufklärung dienen.** Die Anhörung eines Beteiligten

ist **keine Parteivernehmung,** weil die §§ 445ff ZPO im sozialgerichtlichen Verfahren nicht entsprechend anwendbar sind. Gemäß § 118 Abs 3 kann das **Auftreten eines Prozessbevollmächtigten untersagt** werden, wenn der Beteiligte trotz Anordnung des persönlichen Erscheinens unbegründet ausgeblieben ist und hierdurch der Zweck der Anordnung vereitelt wird. § 111 Abs 3, mit dem der Behörde aufgegeben werden konnte, einen ausreichend unterrichteten Vertreter zu entsenden, wurde mit Wirkung vom 1. 6. 2008 aufgehoben.

282 Auch wenn ein Beteiligter nicht erscheint, obwohl das persönliche Erscheinen angeordnet war, kann der **Termin zur mündlichen Verhandlung durchgeführt werden.** Dies gilt insbesondere dann, wenn der Kläger unentschuldigt ferngeblieben ist. Hat sich der Beteiligte vor dem Termin ordnungsgemäß entschuldigt, hat das Gericht diesen auch ohne Vorliegen eines förmlichen Terminsverlegungsantrags umgehend zu verständigen, sofern die mündliche Verhandlung gleichwohl stattfinden und durch Urteil entschieden werden soll. Das Gericht ändert damit nämlich seine erkennbare Einstellung zur Gebotenheit einer persönlichen Anhörung und hat ihm dies im Rahmen einer fairen Verhandlungsführung zur Vermeidung von Überraschungen bekannt zu geben (BSG, Urteil vom 16.12. 1993 – 13 RJ 37/93).

283 Erscheint ein Beteiligter unentschuldigt nicht, kann gegen ihn ein **Ordnungsgeld** wie gegen einen nicht erschienenen Zeugen festgesetzt werden. Dies gilt gemäß § 202 SGG iVm § 141 Abs 3 S 2 ZPO nicht, wenn der Beteiligte zur Verhandlung einen **Vertreter** entsendet, der zur Aufklärung des Sachverhaltes in der Lage und zur Abgabe der gebotenen Erklärungen, insbesondere zu einem Vergleichsabschluss, ermächtigt ist. Die Verhängung des Ordnungsgeldes steht **im Ermessen des Gerichts** (§ 141 Abs 3 ZPO: „kann … festgesetzt werden"). Ein Ordnungsgeld kommt idR nur in Betracht, wenn das persönliche Erscheinen im Rahmen der Aufklärungspflicht angeordnet und durch das Nichterscheinen die Aufklärung wesentlich erschwert worden ist. Ein Ordnungsgeld kommt idR **nicht** in Betracht, **wenn** im Termin **eine abschließende Entscheidung** ergeht (LSG BaWü Breithaupt 1994, 166). Über die Verhängung des Ordnungsgeldes entscheidet das SG **durch Beschluss unter Mitwirkung der ehrenamtlichen Richter.** Dieser kann nicht nachträglich allein vom Vorsitzenden gefasst werden (LSG BaWü Breithaupt 1991, 789). Der Beschluss ist mit der **Beschwerde anfechtbar.**

6. Akteneinsicht

284 Die Beteiligten haben gemäß § 120 Abs 1 das Recht auf Akteneinsicht, soweit die übersendende Behörde dies nicht ausschließt. Für das Verwaltungsverfahren ist das Akteneinsichtsrecht in § 25 SGB X geregelt (für das Widerspruchsverfahren ist aber dessen Abs 4 gemäß § 84a SGG nicht anwendbar). Grundsätzlich besteht nur ein **Einsichtsrecht bei Gericht.** Weder die Beteiligten noch ihre Prozessbevollmächtigten können die Überlassung der Akten in ihre Wohnung oder in ihr Büro verlangen (BSG SozR 1500 § 120 Nr 1). Es steht aber im pflichtgemäßen **Ermessen des Vorsitzenden,** einem Rechtsanwalt die Akten zur Einsichtnahme in dessen Kanzlei zu überlassen. Ein Verfahrensmangel liegt in der Verweigerung der Aktenüberlassung aber dann, wenn der Vorsitzende sein Ermessen entweder überhaupt nicht ausübt oder die Grenzen des Ermessens überschritten hat. Das **rechtliche Gehör** ist verletzt, wenn die Akteneinsicht bei Gericht insbesondere wegen des Umfangs der Akten unzumutbar erscheint (BSG aaO). Es ist rechtswidrig, wenn sich ein Vorsitzender generell weigert, Akten an Rechtsanwälte herauszugeben. Im Hinblick auf die „Waffengleichheit" sollte eine großzügigere Lösung angestrebt werden (so auch *Meyer-Ladewig* § 120 RdNr 4a).

Fotokopien aus den Akten können sich die Beteiligten vom Gericht **285**
gemäß § 120 Abs 2 auf ihre Kosten erteilen lassen, die uU erstattet werden können. Wegen der für die Fotokopien zu erstattenden Kosten kann einem Beteiligten auch **Prozesskostenhilfe** ohne Beiordnung eines Rechtsanwalts bewilligt werden (LSG Hamburg Breithaupt 1995, 289). Verlangt ein Verfahrensbeteiligter Ablichtungen von Aktenbestandteilen, so hat er die **Schriftstücke eindeutig zu bezeichnen;** die Bezeichnung nach abstrakt generellen Merkmalen reicht nicht (BSG SozR 3–1300 § 25 Nr 3).

Aus besonderen Gründen kann der Vorsitzende gemäß § 120 Abs 3 die **286**
Einsicht in die Akten oder in Aktenteile sowie die Fertigung oder Erteilung von Auszügen und Abschriften **versagen oder beschränken.** Dies dient dem wohlverstandenen Interesse der Beteiligten, weil in sozialgerichtlichen Streitsachen häufig Unterlagen zu den Akten kommen, die einem Beteiligten bei Kenntnis uU erhebliche Nachteile bringen können. Ergibt sich zB aus Gutachen oder Befundberichten, dass ein Kläger an einer unheilbaren Krankheit leidet, die alsbald zum Tode führen wird, muss bei der vom Vorsitzenden vorzunehmenden **Güterabwägung** das Recht auf rechtliches Gehör zurücktreten. In derartigen Fällen kann das **rechtliche Gehör** dadurch gewahrt werden, dass dem Kläger zB bei einem Rentenstreit nur die zusammenfassende Leistungsbeurteilung zugänglich gemacht wird. Ist ein Prozessbevollmächtigter bestellt, kann diesem Akteneinsicht mit der Auflage gewährt werden, seinem Mandanten die nachteiligen Umstände nicht zugänglich zu machen. An den **Ausschluss der Akteneinsicht durch die Behörde** gemäß § 120 Abs 1 ist das Gericht nach hM gebunden. Die Beteiligten können gegen den Ausschluss der Akteneinsicht durch die Behörde Dienstaufsichtsbeschwerde erheben Die Vorlagepflicht ist in § 119 geregelt. Gemäß § 128 Abs 2 darf das Urteil auf von der Akteneinsicht ausgeschlossene Akten nicht gestützt wer-

den. Wird die Akteneinsicht durch den Vorsitzenden beschränkt, kann gemäß § 120 Abs 3 S 2 das Gericht in voller Besetzung angerufen werden.

7. Ablehnung wegen Befangenheit

a) Allgemeine Grundsätze

287 Für die Ausschließung und Ablehnung der Gerichtspersonen gelten gemäß § 60 Abs 1 die §§ 41 bis 44, § 45 Abs 2 S 2, §§ 47 bis 49 ZPO entsprechend, so dass nachfolgend nur auf die im sozialgerichtlichen Verfahren geltenden **Besonderheiten** eingegangen wird. Nach § 60 Abs 2 ist von der Ausübung des Richteramtes (erfasst werden auch die ehrenamtlichen Richter) ausgeschlossen, wer beim **vorausgegangenen Verwaltungsverfahren mitgewirkt** hat. Allein die frühere Zugehörigkeit zu der Behörde, die den angefochtenen Verwaltungsakt erlassen hat, reicht nicht. Der angefochtene Verwaltungsakt muss von dem Richter nicht erlassen bzw unterzeichnet worden sein; es reicht, dass er früher in der Sache, zB durch Unterzeichnung eines Schriftsatzes, tätig geworden ist. Unschädlich ist es, wenn er beim Erlass eines früheren, bereits bestandskräftig gewordenen Verwaltungsaktes mitgewirkt hat. Dann ist aber uU eine Ablehnung wegen Besorgnis der Befangenheit möglich.

288 Die Besorgnis der Befangenheit nach § 42 ZPO gilt gemäß § 60 Abs 3 stets als begründet, wenn der Richter dem **Vorstand einer Körperschaft oder Anstalt** des öffentlichen Rechts angehört, deren Interessen durch das Verfahren unmittelbar berührt werden. Der Richter muss dem Vorstand angehören, die Stellung eines Geschäftsführers genügt zB nicht. Für die Fiktion der Befangenheit reicht jedes schutzwürdige Interesse der Körperschaft oder Anstalt.

b) Entscheidung über das Ablehnungsgesuch

289 **Zuständig** für die Entscheidung über das Ablehnungsgesuch ist gemäß § 60 Abs 1 S 2 **das LSG,** das durch Beschluss entscheidet. Wird das Ablehnungsgesuch im Termin zur mündlichen Verhandlung gestellt, muss das SG vertagen und die Sache dem LSG zur Entscheidung vorlegen. Wird das **Ablehnungsgesuch missbräuchlich** gestellt, zB weil es ohne neue Gründe ständig wiederholt wird, ist es **unzulässig.** In diesem Fall kann der abgelehnte Richter bei der Entscheidung mitwirken. Wurde ein Richter des LSG oder des BSG abgelehnt, entscheidet der Senat unter Mitwirkung des nach dem Geschäftsverteilungsplan bestimmten Vertreters des abgelehnten Richters. Zeigt ein Richter Umstände an, die seine Ablehnung rechtfertigen können, so darf diese sog **Selbstablehnung nicht als innerdienstlicher Vorgang behandelt** werden. Art 103 Abs 1 GG gebietet, dass die Anzeige den Verfahrensbeteiligten mitgeteilt wird

und diese Gelegenheit zur Stellungnahme erhalten (BVerfGE 89, 28 = NJW 1993, 2229 = SozR 3–1500 § 60 Nr 2).

Beispielsfälle aus der Rechtsprechung: Der **Hinweis auf einschlägige höchstrichterliche Rechtsprechung** begründet keine Befangenheit (LSG NRW Breithaupt 1990, 963). – Unrichtige oder für unrichtig gehaltene **Rechtsauffassungen eines Richters** sind grundsätzlich kein relevanter Grund für die Ablehnung (LSG SchlH Breithaupt 1994, 87). – Legt ein Richter seine **Rechtsmeinung in einer Kommentierung** nieder, rechtfertigt dies allein nicht die Befangenheit (BSG SozR 3–1500 § 60 Nr 1 = NJW 1993, 2261). – **Missbräuchlich** ist eine Richterablehnung zB dann, wenn die dafür vorgebrachten Gründe offensichtlich unsinnig sind, der Ablehnende eindeutig prozessunfähig ist oder wenn damit verfahrensfremde Zwecke verfolgt werden. In derartigen Fällen kann das Gericht unter Einschluss der abgelehnten Richter das Gesuch als unzulässig verwerfen (LSG Berlin Breithaupt 1995, 385 mwN). 290

c) Ablehnung von Sachverständigen

Für die Ablehnung des gerichtlichen Sachverständigen gilt gemäß § 118 Abs 1 **§ 406 ZPO entsprechend.** Es gelten also grundsätzlich die gleichen Grundsätze wie bei der Ablehnung eines Richters. Das Gutachten eines mit Erfolg abgelehnten Sachverständigen ist **als Beweismittel grundsätzlich ungeeignet** (BSG SozR 3–1500 § 128 Nr 7 = NJW 1993, 3022 mwN). Wird ein Sachverständiger abgelehnt, hat darüber das Gericht zu entscheiden, das diesen bestellt hat. Das Gericht muss über das Ablehnungsgesuch **vorab,** dh vor der Entscheidung in der Hauptsache, **durch gesonderten Beschluss entscheiden.** Hat das SG hierüber erst im Urteil entschieden und erweist sich die Ablehnung aufgrund der Prüfung durch das LSG als begründet, führt dies grundsätzlich zur Aufhebung des angefochtenen Urteils und zur Zurückverweisung (BSG SozR 1750 § 406 Nr 1). Wird ein **Sachverständigengutachten ohne Entscheidung** über ein substantiiert begründetes Ablehnungsgesuch **verwertet,** so liegt darin ein Verfahrensmangel, der bei der Entscheidungserheblichkeit der betroffenen Tatsachenfeststellung zur Zurückverweisung führt (BSG SozR 3–1500 § 170 Nr 5). 291

Ist dem **Gericht bezüglich des Sachverständigen ein Ablehnungsgrund bekannt,** muss es die Beteiligten davon unterrichten; der Rahmen der freien Beweiswürdigung wird überschritten, wenn das Gutachten in Kenntnis des Ablehnungsgrundes als Urteilsgrundlage verwendet wird. Das ist zB gegeben, wenn das Gericht einen in der Versorgungsverwaltung beschäftigten Arzt zum Gutachter bestellt hat, weil ein solcher nur in Ausnahmefällen als Gutachter in sozialgerichtlichen Verfahren geeignet ist (BSG SozR 3–1500 § 128 Nr 7 = NJW 1993, 3022). 292

8. Beweissicherungsverfahren

Auf Gesuch eines Beteiligten kann gemäß § 76 Abs 1 die Einvernahme des **Augenscheins** und die Vernehmung von **Zeugen** und **Sachverständigen** zur Sicherung des Beweises angeordnet werden. Das Beweissiche- 293 rungsverfahren muss nicht der Vorbereitung der mündlichen Verhandlung dienen, es kann **auch vor Rechtshängigkeit** der Sache durchgeführt werden. Für das Verfahren gelten nach § 76 Abs 3 die §§ 487, 490–494 ZPO entsprechend. **Antragsberechtigt** ist jeder, der Beteiligter eines anhängigen Verfahrens ist oder werden kann. Es muss die **Besorgnis** bestehen, dass das Beweismittel verloren geht. Dies ist zB gegeben, wenn ein Zeuge schwer erkrankt ist, so dass mit seinem Ableben gerechnet werden muss. Der Möglichkeit der Beweissicherung kann insbesondere wegen der relativ langen Laufzeiten der sozialgerichtlichen Verfahren eine besondere Bedeutung zukommen. Die **frühzeitige Beweissicherung** ist zB angezeigt, wenn es um die Feststellung geht, ob eine Berufskrankheit durch chemische oder physikalische Einwirkungen iSd Berufskrankheiten-Verordnung verursacht worden ist. Dies kann in einem gerichtlichen Verfahren nach Jahren oft nicht mehr festgestellt werden, weil der Betrieb zwischenzeitlich umgestellt worden ist und Zeugen nicht mehr zur Verfügung stehen.

294 Das Gesuch ist gemäß § 76 Abs 2 bei dem für die Hauptsache **zuständigen SG anzubringen.** Ist das Hauptsacheverfahren noch nicht anhängig, ist das SG zuständig, bei dem die Klage gegen einen die begehrte Leistung ablehnenden Bescheid einzulegen wäre (dazu RdNr 179ff). **In Fällen dringender Gefahr** kann es gemäß § 76 Abs 2 S 2 auch bei einem anderen SG oder einem Amtsgericht angebracht werden, in dessen Bezirk sich die zu vernehmenden Personen aufhalten oder sich der in Augenschein zu nehmende Gegenstand befindet. Für die **Form des Gesuchs** gilt § 487 ZPO entsprechend (siehe Schriftsatzmuster Nr 16). Es muss den Gegner, die Tatsachen, über die Beweis erhoben werden soll, und die Beweismittel bezeichnen. Der Grund, der die Besorgnis rechtfertigt, dass das Beweismittel verloren oder seine Benutzung erschwert werde, muss **glaubhaft gemacht** werden. Ist der Gegner, zB die zuständige Berufsgenossenschaft, nicht bekannt, ist dies unschädlich. Das Gericht muss den Gegner ggf von Amts wegen ermitteln. Die Auswahl eines Sachverständigen kann dem Gericht überlassen werden. Über das Gesuch wird **durch Beschluss** entschieden. Ein ablehnender Beschluss kann mit der Beschwerde angefochten werden. Das Verfahren, und zwar auch die Einholung eines Sachverständigengutachtens, ist **kostenfrei.** Über die außergerichtlichen Kosten ist im Hauptsacheprozess zu entscheiden.

VIII. Der Gang der mündlichen Verhandlung

295 Gemäß § 124 Abs 1 entscheidet das Gericht **idR aufgrund mündlicher Verhandlung.** Zur Entscheidung ohne mündliche Verhandlung und nach Aktenlage siehe RdNr 298ff. Nach § 112 Abs 1 eröffnet und leitet der Vorsitzende die mündliche Verhandlung. Sie beginnt nach Aufruf der Sache mit der **Darstellung des Sachverhalts.** Da der Sachvortrag in erster Linie der Unterrichtung der ehrenamtlichen Richter dient, muss dieser vor der Beweisaufnahme durchgeführt und in jedem neuen Termin zur mündlichen Verhandlung wiederholt werden. Eine bestimmte Form des Sachvortrags ist nicht vorgeschrieben, er muss aber den wesentlichen Inhalt des Streitstoffes wiedergeben. Unterbleibt der Sachvortrag, ist dies ein wesentlicher Verfahrensmangel.

Nach dem Sachvortrag erhalten nach § 112 Abs 2 die Beteiligten das **296**
Wort, der Vorsitzende hat das Sach- und Streitverhältnis mit ihnen zu erörtern und darauf hinzuwirken, dass sie sich über erhebliche Tatsachen vollständig erklären und sachdienliche Anträge stellen. Die **Anhörung der Beteiligten** ist keine Beweisaufnahme, eine Parteivernehmung ist im sozialgerichtlichen Verfahren nicht vorgesehen. Bei der Erörterung des Sach- und Streitverhältnisses mit den Beteiligten ist insbesondere auf neue tatsächliche oder rechtliche Gesichtspunkte hinzuweisen, da keine Überraschungsurteile ergehen dürfen. Bei der **Antragstellung** muss der Vorsitzende insbesondere bei rechtsunkundigen Klägern behilflich sein. Beim **Nichterscheinen eines Beteiligten** kann mit den erschienenen Beteiligten verhandelt werden (s RdNr 297).

IX. Die Beendigung des Verfahrens

1. Urteil

a) Urteil aufgrund mündlicher Verhandlung

Gemäß § 125 wird über die Klage, soweit nichts anderes bestimmt ist, **297**
durch Urteil entschieden (zum Gerichtsbescheid siehe RdNr 323ff). IdR entscheidet das Gericht gemäß § 124 Abs 1 aufgrund mündlicher Verhandlung. Im Gegensatz zum Zivilprozess kann auch eine „einseitig streitige" mündliche Verhandlung stattfinden, wenn **nur ein Beteiligter erscheint.** Dies ergibt sich daraus, dass im sozialgerichtlichen Verfahren **kein Versäumnisurteil** ergehen kann und ein Beteiligter andernfalls durch sein Nichterscheinen die Entscheidung des Gerichts aufgrund mündlicher Verhandlung verhindern könnte. Der erschienene Beteiligte hat die Wahl, ob er den Antrag stellt, nach Lage der Akten zu entscheiden oder ob er den üblichen Sachantrag stellt. Will er im Termin zur mündlichen Verhandlung weitere Ausführungen machen, darf er den Antrag, nach Lage der Akten zu entscheiden, nicht stellen, da diese Entscheidung ohne mündliche Verhandlung ergeht (siehe RdNr 298). Wird aufgrund **„einseitig streitiger" mündlicher Verhandlung** entschieden, ist der Sachverhalt vorzutragen und das Urteil zu verkünden.

b) Urteil nach Lage der Akten

298 Beim **Nichterscheinen aller oder eines Beteiligten** kann das Gericht gemäß § 126 nach Lage der Akten entscheiden, sofern in der Ladung darauf hingewiesen worden ist. Sind Beteiligte erschienen, kann nur **auf Antrag** hin nach Lage der Akten entschieden werden. Der Antrag muss vor der Darstellung des Sachverhaltes gestellt worden sein, da andernfalls nach § 112 Abs 1 S 2 bereits mündlich verhandelt worden ist. Grundsätzlich muss das Gericht nicht nach Lage der Akten entscheiden, es kann auch aufgrund „einseitig streitiger" mündlicher Verhandlung entscheiden (siehe RdNr 297). Wird der Antrag auf Entscheidung nach Lage der Akten nicht gestellt, muss das Gericht nicht vertagen, es kann aufgrund mündlicher Verhandlung entscheiden, da es nicht zu einer Vertagung gezwungen werden kann. Die Entscheidung muss nicht notwendigerweise ein Urteil sein, es kann zB auch ein Beweisbeschluss erlassen oder vertagt werden. Wird nach Lage der Akten entschieden, wird das Urteil gemäß § 133 **nicht verkündet, sondern zugestellt.** Da ein Urteil ohne Verkündung bis zur Zustellung keine Wirkungen hat, muss erneut Termin zur mündlichen Verhandlung angesetzt werden, wenn vor der Hinausgabe der Entscheidung durch die Geschäftsstelle eine wesentliche Änderung der Prozesslage eintritt, wenn also zB mit einem nachgereichten Schriftsatz ein neuer erheblicher Sachverhalt vorgetragen wird oder neue Beweismittel geltend gemacht werden (siehe hierzu auch RdNr 302).

c) Urteil ohne mündliche Verhandlung

299 Mit **Einverständnis der Beteiligten** kann das Gericht gemäß § 124 Abs 2 ohne mündliche Verhandlung entscheiden. Das Gericht ist an das Einverständnis der Beteiligten nicht gebunden, es steht in seinem freien **Ermessen,** ob es gleichwohl eine mündliche Verhandlung ansetzt. Bei Erlass des Urteils muss das Einverständnis aller Beteiligten, also auch des **Beigeladenen** vorliegen. Fehlt die Einverständniserklärung eines Beteiligten, liegt eine Verletzung des rechtlichen Gehörs und damit ein wesentlicher Verfahrensmangel vor.

300 Die **Einverständniserklärung** stellt eine **Prozesshandlung** dar, sie muss eindeutig erklärt werden. Sie darf **nicht bedingt** sein (zB nur für den Fall einer positiven Entscheidung), sie kann aber für den Fall des Widerrufs eines im Termin zur mündlichen Verhandlung bedingt abgeschlossenen Vergleiches erklärt werden. Der **Widerruf** der Einverständniserklärung ist nach hM nur bis zum Eingang der Einverständniserklärungen der übrigen Beteiligten möglich (BSG SGb 1967, 213) oder wenn sich die **Prozesslage wesentlich geändert** hat.

301 Das Einverständnis der Beteiligten **bezieht sich jeweils nur auf die nächste Sachentscheidung,** worunter zB auch ein Beweisbeschluss fällt (BSG SozR 1500 § 124 Nr 2). Das Einverständnis der Beteiligten ist auch

dann **verbraucht,** wenn das Gericht anschließend weitere Sachermittlungen nach § 106 Abs 3 Nr 1 bis 5 durchführt (BSG SozR 1500 § 124 Nr 3), zB einen Erörterungstermin angesetzt hat (BSG, Urteil vom 15. 12. 1994 – 4 RA 34/94 = SozSich 1995, 477). Ist der nicht vertretene Rechtsmittelführer nach der Einverständniserklärung **verstorben,** bevor die Entscheidung beschlossen worden ist, darf diese erst getroffen werden, wenn der Rechtsnachfolger das Verfahren aufgenommen hat (BSG SozR 3–1750 § 249 Nr 1 = NJW 1991, 1909).

Wird ohne mündliche Verhandlung entschieden, wird das Urteil gemäß § 133 **nicht verkündet,** sondern zugestellt. Da ein Urteil ohne Verkündung bis zur Zustellung keine Wirkungen hat, muss **erneut Termin** zur mündlichen Verhandlung angesetzt werden, wenn sich die Prozesslage nach der Urteilsberatung wesentlich geändert hat, wenn also zB mit einem nachgereichten Schriftsatz ein neuer erheblicher Sachverhalt vorgetragen wird oder neue Beweismittel geltend gemacht werden. Abzustellen ist nach hM auf den Zeitpunkt der Hinausgabe der Entscheidung durch die Geschäftsstelle. Gibt die Geschäftsstelle die Urteilsformel einem Beteiligten bekannt, ist das Gericht an seine Entscheidung gebunden (BSG SozR 1500 § 124 Nr 5). **302**

d) Anerkenntnisurteil

Im sozialgerichtlichen Verfahren ist der Erlass eines Anerkenntnisurteils **grundsätzlich möglich.** Ihm kommt aber wenig praktische Bedeutung zu, weil nach § 101 Abs 2 das angenommene Anerkenntnis den Rechtsstreit in der Hauptsache erledigt (siehe RdNr 313) und für den Erlass eines Anerkenntnisurteils dann kein Raum mehr ist. Der Rechtsstreit wird – anders als gemäß § 101 Abs 1 beim Vergleich – nicht nur durch ein im Termin zur Niederschrift des Gerichts erklärtes und angenommenes Anerkenntnis erledigt, sondern auch durch ein **schriftliches Anerkenntnis,** das der Kläger schriftlich angenommen hat. Zwar kann aus Schriftsätzen der Beteiligten nicht vollstreckt werden, weil es sich bei diesen um keine Vollstreckungstitel handelt. Dem kommt aber kaum eine praktische Bedeutung zu, da idR eine Behörde leistungspflichtig ist, die ggf durch dienstaufsichtsrechtliche Maßnahmen zur Leistung angehalten werden kann. Ist ausnahmsweise dennoch ein **Vollstreckungstitel** erforderlich, kann in entsprechender Anwendung des § 102 S 3 die Wirkung des angenommenen Anerkenntnisses durch Beschluss ausgesprochen werden (BSG SozR 1500 § 101 Nr 6). **Führt eine Behörde** ein von ihr dem Grunde nach – dh ohne Festlegung der Anspruchshöhe – abgegebenes **Anerkenntnis nicht aus,** ist eine neue Leistungsklage in Bezug auf den anerkannten Anspruch zulässig. Auf die neue Klage hin ist die Behörde dem Anerkenntnis gemäß zu verurteilen (BSG SozR 1750 § 307 Nr 2). **303**

Dem Anerkenntnisurteil kommt nur praktische Bedeutung zu, wenn ein Anerkenntnis nicht angenommen wird. In diesem Fall ist **kein An-** **304**

trag auf Erlass eines Anerkenntnisurteils **erforderlich.** Ist der Kläger zB im Termin zur mündlichen Verhandlung nicht erschienen und nicht vertreten, liegt im schriftsätzlich bezüglich der Hauptsache gestellten Antrag zugleich der Antrag auf Erlass des Anerkenntnisurteils (BSG SozR 1750 § 307 Nr 1). Auch bei einem nicht angenommenen **Teilanerkenntnis** ist § 307 ZPO entsprechend anwendbar (BSG SozR 6580 Art 5 Nr 4).

Antrag und Tenor eines Anerkenntnisurteils

> Die Beklagte wird unter Aufhebung des Bescheides vom ... in der Gestalt des Widerspruchsbescheides vom ... entsprechend ihrem Anerkenntnis vom ... verurteilt, dem Kläger Rente wegen voller Erwerbsminderung ab ... zu gewähren.
> Die Beklagte hat dem Kläger die außergerichtlichen Kosten des Rechtsstreits zu erstatten.
> Die Revision wird nicht zugelassen.

e) Urteilsbegründung

305 Welchen Inhalt ein sozialgerichtliches Urteil haben muss, ist im Einzelnen in § 136 geregelt. Nach dem mWv 1. 3. 1993 eingefügten **§ 136 Abs 3** konnte das Gericht in seiner Entscheidung lediglich von einer weiteren **Darstellung der Entscheidungsgründe absehen,** soweit es der Begründung des Verwaltungsaktes oder des Widerspruchsbescheides folgt (zur vereinfachten Darstellung bei Berufungsurteilen siehe § 153 Abs 2). Die Vorschrift soll unnötige Formulierungs- und Schreibarbeit vermeiden helfen, ohne den Rechtsschutz einzuschränken und den Anspruch des Bürgers, über die entscheidungserheblichen Erwägungen des Gerichts unterrichtet zu werden, zu missachten (BT-Drucksache 12/1217 S 51). Die Möglichkeit der vereinfachten Darstellung gilt nur für die Entscheidungsgründe, **nicht für den Tatbestand** der Entscheidung. § 136 Abs 3 ist nicht nur auf Urteile anwendbar, sondern auch auf **Beschlüsse** nach mündlicher Verhandlung (s § 142 Abs 1) oder den **Gerichtsbescheid** (s § 105 Abs 1 S 3).

306 Entbehrlich ist (nur) die **„weitere“ Darstellung** der Entscheidungsgründe, diese dürfen nicht schlechthin fehlen. Eine bloß pauschale Verweisung reicht nicht (zB nicht: „Die Klage wird aus den im Widerspruchsbescheid dargelegten Gründen abgewiesen.“). Vielmehr muss die Entscheidung ein **Mindestmaß an Angaben** inhaltlicher Art zur Begründung enthalten. Dass das Gericht der Begründung der vorausgehenden Entscheidung folgt, ist in der Entscheidung festzustellen. Soweit **neue Tatsachen oder rechtliche Erwägungen** vorgetragen wurden, hat das Gericht auf diese einzugehen. Ein Urteil genügt nicht den Anforderungen an den Tatbestand, wenn die erhobenen Ansprüche und die vorgebrachten

Angriffs- und Verteidigungsmittel nicht genügend gekennzeichnet sind (LSG NRW Breithaupt 1994, 791).

Ein bei Verkündung noch nicht vollständig abgefasstes Urteil ist nicht mit Gründen versehen, wenn Tatbestand und Entscheidungsgründe **nicht binnen fünf Monaten nach Verkündung schriftlich niedergelegt,** von den Richtern besonders unterschrieben und der Geschäftsstelle übergeben worden sind (GmSOGB SozR 3–1750 § 551 Nr 4 = NJW 1993, 2603; BSG SozR 3–1750 § 551 Nr 5 und 7). Trotz verspäteter Urteilsabsetzung muss das Rechtsmittelgericht den Rechtsstreit nicht zurückverweisen, es kann auch in der Sache entscheiden (vgl BSG SozR 3–2500 § 33 Nr 12). **307**

Nach dem durch das SGGArbGGÄndG neu eingefügten Abs 4 bedarf es des **Tatbestandes und der Entscheidungsgründe** nicht, wenn das Urteil in dem Termin, in dem die mündliche Verhandlung geschlossen worden ist, verkündet ist und Kläger, Beklagte und sonstige rechtsmittelberechtigte Beteiligte auf **Rechtsmittel verzichten.** Damit entfällt die Notwendigkeit, nicht aber die Zulässigkeit der schriftlichen Niederlegung von Tatbestand und Entscheidungsgründen.

f) Zustellung von Urteilen

Gemäß § 135 ist den Beteiligten das Urteil unverzüglich zuzustellen. **308**
Die Regelung, dass dies binnen zwei Wochen nach seiner Verkündung geschehen soll, ist mWv 2. 1. 2002 gestrichen worden, weil diese Frist in der Praxis kaum einzuhalten ist. Die Zustellung erfolgt nach der ab 1. 7. 2002 geltenden Fassung des § 63 Abs 2 nicht mehr nach den §§ 2–15 VwZG sondern von Amts wegen nach den Vorschriften der ZPO. Durch das Gesetz zur Novellierung des Verwaltungszustellungsrechts, in Kraft getreten am 1. 2. 2006 wurde § 63 Abs 2 S 2 geändert. Die Änderung trägt dem Umstand Rechnung, dass bei den nach § 73 Abs 2 Nr 3 bis 9 zur Prozessvertretung zugelassenen Personen ebenso wie bei Anwälten die Rücksendung eines Empfangsbekenntnisses zu erwarten ist.

2. Vergleich

Um den geltend gemachten Anspruch vollständig oder zum Teil zu er- **309**
ledigen, können die Beteiligten gemäß § 101 Abs 1 zur Niederschrift des Gerichts oder des Vorsitzenden oder des beauftragten oder ersuchten Richters einen Vergleich schließen, soweit sie über den **Gegenstand der Klage verfügen** können. Die Behörde kann nur insoweit über den Gegenstand der Klage verfügen, als sie den Anspruch auch durch Verwaltungsakt regeln könnte. Der Vergleich ist ein **öffentlich-rechtlicher Vertrag,** der unter den Voraussetzungen des § 58 SGB X nichtig ist. Ein gerichtlicher Vergleich ist auch dann wirksam, wenn sich die beklagte

Behörde in einem sog **Überprüfungsvergleich** nur verpflichtet, bei einem bestimmten Ausgang eines Parallelverfahrens erneut über den geltend gemachten Anspruch zu entscheiden. Das Gericht kann auch (über § 202) nach § 278 Abs 6 ZPO vorgehen. In diesem Fall kommt der Vergleich nicht schon mit der Unterbreitung eines Vergleichsvorschlages durch das Gericht, sondern mit Eingang der schriftlichen Annahmeerklärungen bei Gericht zustande.

310 Am Vergleichsabschluss müssen **Kläger und Beklagter beteiligt** sein, wird ein Vergleich zB nur zwischen dem Kläger und einem Beigeladenen geschlossen, wird das Verfahren dadurch nicht erledigt. Der Beigeladene kann in das Verfahren einbezogen, gegen seinen Willen durch einen Vergleich aber nicht verpflichtet werden. Den Abschluss eines Vergleiches zwischen Kläger und Beklagtem und damit die Erledigung des Rechtsstreits kann der **Beigeladene nicht verhindern.**

311 In sozialgerichtlichen Verfahren kommt es relativ häufig zum Abschluss eines **außergerichtlichen Vergleichs,** zB dann, wenn der Beklagte aufgrund eines vom Gericht eingeholten Sachverständigengutachtens schriftlich ein Angebot unterbreitet, das vom Kläger schriftlich angenommen wird. Der außergerichtliche Vergleich ist **für die Beteiligten bindend.** Zwar beendet er nach dem Gesetz an sich das Verfahren nicht, weil in § 101 Abs 1 nur der gerichtliche Vergleich erwähnt ist, so dass grundsätzlich noch eine weitere Prozesshandlung (Klagerücknahme, Erledigungserklärung) hinzutreten muss. In der gerichtlichen Praxis wird der außergerichtliche Vergleich idR als übereinstimmende Erledigungserklärung ausgelegt. Die **Protokollierung** eines außergerichtlichen Vergleichs ist auch im sozialgerichtlichen Verfahren möglich, mit der Folge dass dieser zum Vollstreckungstitel wird.

312 Die Beteiligten sollten eine Regelung über die **außergerichtlichen Kosten** in den Vergleich aufnehmen. Enthält dieser nämlich hierüber bewusst oder unbewusst keine ausdrückliche Regelung, trägt gemäß § 195 jeder Beteiligte seine Kosten. Die Beteiligten können sich jedoch in der Hauptsache vergleichsweise einigen und bezüglich der Kosten eine Entscheidung des Gerichts nach § 193 Abs 1 beantragen. § 195 gilt nach hM auch für den **außergerichtlichen Vergleich,** so dass sich der Kläger ggf bei der Annahme eines ohne Kostenregelung abgegebenen Vergleichsangebotes eine Kostenentscheidung des Gerichts nach § 193 Abs 1 vorbehalten sollte (siehe RdNr 605).

3. Anerkenntnis

313 Abweichend von § 307 ZPO bestimmt § 101 Abs 2, dass das **angenommene Anerkenntnis** des geltend gemachten Anspruchs den Rechtsstreit in der Hauptsache erledigt. Unerheblich ist es, ob das Anerkenntnis im Termin zur mündlichen Verhandlung oder **schriftsätzlich abgegeben** bzw angenommen wird. Gibt die Behörde zB schriftsätzlich aufgrund eines vom Gericht eingeholten Gutachtens ein Anerkenntnis ab, ist der Antrag auf Protokollierung oder auf Erlass eines Anerkenntnisurteils nicht erforderlich und idR auch nicht zweckmäßig, weil das nur zu einer Verzögerung der Ausführung des Anerkenntnisses führen würde. Grundsätzlich ist aber auch im sozialgerichtlichen Verfahren der Erlass eines **Anerkenntnisurteils** möglich (siehe RdNr 303). Unerheblich ist es, ob das Anerkenntnis als solches bezeichnet wird, entscheidend ist, dass der geltend gemachte Anspruch ganz oder teilweise anerkannt wird. Ggf ist durch Auslegung zu ermitteln, ob lediglich ein Vergleichsangebot unterbreitet werden sollte.

Es ist auch ein **Teilanerkenntnis** möglich, **wenn der Anspruch teil-** **314**
bar ist. Ein solches liegt zB vor, wenn der GdB von der Behörde im angefochtenen Bescheid wegen einer von ihr angenommenen wesentlichen Änderung der Verhältnisse von 50 auf 30 vH herabgesetzt wurde, sie im Klageverfahren dann aber schriftsätzlich beantragt, den GdB mit 40 anstatt mit 50 vH zu bewerten und die Klage im Übrigen abzuweisen. Selbst wenn das Teilanerkenntnis vom Kläger nicht angenommen wurde, bleibt die **Behörde an ihre Prozesserklärung gebunden** (BSG SozR Nr 3 zu § 101).

Abgabe und Annahme des Anerkenntnisses sind **Prozesshandlun-** **315**
gen, die daher **nicht bedingt** erfolgen können. So erledigt zB die Annahme unter der Bedingung, dass auch die außergerichtlichen Kosten übernommen werden, den Rechtsstreit nicht. Da für die Fortführung des Rechtsstreits in der Hauptsache das Rechtsschutzbedürfnis entfallen ist und sich idR die Ausführung des Anerkenntnisses durch den Beklagten deshalb verzögert, weil sich die Verwaltungsakten bis zur endgültigen Erledigung bei Gericht befinden, empfiehlt sich eine unbedingte Annahme mit dem gleichzeitigen Antrag, gemäß § 193 Abs 1 durch Beschluss über die Kosten zu entscheiden.

Durch das angenommene Anerkenntnis wird der Rechtsstreit auch **316**
ohne Zustimmung des Beigeladenen erledigt, und zwar auch dann, wenn es sich um einen notwendig Beigeladenen handelt (BSG SozR 1500 § 101 Nr 5). Das Anerkenntnis hat dann gegenüber dem Beigeladenen keine materiell-rechtliche Wirkung. Die Witwe, die in einem Verfahren der geschiedenen Ehefrau des Versicherten um die Gewährung der sog Geschiedenen-Witwenrente nach § 243 SGB VI beigeladen war, kann daher zB gegen den Ausführungsbescheid, mit dem ihre Witwenrente entsprechend der Dauer der Ehezeit gekürzt wird, erneut mit der Begründung klagen, der geschiedenen Ehefrau stehe kein Anspruch zu. Über die **Kosten** entscheidet das Gericht, wenn diese nicht bereits Teil des Anerkenntnisses sind, gemäß § 193 Abs 1 auf Antrag durch Beschluss (siehe RdNr 605).

4. Klagerücknahme – Erledigterklärung – Klagerücknahmefiktion

317 a) **Die Klagerücknahme** ist in § 102 gegenüber den anderen Verfahrensordnungen unterschiedlich geregelt. So kann der Kläger die Klage auch nach Beginn der mündlichen Verhandlung **ohne Einwilligung des Beklagten** oder des Beigeladenen zurücknehmen. Die Klagerücknahme erledigt gemäß § 102 Abs 1 S 2 den Rechtsstreit in der Hauptsache, sie ist eine Prozesshandlung, die in der gleichen Form wie die Klageerhebung erklärt werden kann. Erforderlich ist eine **eindeutige Erklärung** gegenüber dem Gericht, die nicht bedingt sein darf. Aus der Erklärung muss sich ergeben, dass der Kläger keinen weiteren gerichtlichen Rechtsschutz mehr begehrt. Einen das Verfahren einstellenden Beschluss fasst das Gericht nur auf Antrag (§ 102 Abs 3).

318 Die Wirksamkeit einer in der mündlichen Verhandlung erklärten Rücknahme ist **nicht von der Protokollierung abhängig** (BSG SozR 1500 § 102 Nr 4). Eine wirksame (teilweise) stillschweigende Klagerücknahme kann darin gesehen werden, dass der ursprünglich gestellte **Klageantrag beschränkt** wird. Dann ist eine spätere Wiedererweiterung des Antrags unzulässig (BSG SozR Nr 10 zu § 102 SGG = NJW 1969, 1135). Handelt es sich nur um Begründungselemente des Anspruchs, können diese jederzeit wiederholt werden. Das bloße **Schweigen,** auch auf ein Schreiben des Gerichts, es werde eine Rücknahme angenommen, wenn nicht innerhalb einer Frist eine Erklärung eingehe, reicht nicht.

319 Als Prozesshandlung kann die Klagerücknahme nach den Vorschriften des bürgerlichen Rechts **nicht angefochten** werden. Möglich ist aber ausnahmsweise ein **Widerruf,** wenn die Voraussetzungen für eine Wiederaufnahme des Verfahrens nach den §§ 179, 180 erfüllt sind (BSG SozR 1500 § 102 Nr 2). Nach der Rücknahme ist eine **neue Klage** mit dem gleichen Begehren bei unveränderter Sachlage unzulässig (BSG SozR Nr 9 zu § 102 SGG). Dies hat nur bei Feststellungsklagen praktische Bedeutung, weil eine Anfechtungsklage immer zulässig ist, wenn ein neuer Verwaltungsakt ergangen ist.

320 Die Klage kann nach § 102 Abs 1 S 1 **bis zur Rechtskraft des Urteils zurückgenommen** werden (vor 2002 war dies nach dem Wortlaut der Vorschrift nur bis zum Schluss der mündlichen Verhandlung möglich). Es wird damit ausdrücklich klar gestellt, dass die Klage auch **im Berufungs- oder Revisionsverfahren** zurückgenommen werden kann, was aber auch nach der vorherigen Rechtsprechung ebenso möglich war (s BSG SozR 1500 § 102 Nr 5). Durch die Klagerücknahme werden bereits ergangene Urteile wirkungslos. Gemäß § 192 Abs 2 S 1 gilt dies aber nicht für die Verschuldenskosten des § 192 Abs 1, so dass diese mit der Klagerücknahme im Berufungsverfahren nicht mehr entfallen (dazu RdNr 598).

b) Die **einseitige und gegenseitige Erledigterklärung** wird im sozialgerichtlichen Verfahren in der Praxis als Klagerücknahme behandelt, so dass die für diese geltenden Grundsätze herangezogen werden können. Der Abgrenzung zur Klagerücknahme kommt kaum eine Bedeutung zu, weil auch diese – anders als im Zivilprozess – zu einer Erledigung des Rechtsstreits in der Hauptsache führt. **321**

c) Durch das SGGArbGGÄndG wurde mit Wirkung zum 1. 4. 2008 § 102 neu gefasst und in Absatz 2 eine **Klagerücknahmefiktion** eingeführt. Die Fiktion kommt zum Tragen, wenn der Kläger/die Klägerin ungeachtet einer **Aufforderung des Gerichts** nicht fristgemäß die vom Gericht als geboten angesehene Mitwirkungshandlung erbringt oder hinreichend substantiiert darlegt, warum er/sie die geforderte Handlung nicht vornehmen kann. Diese Fiktion ist an § 92 Abs 2 VwGO angelehnt. Um dem Umstand Rechnung zu tragen, dass die vor den SGen klagenden bedürftigen oder kranken Bürger zur Vorlage und Entscheidungsfindung unter Umständen längere Zeit benötigen, wurde die Frist auf drei, statt in der VwGO zwei Monate, erstreckt. **322**

Die Aufforderung, dh die **Betreibungsauffordeung** muss nicht durch Beschluss erfolgen und ist als prozessleitende Verfügung auch **nicht anfechtbar.** Die Betreibungsaufforderung setzt eine ordentliche Frist in Lauf und ist daher zuzustellen (§ 63 Abs 1 S 1). Der tatsächliche Zugang heilt aber eventuelle Zustellungsmängel (§ 63 Abs 2 S 1 in Verbindung mit § 189 ZPO). Zum Zeitpunkt der Betreibungsauffordeung müssen im Hinblick auf die Rechtsschutzgarantie des Art 19 Abs 4 GG aber bestimmte, sachlich begründete Anhaltpunkte für den Wegfall des Rechtsschutzinteresses bestehen (BVerwG, NVwZ 2001, 918). Die Nichtvorlage einer Klagebegründung zum Anlass und die Vorlage einer solchen zum Gegenstand einer Betreibungsaufforderung zu machen widerspricht aber nicht § 92, der lediglich eine Soll-Vorschrift bezüglich der Vorlage der Klagebegründung darstellt. **322a**

Die **Klagerücknahmefiktion tritt kraft Gesetzes ein**. Anders als im Verwaltungsprozess bedarf es keines feststellenden deklaratorischen Beschlusses, dass die Klage als zurückgenommen gilt. Einen das Verfahren einstellenden Beschluss fasst das Gericht nur auf entsprechenden Antrag. **322b**

Ist die Klage zurückgenommen oder gilt sie nach Abs 2 als zurückgenommen, stellt nach § 102 Abs 3 S 1 das Gericht auf Antrag das Verfahren ein und entscheidet über die **außergerichtlichen Kosten,** soweit diese entstanden sind. Anders als im Zivilprozess trägt der Kläger nicht automatisch die Kosten, das Gericht entscheidet vielmehr nach pflichtgemäßem Ermessen. Eine teilweise oder ganze Kostentragungspflicht des/der Beklagten kann insbesondere dann in Betracht kommen, wenn er/sie die Klage veranlasst hatte (siehe RdNr 610ff). Der Beschluss ist gemäß § 102 Abs 3 S 2 unanfechtbar.

5. Gerichtsbescheid (§ 105)

a) Allgemeines

323 Durch den mWv 1. 3. 1993 durch das Gesetz zur Entlastung der Rechtspflege (RPflEntlG) vom 11. 1. 1993 (BGBl I 50) neu gefassten § 105 wurde der früher in der Vorschrift geregelte **Vorbescheid durch den Gerichtsbescheid ersetzt,** weil der Anwendungsbereich des Vorbescheides zu eng war und die Beteiligten in jedem Fall die Möglichkeit hatten, eine erneute Entscheidung in derselben Instanz herbeizuführen. Ursprünglich war die Einführung des Gerichtsbescheides auf fünf Jahre befristet, durch Art 1 Nr 3 des 5. SGGÄndG vom 30. 3. 1998 (BGBl I 638) wurde der Gerichtsbescheid auf Dauer eingeführt. § 105 ist gemäß § 153 Abs 1 **in zweiter Instanz nicht anwendbar.**

b) Voraussetzungen

324 § 105 setzt voraus, dass die Sache **keine besonderen Schwierigkeiten** tatsächlicher oder rechtlicher Art aufweist. Da das vereinfachte Verfahren nach § 105 nur für einfachere Streitfälle zur Verfügung stehen soll, ist dieses Erfordernis idR **nicht bei Streitsachen von normaler durchschnittlicher Schwierigkeit** erfüllt. Ein Gerichtsbescheid kommt daher nur in Betracht, wenn nach Überzeugung des Kammervorsitzenden eine Entscheidung ohne Nachteile für den Rechtsschutz der Betroffenen ohne mündliche Verhandlung und ohne Beweisaufnahme möglich und vertretbar ist, weil auch eine mündliche Verhandlung und/oder eine Beweisaufnahme weder in tatsächlicher noch in rechtlicher Hinsicht neue, für die Entscheidung wesentliche Gesichtspunkte erbringen könnte.

325 Insbesondere bei **strittigen Rechtsfragen** oder wenn dem Rechtsstreit **grundsätzliche Bedeutung** zukommt, ist ein Gerichtsbescheid nicht zulässig. Der noch in der Gesetzesbegründung (BT-Drucksache 12/1217 S 51) genannte Anwendugsfall, durch Gerichtsbescheid könne entschieden werden, wenn das Gericht bei gleicher Sach- und Rechtslage **in einem anderen Verfahren bereits entschieden** hat (zB in einem Musterprozess) und darum jedes weitere **Parallelverfahren** keine besonderen Schwierigkeiten tatsächlicher oder rechtlicher Art mehr aufweist, ist durch die Einführung des § 114a überholt. Nach der Rechtsprechung des BSG (SozR 3–5050 § 22b Nr 1) weist die Auslegung und Anwendung neuer Rechtsnormen vor der höchstgerichtlichen Klärung ihres Inhalts stets besondere Schwierigkeiten auf, die einer Entscheidung durch Gerichtsbescheid entgegenstehen.

326 Voraussetzung ist ferner, dass **der Sachverhalt geklärt** ist; denn § 105 soll die Möglichkeit eröffnen, einfach gelagerte Fälle in einem vereinfachten Verfahren zu entscheiden. Der Sachverhalt ist nur dann geklärt, wenn aufgrund des Sachvortrags der Beteiligten und der beigezogenen

Akten **Zweifel hinsichtlich des Sachverhalts ausgeschlossen** sind. Das SG kann auch dann durch Gerichtsbescheid entscheiden, wenn eine **Beweisaufnahme durchgeführt** wurde; denn dies ist idR die Voraussetzung dafür, dass der Sachverhalt geklärt ist. Aus dem Gesetz lässt sich nicht ableiten, dass die Entscheidung durch Gerichtsbescheid nicht mehr möglich ist, wenn **bereits eine mündliche Verhandlung** oder ein Erörterungstermin stattgefunden hat.

Ob durch Gerichtsbescheid entschieden wird, steht **im pflichtgemäßen Ermessen** des Kammervorsitzenden. Ihm steht hinsichtlich des Vorliegens der gesetzlichen Voraussetzungen des § 105 Abs 1 S 1 HS 2 ein **Beurteilungsspielraum** zu. Im Gerichtsbescheid sollte dargelegt werden, warum die gesetzlichen Voraussetzungen dafür gegeben sind (LSG BaWü Breithaupt 1994, 254). **327**

c) Verfahren

Gemäß § 105 Abs 1 S 2 sind **die Beteiligten vorher zu hören,** um ihnen Gelegenheit zu geben, etwaige Einwendungen vorbringen zu können (sog **Anhörungsmitteilung**). Das Einverständnis der Beteiligten oder eine besondere Form der Anhörung sind nicht vorgeschrieben, es reicht die formlose Mitteilung, dass **im konkreten Fall** die Entscheidung durch Gerichtsbescheid beabsichtigt ist. Die Angabe von Gründen ist zweckmäßig, aber nicht vorgeschrieben. Es besteht **keine Verpflichtung, die Rechtsauffassung mitzuteilen.** Es ist aber auf Tatsachen und Rechtsfragen hinzuweisen, die bisher im Verwaltungs- und Gerichtsverfahren nicht erörtert worden sind (*Meyer-Ladewig/Keller/Leitherer* § 105 RdNr 10). Ausreichend ist zB folgende **328**

Anhörungsmitteilung

> Das Gericht beabsichtigt, über den Rechtsstreit gemäß § 105 des Sozialgerichtsgesetzes ohne Durchführung einer mündlichen Verhandlung durch Gerichtsbescheid zu entscheiden. Die Entscheidung wird nicht vor dem ... ergehen. Sie erhalten Gelegenheit, sich hierzu zu äußern.

Die Anhörung muss so rechtzeitig erfolgen, dass die Beteiligten Einwendungen noch vor der Entscheidung geltend machen können. Den Beteiligten muss also eine **angemessene Äußerungsfrist** eingeräumt werden, sie sollte 14 Tage nicht unterschreiten, insoweit kann die Rechtsprechung zu § 24 SGB X herangezogen werden (dazu *Von Wulffen* § 24 SGB X RdNr 10ff). Wird die Frist nicht eingehalten, liegt eine Verletzung des rechtlichen Gehörs und damit ein wesentlicher Verfahrensmangel vor, der zur Zurückverweisung führen kann. Es ist **keine förmliche Zustellung** der Anhörungsmitteilung erforderlich (so auch *Meyer-Ladewig/Kel-* **329** *ler/Leitherer* § 105 RdNr 12), es sei denn, es wird eine Frist zur Äußerung gesetzt (siehe § 63 Abs 1). Es liegt aber ein wesentlicher Verfahrensmangel vor, wenn der Zugang nicht nachgewiesen werden kann (BVerwG NJW 1980, 1810). Tritt nach der Anhörung eine geänderte Prozesssituation ein, ist eine **erneute Anhörung** erforderlich. So ist die Anhörung zB nach Durchführung einer weiteren Beweisaufnahme verbraucht (vgl zur entsprechenden Sachlage bei der Entscheidung ohne mündliche Verhandlung bei RdNr 301).

330 Der Gerichtsbescheid ergeht gemäß § 105 Abs 1 S 1 **ohne mündliche Verhandlung,** und zwar gemäß § 12 Abs 1 S 2 **ohne ehrenamtliche Richter.** Während § 105 früher für den Vorbescheid nur die Abweisung der Klage zuließ, kann nunmehr mit dem Gerichtsbescheid ein Klagebegehren **auch zugesprochen** werden. Gemäß § 105 Abs 1 S 3 gelten die Vorschriften über die Urteile entsprechend. Der Gerichtsbescheid ist daher **zu begründen, zuzustellen,** mit einer **Rechtsmittelbelehrung** zu versehen und muss eine Entscheidung über die **außergerichtlichen Kosten** enthalten.

d) Rechtsmittel

331 Gemäß § 105 Abs 2 S 1 können die Beteiligten **innerhalb eines Monats** nach Zustellung des Gerichtsbescheides das Rechtsmittel einlegen, das zulässig wäre, wenn das SG durch Urteil entschieden hätte. Ist also die **Berufung statthaft,** dh nach § 144 Abs 1 kraft Gesetzes oder aufgrund Zulassung durch das SG (dazu im Einzelnen RdNr 345ff), kann diese eingelegt werden. Ein Antrag auf mündliche Verhandlung ist bei einer statthaften Berufung nicht zulässig. Wurde von einem Rechtsanwalt gleichwohl Antrag auf mündliche Verhandlung gestellt, kann dieser grundsätzlich nicht in eine Berufung umgedeutet werden (so BVerwG BayVBl 1996, 30 zur entsprechenden Regelung in § 84 VwGO). Die Sprungrevision wird als Rechtsmittel idR nicht in Betracht kommen, weil das SG die Revision idR nicht zulassen wird, wenn es durch Gerichtsbescheid entscheidet.

332 Ist die **Berufung nicht statthaft,** kann gemäß § 105 Abs 2 S 2 mündliche Verhandlung beantragt oder nach § 145 Nichtzulassungsbeschwerde zum LSG eingelegt werden. Wurde, was in der Praxis kaum vorkommen wird, die Sprungrevision zugelassen, kann auch diese unter den Voraussetzungen des § 160a eingelegt werden; der Antrag auf mündliche Verhandlung wäre dann nicht zulässig, weil in der Zulassung der Sprungrevision gleichzeitig die Zulassung der Berufung liegt (dazu RdNr 488). Nach § 105 Abs 2 S 3 ist die **mündliche Verhandlung vorrangig,** wenn sowohl ein Rechtsmittel eingelegt als auch mündliche Verhandlung beantragt wird. Dies kommt zB in Betracht, wenn ein Beteiligter mündliche Verhandlung beantragt, ein anderer aber die Nichtzulassungsbeschwerde einlegt. Letztere wird dann gegenstandslos. Beide Rechtsbehelfe nebeneinander sind also nicht statthaft.

Wird der **Antrag auf mündliche Verhandlung nicht oder nicht fristgerecht** gestellt, wirkt der Gerichtsbescheid wie ein rechtskräftiges Urteil. Wird hingegen rechtzeitig mündliche Verhandlung beantragt, gilt der Gerichtsbescheid als nicht ergangen (§ 105 Abs 3). Diese Wirkung tritt auch gegenüber den anderen Beteiligten ein. Das SG muss dann in jedem Fall durch Urteil entscheiden, ein **weiterer Gerichtsbescheid ist unzulässig.** Wurde Antrag auf mündliche Verhandlung gestellt, muss das anschließende Urteil nicht notwendigerweise aufgrund mündlicher Verhandlung ergehen, möglich ist auch ein Urteil nach § 124 Abs 2, wenn die Beteiligten zustimmen, oder nach § 126. Wird der **Antrag auf mündliche Verhandlung zurückgenommen,** gilt der Gerichtsbescheid als rechtskräftiges Urteil. **333**

Wurde mündliche Verhandlung beantragt, kann das SG gemäß § 105 Abs 4 in dem Urteil von einer weiteren **Darstellung des Tatbestandes und der Entscheidungsgründe** absehen, soweit es der Begründung des Gerichtsbescheides folgt. Dies hat das SG im Urteil ausdrücklich festzustellen. Insoweit gelten die Ausführungen zu § 136 Abs 3 entsprechend (dazu RdNr 305). **334**

D. Das Berufungsverfahren

I. Überblick

Gemäß § 143 findet **gegen Urteile** der SGe die Berufung an das LSG statt. Hat das SG die (Sprung-)Revision zugelassen, kann unter den in § 161 genannten Voraussetzungen gegen ein Urteil des SG auch Revision eingelegt werden (dazu RdNr 487 ff). Für die Berufung ist das **LSG sachlich zuständig.** Hat das LSG allerdings im Rahmen des § 29 als erste Instanz entschieden (RdNr 19 f), findet nur Revision statt. Nach § 157 hat das LSG den Streitfall als weitere Tatsacheninstanz in tatsächlicher und rechtlicher Hinsicht wie das SG zu überprüfen und alle vorgebrachten Tatsachen und Beweismittel zu berücksichtigen. Berufung kann **von jedem Beteiligten** des Klageverfahrens eingelegt werden, der durch das Urteil des SG beschwert ist (zur Beschwer RdNr 387 ff). **335**

Die **Berufung ist zulässig,** wenn sie 1. **statthaft** ist (RdNr 345 ff), 2. der Rechtsmittelführer **beschwert** ist (RdNr 387 ff) und 3. die Berufung **form- und fristgerecht** eingelegt wurde (RdNr 390 ff). Zudem muss der Berufungsführer prozessfähig sein und er darf auf das Rechtsmittel nicht verzichtet haben. **336**

II. Berufungsfähige Entscheidungen

Berufungsfähig sind gemäß § 143 **Urteile,** und zwar unabhängig davon, ob es sich um **Sach- oder Prozessurteile** handelt. Auch **Gerichtsbescheide** sind berufungsfähig, da nach § 105 Abs 2 das Rechtsmittel eingelegt werden kann, das zulässig wäre, wenn das SG durch Urteil entschieden hätte (zum Antrag auf mündliche Verhandlung, wenn die Berufung nicht statthaft ist, siehe RdNr 332). Berufungsfähig sind nicht nur Endurteile, sondern auch **Teil-, Schluss- oder Ergänzungsurteile,** hingegen können **Zwischenurteile** (siehe § 130 Abs 2) grundsätzlich nur mit dem Endurteil angefochten werden (§ 202 SGG iVm § 511 ZPO), es sei denn, das Urteil kann in ein selbständig anfechtbares Teilurteil umgedeutet werden (BSG SozR 1750 § 301 Nr 1). **337**

Das Urteil **muss bereits verkündet** bzw bei Entscheidung ohne mündliche Verhandlung oder nach Lage der Akten bereits zugestellt worden sein. Eine rein „vorsorglich“ eingelegte Berufung ist unzulässig und wird **338** nicht nachträglich dadurch zulässig, dass das Urteil später ergeht. Die Berufung muss dann erneut eingelegt werden. Es ist aber zulässig, die Berufung gegen ein bereits verkündetes Urteil bereits **vor der Zustellung** einzulegen.

339 **Beschlüsse** des SG sind gemäß § 172 **nur mit der Beschwerde** anfechtbar (zur Beschwerde RdNr 579 ff). Das LSG muss auch über **Folgebescheide** entscheiden, die nach der Verkündung des Urteils des SG von der Behörde erlassen worden sind, wenn diese **nach § 96 Gegenstand des Berufungsverfahrens** geworden sind. Das LSG entscheidet über diese Folgebescheide, nicht auf Berufung, sondern „auf Klage hin" (dazu RdNr 210). Die in § 144 Abs 1 aufgeführten Berufungsausschlussgründe gelten für derartige Bescheide also nicht.

III. Allgemeine Grundsätze

1. Maßgeblicher Zeitpunkt

340 Die Frage der Zulässigkeit der Berufung richtet sich grundsätzlich nach den Verhältnissen, die im **Zeitpunkt der Berufungseinlegung** vorliegen, nicht nach denen zum Zeitpunkt der Entscheidung durch das LSG (vgl BSG SozR 1500 § 144 Nr 30 = NZA 1986, 69 mwN). Eine nach § 144 Abs 1 statthafte Berufung wird daher durch nachträgliche Ereignisse (zB Teilanerkenntnis, Klageänderung, Verbindung oder Trennung von Verfahren) grundsätzlich nicht unzulässig (siehe RdNr 356 ff). Eine **Ausnahme** von dem Grundsatz, dass auf den Zeitpunkt der Berufungseinlegung abzustellen ist, hat das BSG lediglich für den Fall anerkannt, dass der Berufungskläger sein Rechtsmittel **nach der Berufungseinlegung willkürlich einschränkt,** so dass es nicht mehr den gesetzlichen Zulässigkeitsvoraussetzungen entspricht (dazu RdNr 358 f).

2. Mehrere selbständige Ansprüche

341 Werden mit einer Berufung von einer Person mehrere selbständige Ansprüche (objektive Klagehäufung) auf Geld oder Sachleistungen oder von mehreren Personen der gleiche Anspruch oder auch mehrere Ansprüche gemeinsam verfolgt (subjektive Klagehäufung), sind diese zusammenzurechnen. (§ 5 ZPO). Für die bisherige differenzierte Rechtsprechung des BSG ist kein Raum mehr.

342 Eine **gesonderte Prüfung der Statthaftigkeit** kommt nach geltendem Recht daher praktisch nur noch in Betracht, wenn die Berufung bezüglich eines Anspruchs deshalb zulassungsfrei ist, weil sie keine Geld- oder Sachleistung betrifft, der andere Anspruch aber eine Geld- oder Sachleis-

tung von nicht mehr als 750 Euro betrifft, so dass die Berufung bezüglich dieses Anspruchs zulassungsbedürftig ist. Die zulassungsbedürftige Berufung wird in derartigen Fällen **von der zulassungsfreien Berufung nicht „mitgezogen“.**

Eine **Ausnahme von dem Grundsatz,** dass die Berufungsfähigkeit mehrerer selbständiger prozessualer Ansprüche gesondert zu prüfen ist, hat das BSG nur dann zugelassen, wenn von zwei in einer Klage zusammengefassten Ansprüchen der **vorgreifliche (präjudizielle) Anspruch berufungsfähig** ist, der davon abhängige hingegen nicht. In diesem Fall bewirkt die Berufungsfähigkeit des vorgreiflichen prozessualen Anspruchs auch die des hiervon abhängigen Anspruchs (vgl BSG SozR 1500 § 144 Nr 33 mwN). 343

Beispiel: Streitig ist neben der Berechtigung zur Nachzahlung von Beiträgen in der gesetzlichen Rentenversicherung (vorgreiflicher Anspruch) eine höhere Rentenzahlung unter Berücksichtigung dieser Beiträge für zehn Monate in Höhe eines 750 Euro nicht übersteigenden Betrags (abhängiger Anspruch). Die Berufung ist bezüglich der Berechtigung zur Nachzahlung zulassungsfrei, weil keine Geld- oder Sachleistung streitig ist, bezüglich der höheren Rente ist sie nach § 144 Abs 1 an sich zulassungsbedürftig. Da der Anspruch auf höhere Rente aber von der vorgreiflichen Frage abhängt, ob die Berechtigung zur Nachzahlung besteht, ist die Berufung auch insoweit ohne Zulassung statthaft (vgl BSG SozR 1500 § 146 Nr 4).

3. Auslegungsgrundsätze

§ 144 Abs 1 ist nach dem **Grundsatz der Rechtsmittelklarheit** und wegen seines Ausnahmecharakters vornehmlich **am Wortlaut orientiert auszulegen.** Dieser Grundsatz schließt eine analoge Anwendung auf andere Sachverhalte idR aus. Die Zulässigkeit der Berufung hat das LSG (und in der Revision das BSG) **von Amts wegen** zu prüfen. Die Zulässigkeit der Berufung ist **für jeden Beteiligten gesondert** zu prüfen. Hat das SG zB nur über die Hinterbliebenenrente eines der Hinterbliebenen entschieden, nicht aber über die eines anderen, kann dieser das Urteil nicht mit der Berufung anfechten (BSGE 17, 11). 344

IV. Statthaftigkeit der Berufung

1. Allgemeines

a) Anzuwendendes Recht

Durch das Gesetz zur Entlastung der Rechtspflege – RPflEntlG – vom 11. 1. 1993 (BGBl I 50) ist die Statthaftigkeit der Berufung **mWv 1. 3. 1993 neu geregelt** worden, indem die §§ 144–150 aF durch die §§ 144, 145 ersetzt wurden. Zudem sind die **Sonderregelungen aufgehoben** 345 worden, die bis zum 28. 2. 1993 für einzelne Sachgebiete (zB für das Kindergeldrecht in § 27 BKGG) oder für die neuen Bundesländer galten. Abweichend vom alten Recht ist die Statthaftigkeit der Berufung für die einzelnen **Sachgebiete nicht mehr unterschiedlich** geregelt. Zudem kann die Nichtzulassung der Berufung jetzt gemäß § 145 mit der Beschwerde angefochten werden (dazu RdNr 432ff). Durch das SGGArbGGÄndG wurde § 144 Abs 1 S 1 erneut geändert und die Wertgrenzen oder Schwellenwerte zur Entlastung der LSGe auf 750 Euro bzw 10.000,– Euro angehoben, des weiteren wurde der Tatbestand des § 144 Abs 1 Nr 1 um Dienstleistungen ergänzt. Die Neuregelung gilt für ab 1. 4. 2008 eingehende Berufungen. Unzweifelhaft muss eine noch vor dem Inkrafttreten der Gesetzesänderung zulässig eingelegte Berufung, die nach der Gesetzesänderung nicht mehr zulässig wäre, zulässig bleiben. Fraglich ist allerdings, wie mit einer Berufung zu verfahren ist, wenn dem Beteiligten im März ein Urteil mit Rechtsmittelbelehrung zugestelt wurde und die Berufung nach neuem Recht nicht mehr zulässig ist. Hier dürfte der Beteiligte eine schutzwürdige Rechtsposition erlangt haben (vgl zur Beschwerde RdNr 583).

b) Überblick

346 Aus der Formulierung in § 144 Abs 1 „bedarf der Zulassung" ergibt sich, dass die Berufung grundsätzlich statthaft und **nur in den in § 144 Abs 1 S 1 aufgezählten Fällen ausgeschlossen** ist. Auch in diesen Fällen ist sie aber statthaft, wenn die Voraussetzungen des § 144 Abs 1 S 2 erfüllt sind oder wenn die Berufung auf Nichtzulassungsbeschwerde hin vom LSG zugelassen wird (dazu RdNr 432ff). Nach § 144 Abs 4 ist die Berufung generell ausgeschlossen, wenn es sich um die **Kosten des Verfahrens** handelt (RdNr 369). Durch das SGGArbGGÄndG wurden entgegen der vom Bundesrat befürworteten generellen Zulassungsberufung nur die streitwertbezogenen Hürden für eine Berufung angehoben. Die Berufung ist demnach **in folgenden Fällen statthaft:**

- bei Klagen, die eine Geld-, Dienst – oder Sachleistung betreffen, wenn der Wert des Beschwerdegegenstandes Euro 750,– übersteigt,
- bei Klagen, die keine Geld- oder Sachleistung betreffen,
- bei wiederkehrenden oder laufenden Leistungen für mehr als ein Jahr und
- bei Erstattungsstreitigkeiten zwischen juristischen Personen des öffentlichen Rechts oder Behörden, wenn der Wert des Beschwerdegegenstandes Euro 10.000,– übersteigt.

c) Prüfungsmaßstab

347 Die Berufung muss nach § 144 **objektiv statthaft** sein; unerheblich ist es daher, wenn das SG die Statthaftigkeit falsch beurteilt hat. Hat das **SG irrtümlich eine nicht statthafte Berufung** angenommen und im Urteil

entschieden, die Berufung nicht zuzulassen, ist diese gleichwohl statthaft. Daher kann Berufung eingelegt werden; eine Nichtzulassungsbeschwerde mit dem Ziel, die Zulassung der Berufung zu erreichen, ist also nicht erforderlich. Um den vom SG durch die falsche Rechtsmittelbelehrung gesetzten Rechtsschein zu beseitigen, kann aber auch die Nichtzulassungsbeschwerde eingelegt werden (siehe RdNr 452).

Andererseits wird die Berufung nicht dadurch statthaft, dass das **SG irrtümlich eine zulassungsfreie Berufung angenommen** und ausgeführt hat, die Berufung habe nicht zugelassen werden müssen, weil sie nach dem Gesetz ohnehin statthaft sei. Gleiches gilt, wenn das Urteil bezüglich der Statthaftigkeit keine Ausführungen enthält und diesem lediglich die **falsche Rechtsmittelbelehrung beigefügt** wurde, die Berufung sei statthaft. Dazu, wie in diesen Fällen zu verfahren ist, siehe RdNr 453 ff. **348**

Für die Statthaftigkeit ist der **materiell-rechtliche Anspruch maßgeblich,** der mit der Berufung verfolgt wird. Es kommt also allein auf den **„erhobenen Anspruch“** an, nicht auf einen uU fehlerhaft gefassten Berufungsantrag; denn das Gericht ist gemäß § 123 nicht an die Fassung der Anträge gebunden (dazu RdNr 201). Die Berufung kann nicht dadurch statthaft werden, dass ein **willkürlicher Berufungsantrag** gestellt wird, der der materiellen Rechtslage widerspricht (RdNr 359). Die Statthaftigkeit ist **unabhängig von der Klageart** zu prüfen. Unerheblich ist auch, ob auf die Leistung ein Anspruch besteht oder ob die Behörde über diesen zB nach einem Verbescheidungsurteil erst eine erneute **Ermessensentscheidung** zu treffen hat. **349**

2. Berufungsausschlussgründe

a) Grundsatz

Durch § 144 Abs 1 S 1 sollen **Bagatellstreitigkeiten** dadurch ausgeschlossen werden, dass auf den Wert des Beschwerdegegenstandes abgestellt wird. Bei einer Klage, die eine Geld- oder Sachleistung oder einen hierauf gerichteten Verwaltungsakt betrifft, beträgt die Wertgrenze Euro 750, bei Erstattungsstreitigkeiten zwischen Behörden 10.000,– Euro. Bei Kosten des Verfahrens ist die Berufung nach § 144 Abs 4 generell ausgeschlossen. Für die unselbständige **Anschlussberufung** (s RdNr 431) und für **Folgebescheide,** die nach § 96 zum Gegenstand des Berufungsverfahrens gewordenen sind (siehe RdNr 210), gelten die Ausschlussgründe des § 144 Abs 1 S 1 nicht. **350**

b) Wert des Beschwerdegegenstandes

aa) Allgemeines. Der Wert des Beschwerdegegenstandes richtet sich nicht nach dem Gegenstandswert des Verfahrens erster oder zweiter Instanz, sondern wird durch die **Beschwer des Berufungsklägers und den** **351**

Berufungsantrag bestimmt, der für den Umfang der Nachprüfung durch das LSG maßgebend ist. Die Beschwer entspricht dem Unterschied der Werte zwischen dem Antrag des Klägers vor dem SG und dem, was ihm ausweislich des Tenors des Urteils des SG zugesprochen worden ist. Die Beschwer entspricht daher im Ergebnis dem, **was die Entscheidung des SG dem Rechtsmittelkläger versagt** hat (vgl BVerwG NVwZ 1987, 219). Der Wert des Beschwerdegegenstandes kann daher nicht höher sein als der Wert des Streitgegenstandes der Klage. Wurde der Klage teilweise stattgegeben, kann der Wert nur aus dem mit der Berufung weiterhin geltend gemachten Anspruch berechnet werden. Der Wert des Beschwerdegegenstandes ist im Berufungsverfahren allein nach dem Geldbetrag zu berechnen, um den unmittelbar gestritten wird. **Rechtliche oder wirtschaftliche Folgewirkungen** der Entscheidung über den eingeklagten Anspruch **bleiben außer Ansatz,** zB bei einem Streit um die Entziehung des Kindergeldes der Verlust, der dadurch entsteht, dass automatisch der kindergeldbezogene Ortszuschlag verloren geht (BSG SozR 3–1500 § 144 Nr 11 = NZS 1997, 391).

352 **bb) Berechnung.** Das LSG hat den Beschwerdewert ausgehend vom Berufungsantrag nach den über § 202 entsprechend anzuwendenden **§§ 3–9 ZPO** zu bestimmen (vgl bereits BSGE 24, 260, 261). Maßgeblich ist der Wert, den der Streitgegenstand für den Berufungskläger hat. Bei **Zahlungsansprüchen** ist auf den geltend gemachten Anspruch abzustellen, wobei nach § 5 ZPO **Zinsen** nicht zu berücksichtigen sind. Handelt es sich um **wiederkehrende oder laufende Leistungen** für weniger als ein Jahr, ist nicht der Jahresbetrag, sondern der für diese Zeit zu leistende Gesamtbetrag anzusetzen (so auch *Meyer-Ladewig/Keller/Leitherer* § 144 RdNr 15).

353 **Steht die Höhe des Wertes nicht fest,** sollte das SG bereits im Klageverfahren vom Leistungsträger eine entsprechende Auskunft über die zu erwartenden Zahlbeträge einholen; denn es ist auch insoweit zur Amtsermittlung verpflichtet, weil es von Amts wegen entscheiden muss, ob die Berufung ggf zuzulassen ist. Lässt sich ein Anspruch auch dadurch nicht in Geld beziffern, kann das LSG den Wert **gemäß § 3 ZPO nach freiem Ermessen** festsetzen. An diesbezügliche Feststellungen des SG oder an Vereinbarungen der Beteiligten ist es nicht gebunden.

354 **Bei mehreren selbständigen Ansprüchen** ist nach § 202 SGG iVm § 5 ZPO deren **Wert zusammenzurechnen** (vgl bereits zum früheren Recht BSG SozR 1500 § 144 Nr 1). Werden also in **objektiver Klagehäufung** mehrere Verwaltungsakte angefochten, die zwar je für sich eine 750,– Euro nicht übersteigende Geldleistung betreffen, zusammengerechnet jedoch einen höheren Betrag ergeben, ist die Berufung bezüglich beider Verwaltungsakte statthaft (vgl BVerwG NVwZ 1987, 219).

355 **Keine Zusammenrechnung** hat zu erfolgen, wenn mehrere Ansprüche **wirtschaftlich identisch** sind. Dies ist zB der Fall, wenn neben der

Aufhebung einer Leistungsbewilligung nach § 45 oder § 48 SGB X auch die **Rückforderung** der überzahlten Leistung nach § 50 SGB X streitig ist, weil beide Streitgegenstände auf dasselbe Ziel gerichtet sind. Auch der Wert des Beschwerdegegenstandes für einen durch einen **Hilfsantrag** geltend gemachten Anspruch ist mit dem des **Hauptantrags** zusammenzurechnen; ist nur der Hauptantrag zuerkannt worden, bestimmt er die Beschwer (*Meyer-Ladewig/Keller/Leitherer* § 144 RdNr 17).

cc) Maßgeblicher Zeitpunkt für die Bestimmung des Wertes des Be- 356
schwerdegegenstandes ist gemäß § 202 SGG iVm § 4 ZPO die **Berufungseinlegung.** Eine statthafte Berufung wird daher zB nicht dadurch nachträglich unzulässig, dass die Behörde während des Berufungsverfahrens ein **Teilanerkenntnis** abgibt und der Kläger seinen Antrag daraufhin beschränkt. Sinkt der Wert des Beschwerdegegenstandes nach der Annahme des Teilanerkenntnisses zB unter 750,– Euro oder betrifft der Rechtsstreit nur noch eine laufende Leistung für weniger als ein Jahr, weil während des Berufungsverfahrens der Rentenanspruch ab einem bestimmten Zeitpunkt anerkannt wurde, wird die Berufung dadurch nicht unzulässig. Dazu, dass der Wert des Beschwerdegegenstandes zum Zeitpunkt der mündlichen Verhandlung noch nicht feststeht, siehe RdNr 377.

Keinen nachträglichen Einfluss auf die Statthaftigkeit haben zB 357
folgende Tatbestände: durch eine **Klageänderung** wird ein bei der Berufungseinlegung noch unter 750,– Euro liegender Anspruch auf über 750,– Euro erhöht; der Berufungsbeklagte **verzichtet auf einen Teil der Klageforderung,** um den Anspruch auf unter 750,– Euro zu drücken; die nachträgliche **Verbindung oder Trennung** von Verfahren.

Eine **Ausnahme von dem Grundsatz,** dass auf den Zeitpunkt der 358
Berufungseinlegung abzustellen ist, hat das BSG lediglich für den Fall anerkannt, dass der Berufungskläger sein Rechtsmittel **nach der Berufungseinlegung willkürlich einschränkt,** so dass es nicht mehr den gesetzlichen Zulässigkeitsvoraussetzungen entspricht (vgl SozR 1500 § 144 Nr 30 = NZA 1986, 69 mwN). In diesen Fällen ist der Berufungskläger so zu stellen, als sei von Anfang an der materiell-rechtlich richtige Antrag gestellt worden. Willkürlich ist eine spätere Einschränkung dann, wenn für diese **kein vernünftiger Grund erkennbar** ist oder aber von vornherein, dh schon im Zeitpunkt der Berufungseinlegung, genügender Anlass bestanden hat, das Rechtsmittel nur beschränkt einzulegen, so dass die erst nachträgliche Einschränkung willkürlich erscheint und uU sogar den Verdacht nahelegt, der Rechtsmittelkläger habe die Zulässigkeit des Rechtsmittels erschleichen wollen (BSG SozR 1500 § 146 Nr 6 S 13 und Nr 7 S 15).

Eine Berufung kann nicht dadurch statthaft werden, dass entgegen ei- 359
ner eindeutigen gesetzlichen Regelung **„willkürlich" ein unbeschränkter Prozessantrag gestellt** wird, um die Berufungsfähigkeit zu erreichen (BSG SozR 3–5870 § 27 Nr 1 zum früheren Recht in einem Fall, in dem für ein nicht in Schulausbildung befindliches Kind über das 21. Le-

bensjahr hinaus Kindergeld beantragt wurde). Eine Berufung wird auch nicht dadurch statthaft, dass ein Antrag gestellt wird, der **über das Klagebegehren vor dem SG hinausgeht.** Nicht willkürlich ist es zB, wenn der Antrag auf Grund eines erst nach der Einlegung der Berufung veröffentlichten Urteils des BSG entsprechend beschränkt wird (BSG SozR 1500 § 149 Nr 3 S 3).

c) Geld-, Dienst- oder Sachleistungen

360 **aa) Geldleistungen.** Unter dem im SGG nicht definierten Begriff sind Leistungen zu verstehen, die auf die **Zahlung eines bestimmten Geldbetrages** ausgerichtet sind. Abweichend von dem bis zum 28. 2. 1993 geltenden Recht stellt das Gesetz nicht mehr ausschließlich auf solche Leistungen ab, die dem Bürger von einem Leistungsträger zu erbringen sind. § 144 Abs 1 S 1 Nr 1 erfasst jetzt auch Geldleistungen, die ein **Leistungsträger vom Bürger fordert** (zB Beiträge). Die Rechtsprechung zum früheren Recht ist daher überholt. Da das Gesetz nicht lediglich auf „Sozialleistung", sondern (nur) auf „Geld- oder Sachleistungen" abstellt, kann von dem Begriff „Geldleistung" nicht jedes Begehren erfasst werden, mit dem vom Berufungsbeklagten ein irgendwie geartetes geldwertes Tun, Dulden oder Unterlassen verlangt wird, vielmehr muss es auf die Zahlung von Geld ausgerichtet sein. Zu den Geldleistungen iSd § 144 Abs 1 S 1 Nr 1 zählen **nicht Geldbußen,** die zB gegen einen Vertragsarzt verhängt wurden (BSG SozR 3–2500 § 81 Nr 8).

361 **Beispiele für Geldleistungen:** Alle Leistungen, die ein Leistungsträger dem Bürger in Geld zu erbringen hat, zB Renten, Arbeitslosen- oder Krankengeld. Daneben (zum Teil abweichend vom früheren Recht) auch Geldleistungen, die der Bürger einer Behörde zu erbringen hat, zB in folgenden Fällen: **Rückerstattung** zu Unrecht erbrachter Sozialleistungen nach § 50 SGB X; **Sozialversicherungsbeiträge** und Säumniszuschläge (BSG SozR 3–1500 § 144 Nr 16); **Rückerstattung von Beiträgen,** und zwar unabhängig davon, ob die Beiträge zu Recht (s § 210 SGB VI) oder zu Unrecht (s § 24 SGB IV) entrichtet wurden; **Erstattungspflicht** nach §§ 147 a, 148 SGB III gegen den Bürger gerichteter **Schadensersatzansprüche** eines Leistungsträgers; Befreiung von der **Zuzahlungspflicht** nach § 32 SGB VI oder §§ 39 Abs 4, 40 Abs 5 SGB V (BSG SozR 3–1500 § 158 Nr 1).

362 Es ist unerheblich, ob die Geldleistung dem Betreffenden endgültig verbleibt oder diese nur als **Darlehen** bzw als **Vorschuss** zu erbringen ist. Erfasst werden auch Geldleistungen, die **an die Stelle einer Naturalleistung** getreten sind. Das kommt zB in Betracht, wenn die Erstattung von Kosten für eine selbst beschaffte Weiterbildungs- oder Reha-Maßnahme geltend gemacht wird, die der Leistungsträger zu Unrecht nicht erbracht hat.

363 **bb) Sachleistungen.** Unter dem im SGG nicht definierten Begriff Sachleistung ist die **Hingabe oder das Zurverfügungstellen** (die Bereitstellung) von Sachen oder Sachgesamtheiten zu verstehen. Es handelt sich um Leistungen, die von Leistungsträgern nicht in Geld, sondern **als körperliche Gegenstände zu erbringen** sind, zB Arzneimittel oder

Hilfsmittel. Umstritten war bis zum Inkrafttreten des SGGArbGGÄndG, ob darunter auch Leistungen fallen, die nach dem sog **Sachleistungsprinzip,** das insbesondere in der Krankenversicherung gilt, als **Dienstleistungen** iSd § 11 SGB I zu erbringen sind (zB die in RdNr 364 genannten Leistungen). Überwiegend wurde vertreten, dass der Gesetzgeber dies nicht gewollt hatte; denn dann hätte er statt auf „Geld- oder Sachleistungen" nur auf „Leistungen" abstellen können (*Meyer-Ladewig/Keller/Leitherer* § 144 RdNr 9a; *Zeihe* § 144 Anm 8c; aA *Kummer* NZS 1993, 285, 290; *Krasney-Udsching* VIII RdNr 12).

cc) Nach dem der Begriff Sachleistungen gerade keine **Dienstleistungen** umfasst, wurden nun durch das SGGArbGGÄndG auch diese mit aufgenommen. Es sind dies ärztliche oder zahnärztliche Behandlungen. Fraglich ist allerdings ob unter diese Norm nun auch Dienstleistungen fallen, die unter keinem Gesichtspunkt unter den traditionellen Sachleistungsbegriff fallen können wie beispielsweise **Arbeitsvermittlung, Arbeitserlaubnis, Beratung, Auskunft oder auch Feststellungen bei Schwerbehinderten.** Allerdings geben die Gesetzesmaterialien keinen Anlass zu der Annahme, dass der Hinweis auf die Dienstleistungen eine Änderung der Rechtslage herbeiführen sollte. Vielmehr sollte die Einfügung eben nur der Klarstellung dienen. Berufungen sind hinsichtlich dieser Leistungen also nicht zulassungsbedürftig. **364**

Nicht erfasst werden vor allem auch Streitigkeiten, mit denen **feststellende Verwaltungsakte** angefochten werden, zB die Feststellung der Höhe der MdE bzw des GdB, der Berechtigung zur Nachzahlung von Beiträgen. Auch eine Klage auf **Vormerkung** rentenrechtlicher Zeiten ist nicht auf eine Geld-, Sach- oder Dienstleistung ausgerichtet; ferner nicht Klagen auf Erteilung einer **Arbeitserlaubnis** oder auf eine **Statusfeststellung,** zB auf Feststellung der Mitgliedschaft bei einer Krankenkasse. Bei Klagen, die auf eine derartige Leistung gerichtet sind, ist die **Berufung unabhängig vom Gegenstandswert statthaft.** **364a**

dd) Hierauf gerichteter Verwaltungsakt. Durch die Formulierung „oder einen hierauf gerichteten Verwaltungsakt" wird klar gestellt, dass der Berufungsausschluss **nicht nur Leistungsklagen** erfasst, mit denen eine Sach- oder Geldleistung im oben genannten Sinne begehrt wird, sondern zB auch **Verpflichtungsklagen,** mit denen der Erlass eines auf die Leistung gerichteten Verwaltungsaktes begehrt wird. Dies trägt dem Umstand Rechung, dass sozialgerichtliche Urteile nach § 130 Abs 1 häufig nur Grundurteile sind und diese von der Behörde erst durch einen Verwaltungsakt umgesetzt werden müssen. **365**

Ein Verwaltungsakt ist auch dann auf eine Geldleistung gerichtet, wenn mit diesem eine **Leistungsbewilligung aufgehoben** wurde (zB nach den §§ 45, 48 SGB X). Die gegen einen solchen Bescheid gerichtete **Anfechtungsklage** ist daher ebenfalls auf eine Geldleistung gerichtet. Ein Verwaltungsakt ist also immer dann auf eine Geld- oder Sachleistung **366** gerichtet, wenn die Behörde mit diesem letztlich entscheidet, dass eine derartige Leistung ganz, teilweise, eingeschränkt oder nur für eine bestimmte Zeit zusteht oder nicht zusteht.

d) Erstattungsstreitigkeiten

367 Nach § 144 Abs 1 S 1 Nr 2 ist die Berufung bei Erstattungsstreitigkeiten zwischen juristischen Personen des öffentlichen Rechts oder Behörden nicht statthaft, wenn der **Wert des Beschwerdegegenstandes 10.000,– Euro nicht übersteigt** (zur Wertberechnung siehe RdNr 352 ff). Anders als das bis zum 28. 2. 1993 geltende Recht regelt die Vorschrift nur noch die Erstattungsstreitigkeiten der **öffentlichen Rechtsträger untereinander.** Die Erstattungsstreitigkeiten müssen auf eigenständigen („originären") Erstattungsansprüchen öffentlicher Verwaltungsträger beruhen (BSG SozR 3–1500 § 144 Nr 14). Erfasst werden daher nicht übergeleitete Ansprüche von Privatpersonen. Erstattungsstreitigkeiten iSd § 144 Abs 1 S 1 Nr 2 liegen insbesondere vor, wenn ein Leistungsträger gegen einen anderen einen Erstattungsanspruch nach den **§§ 102–105 SGB X** geltend macht. Natürliche und juristische Personen des Privatrechts sind in diesen Fällen idR nur betroffen, wenn sie zu einem Rechtsstreit nach § 75 beigeladen werden.

368 **Nicht von § 144 Abs 1 S 1 Nr 2 erfasst** (sondern von S 1 Nr 1) werden hingegen folgende Streitigkeiten: Rückerstattung von Leistungen nach **§ 50 SGB X**, die dem Bürger von einem Leistungsträger zu Unrecht erbracht wurden; die **Rückerstattung von Beiträgen,** und zwar unabhängig davon, ob die Beiträge zu Recht oder zu Unrecht gezahlt worden sind; die Geltendmachung einer **Zuzahlung** nach den §§ 39, 40 SGB V oder nach § 32 SGB VI; Erstattungen nach **§ 147a SGB III;** Streitigkeiten, mit denen ein Leistungsträger gegen einen anderen keinen originären Erstattungsanspruch, sondern einen **übergeleiteten Leistungsanspruch** eines Bürger geltend macht (zB nach § 90 BSHG). Wird der Anspruch eines öffentlich-rechtlichen Krankenhausträgers gegen einen Rentenversicherungsträger auf Übernahme der Kosten einer von ihm durchgeführten Krankenhausbehandlung geltend gemacht, handelt es sich nicht um eine Erstattungsstreitigkeit iSd § 144 Abs 1 S 2 Nr 2 (BSG SozR 3–1500 § 144 Nr 14).

e) Kosten des Verfahrens (§ 144 Abs 4)

369 Nach § 144 Abs 4 ist die Berufung ausgeschlosssen, wenn es sich um die Kosten des Verfahrens handelt. Nach der Gesetzesbegründung (BT-Drucksache 12/1217 S 52) ist die **Berufung stets ausgeschlossen,** sie kann vom SG oder LSG also auch dann nicht zugelassen werden, wenn die Voraussetzungen des § 144 Abs 2 an sich erfüllt sind. Lässt das SG die Berufung gleichwohl zu, ist das LSG daran ausnahmsweise nicht gebunden (siehe RdNr 385).

§ 144 Abs 4 betrifft **nur Kosten,** die die Beteiligten einander **im gleichen Verfahren** zu erstatten haben. Ausgeschlossen ist also (nur) eine Berufung, mit der ein Beteiligter ausschließlich das Ziel verfolgt, eine andere Kostenentscheidung zu erreichen. Die Vorschrift schließt die Berufung bezüglich der Erstattung der **Kosten des Gerichtsverfahrens** aus, zu denen auch die des vorausgegangenen Widerspruchsverfahrens zählen (siehe RdNr 616). War vor dem SG die Erstattung der Kosten eines **isolierten Widerspruchsverfahrens** (dh es hat sich kein Klageverfahren angeschlossen) als Hauptsache streitig, ist die Berufung nicht ausgeschlossen (BSG SozR 3–1500 § 144 Nr 13). Die Berufung ist auch ausgeschlossen, wenn lediglich vom SG verhängte **Verschuldenskosten** (dazu RdNr 598) angefochten werden. Bei einer unselbständigen **Anschlussberufung** kann sich ein Beteiligter aber darauf beschränken, eine ihn belastende Kostenentscheidung des SG anzufechten. 370

3. Generelle Statthaftigkeit nach § 144 Abs 1 S 2

a) Grundsatz

Betrifft die Berufung **wiederkehrende oder laufende Leistungen für mehr als ein Jahr,** ist sie gemäß § 144 Abs 1 S 2 unabhängig von der Höhe des Wertes des Beschwerdegegenstandes statthaft. Im Berufungsverfahren muss also die Leistungspflicht für mehr als ein Jahr streitig sein. In diesen Fällen ist die Berufung **unabhängig vom Wert des Beschwerdegegenstandes zulassungsfrei.** Wird über einen kürzeren Zeitraum gestritten, muss der Wert ermittelt werden (dazu RdNr 351 ff). Abweichend von dem bis zum 28. 2. 1993 geltenden Recht ist die Berufung daher zB auch dann statthaft, wenn zwar ein Rentenanspruch für einen abgelaufenen Zeitraum oder ein früherer Rentenbeginn streitig ist, die Rente aber für einen länger als ein Jahr dauernden Zeitraum begehrt wird. 371

Die Rückausnahme des Berufungsausschlusses nach § 144 Abs 1 S 2 findet auf **Erstattungsstreitigkeiten** zwischen Hoheitsträgern keine Anwendung (BSG SozR 3–1500 § 144 Nr 18). Obwohl die Ausnahmeregelung („Das gilt nicht“) nach ihrem Wortlaut sowohl auf Nr 1 als auch auf Nr 2 des § 144 Abs 1 S 1 bezogen werden kann, ist § 144 Abs 1 S 2 bezüglich der Erstattungsstreitigkeiten als lex specialis anzusehen. Die Berufung ist daher auch dann zulassungsbedürftig, wenn zwar die Erstattung **für eine mehr als ein Jahr erbrachte Leistung** gefordert wird, der Wert des Beschwerdegegenstandes für diese aber 10.000,– Euro nicht übersteigt. 372

Beispiel: Ein Leistungsträger fordert von einem anderen Leistungsträger nach § 104 SGB X die Erstattung einer laufenden Leistung, die er einem Leistungsberechtigten für einen Zeitraum von mehr als einem Jahr nachrangig erbracht hat und die 10.000,– Euro nicht übersteigt. Die Berufung ist zulassungsbedürftig.

b) Begriff wiederkehrende oder laufende Leistungen

373 **Wiederkehrend** sind Leistungen, wenn sie in größeren oder kleineren, regelmäßigen oder unregelmäßigen Abständen aufgrund desselben Rechtsverhältnisses geleistet werden (vgl BSG SozR 1500 § 144 Nr 5). Zwischen den einzelnen Leistungen muss also ein **Zusammenhang** bestehen, diese müssen aber **nicht in gleicher Höhe** erbracht werden. Entscheidend ist, dass die Leistungen unabhängig von ihrer Zahl den Zeitraum von mehr als einem Jahr abdecken. Der Anspruch auf Übernahme der Kosten bei einer Serie ärztlicher Behandlungen ist vom BSG daher zB als wiederkehrend angesehen worden.

374 **Laufend** ist eine Leistung, wenn sie **in gleichmäßigen, kürzeren Abständen erbracht** wird. Dazu zählen zB Renten, Kranken-, Arbeitslosen- oder Unterhaltsgeld; anders als nach dem früheren Recht sind jetzt auch Beiträge laufend zu erbringende Leistungen. Der Abgrenzung zu den wiederkehrenden Leistungen kommt keine praktische Bedeutung zu. Eine Rente verliert zB nicht dadurch den Charakter einer laufenden Leistung, dass sie für einen abgelaufenen Zeitraum in einem Betrag nachzuzahlen ist.

375 **Einmalige Leistungen** sind im Gegensatz zu den wiederkehrenden oder laufenden solche, die sich **in einer einzigen Gewährung erschöpfen.** Darunter fallen zB Kapitalabfindungen, Sterbe- und Bestattungsgelder sowie Sachleistungen aller Art, zB orthopädische Hilfsmittel. **Zinsen** oder **Versäumniszuschläge,** die wegen regelmäßig verspätet gezahlter Beiträge gefordert wurden, sind keine laufenden oder wiederkehrenden Leistungen (BSG SozR 3–1500 § 144 Nr 16); dies gilt nach der Rechtsprechung des BSG (SozR 3–1303 Nr 4 unter Aufgabe von SozR 2200 § 1303 Nr 22) auch für die **Beitragserstattung** nach § 210 SGB VI. Wird ein **Bescheid aufgehoben,** durch den eine einmalige Leistung bewilligt wurde, betrifft der aufhebende Bescheid ebenfalls nur eine einmalige Leistung.

c) Für mehr als ein Jahr

376 Maßgeblich für die Berechnung ist der **Zeitraum, für den die geltend gemachte Leistung bestimmt ist,** nicht etwa das Kalenderjahr. Das gilt zB auch, wenn im Berufungsverfahren die **Aufhebung der Bewilligung** einer wiederkehrenden oder laufenden Leistung streitig ist, sofern der prozessuale Anspruch einen Zeitraum von mehr als einem Jahr betrifft. Die **Zahlungsweise ist unerheblich.** Daher ist die Berufung zB unabhängig vom Wert des Beschwerdegegenstandes statthaft, wenn die Nachzahlung einer Leistung für mehr als ein Jahr geltend gemacht wird, obwohl die Nachzahlung in einem Betrag zu leisten ist (bezüglich der Geltendmachung von Zinsen siehe aber RdNr 375).

377 Besteht **bezüglich der Leistungsdauer Ungewissheit,** ist die Berufung entsprechend der Rechtsprechung des BSG zum früheren Recht nur

dann nicht statthaft, wenn zum **Zeitpunkt der mündlichen Verhandlung** fest steht, dass die Leistung bloß für eine Zeitspanne von bis zu einem Jahr gefordert wird (vgl BSG SozR 1500 § 144 Nr 23). Die Berufung bleibt statthaft, wenn bei ihrer Einlegung fest stand, dass die Leistung für eine Zeitspanne von mehr als einem Jahr begehrt wird, die Ungewissheit sich dann aber während des Verfahrens ergeben hat (siehe RdNr 356).

4. Zulassung der Berufung durch das SG

a) Allgemeines

Eine an sich nach § 144 Abs 1 nicht statthafte Berufung kann dadurch **378** statthaft werden, dass sie zugelassen wird. Die Zulassung kann **auf zweifache Weise** erfolgen: 1. vom SG bereits **im Urteil** bzw Gerichtsbescheid und 2. auf die Nichtzulasssungsbeschwerde hin vom **LSG durch Beschluss.** Unter welchen Voraussetzungen die Berufung vom SG bzw LSG zuzulassen ist, regelt § 144 Abs 2 abschließend. Die Vorschrift stimmt weitgehend mit § 160 Abs 2 überein, der die Zulassung der Revision regelt, so dass ergänzend auf RdNr 482ff verwiesen wird.

b) Die Zulassungsgründe

Nach **§ 144 Abs 2** ist die Berufung in folgenden Fällen zuzulassen: **379**
- die Rechtssache hat **grundsätzliche Bedeutung** (RdNr 439),
- es liegt eine **Divergenz** vor, auf der die Entscheidung beruht (RdNr 441), oder
- es wird ein **Verfahrensmangel** geltend gemacht, der vorliegt und auf dem die Entscheidung beruhen kann (RdNr 443ff).

c) Form der Zulassung

Die Berufung muss vom SG **im Urteil** bzw im Gerichtsbescheid **aus- 380 drücklich zugelassen** worden sein. Wurde die Zulassung der Berufung im Tenor oder in den Gründen des Urteils ausdrücklich abgelehnt, obwohl sie nach § 144 Abs 1 gar nicht zulassungsbedürftig ist, wird die Berufung dadurch nicht unzulässig. Umgekehrt wird sie nicht statthaft, wenn das SG im Urteil festgestellt hat, die Berufung sei statthaft, obwohl sie zulassungsbedürftig ist.

Grundsätzlich muss die Berufung **im Tenor des Urteils** bzw des Ge- **381** richtsbescheides zugelassen werden (s BSG SozR 1500 § 161 Nr 16). Die Zulassung ist aber auch wirksam, wenn sie nur **in den Urteilsgründen** erfolgt. Es muss sich dann aber aus dem Wortlaut eindeutig ergeben, dass das Gericht die Zulassung beschlossen hat (BSG SozR 1500 § 161 Nr 16). Das **Schweigen** über die Zulassung bzw Nichtzulassung gilt als Nichtzulassung und stellt keinen wesentlichen Verfahrensmangel dar

(BSG SozR 1500 § 160 Nr 52). Wurde dem Urteil lediglich die **unrichtige Rechtsmittelbelehrung** beigefügt, die nicht statthafte Berufung sei statthaft, liegt darin keine Zulassung, weil die richterliche Entscheidung über die Zulassung dadurch nicht ersetzt wird (BSGE 2, 121). Dazu, wie zu verfahren ist, wenn das SG die Berufung deshalb nicht zugelassen hat, weil es der Ansicht war, die Berufung sei nicht zulassungsbedürftig, siehe RdNr 451 f.

382 In der **Zulassung der Sprungrevision** liegt zugleich die Zulassung der Berufung. Das gilt selbst dann, wenn im Urteil ausgeführt wird, die Berufung hätte nicht zugelassen werden müssen, weil keine Tatsachen streitig seien (BSG SozR 1500 § 150 Nr 9). Es besteht dann ein Wahlrecht zwischen Berufung und Revision.

383 Über die Zulassung der Berufung hat das **SG von Amts wegen zu entscheiden,** ein entsprechender Antrag ist daher nicht erforderlich. Liegen die Voraussetzungen des § 144 Abs 2 vor, sollten die Beteiligten aber die Zulassung anregen, weil die Zulassungsbedürftigkeit vom SG relativ häufig übersehen wird. Liegt einer der in § 144 Abs 2 genannten Zulassungsgründe vor, **muss die Berufung zugelassen werden.** Hat das SG nicht geprüft, ob ein Zulassungsgrund vorliegt, liegt darin kein Verfahrensmangel, der die Zulassung der Berufung durch das LSG rechtfertigen kann. Ist ungewiss, ob die Berufung statthaft ist, sollte sie vom SG **vorsorglich zugelassen** werden. Da die Zulassung nicht unter einer Bedingung erfolgen kann, muss die Berufung unbedingt zugelassen werden (nicht zB „für den Fall, dass ein Zulassungsgrund iSd § 144 Abs 2 vorliegen sollte“).

384 Die Berufung kann **auch beschränkt zugelassen** werden, wenn das SG über **mehrere selbständige Ansprüche** entschieden hat. Dies kommt regelmäßig in Betracht, wenn das SG das Verfahren hätte trennen können. Die Zulassung darf dann aber **nicht auf einzelne Tat- oder Rechtsfragen beschränkt** werden, ferner nicht auf eine von mehreren Anspruchsgrundlagen oder etwa nur auf die Frage der Zulässigkeit der Berufung.

d) Wirkungen der Zulassung

385 § 144 Abs 3 bestimmt ausdrücklich, dass das **LSG an die Zulassung der Berufung gebunden** ist. Auch das SG kann die Zulassung nicht nachträglich aufheben. Eine isolierte Anfechtung der Entscheidung über die Zulassung ist nicht möglich (zur irrtümlichen Annahme der Zulassungsbedürftigkeit siehe RdNr 451, 452). Nach dem eindeutigen Wortlaut des § 144 Abs 3 ist das LSG auch dann gebunden, wenn die Zulassung offensichtlich rechtswidrig ist. Es tritt aber **ausnahmsweise keine Bindung** ein, wenn die Entscheidung des SG **schlechthin unanfechtbar** ist (vgl BSG SozR 1500 § 161 Nr 23). Dies ist zB der Fall, wenn das SG die Berufung bezüglich eines Beschlusses oder entgegen § 144 Abs 4 nur bezüglich der Kosten des Verfahrens zugelassen hat. In diesen Fällen ist die Berufung als unzulässig zu verwerfen.

Durch die Zulassung wird die Berufung **für alle Beteiligten statthaft,** es sei denn, die Zulassung wurde auf einen Beteiligten beschränkt (*Meyer-Ladewig/Keller/Leitherer* § 144 RdNr 43). Die Zulassung **eröffnet die Berufungsinstanz in vollem Umfang.** Die Berufung kann daher nicht nur auf die Gründe gestützt werden, die zur Zulassung geführt haben. **386**

5. Beschwer

Der Berufungsführer muss durch das Urteil des SG beschwert sein. Dies ist immer gegeben, wenn das angefochtene **Urteil hinter dem gestellten Antrag zurückbleibt;** beim Kläger also bereits dann, wenn die Klage teilweise abgewiesen oder nur auf einen Hilfsantrag hin entschieden wurde. Der Beklagte ist beschwert, wenn er ganz oder teilweise verurteilt wurde, der Beigeladene, wenn das Urteil für ihn inhaltlich nachteilig ist. Hat nur der Beigeladene Berufung eingelegt, ist das Urteil nur daraufhin zu überprüfen, ob es ihm gegenüber fehlerhaft ist (vgl BVerwGE 47, 19). Das Rechtsmittel eines zu Unrecht Beigeladenen ist unzulässig (*Meyer-Ladewig/Keller/Leitherer* Vor § 143 RdNr 8). **387**

Abzustellen ist grundsätzlich auf den **Tenor des Urteils,** zu dessen Auslegung uU die **Entscheidungsgründe heranzuziehen** sind. Allein aus einer (nach Ansicht des Rechtsmittelführers) unrichtigen Begründung ergibt sich keine Beschwer. Die Beschwer muss **zum Zeitpunkt der Berufungseinlegung** vorliegen, sie darf nicht erst durch eine Klageerweiterung im Berufungsverfahren begründet werden. **388**

Wird von der Verwaltung eine **isolierte Handlung im Verwaltungsverfahren** begehrt, zB die kostenfreie Übersendung von Fotokopien, fehlt es an der Beschwer. Derartige Verwaltungshandlungen können grundsätzlich nicht isoliert, sondern nur gleichzeitig mit dem gegen die Sachentscheidung zulässigen Rechtsbehelf angefochten werden, so dass die Klage unzulässig ist (BSG SozR 1500 § 144 Nr 39). Dies gilt nicht, wenn von einer Behörde eine Auskunft begehrt wird (BSG SozR 1500 § 144 Nr 30 = NZA 1986, 69). **389**

V. Die Berufungseinlegung

1. Form

Gemäß § 151 Abs 1 ist die Berufung **schriftlich oder zur Niederschrift** des Urkundsbeamten der Geschäftsstelle beim LSG einzulegen (zur Fristwahrung durch Einlegung beim SG siehe RdNr 395). Vor dem **390**

LSG besteht **kein Vertretungszwang** durch Rechtsanwälte oder Verbandsvertreter. Die Berufung kann wirksam auch durch **Telegramm oder Telefax** (vgl BSG SozR 3–1500 § 67 Nr 7 S 17 mwN), aber nicht telefonisch oder durch einfache E-Mail, es sei denn, die in § 65a genannten Anforderungen sind erfüllt (Übermittlung als elektronisches Dokument – vgl RdNr 157a –) eingelegt werden. Im Gegensatz zur Klageschrift muss die Berufungsschrift vom Berufungsführer oder seinem Prozessbevollmächtigten **eigenhändig unterschrieben** sein; ein abgekürztes Namenszeichen soll nicht ausreichen (BSG SozR 1500 § 151 Nr 3; siehe aber BFH NJW 1996, 1432). Formwirksam ist auch ein Schriftsatz, der durch elektronische Übertragung einer Textdatei mit eingescannter Unterschrift auf ein Faxgerät des Gerichts übermittelt wurde (GmSOGB NJW 2000, 2340 = SozR 3–1750 § 130 Nr 1).

391 **Ausnahmen von der eigenhändigen Unterschrift** sind von der Rechtsprechung zugelassen worden, wenn auf andere Weise gewährleistet ist, dass dem Schriftstück der Inhalt der Erklärung, die abgegeben werden soll, und die Person, von der sie ausgeht, hinreichend zuverlässig entnommen werden kann und fest steht, dass es sich bei dem Schriftstück nicht nur um einen Entwurf handelt, sondern dass es mit Wissen und Willen des Berechtigten dem Gericht zugeleitet worden ist (BSG SozR 3–1500 § 67 Nr 21 mwN). Als ausreichend wurden zB angesehen: die **Unterzeichnung von Anlagen,** Anschreiben oder Durchschriften; handschriftliche Absenderangaben; Einreichung einer **Fotokopie** der unterschriebenen Berufungsschrift (LSG SchlH Breithaupt 1979, 664); **handschriftliche Fertigung** der Berufungsschrift durch den Berufungskläger einschließlich der Absenderangabe im Briefkopf und auf dem zugehörigen Briefumschlag (LSG RhPf Breithaupt 1979, 87). Das Schriftlichkeitserfordernis kann erfüllt sein, wenn der Berufungsschriftsatz zwar keine eigenhändige Unterschrift, aber detaillierte Angaben zum Gegenstand des Rechtsstreits enthält und dem Gericht in einem Umschlag zugeht, der nach seinem äußeren Erscheinungsbild von dem Berufungskläger selbst mit einer **handschriftlichen Absender- und Empfängerangabe versehen** worden ist (BSG SozR 3–1500 § 151 Nr 3). Es reicht, wenn wesentliche Teile der Berufungsschrift nur in **Fotokopien** eingereicht werden, sich aber aus anderen Umständen mit hinreichender Deutlichkeit die Urheberschaft und der Wille des Berufungsführers ergeben, die Rechtsmittelschrift in den Verkehr zu bringen (BSG SozR 3–1500 § 151 Nr 4). Das Fehlen einer eigenhändigen Unterschrift schließt bei einer mittels **PC-Modem als Datei** an das Telefax-Empfangsgerät des LSG geleiteten Berufung die Formgerechtigkeit nicht aus (BSG SozR 3–150 § 151 Nr 2). Die Berufungsschrift einer **Behörde** entspricht auch dann der gesetzlichen Schriftform, wenn der in Maschinenschrift wiedergegebene Name des Verfassers mit einem **Beglaubigungsvermerk** versehen ist (GmSOGB SozR 1500 § 164 Nr 14 = NJW 1980, 172).

Aus der Berufungsschrift oder zumindest aus innerhalb der Berufungsfrist eingehenden weiteren Unterlagen muss sich ergeben, **wer Berufung eingelegt hat.** Es reicht zB nicht, wenn ein Telegramm den Absender nicht erkennen lässt (BSG SozR 1500 § 151 Nr 11). Eine Berufung ist auch dann wirksam eingelegt, wenn sie nicht als Berufung bezeichnet wird, sondern zB als Einspruch, Widerspruch oder Revision. Die **Nachholung** der Formerfordernisse ist bis zum Fristablauf möglich. 392

2. Frist

Gemäß § 151 Abs 1 ist die Berufung **innerhalb eines Monats** nach Zustellung des Urteils des SG einzulegen. Die Berufungsfrist beträgt in analoger Anwendung des § 87 Abs 1 S 2 bei Zustellungen **im Ausland drei Monate,** dies gilt jedoch nicht, wenn das Urteil einem Prozessbevollmächtigten im Inland zugestellt worden ist (BSG SozR 1500 § 151 Nr 4). Auf den Zeitpunkt der Verkündung des Urteils kommt es nicht an, die Berufung kann auch bereits **vor der Zustellung** – nicht jedoch bereits vor Verkündung des Urteils – eingelegt werden. Zur Fristberechnung siehe RdNr 160ff. 393

Wurde das **Urteil des SG nicht formgerecht zugestellt,** kommt eine Versäumung der Berufungsfrist nicht in Betracht, weil diese nicht zu laufen begann. Das Urteil muss gemäß § 63 Abs 2 nach den Vorschriften der ZPO zugestellt worden sein. Ist die dem Urteil des SG beigefügte **Rechtsmittelbelehrung unrichtig** oder fehlt sie ganz, gilt die Jahresfrist des § 66 Abs 2 (dazu RdNr 34). Wurde der Antrag auf Zulassung der Revision vom SG durch Beschluss abgelehnt, beginnt die Berufungsfrist gemäß § 161 Abs 3 erneut zu laufen (siehe RdNr 494). 394

Nach § 151 Abs 2 wird die Berufungsfrist auch durch **Einlegung beim SG,** das das Urteil erlassen hat, gewahrt. Da § 91 nach § 153 Abs 1 für das Berufungsverfahren nicht gilt, ist die Berufungseinlegung **bei anderen Behörden nicht fristwahrend.** Teilweise sind jedoch bezüglich der Einlegung bei ausländischen Stellen in Sozialversicherungsabkommen Ausnahmen vorgesehen. UU kann Wiedereinsetzung in den vorigen Stand gewährt werden, wenn die Berufungsschrift bei einer anderen Stelle eingereicht wurde und durch deren Verschulden erst nach Ablauf der Frist beim LSG einging (BSG SozR 1500 § 67 Nr 1 = NJW 1975, 1380; dazu auch BVerfG SozR 3–1500 § 67 Nr 22). Zur **Wiedereinsetzung in den vorigen Stand** nach unsachgemäßem Vorgehen des Gerichts bei Einlegung der Berufung ohne Unterschrift siehe BSG SozR 3–1500 § 67 Nr 21. Wird von einem Kläger die Einlegung der **Berufung bis zur Entscheidung über den Antrag auf PKH zurückgestellt** und wird deswegen die Berufungsfrist versäumt, kann die Wiedereinsetzung nicht mit der Begründung versagt werden, der Einschaltung eines Rechtsanwalts habe 395 es nicht bedurft (BSG SozR 3–1500 § 67 Nr 11). Allgemein zur Wiedereinsetzung siehe RdNr 165 ff.

3. Inhalt der Berufungsschrift

396 Nach § 151 Abs 3 soll die Berufungsschrift das angefochtene Urteil bezeichnen, einen bestimmten Antrag enthalten und die zur Begründung dienenden Tatsachen und Beweismittel angeben. Für den Inhalt der Berufungsschrift ist daher eine **besondere Form nicht vorgeschrieben** (siehe Schriftsatzmuster Nr 17). Mindesterfordernis ist, dass vom Berufungskläger der Wunsch nach einer weiteren gerichtlichen Überprüfung des Urteils des SG zum Ausdruck gebracht wird. Die Angabe des Rechtsmittelgegners ist in der Berufungsschrift nicht unbedingt erforderlich (BSG SozR 1500 § 151 Nr 10).

396a Da die Berufung nicht begründet werden muss, gibt es ansich auch **keine Berufungsbegründungsfrist.** Da über § 153 Abs 1 im Berufungsverfahren auch die neu durch das SGGArbGGÄndG eingefügte Präklusionsvorschrift des § 106a gilt und diese noch durch § 157a ergänzt wird, **kann** das Berufungsgericht jedoch ebenso wie das Erstgericht **verspätetes Vorbringen zurückweisen. Dies gilt auch für die Berufungsbegründung** (vgl RdNr 234a ff).

4. Wirkung der Berufungseinlegung

a) Aufschiebende Wirkung

397 Durch die Berufungseinlegung wird der Eintritt der Rechtskraft des Urteils bzw Gerichtsbescheides gehemmt. Nach § 154 Abs 1 hat die Berufung aufschiebende Wirkung, soweit die Klage nach § 86a Aufschub bewirkt (siehe hierzu RdNr 198 ff). Diese tritt nach § 154 Abs 2 ferner bei Berufungen eines Versicherungsträgers sowie in Angelegenheiten der Kriegsopferversorgung ein, wenn das SG **zur Zahlung von Beträgen verurteilt** hat, die für die Zeit vor Erlass des angefochtenen Urteils nachgezahlt werden sollen. § 154 Abs 2 gilt nach Sinn und Zweck der Vorschrift für Berufungen aller Leistungsträger in den der Sozialgerichtsbarkeit zugewiesenen Gebieten (*Meyer-Ladewig/Keller/Leitherer* § 154 RdNr 3).

398 **Keine aufschiebende Wirkung** tritt daher zB (für die Zeit nach Erlass des Urteils) ein, wenn eine Behörde verurteilt wurde, dem Kläger eine Rente zu zahlen. Die Behörde ist daher verpflichtet, die sog **Urteilsrente** einzuweisen, wenn die Vollstreckung nicht gemäß § 199 Abs 2 durch einstweilige Anordnung ausgesetzt wird (dazu RdNr 400). Wird das Urteil des SG aufgehoben, hat der Kläger die Urteilsrente **zu erstatten.** Der Empfänger dieser Rente darf durch die Erstattung jedoch nicht sozialhilfebedürftig werden (BSG SozR 1500 § 154 Nr 8).

Die Berufungseinlegung des Beklagten hat **bezüglich der außergerichtlichen Kosten** keine aufschiebende Wirkung. Daher kann die Festsetzung der Rechtsanwaltsgebühren nach § 197 Abs 1 vom Urkundsbeamten des SG nicht mit der Begründung verweigert werden, es sei Berufung eingelegt worden, es sei denn, die Vollstreckung ist gemäß § 199 Abs 2 ausgesetzt worden. **399**

b) Vorläufige Vollstreckbarkeit

Hat die Berufung keine aufschiebende Wirkung, kann der Vorsitzende des zuständigen Senats des LSG gemäß **§ 199 Abs 2** auf Antrag oder von Amts wegen durch einstweilige Anordnung die **Vollstreckung aussetzen.** Dies kann von einer Sicherheitsleistung abhängig gemacht werden. Die Entscheidung ergeht durch Beschluss nach pflichtgemäßem **Ermessen.** Es ist eine Interessenabwägung erforderlich. Zu berücksichtigen ist einerseits das Interesse an der Vollziehung, andererseits das Interesse des Schuldners, dass nicht vor endgültiger Klärung der Rechtslage geleistet wird. Die Erfolgsaussichten des Rechtsbehelfs sind im Rahmen der Interessenabwägung zu berücksichtigen. Ausgesetzt werden kann daher auch, wenn es nur überwiegend wahrscheinlich ist, dass der Leistungsträger mit dem Rechtsmittel jedenfalls in wesentlichem Umfang Erfolg haben wird. Ist ein Kläger ohne die vom SG zugesprochene Leistung berechtigt, Leistungen der Grundsicherung nach dem SGB II oder SGB XII zu beziehen, wird er durch die Ablehnung der Aussetzung uU schlechter gestellt, weil er die zugesprochene Leistung („Urteilsrente") erstatten muss, wenn das Urteil des SG aufgehoben wird, andererseits aber kein Anspruch auf rückwirkende Gewährung von Grundsicherungsleistungen besteht. Das BSG (12, 138) vertrat jedoch die Ansicht, die Aussetzung sei nur im Ausnahmefall möglich, nämlich dann, wenn das Rechtsmittel offensichtlich Aussicht auf Erfolg hat. Die **Anordnung ist unanfechtbar,** sie kann aber jederzeit abgeändert werden. **400**

VI. Durchführung des Berufungsverfahrens

1. Allgemeine Grundsätze

Gemäß § 153 Abs 1 gelten für das Berufungsverfahren die **Vorschriften über das Verfahren im ersten Rechtszug** mit Ausnahme des § 91 (Rechtsmitteleinlegung bei anderen Behörden) und des § 105 (Gerichtsbescheid) **entsprechend.** Nach § 157 hat das LSG den Streitfall als weitere Tatsacheninstanz in **tatsächlicher und rechtlicher Hinsicht** wie das SG zu überprüfen und alle vorgebrachten Tatsachen und Beweismittel zu berücksichtigen. Ggf muss das LSG von Amts wegen weitere Sachermittlungen durchführen. **401**

402 Da über § 153 Abs 1 im Berufungsverfahren auch die neu durch das SGGArbGGÄndG eingefügte Präklusionsvorschrift des § 106a gilt, und diese noch durch § 157a ergänzt wird, **kann** das Berufungsgericht ebenso wie das Erstgericht **verspätetes Vorbringen zurückweisen** (vgl RdNr 234aff). Das LSG kann gemäß § 157a auch neue Erklärungen und Beweismittel, die im ersten Rechtzug entgegen einer hierfür gesetzten Frist nicht vorgebracht wurden, unter den Voraussetzungen des § 106a Abs 3 zurückweisen. Einer neuen Fristsetzung durch das Berufungsgericht bedarf es insoweit nicht. Das Gericht ist zur Zurückweisung (anders als nach der parallelen Vorschrift des § 128a Abs 1 S 1 VwGO) nicht verpflichtet. Etwas anderes gilt allerdings für Erklärungen, die im erstinstanzlichen Verfahren vorgebracht wurden und die das SG zu Recht zurückgewiesen hat; sie bleiben auch im Berufungsverfahren ausgeschlossen (§ 157a Abs 2).

402a Die **Wiederholung von Zeugenvernehmungen** liegt zwar grundsätzlich im Ermessen des LSG. Diese ist aber ausnahmsweise dann notwendig, wenn die erste Vernehmung verfahrensrechtlich fehlerhaft war oder wenn das LSG von der Würdigung der persönlichen Glaubwürdigkeit durch das SG abweichen, insbesondere die bejahte Glaubwürdigkeit in Zweifel ziehen oder eine protokollierte Aussage anders als das SG verstehen oder die Aussage des Zeugen hinsichtlich seiner Erinnerungsfähigkeit sowie des Inhalts und der Tragweite seiner Bekundungen anders würdigen will. Wenn Zeugenaussagen so unbestimmt sind, dass aus ihnen Schlüsse nur teilweise oder mittelbar gezogen werden können, sind Abweichungen bei der Beweiswürdigung möglich, ohne dass eine Wiederholung der Zeugenaussage vor dem LSG erforderlich wäre (BSG SozR 1750 § 398 Nr 1). Ein Gericht handelt idR verfahrensfehlerhaft, wenn es der Aussage eines Zeugen, die ein anderes Gericht für glaubhaft gehalten hat, nicht folgt, ohne den Zeugen selbst zu vernehmen (BSG SozR 3–1500 § 128 Nr 12).

403 Eine **Zurückverweisung an das SG** kommt (nur) in den in § 159 Abs 1 aufgezählten Fällen in Betracht. Ob das LSG die angefochtene Entscheidung aufhebt und die Sache zur erneuten Verhandlung und Entscheidung zurückverweist, wenn die Voraussetzungen des § 159 Abs 1 erfüllt sind, oder ob es zB den Sachverhalt selber weiter aufklärt und in der Sache entscheidet, liegt in seinem Ermessen. Wird der Rechtsstreit an das SG zurückverwiesen, ist dieses gemäß § 159 Abs 2 an die rechtliche Beurteilung des LSG gebunden.

2. Grundsätzliche Aufgabenverteilung

404 Grundsätzlich wird das LSG gemäß § 33 S 1 in der Besetzung mit einem Vorsitzenden, zwei weiteren Berufsrichtern (Berichterstattern) und

zwei ehrenamtlichen Richtern tätig. Gemäß § 33 S 2 iVm § 12 Abs 1 S 2 wirken die ehrenamtlichen Richter bei Beschlüssen außerhalb der mündlichen Verhandlung nicht mit. Unter den in § 155 Abs 2, 3 und 5 genannten Voraussetzungen kann der Vorsitzende oder der Berichterstatter auch allein entscheiden (s RdNr 406ff).

Gemäß § 155 Abs 1 kann der **Vorsitzende seine Aufgaben** nach den §§ 104, 106–108 und 120 einem Berufsrichter **übertragen.** Die Berichterstatter müssen gemäß § 21g GVG durch Beschluss des Senats **vor Beginn des Geschäftsjahres** durch einen **senatsinternen Geschäftsverteilungsplan** nach abstrakten Kriterien bestimmt werden. Eine von diesem abweichende Bestimmung für den Einzelfall ist unzulässig; der Berichterstatter kann nicht in einem herausgegriffenen Einzelfall von seinen Aufgaben entbunden werden (BSG, Urteil vom 25.10. 1995 – 5/4 RA 109/94). Ist ein Berichterstatter bestimmt, entscheidet dieser gemäß § 155 Abs 4 **im vorbereitenden Verfahren** anstelle des Vorsitzenden in den in § 155 Abs 2 abschließend aufgezählten Angelegenheiten. **405**

3. Entscheidung durch den „Einzelrichter"

a) Bei Gerichtbescheiden

Nach dem durch das SGGArbGGÄndG mit Wirkung zum 1.4. 2008 eingefügten Abs 5 des § 153 kann der Senat in Fällen, in denen das Erstgericht durch Gerichtsbescheid entschieden hat, durch Beschluss die Berufung dem Berichterstatter übertragen. Die Entscheidung ergeht aufgrund mündlicher Verhandlung, da die Beteiligten jedenfalls in einer Tatsacheninstanz das Recht auf Durchführung einer mündlichen Verhandlung haben sollen. Unabhängig davon ist eine mündliche Verhandlung entbehrlich, wenn alle Beteiligten auf sie verzichten (§ 153 Abs 1 in Verbindung mit § 124 Abs 2). **406**

b) Im vorbereitenden Verfahren (§ 155 Abs 2)

§ 155 Abs 2 gibt dem Vorsitzenden oder über § 155 Abs 4 idR dem bestimmten Berichterstatter die Befugnis, in bestimmten Fällen allein **ohne die übrigen Berufs- und ehrenamtlichen Richter** zu entscheiden. Nach der Gesetzesbegründung (BT-Drucksache 12/1217 S 53) dient die Vorschrift, die § 87a Abs 1 VwGO entspricht und nur im Berufungsverfahren gilt, der Straffung des Verfahrens und der Entlastung des LSG, ohne den Anspruch der Beteiligten auf angemessenen Rechtsschutz zu vernachlässigen. Dieser erfordere es nicht, dass die in § 155 Abs 2 genannten Entscheidungen von den drei Berufsrichtern des Senats getroffen werden. **407**

§ 155 Abs 2 ist **nur im vorbereitenden Verfahren anwendbar.** Entscheidungen, die aufgrund mündlicher Verhandlung oder im Zusammen- **408** hang mit einer vom Senat erlassenen Sachentscheidung ergehen, werden wie bisher von dem Senat getroffen (BT-Drucksache aaO). Der mWv 2. 1. 2002 eingefügte Abs 2 S 2 stellt klar, dass der Vorsitzende in dringenden Fällen auch über den Antrag nach § 86b Abs 1 oder 2 entscheiden kann.

408a Die Fälle, in denen der Vorsitzende (bzw nach § 155 Abs 4 der Berichterstatter) allein entscheiden kann, sind in § 155 Abs 2 mit Ausnahme des § 153 Abs 5 (RdNr 405a) **abschließend aufgeführt.** In anderen Fällen (zB Entscheidung durch Urteil) muss nach § 155 Abs 3 das Einverständnis der Beteiligten vorliegen. Was unter einer **Entscheidung im vorbereitenden Verfahren** zu verstehen ist, wird im Gesetz nicht definiert. Aus dem Sachzusammenhang ist abzuleiten, dass dazu auch Entscheidungen gehören, die zu einem Zeitpunkt ergehen, zu dem eine Entscheidung in der Hauptsache nicht mehr möglich ist. Daher ist der Berichterstatter zB allein für die **Festsetzung des Gegenstandswertes** zuständig, wenn sich ein Rechtsstreit außerhalb der mündlichen Verhandlung durch Anerkenntnis oder Vergleich erledigt hat (LSG BaWü Breithaupt 1993, 609). Als **Kostenentscheidung** iSd § 155 Abs 2 Nr 5 gilt **nicht** die Entscheidung über die **Prozesskostenhilfe;** über diese ist vom Senat zu entscheiden, es sei denn, es liegt das Einverständnis nach § 155 Abs 3 vor.

c) In sonstigen Fällen (§ 155 Abs 3)

409 Gemäß § 155 Abs 3 kann der Vorsitzende bzw über § 155 Abs 4 idR der bestimmte Berichterstatter im Einverständnis der Beteiligten **auch sonst anstelle des Senats** entscheiden. Dieser wird also ermächtigt, ohne die übrigen Senatsmitglieder (auch ohne ehrenamtliche Richter) **allein alle weiteren Entscheidungen** treffen zu können. Er kann mit Zustimmung der Beteiligten auch allein die abschließende Entscheidung durch **Urteil** treffen. Die Vorschrift entspricht § 87a Abs 3 VwGO und soll nach der Begründung des Gesetzes (BT-Drucksache 12/1217 S 53) der Verfahrensbeschleunigung dienen. Ob der Vorsitzende bzw Berichterstatter von der alleinigen Entscheidungbefugnis Gebrauch macht, steht **in seinem Ermessen** („kann"). Die Entscheidung kann aufgrund mündlicher Verhandlung oder mit (gesondert zu erklärendem) Einverständnis der Beteiligten nach § 124 Abs 2 ohne mündliche Verhandlung oder auch durch Beschluss nach § 153 Abs 3 oder § 158 S 2 ergehen.

410 Voraussetzung ist die **wirksame Einverständniserklärung aller Beteiligten** (auch des Beigeladenen), die spätestens bei Schluss der mündlichen Verhandlung – bzw bei Entscheidung ohne mündliche Verhandlung zur Zeit der Entscheidung – vorliegen muss. Die Einverständniserklärung ist eine **Prozesshandlung,** die schriftlich oder zur Niederschrift abgegeben werden muss. Sie darf **nicht bedingt** sein (zB für den Fall einer positiven Entscheidung); sie kann aber zB für den Fall des Widerrufs eines bedingten Vergleiches erklärt werden. Sie bezieht sich nur auf die nächste

Sachentscheidung. Es gelten die gleichen Grundsätze wie bei der Einverständniserklärung nach § 124 Abs 2 (dazu RdNr 300). Bei einer **wesentlichen Änderung der Prozesslage** (zB aufgrund einer weiteren Beweiserhebung) muss eine neue Einverständniserklärung eingeholt werden. Erklären die Beteiligten ihr Einverständnis in einem nichtöffentlichen Erörterungstermin, muss die Öffentlichkeit hergestellt werden, zudem muss auf die Ladungsfrist verzichtet werden (BSG, Urteil vom 22. 11. 1994 – 8 RKn 8/94, unveröffentlicht). Die Einverständniserklärung der Beteiligten mit einer Entscheidung durch den Berichterstatter umfasst nicht das Einverständnis mit einer Entscheidung durch den Vorsitzenden (BSG SozR 3–1500 § 155 Nr 2).

Die Entscheidung durch den Vorsitzenden bzw Berichterstatter hat die **gleichen Wirkungen wie eine Entscheidung des Senats.** Es sind daher die gleichen Rechtsmittel gegeben (Nichtzulassungsbeschwerde bzw Revision). 411

4. Beendigung des Berufungsverfahrens

a) Durch Urteil

Das LSG kann wie das SG durch Urteil entscheiden, und zwar aufgrund mündlicher Verhandlung oder unter den Voraussetzungen der §§ 124, 126 auch ohne mündliche Verhandlung oder nach Lage der Akten. Da die entsprechende Anwendung von § 105 durch § 153 Abs 1 ausgeschlossen ist, kann das LSG **nicht durch Gerichtsbescheid** entscheiden. Zur Möglichkeit, gemäß §§ 153 Abs 4, 158 durch Beschluss zu entscheiden, siehe RdNr 417 ff. 412

Gemäß **§ 153 Abs 2** kann das LSG im Urteil von einer weiteren **Darstellung der Entscheidungsgründe** absehen, soweit es die Berufung aus den Gründen der angefochtenen Entscheidung als unbegründet zurückweist. Die Regelung stellt das LSG nach der Gesetzesbegründung (BT-Drucksache 12/1217 S 52, 53), wenn und soweit es die Berufung lediglich aus den – den Beteiligten bereits bekannten – Gründen der angefochtenen Entscheidung zurückweist, von dem in diesem Fall unnötigen Begründungszwang frei und erspart ihm überflüssige Formulierungs- und Schreibarbeit. Sie ermöglicht es zum einen, nur **teilweise** auf die Darstellung der Entscheidungsgründe zu verzichten, zum anderen kann es sich insbesondere in Fällen der Berufungszulassung wegen besonderer rechtlicher oder tatsächlicher Schwierigkeiten erübrigen, den erstinstanzlichen Entscheidungsgründen weitere Erwägungen hinzuzufügen. 413

Die vereinfachte Darstellung gilt nur für die Entscheidungsgründe, **nicht für den Tatbestand** des Urteils. Dies trägt dem Umstand Rechnung, dass das BSG gemäß § 163 im Revisionsverfahren an die im Urteil des LSG getroffenen tatsächlichen Feststellungen gebunden ist. Das LSG 414 darf von einer Darstellung der Entscheidungsgründe auch absehen, wenn es der **Begründung des Widerspruchsbescheides folgt** und dies in seiner Entscheidung feststellt (BSG SozR 3–1500 § 153 Nr 10).

415 Obwohl § 153 Abs 2 nur auf das „Urteil über die Berufung" abstellt und eine § 122 Abs 2 S 3 VwGO entsprechende Regelung im SGG fehlt, ist die Vorschrift **auf Beschlüsse entsprechend anwendbar,** da diesen häufig eine geringere Bedeutung zukommt als einem Urteil (*Meyer-Ladewig/Keller/Leitherer* § 153 RdNr 5). Die vereinfachte Darstellung der Entscheidungsgründe ist nur möglich, wenn die **Berufung als unbegründet zurückgewiesen** wird, nicht aber, wenn das Urteil nicht bestätigt wird. Bei einer nur **teilweisen Bestätigung** muss das Urteil zumindest bezüglich der Aufhebung voll begründet werden. Gleiches gilt, wenn die Berufung als unzulässig **verworfen** wird (zur Möglichkeit, eine unzulässige Berufung durch Beschluss zu verwerfen, siehe RdNr 424ff).

416 Aus der Formulierung „**soweit** es ... aus den Gründen zurückweist" ist abzuleiten, dass von einer Darstellung der Entscheidungsgründe nicht abgesehen werden kann, soweit die Bestätigung **auf einer anderen Begründung beruht.** Das LSG kann auf die Begründung des Ersturteils verweisen und diese im Übrigen durch Hilfsbegründungen **ergänzen.** Erforderlich ist aber immer eine **Auseinandersetzung mit den Einwendungen** des Berufungsklägers gegen das Urteil des SG. Die Begründung muss erkennen lassen, welche Überlegungen für die richterliche Überzeugungsbildung in tatsächlicher und rechtlicher Hinsicht maßgebend gewesen sind. Soweit sich das LSG auf die Gründe des Urteils des SG stützen will, muss es dies in seinen Entscheidungsgründen zum Ausdruck bringen. Es reicht daher zB nicht, wenn nur auf ein früheres Schreiben des LSG Bezug genommen wird (BSG SozR 3–1500 § 142 Nr 1). Der Grundsatz des rechtlichen Gehörs ist verletzt, wenn das LSG auf neues, erhebliches, in den Entscheidungsgründen des SG nicht behandeltes rechtliches oder tatsächliches Vorbringen oder auf Einwendungen, die erstmals gegen die angefochtene Entscheidung vorgebracht werden, nicht eingeht, sondern nur auf die Entscheidungsgründe des SG gemäß § 153 Abs 2 Bezug nimmt (BSG SozR 3–1500 § 153 Nr 3).

b) Durch Beschluss nach § 153 Abs 4

417 Gemäß § 153 Abs 4 kann das LSG die Berufung durch Beschluss zurückweisen, wenn es sie **einstimmig für unbegründet** und eine **mündliche Verhandlung** für **nicht erforderlich** hält (zur Verwerfung einer unzulässigen Berufung nach § 158 siehe RdNr 424ff). Die Vorschrift soll dem LSG nach der Begründung des Gesetzes (BT-Drucksache 12/1217 S 53) die Möglichkeit geben, eindeutig aussichtslose Berufungen rasch und ohne unangemessenen Verfahrensaufwand zu bearbeiten.

418 Von der Möglichkeit der Zurückweisung der Berufung sind die Fälle, in denen das SG ohne mündliche Verhandlung entschieden hat (zB rechtswidrig ohne Zustimmung der Beteiligten nach § 124 Abs 2 – *Benkel* NZS 1995, 293) ausgeschlossen. Ferner darf das LSG nicht durch Beschluss über einen gemäß § 96 zum Gegenstand des Berufungsverfahrens gewordenen Bescheid entscheiden (BSG Urteil vom 31. 7. 2002 – B 4 RA 28/02 R). Die Regelung soll sicher stellen, dass die Beteiligten Anspruch auf **zumindest eine mündliche Verhandlung** haben. Das LSG muss aber nicht immer aufgrund mündlicher Verhandlung entscheiden; mit Einverständnis der Beteiligten kann auch nach § 124 Abs 2 oder – wenn ein Beteiligter nicht erschienen ist und dies beantragt wird – nach § 126 entschieden werden.

Die Berufung muss von den Berufsrichtern des Senats **einstimmig für** **419**
unbegründet gehalten werden, und zwar nicht nur bezüglich des Ergebnisses, sondern auch bezüglich der Begründung. Es ist nicht erforderlich, dass die Berufung offensichtlich unbegründet ist. Für die Frage, ob eine **mündliche Verhandlung nicht für erforderlich** gehalten wird, dh ob durch Beschluss oder Urteil entschieden wird, genügt zwar die einfache Mehrheit, es sollte aber nicht durch Beschluss entschieden werden, wenn ein Berufsrichter anderer Meinung ist. Aus dem Erfordernis der Einstimmigkeit ist abzuleiten, dass der Vorsitzende bzw Berichterstatter nicht auch nach § 155 Abs 4 allein entscheiden kann. Die Entscheidung, die Berufung durch Beschluss zurückzuweisen, steht **im pflichtgemäßen Ermessen des LSG.** Sie ist ermessensfehlerhaft, wenn sie unter keinen Umständen zu rechtfertigen ist (dazu BSG SozR 3–1500 § 153 Nr 13 = NZS 2002, 670).

Der Entscheidung durch Beschluss steht nicht entgegen, dass bereits **420**
eine **mündliche Verhandlung stattgefunden** hat (so auch *Zeihe* § 153 Anm 20b; aA *P/S/W* § 153 RdNr 47). Das LSG kann auch **nach Einholumg eines Sachverständigengutachtens** die Berufung noch durch Beschluss zurückweisen (BSG SozR 3–1500 § 153 Nr 1 = NZS 1994, 190).

Gemäß § 153 Abs 4 S 2 sind **die Beteiligten vorher zu hören,** um ih- **421**
nen Gelegenheit zu geben, etwaige Einwendungen vorbringen zu können (sog Anhörungsmitteilung). Die Anhörung kann auch durch den Berichterstatter und vor der Meinungsbildung durch die Berufsrichter des Senats erfolgen (BSG SozR 3–1500 § 153 Nr 8 und 14). Eine ordnungsgemäße Anhörung liegt nicht vor, wenn dem Kläger nur mitgeteilt wird, es komme „eine Entscheidung durch Beschluss nach § 153 Abs 4 SGG in Betracht“ (BSG SozR 3–1500 § 153 Nr 7); ist der Kläger anwaltlich vertreten, kann dies aber genügen (BSG SozR 3–1500 § 153 Nr 8). Durch die Anhörung ist den Beteiligten deutlich zu machen, dass das LSG die Berufung für unbegründet und eine mündliche Verhandlung nicht für erforderlich hält (BSG SozR 3–1500 § 153 Nr 9). Ein nicht anwaltlich vertretener Kläger muss auch auf die **Äußerungsmöglichkeit** hingewiesen werden (BSG SozR 3–1500 § 153 Nr 14). Den Beteiligten müssen die Gründe, weshalb durch Beschluss entschieden werden soll, nicht mitge-

teilt werden. Das LSG muss die Beteiligten **erneut anhören,** wenn ein Beteiligter nach der ersten Anhörung neue, nicht erkennbar unsubstantiierte Beweisanträge stellt. Dies gilt ausnahmsweise nicht, wenn der Kläger selbst erkennbar keinen Wert auf eine mündliche Verhandlung legt oder sein Vorbringen nicht den Anforderungen entspricht, die erfüllt sein müssen, damit das LSG gehalten ist, darauf einzugehen (BSG SozR 3–1500 § 153 Nr 4). Wird nach der Anhörung noch ein Beweisantrag gestellt, ist idR eine neue Anhörung erforderlich (BSG SozR 3–1500 § 153 Nr 8). Wer im Berufungsverfahren schriftsätzlich einen Beweisantrag stellt und nach Erhalt der Anhörungsmitteilung den Antrag nicht wiederholt, wird grundsätzlich so behandelt, als hätte sich der Antrag erledigt (BSG SozR 3–1500 § 153 Nr 12). Hat das LSG **vor einer gesetzten Anhörungspflicht entschieden,** verletzt es den Anspruch auf rechtliches Gehör (BSG SozR 3–1500 § 170 Nr 7; BSG SozR 3–1500 § 193 Nr 10 = NZS 1999, 264).

Anhörungsmitteilung

Es ist beabsichtigt, die Berufung gemäß § 153 Abs 4 Sozialgerichtsgesetz durch Beschluss zurückzuweisen. Die Entscheidung wird nicht vor dem ... ergehen. Sie erhalten Gelegenheit, sich hierzu zu äußern.

422 Die **Anhörungsmitteilung ist nicht zuzustellen,** es sei denn, es wird mit ihr eine richterliche Frist zur Äußerung gesetzt (siehe § 63 Abs 1). Bestreitet ein Beteiligter, die Anhörungsmitteilung erhalten zu haben, liegt eine Verletzung des rechtlichen Gehörs vor, wenn sich der Nachweis nicht aus den Akten ergibt oder dieser anderweitig erbracht werden kann (BSG SozR 3–1500 § 153 Nr 11). Die Beteiligten können die **Entscheidung nicht verhindern.** Andererseits ist das LSG durch eine entsprechende Ankündigung nicht gehindert, eine mündliche Verhandlung durchzuführen. Es liegt weiterhin in seinem Ermessen, ob durch Beschluss entschieden wird. Eine **erneute Anhörung** ist erforderlich, wenn sich die Prozesssituation nach der Anhörung geändert hat.

423 Da nach § 153 Abs 4 S 3 **§ 158 S 3 und 4 entsprechend** gilt, stehen den Beteiligten gegen den Beschluss die **Rechtsmittel** zu, die zulässig wären, wenn das LSG durch Urteil entschieden hätte. Es kann also Nichtzulassungsbeschwerde zum BSG oder Revision eingelegt werden, wenn diese zugelassen wurde. Die Beteiligten sind über das zulässige Rechtsmittel **zu belehren.**

c) Durch Beschluss nach § 158

424 Nach § 158, der § 125 Abs 2 VwGO entspricht, kann eine **nicht statthafte oder nicht frist- oder formgerecht** eingelegte Berufung durch Beschluss als unzulässig verworfen werden. Ob durch Beschluss oder

Urteil entschieden wird, steht **im Ermessen** des Senats bzw bei einer Entscheidung nach § 155 Abs 3 oder 4 des Vorsitzenden oder Berichterstatters („kann“).

Voraussetzung für die Verwerfung einer Berufung nach § 158 ist, dass diese 1. **nicht statthaft** ist (s RdNr 345 ff) oder 2. **nicht fristgerecht** (dazu RdNr 393 ff) oder 3. **nicht schriftlich** oder nicht in elektronischer Form oder nicht zur Niederschrift des Urkundsbeamten (siehe RdNr 390 ff) eingelegt wurde. Eine Verwerfung ist auch möglich, wenn die Berufung aus anderen Gründen, zB wegen fehlender Vollmacht, unzulässig ist (*P/S/W* § 158 RdNr 4, *Meyer-Ladewig/Keller/Leitherer* § 158 RdNr 5). Eine unzulässige Berufung kann durch Beschluss nach § 158 verworfen werden, wenn das SG durch Gerichtsbescheid entschieden hat, (BSG 8. 11.05 B 1 KR 76/05B). **425**

Vor der Entscheidung sind die **Beteiligten zu hören,** obwohl dies in § 158 – anders als in § 125 Abs 2 S 3 VwGO – nicht ausdrücklich vorgeschrieben ist. Dies ergibt sich aus § 62, der generell bestimmt, dass den Beteiligten vor Entscheidungen rechtliches Gehör zu gewähren ist (BT-Drucksache 12/1217 S 53). Die Ausführungen zur Entscheidung nach § 153 Abs 4 gelten entsprechend (siehe RdNr 421). **426**

Gemäß **§ 158 S 3** steht den Beteiligten gegen den Beschluss das **Rechtsmittel** zu, das zulässig wäre, wenn das Gericht durch Urteil entschieden hätte. Hinsichtlich der Rechtsmittel ist es also nicht von Belang, ob das LSG durch Beschluss oder durch Urteil entschieden hat (BT-Drucksache 12/1217 S 53). Es kann daher Nichtzulassungsbeschwerde oder Revision eingelegt werden, wenn diese zugelassen wurde, was in der Praxis aber kaum vorkommen wird. Nach § 158 S 4 ist der Beschluss mit einer entsprechenden **Rechtsmittelbelehrung** zu versehen. **427**

d) Auf andere Weise

Das Berufungsverfahren kann gemäß § 156 durch **Rücknahme der Berufung** beendet werden. Ab dem 2. 1. 2002 ist dies jetzt bis zur Rechtskraft des Urteils bzw der Beschlüsse nach den §§ 153 Abs 4 oder 158 S 2 möglich. Die Rücknahme nach Schluss der mündlichen Verhandlung setzt nach § 156 Abs 1 S 2 die Einwilligung des Berufungsbeklagten voraus. Anders als die Klagerücknahme, die gemäß § 102 S 2 den Rechtsstreit in der Hauptsache erledigt, bewirkt die Rücknahme der Berufung gemäß § 156 Abs 2 S 1 den Verlust des Rechtsmittels. Haben **zwei Prozessbevollmächtigte unabhängig voneinander Berufung** wegen desselben Anspruchs eingelegt und nimmt einer von ihnen „die Berufung“ ohne weitere Beschränkung zurück, so bewirkt dies den Verlust des Rechtsmittels (BSG SozR 3–1500 § 156 Nr 1). Auch im Berufungsverfahren ist noch die **Rücknahme der Klage** möglich, wodurch sich der Rechtsstreit vor dem LSG in der Hauptsache erledigt. Eine Beendigung ist ferner durch ein **angenommenes Anerkenntnis** **428** (siehe RdNr 313ff), einen **Vergleich** (siehe RdNr 309ff) oder **Erledigterklärung** (siehe RdNr 321) möglich.

VII. Anschlussberufung

429 Die Anschlussberufung ist auch im sozialgerichtlichen Verfahren zulässig, obwohl sie im SGG nicht ausdrücklich geregelt ist, § 524 ZPO ist über § 202 entsprechend anzuwenden. Die Einlegung einer Anschlussberufung ist immer dann erforderlich, wenn der Berufungsbeklagte mehr als die Verwerfung bzw Zurückweisung der Berufung erreichen will. Bei der Anschlussberufung muss der Betreffende **durch das angefochtene Urteil nicht beschwert** sein, so dass auf diesem Wege die Klage auch dann erweitert werden kann, wenn das SG über den neuen Streitgegenstand nicht entschieden hat. Voraussetzung ist dann allerdings, dass die Behörde über den neuen Streitgegenstand **bereits durch Verwaltungsakt entschieden** hat.

430 Die **selbständige Anschlussberufung** (dh, die Berufung ist innerhalb der Berufungsfrist eingelegt worden) ist durch das Zivilprozessreformgesetz vom 27. 7. 2001 **entfallen,** weil der Berufungsbeklagte unter den gleichen Voraussetzungen Berufung einlegen kann wie der Gegner. Der **Beigeladene** kann auch dann Anschlussberufung einlegen, wenn er sich im Klageverfahren nicht dem Antrag des Berufungskläger angeschlossen hatte.

431 Eine **unselbständige Anschlussberufung** liegt vor, wenn die Berufung nicht innerhalb der Berufungsfrist eingelegt wurde. Diese unselbständige Anschließung an das Rechtsmittel des Gegners ist **kein eigenes Rechtsmittel,** sondern lediglich ein innerhalb des gegnerischen Rechtsmittels gestellter Antrag. Die unselbständige Anschlussberufung verliert ihre Wirkung, dh sie wird nachträglich unzulässig, wenn der Berufungskläger seine Berufung zurücknimmt. Wird sie nicht ebenfalls zurückgenommen, muss sie als unzulässig verworfen werden.

E. Die Nichtzulassungsbeschwerde zum LSG

I. Allgemeines

1. Überblick

Gemäß § 145 Abs 1 S 1 kann die Nichtzulassung der Berufung im Urteil des SG durch die Beschwerde angefochten werden. Die Nichtzulassungsbeschwerde ist ein Rechtsmittel, das sich gegen die unselbständige Entscheidung des SG richtet, die Berufung nicht zuzulassen. Sie ist nur zulässig, wenn 1. die **Berufung nach § 144 Abs 1 nicht statthaft** ist (dazu RdNr 345ff), 2. das SG die Berufung im Urteil oder Gerichtsbescheid **nicht zugelassen** hat (siehe RdNr 378ff) und 3. der Beteiligte durch die angefochtene Entscheidung des SG **beschwert** ist (siehe RdNr 387ff). – **Maßgeblicher Zeitpunkt** dafür, ob diese Voraussetzungen erfüllt sind, ist der der Entscheidung des LSG über die Nichtzulassungsbeschwerde. Außerhalb eines Nichtzulassungsbeschwerdeverfahrens ist das LSG nicht befugt, über die Zulassung der Berufung zu entscheiden (BSG SozR 3–1500 § 158 Nr 3). 432

Wird gegen ein zulassungsbedürftiges Urteil des SG neben der Nichtzulassungsbeschwerde **gleichzeitig Berufung eingelegt,** ist letztere nicht statthaft und muss als unzulässig verworfen werden. Da die Rechtsmitteleinlegung bedingungsfeindlich ist, gilt dies auch, wenn die Berufung **für den Fall der Zulassung** eingelegt wurde. Die unzulässige Berufung muss auch dann als unzulässig verworfen bzw zurückgenommen werden, wenn die Berufung auf die Nichtzulassungsbeschwerde hin nachträglich zugelassen wird. Da die Nichtzulassungsbeschwerde nach § 145 Abs 5 als Berufung fortgeführt wird, wären nämlich zwei Berufungen anhängig (so auch *Zeihe* NVwZ 1995, 560, 561). Zur Umdeutung einer nicht statthaften Berufung in eine Nichtzulassungsbeschwerde siehe RdNr 458ff. 433

2. Wirkungen der Nichtzulassungsbeschwerde

Die Einlegung der Beschwerde **hemmt die Rechtskraft** des Urteils (§ 145 Abs 3). Sie steht insoweit der Einlegung der Berufung gleich, wenn diese statthaft wäre. Sie hat zudem unter den in § 154 Abs 1 und 2 genannten Voraussetzungen **aufschiebende Wirkung** (dazu RdNr 397ff). Diese Wirkungen treten allerdings nur ein, wenn die Beschwerde fristgemäß ein- 434 gelegt wurde, weil die bereits eingetretene Rechtskraft nicht nachträglich entfallen kann.

II. Allgemeine Voraussetzungen

1. Nicht statthafte Berufung

435 Die Berufung darf **nach § 144 Abs 1 S 1 Nr 1 oder Nr 2** nicht statthaft sein (dazu RdNr 350ff). Bei Streitigkeiten um die Kosten des Verfahrens, bei denen die Berufung nach § 144 Abs 4 ausgeschlossen ist, kommt die Zulassung der Berufung nicht in Betracht (siehe RdNr 369). Ausnahmsweise ist die Nichtzulassungsbeschwerde wegen des gesetzten Rechtsscheins statthaft, wenn das SG **irrtümlich eine zulassungsbedürftige Berufung** angenommen hat (dazu RdNr 452).

2. Nichtzulassung durch das SG

436 Die Nichtzulassungsbeschwerde setzt voraus, dass das SG die zulassungsbedürftige Berufung nicht zugelassen hat. Enthält das Urteil des SG bezüglich der **Zulassung der Berufung** keinen Ausspruch im Tenor und auch keine Ausführungen dazu in den Entscheidungsgründen, gilt die Berufung als nicht zugelassen. Eine lediglich **falsche Rechtsmittelbelehrung** stellt keine Zulassung dar (dazu und zu den weiteren Voraussetzungen für eine Zulassung im Einzelnen RdNr 380ff).

3. Beschwer

437 Der Beschwerdeführer muss durch das Urteil des SG bzw den Gerichtsbescheid beschwert sein. Er muss also vor dem SG mit seinem Antrag **ganz oder teilweise keinen Erfolg** gehabt haben. Das ist auch gegeben, wenn das SG nur den Hilfsantrag zugesprochen, den Hauptantrag aber abgewiesen hat. Die Beschwer ist zB entfallen, wenn sich nach der Entscheidung des SG die **Hauptsache erledigt** hat, es sei denn, die Voraussetzungen für eine Fortsetzungsfeststellungsklage liegen vor (dazu RdNr 112ff). Eine unselbständige **Anschlussbeschwerde** ist nicht statthaft, weil sie auf das gleiche Ziel ausgerichtet wäre (vgl BSG SozR 3–1500 § 160 Nr 3). Im Übrigen gelten die Ausführung zur Berufung entsprechend (siehe RdNr 387ff).

III. Die Zulassungsgründe

1. Allgemeines

Die Berufung darf nur aus einem der **in § 144 Abs 2 abschließend aufgezählten Zulassungsgründen** zugelassen werden (s dazu im Einzelnen RdNr 439ff). Liegt ein solcher Grund nicht vor, kann die Berufung vom LSG nicht mit der Begründung zugelassen werden, das SG habe in der Sache fehlerhaft entschieden. **Gegenstand der Nichtzulassungsbeschwerde** ist nämlich – was gerade von Rechtsunkundigen oft verkannt wird – ausschließlich die Frage, **ob ein Zulassungsgrund vorliegt,** der nach § 144 Abs 2 die Zulassung der Berufung rechtfertigt. Außerhalb des Nichtzulassungsbeschwerdeverfahrens ist das LSG nicht befugt, über die Zulassung der Berufung zu befinden (BSG SozR 3–1500 § 158 Nr 1). Unerheblich ist es also, ob das LSG in der Sache anders entscheiden müsste, wenn die Berufung zugelassen würde. Umgekehrt darf die Zulassung nicht mit der Begründung abgelehnt werden, es liege zwar ein Zulassungsgrund vor, das SG habe aber in der Sache zutreffend entschieden. 438

2. Grundsätzliche Bedeutung (§ 144 Abs 2 Nr 1)

Nach § 144 Abs 2 Nr 1 ist die Berufung zuzulassen, wenn die Rechtssache grundsätzliche Bedeutung hat. Die Vorschrift entspricht § 160 Abs 2 Nr 1, so dass ergänzend auf RdNr 528ff verwiesen wird. Eine grundsätzliche Bedeutung liegt vor, wenn die angestrebte Entscheidung des LSG **über den Einzelfall hinaus allgemeine Bedeutung** besitzt, von ihr also erwartet werden kann, dass sie in einer bisher nicht geschehenen, jedoch die Interessen der Allgemeinheit berührenden Weise das Recht oder die Rechtsanwendung fortentwickeln oder vereinheitlichen wird (vgl BSG SozR 1500 § 160 Nr 53). Die Rechtsfrage muss **klärungsbedürftig und klärungsfähig** sein; ist sie bereits durch das BSG entschieden worden und so gut wie unbestritten, ist sie nicht klärungsbedürftig und damit nicht von grundsätzlicher Bedeutung. 439

Voraussetzung ist, dass einer **Rechtsfrage** grundsätzliche Bedeutung zukommt. Obwohl die Berufung eine weitere Tatsacheninstanz eröffnet, reicht es daher **nicht,** wenn nur über **Tatsachenfragen** zu entscheiden ist, auch wenn diese sich für die Allgemeinheit wirtschaftlich besonders auswirken. Das ergibt sich aus der mit § 160 Abs 2 Nr 1 übereinstimmenden Fassung (so auch *Meyer-Ladewig/Keller/Leitherer* § 144 RdNr 29). Die Rechtsfrage muss **nicht revisibel** sein, so dass die Berufung auch 440 zugelassen werden kann, wenn nur einer Frage des Landesrechts grundsätzliche Bedeutung zukommt.

3. Divergenz (§ 144 Abs 2 Nr 2)

441 Die Berufung ist nach § 144 Abs 2 Nr 2 zuzulassen, wenn das Urteil des SG von einer Entscheidung des **LSG,** des **BSG,** des **BVerfG** oder des **GmSOGB** abweicht (sog Divergenz). Die Vorschrift entspricht § 160 Abs 2 Nr 2, so dass ergänzend auf RdNr 537ff verwiesen wird. Anders als nach § 150 aF kommt es nur noch auf die Abweichung von einer Entscheidung des **im Rechtszug übergeordneten LSG** an. Die Änderung soll nach der Begründung des Gesetzes den Schwierigkeiten Rechnung tragen, die sich bei der Feststellung abweichender Entscheidungen eines anderen LSG ergeben können. Ist eine Divergenz von der Entscheidung eines anderen LSG gegeben, wird aber nicht selten die Zulassung wegen grundsätzlicher Bedeutung der Rechtssache in Betracht kommen (BT-Drucksache 12/1217 S 52). Gleiches gilt bei der Abweichung von Entscheidungen anderer oberster Bundesgerichte oder des EuGH.

442 Der Zulassungsgrund der **Divergenz liegt vor,** wenn das Urteil des SG auf einer bestimmten Rechtsauffassung beruht, die im **Widerspruch zu der Rechtsauffassung** steht, die die oben genannten Gerichte einer Entscheidung zugrunde gelegt haben (dazu im Einzelnen RdNr 537ff). Eine Abweichung in der Tatsachenbeurteilung reicht nicht. Stützt das SG sein Urteil auf **mehrere Begründungen,** muss bezüglich jeder Begründung eine Divergenz vorliegen. Das gilt aber nicht, wenn die Begründungen alternativ erfolgen, eine der Begründungen also nicht dahingestellt bleiben kann, weil dann beide tragen (*Zeihe* § 144 Anm 25b).

4. Verfahrensmangel (§ 144 Abs 2 Nr 3)

a) Allgemeines

443 Dadurch, dass die Zulassung der Berufung auch auf einen Verfahrensmangel gestützt werden kann, soll nach der Gesetzesbegründung (BT-Drucksache 12/1217 S 52) auch in Fällen, in denen die Berufung nicht uneingeschränkt statthaft ist, die erforderliche **Verfahrensaufsicht gewährleistet** werden. Die Vorschrift entspricht im Wesentlichen § 160 Abs 2 Nr 3, so dass ergänzend auf RdNr 550ff verwiesen wird. Abweichend von § 160 Abs 2 Nr 3 können aber auch Verfahrensmängel geltend gemacht werden, die auf einer Verletzung der §§ 103, 109 oder 128 Abs 1 S 1 beruhen. Der Verfahrensmangel muss geltend gemacht werden (RdNr 467), tatsächlich vorliegen (RdNr 448) und die Entscheidung muss auf diesem beruhen können (RdNr 449).

b) Voraussetzungen eines Verfahrensmangels

Ein Verfahrensmangel liegt grundsätzlich nur vor, wenn das SG **gegen Vorschriften oder Grundsätze des Verfahrensrechts verstoßen** hat (error in procedendo), **nicht** hingegen, wenn es ohne Verletzung prozessualer Vorschriften im Urteil (nur) zu einem **unrichtigen Ergebnis** gekommen ist (error in judicando). Unter Verletzung von Verfahrensvorschriften ist eine Entscheidung dann zustande gekommen, wenn der Prozess bei richtiger Handhabung der Verfahrensvorschriften anders verlaufen wäre oder anders hätte verlaufen können. Eine **inhaltlich falsche Entscheidung** ist nur ausnahmsweise gleichzeitig ein Verfahrensmangel, zB dann, wenn statt eines Sachurteils ein Prozessurteil ergeht oder umgekehrt. Beachtlich sind nur Verfahrensmängel des Gerichtsverfahrens, **nicht des Widerspruchs- oder Verwaltungsverfahrens.** **444**

c) Beispiele für Verfahrensmängel

- **Unzureichende Sachaufklärung.** Der Verstoß gegen § 103, dh gegen die Verpflichtung des SG, den Sachverhalt von Amts wegen aufzuklären, ist in der Praxis der häufigste Verfahrensmangel. Ermittelt das SG nicht die **aus seiner rechtlichen Sicht** als erheblich angesehenen Umstände, liegt darin dann ein Verfahrensmangel, wenn es sich **zu weiteren Ermittlungen hätte gedrängt fühlen müssen** (BSG SozR 1500 § 160 Nr 5). **445**

  Beispiele: Entscheidung über medizinische Fragen ohne Anhörung eines Sachverständigen – Nichteinholung weiterer Gutachten trotz Unschlüssigkeit der vorliegenden – Unterlassung der Beiziehung von entscheidungserheblichen Akten und Befundberichten – Das SG beschränkt sich auf die Einholung eines sog Terminsgutachtens, das ihm kein ausreichendes Bild vom Gesundheitszustand des Klägers gibt, weil es nicht an Gutachten, Röntgenbilder, Krankenpapiere usw anknüpft (BSG SozR Nr 42 zu § 128) – Die Voraussetzungen für eine Wiedereinsetzung in den vorigen Stand wurden nicht geprüft.

- **Verletzung des rechtlichen Gehörs.** § 62 bestimmt ausdrücklich, dass den Beteiligten vor jeder Entscheidung rechtliches Gehör zu gewähren ist. Es handelt sich um ein **prozessuales Grundrecht,** das schon durch Art 103 GG garantiert wird. **445a**

  Beispiele: Nichtzustellung von Schriftsätzen an die übrigen Beteiligten auch dann, wenn es nach Auffassung des SG auf den Inhalt nicht ankommt (BSG SozR 1500 § 150 Nr 22) – Nichtberücksichtigung neuen Vorbringens – Entscheidung ohne mündliche Verhandlung ohne Einverständnis aller Beteiligten – Einführung neuer als gerichtskundig angesehener Tatsachen, ohne den Beteiligten Gelegenheit gegeben zu haben, hierzu Stellung nehmen zu können; Beiziehung von Akten, ohne sie zum Gegenstand der mündlichen Verhandlung zu machen oder den Beteiligten Gelegenheit zur Einsicht zu geben – Überraschungsentscheidungen jeder Art, zB Klageabweisung als unzulässig ohne vorherigen Hinweis auf die Versäumung der Klagefrist oder die Notwendigkeit, eine Vollmacht vorzulegen.

- **Ablehnung eines Vertagungsantrages,** obwohl erhebliche Gründe iSd § 227 Abs 1 ZPO vorliegen. Werden ärztliche Gutachten oder ergän- **445b** zende Stellungnahmen erst im Termin ausgehändigt, muss Gelegenheit gegeben werden, sachgemäße Erklärungen und sachdienliche Anträge stellen zu können (BSG, Urteil vom 13. 5. 1986 – 4a RJ 15/85).

445c – **Nichtanhörung eines Gutachters nach § 109.** Ein Verfahrensmangel liegt sowohl in der Übergehung als auch in der fehlerhaften Ablehnung eines Antrags nach § 109.

445d – **Überschreitung des Rechts auf freie Beweiswürdigung.** Das Gericht geht zB ohne wohlerwogene und stichhaltige Gründe über die Beurteilung medizinischer Fragen durch den Sachverständigen hinweg und setzt seine eigene Auffassung an dessen Stelle (BSG SozR Nr 2 zu § 128). Das Gericht geht von einem nicht bestehenden allgemeinen Erfahrungssatz aus (BSG SozR Nr 68 zu § 162).

445e – **Vorweggenommene Beweiswürdigung,** zB der Verzicht auf eine Zeugeneinvernahme mit der Begründung, die Beweisaufnahme werde nichts Sachdienliches ergeben.

445f – **Fehlen des vorgeschriebenen Widerspruchsverfahrens** und Abweisung der Klage als unzulässig, weil das Widerspruchsverfahren nicht durchgeführt wurde (BSG SozR 1500 § 78 Nr 15). Nicht jedoch, wenn es nach der materiell-rechtlichen Auffassung des SG nicht erforderlich war (BSG SozR 1500 § 160 Nr 33).

445g – **Unterlassen einer notwendigen Beiladung.** Dadurch wird das rechtliche Gehör des Nichtbeigeladenen verletzt, kein Verfahrensmangel liegt in der Unterlassung einer nicht notwendigen Beiladung.

445h – **Vorschriftswidrige Besetzung des Gerichts,** weil diese zB nicht der Geschäftsverteilung entspricht. Allerdings rechtfertigt eine unrichtige Handhabung des Geschäftsverteilungsplans die Rüge nichtvorschriftsmäßiger Besetzung des Gerichts nur, wenn das Gericht seine Zuständigkeit willkürlich angenommen hat (BVerwG, Urteil vom 21. 12. 1994 – 1 B 176/93 = Buchholz 310 § 138 Ziff 1 VwGO Nr 32).

445i – **Nichtbeachtung von Folgebescheiden,** die nach § 96 Gegenstand des Verfahrens geworden sind.

445j – **Erlass eines Prozess- statt eines Sachurteils** (BSGE 1, 284) und umgekehrt bei einer Sachentscheidung, obwohl die Klage als unzulässig hätte abgewiesen werden müssen (BSGE 3, 293).

445k – Das **Urteil ist nicht mit Gründen versehen,** zB Urteilsabsetzung erst mehr als fünf Monate nach Verkündung.

445l – **Verstoß gegen § 128 Abs 1 S 1 und die Denkgesetze.** Nach § 128 Abs 1 S 1 hat das Gericht nach seiner freien, aus dem Gesamtergebnis des Verfahrens gewonnenen Überzeugung zu entscheiden. Dagegen verstößt es nicht nur, wenn es sich zu Unrecht gebunden fühlt oder Teile des Verfahrensergebnisses übergeht, sondern auch dann, wenn die **immanenten Grenzen der freien Beweiswürdigung überschritten** werden. § 128 Abs 1 ist verletzt, wenn die Beweiswürdigung **gegen allgemeine Erfahrungssätze oder Denkgesetze verstößt.** Dazu genügt es nicht, dass die Beweise lediglich abweichend gewürdigt werden könnten; vielmehr kann von einem Verstoß gegen Denkgesetze nur gesprochen werden, wenn der festgestellte Sachverhalt nur eine Folgerung erlaubt, jede andere nicht denkbar ist und das Gericht gerade die einzig denkbare Schlussfolgerung nicht gezogen hat (BSG SozR 1500 § 164 Nr 31 mwN). Gegen **allgemeine Erfahrungssätze** verstößt das Gericht, wenn es einen bestehen Erfahrungssatz nicht berücksichtigt (BSG SozR 1500 § 128 Nr 4) oder einen tatsächlich nicht existierenden Erfahrungssatz anwendet (BSGE 36, 36; SozR Nr 72 und 89 zu § 128 SGG).

d) Ausgeschlossene Verfahrensmängel

Nach § 144 Abs 2 Nr 3 können nur solche Verfahrensmängel ein Zulassungsgrund sein, die **der Beurteilung des Berufungsgerichts unterliegen.** Das bedeutet, dass die Berufung nicht zugelassen werden kann, wenn der Verfahrensmangel vom LSG im Berufungsverfahren gar nicht überprüft werden kann. Nach der Begründung des Gesetzes (BT-Drucksache 12/1217 S 52) ist dabei vor allem an die Regelung des § 512 ZPO gedacht (die über § 202 entsprechend gilt, vgl BSGE 2, 229, 233). Nach dieser Vorschrift unterliegen Entscheidungen der ersten Instanz, die dem Endurteil vorausgegangen sind, dann nicht der Nachprüfung durch das Berufungsgericht, wenn diese Vorentscheidungen **nach dem Gesetz unanfechtbar oder mit der Beschwerde anfechtbar** sind. Das LSG kann die Zulassung der Berufung also nicht auf Verfahrensmängel stützen, die dem SG bei Vorentscheidungen unterlaufen sind, die entweder gar nicht anfechtbar oder aber bereits im Klageverfahren mit der Beschwerde hätten angefochten werden können, aber nicht angefochten wurden. 446

Beispiele: Die Zulassung kann nicht auf Verfahrensmängel gestützt werden, die dem SG im Rahmen von Entscheidungen über **Ablehnungsgesuche** nach § 60 oder bei einer **Klageänderung** nach § 99 unterlaufen sind (BT-Drucksache aaO). Gleiches gilt zB bei Vorentscheidungen über die (positive) Bewilligung der **Wiedereinsetzung** in den vorigen Stand, bei der **Verbindung oder Trennung von Verfahren,** wenn das SG **Zeugen nicht beeidigt** oder seine sachliche oder örtliche **Zuständigkeit zu Unrecht angenommen** hat.

Nicht als Zulassungsgrund kommen ferner Verfahrensmängel in Betracht, die **nach § 202 SGG iVm § 295 ZPO geheilt** wurden. Dies ist der Fall, wenn die Beteiligten im Verfahren vor dem SG den Verstoß gegen verzichtbare Verfahrensvorschriften nicht gerügt haben. Der Verfahrensmangel ist dann gemäß § 295 Abs 1 ZPO durch Rügeverzicht geheilt. Nicht verzichtet werden kann auf die Einhaltung der dem öffentlichen Interesse dienenden Normen, zB nicht auf die Prozessvoraussetzungen. 447

e) Tatsächliches Vorliegen

Der Verfahrensmangel muss vorliegen, es reicht also nicht, wenn ein solcher lediglich behauptet wird. Das LSG ist aber verpflichtet, von Amts wegen zu prüfen, ob der geltend gemachte Verfahrensmangel vor- 448 liegt. Da die Amtsermittlungspflicht auch bezüglich der Sachurteilsvoraussetzungen besteht (dazu RdNr 80), muss zB geprüft werden, ob die Klagefrist tatsächlich versäumt wurde, wenn das SG die Klage mit dieser Begründung abgewiesen hat und der Kläger geltend macht, dies sei unzutreffend. Bei der Prüfung, ob ein Verfahrensmangel vorliegt, ist **auf den sachlich-rechtlichen Standpunkt des SG abzustellen.** Ein Zulassungsgrund liegt also nicht vor, wenn ein Verfahrensmangel nur bei einer anderen – aus der Sicht des LSG richtigen – rechtlichen Beurteilung vorliegen würde.

Beispiel: Hat das SG den Anspruch auf eine Rente wegen verminderter Erwerbsfähigkeit mit der Begründung abgelehnt, die erforderlichen versicherungsrechtlichen Voraussetzungen seien nicht erfüllt, kann nicht als Verfahrensmangel gerügt werden, das SG habe § 103 verletzt, weil es den Sachverhalt nicht medizinisch aufgeklärt habe; denn vom rechtlichen Standpunkt des SG aus war dies nicht erforderlich, auch wenn sich herausstellt, dass die versicherungsrechtlichen Voraussetzungen erfüllt sind.

f) Beruhen auf dem Verfahrensmangel

449 Anders als § 150 Nr 2 aF schreibt § 144 Abs 2 Nr 3 nunmehr ausdrücklich vor, dass nur ein Verfahrensmangel beachtlich ist, auf dem die Entscheidung des SG beruhen kann. Es muss also zumindest die **Möglichkeit** bestehen, dass er die **Sachentscheidung des SG beeinflusst** hat. Es ist also zu prüfen, ob das SG ohne den Verfahrensmangel aufgrund der übrigen Entscheidungsgründe anders entschieden hätte. Ist dies von vornherein unter jedem rechtlichen Gesichtspunkt auszuschließen, handelt es sich nicht um einen wesentlichen Verfahrensmangel (vgl BSG SozR 1500 § 150 Nr 28). Ein tatsächlicher ursächlicher Zusammenhang ist nicht erforderlich. Liegt ein absoluter Verfahrensmangel iSd § 551 ZPO vor, wird vermutet, dass das Urteil auf diesem beruht.

450 Hat das SG sein Urteil auf **mehrere selbständige Begründungen** gestützt, soll es nach der Rechtsprechung des BSG zu § 150 aF ausreichen, wenn hinsichtlich einer der Begründungen ein wesentlicher Verfahrensmangel vorliegt (s SozR 1500 § 150 Nr 6). Dem kann im Hinblick darauf, dass der Wortlaut des § 144 Abs 2 Nr 3 insoweit nunmehr dem des § 160 Abs 2 Nr 3 entspricht, nicht mehr gefolgt werden (dazu auch RdNr 545).

IV. Fehlerhafte Beurteilung der Statthaftigkeit

1. Bei statthafter Berufung

451 Hat das SG **irrtümlich eine zulassungsbedürftige Berufung** angenommen und die Berufung im Urteil ausdrücklich **nicht zugelassen,** wird die Berufung dadurch nicht zulassungsbedürftig; denn das SG kann durch eine fehlerhafte Entscheidung eine gesetzliche Regelung nicht außer Kraft setzen. Gleiches gilt, wenn das SG – ohne ausdrückliche Entscheidung – dem Urteil lediglich die **falsche Rechtsmittelbelehrung** beigefügt hat, das Urteil könne nur mit der Nichtzulassungsbeschwerde angegriffen werden. Da der Ausspruch über die Nichtzulassung der Berufung bzw die falsche Rechtsmittelbelehrung **keine konstitutive Bedeutung** hat, ist die Berufung statthaft, ohne dass zunächst das Nichtzulassungsbeschwerdeverfahren durchgeführt werden muss.

Da das SG in diesen Fällen aber den **Rechtsschein** gesetzt hat, die Berufung sei zulassungsbedürftig, ist das **Rechtsschutzbedürfnis für die Nichtzulassungsbeschwerde** gegeben. Das LSG hat den Rechtsmittelführer darüber zu belehren, dass die Berufung entgegen der Rechtsmittelbelehrung nicht zulassungsbedürftig ist (dazu auch RdNr 456). Dieser kann die Nichtzulassungsbeschwerde ohne Rechtsnachteil zurücknehmen und Berufung einlegen, weil die Frist wegen der fehlerhaften Rechtsmittelbelehrung ein Jahr beträgt (siehe RdNr 457). Wird die Nichtzulassungsbeschwerde nicht zurückgenommen, kann das LSG die Entscheidung über die Nichtzulassung der Berufung **zur Klarstellung aufheben.** Ein zusätzlicher Ausspruch über die Zulassung der Berufung ist nicht erforderlich (vgl VGH Mannheim NVwZ-RR 1991, 278). Die Entscheidung ergeht durch Beschluss, in dem in entsprechender Anwendung des § 145 Abs 5 darüber zu belehren ist, dass das Beschwerdeverfahren als Berufungsverfahren fortgeführt wird. **452**

2. Bei nicht statthafter Berufung

a) Grundsatz

Hat das SG **irrtümlich eine zulassungsfreie Berufung** angenommen oder enthält das Urteil (was in der Praxis leider häufig vorkommt) **zur Statthaftigkeit keine Ausführungen** und ist dem Urteil nur die **falsche Rechtsmittelbelehrung** beifügt, die Berufung sei nicht zulassungsbedürftig, ist diese nicht statthaft; denn die falsche Rechtsmittelbelehrung stellt keine Zulassung der Berufung dar (dazu RdNr 381). Die Berufung kann daher nur statthaft werden, wenn sie auf eine Nichtzulassungsbeschwerde hin zugelassen wird (vgl BVerwG NJW 1986, 862). **453**

Die **nachträgliche Zulassung der Berufung** durch das SG **ist nicht möglich.** Das SG kann die Berufung zB nicht nachträglich durch einen Berichtigungsbeschluss (§ 138) zulassen, weil idR keine offenbare Unrichtigkeit vorliegt (vgl BSG NJW 1963, 126); auch ein Ergänzungsurteil (§ 140) ist ausgeschlossen, weil weder der erhobene Anspruch noch der Kostenpunkt teilweise übergangen wurden (vgl BSG SozR 1500 § 150 Nr 4; siehe auch VGH BaWü DVBl 1996, 109). Die bis zum 1. 1. 2002 **454** bestehende Möglichkeit, die Berufung auf eine eingelegte Nichtzulassungsbeschwerde hin durch eine Abhilfeentscheidung zuzulassen, besteht jetzt nicht mehr, weil der Gesetzgeber § 145 dahingehend geändert hat, dass die Nichtzulassungsbeschwerde beim LSG einzulegen ist und das Abhilferecht des SG durch das SGG ArbGGÄndG mit Wirkung zum 1. 4. 2008 aufgehoben wurde.

455 Das **LSG** kann eine eingelegte Berufung **nicht von Amts wegen zulassen** oder diese als statthaft behandeln, wenn sie zulassungsbedürftig ist, aber nicht zugelassen wurde. Dies gilt selbst dann, wenn die **Nichtzulassung willkürlich** ist (PSW § 144 RdNr 286 anders zum früheren Recht BSG SozR 1500 § 150 Nr 27). Die zum früheren Recht vom BVerfG (NJW 1992, 1496) aufgestellte Verpflichtung, eine willkürliche Nichtzulassung aufgrund des verfassungsrechtlichen Gebots fairer Verfahrensgestaltung zu korrigieren, ist wegen der jetzt bestehenden Möglichkeit der Nichtzulassungsbeschwerde obsolet. Die für eine zulassungsfreie Berufung übliche Belehrung ist im Falle der seitens des SG irrtümlich angenommenen Zulassungsfreiheit keine Entscheidung über die Zulassung, sondern eine falsche Belehrung.

b) Behandlung einer eingelegten Berufung

456 Die Beteiligten sind **vom LSG zu belehren,** dass die Berufung entgegen der Rechtsmittelbelehrung nicht statthaft ist. Die Berufung darf ohne ordnungsgemäße Belehrung also nicht als unzulässig verworfen werden, weil den Beteiligten damit das rechtliche Gehör versagt würde. Der **erforderliche Inhalt der Belehrung** muss grundsätzlich der ordnungsgemäßen Rechtsmittelbelehrung entsprechen, die das SG dem Urteil eigentlich hätte beifügen müssen. Daneben ist über die **Jahresfrist** zur Einlegung der Nichtzulassungsbeschwerde zu belehren (dazu RdNr 457). Die Belehrung ist **nicht zuzustellen,** um eine neue Monatsfrist für die Nichtzulassungsbeschwerde in Lauf zu setzten (aA *Zeihe* NVwZ 1995, 560), weil dies nur im Wege der Urteilsberichtigung nach § 138 möglich wäre, aber idR keine offenbare Unrichtigkeit vorliegt (siehe RdNr 454).

457 IdR entsteht dem Berufungsführer kein Nachteil, wenn er die **Berufung zurücknimmt und Nichtzulassungsbeschwerde einlegt;** denn die Rücknahme bewirkt nach § 156 Abs 2 S 1 **nicht den Verlust des Rechtsmittels** (für die erneute Berufung), weil der Berufungsrechtszug noch nicht eröffnet war und § 145 Abs 5 insoweit als lex specialis anzusehen ist (so auch *Zeihe* NVwZ 1995, 560). Wegen der falschen Rechtsmittelbelehrung beträgt die **Frist für die Nichtzulassungsbeschwerde gemäß § 66 Abs 2 ein Jahr** seit Zustellung des Urteils (dazu RdNr 34 und 394).

458 Wenn man der Ansicht folgt, die falsche Benennung der Berufung als statthaftes Rechtsmittel sei iSd § 66 Abs 2 S 1 eine Belehrung, „dass ein **Rechtsmittel nicht gegeben** ist“ (so BVerwGE 71, 359 für die Benennung der Berufung statt der Revision), So ist nach einem Jahr die **Wiedereinsetzung** in den vorigen Stand noch möglich, da wegen der falschen Rechtsmittelbelehrung ein Fall der höheren Gewalt iSd § 67 Abs 3 vorliegt (so auch Ulmer SGb 1996, 208).

Hat das SG über die Zulassungsbedürftigkeit geirrt, kann die nicht **459** statthafte Berufung nicht in eine Nichtzulassungsbeschwerde umgedeutet werden. Eine Auslegung oder Umdeutung der eindeutig so bezeichneten Berufung in eine Nichtzulassungsbeschwerde scheitert daran, dass der Beteiligte wegen der falschen Rechtsmittelbelehrung wirklich Berufung einlegen wollte (BSG 29.3.07, B 7b AS 54/06 B).

Ist statt der Nichtzulassungsbeschwerde die Berufung eingelegt wor- **460/461** den, ist diese – wenn sie auf ein Aufklärungsschreiben des LSG nicht zurückgenommen wird – als unzulässig zu verwerfen. Sie kann auch durch die nachträgliche Zulassung der Berufung auf eine Nichtzulassungsbeschwerde hin nicht zulässig werden. Vielmehr sind dann zwei Berufungen anhängig, da die erfolgreiche Nichtzulassungsbeschwerde gemäß § 145 Abs 5 als Berufung fortzuführen ist (so auch *Zeihe* NVwZ 1995, 560, 561).

V. Einlegung der Nichtzulassungsbeschwerde

1. Form

Abweichend von dem bis zum 1. 1. 2002 geltenden Recht ist die Be- **462** schwerde nicht mehr beim SG, sondern gemäß § 145 Abs 1 S 2 **beim LSG einzulegen,** da eine Abhilfeentscheidung durch das SG nicht erfolgt. § 145 Abs 4 S 1, der dies bestimmt hatte, wurde durch das SGGArbGGÄndG aufgehoben, da das Abhilfeverfahren (§ 174) nun mit Wirkung ab 1. 4. 2008 ohnehin gänzlich entfallen ist. Die Nichtzulassungsbeschwerde ist **schriftlich oder zur Niederschrift** des Urkundsbeamten der Geschäftsstelle einzulegen. Gemäß § 145 Abs 2 soll die Beschwerde das angefochtene **Urteil bezeichnen** und die zur Begründung dienenden **Tatsachen und Beweismittel** angeben (siehe Schriftsatzmuster Nr 18). Die Beschwerde kann auch durch Telegramm oder Telefax eingelegt werden. Es ist unschädlich, wenn sie nicht als Beschwerde, sondern zB als Widerspruch oder Einspruch bezeichnet wird. Eine Antragstellung ist nicht erforderlich. Bezüglich der Form gelten im Übrigen die Ausführungen zur Berufungseinlegung entsprechend (dazu RdNr 390 ff).

Die Beschwerde kann bei **mehreren selbständigen Ansprüchen be-** **463** **schränkt** eingelegt werden. Dies kommt zB bei einer **objektiven Klagehäufung** (mit einer Klage wurden mehrere Ansprüche geltend gemacht) in Betracht. Es muss sich aber um selbständige abtrennbare Ansprüche handeln. Bei der **subjektiven Klagehäufung** (von mehreren Klägern wurden ein oder mehrere Ansprüche geltend gemacht) kann auch nur ein Beteiligter Nichtzulassungsbeschwerde einlegen.

464 Die Beschwerde darf **nicht unter einer Bedingung** eingelegt werden, weil Rechtsmittel bedingungsfeindlich sind. Da umstritten ist, ob eine bedingte Beschwerde vorliegt, wenn sie **vorsorglich** für den Fall eingelegt wird, **dass die Berufung nicht statthaft** ist, sollte klargestellt werden, dass die Beschwerde neben der Berufung unbedingt eingelegt wird. Dies ist dann empfehlenswert, wenn zweifelhaft ist, ob die Berufung zulassungsfrei ist. Es empfiehlt sich zB folgende Formulierung:

> Gleichzeitig lege ich gegen das Urteil Nichtzulassungsbeschwerde ein, weil zweifelhaft ist, ob die Berufung statthaft ist.

2. Frist

465 Nach § 145 Abs 1 S 2 beträgt die Frist zur Einlegung **einen Monat nach Zustellung** des vollständigen Urteils (zur Fristberechnung siehe RdNr 160 ff). Sie kann auch bereits vor der Zustellung (aber nach Verkündung) eingelegt werden. In entsprechender Anwendung des § 87 Abs 1 S 2 beträgt die Frist bei Zustellung des Urteils **im Ausland drei Monate.** Bei einer unterbliebenen oder **fehlerhaften Rechtsmittelbelehrung** verlängert sich die Frist nach § 66 Abs 2 auf **ein Jahr** (siehe RdNr 457). Durch die Einlegung bei einer anderen Behörde oder bei einem anderen Gericht wird die Frist nach dem eindeutigen Wortlaut des Gesetzes nicht gewahrt. **§ 91 ist nicht entsprechend anwendbar,** besondere Regelungen in Sozialversicherungsabkommen gehen aber vor. Wurde der Antrag gestellt, nachträglich die Sprungrevision zuzulassen, beginnt die Frist gemäß § 161 Abs 3 S 1 mit Zustellung des die Sprungrevision ablehnenden Beschlusses. Die Beschwerdefrist kann vom SG oder LSG **nicht verlängert** werden. Bei Fristversäumnis kann **Wiedereinsetzung** in den vorigen Stand bewilligt werden (dazu allgemein RdNr 165 ff).

VI. Begründung der Nichtzulassungsbeschwerde

1. Allgemeines

466 Gemäß § 145 Abs 2 **soll** die Beschwerde das angefochtene **Urteil bezeichnen** und die zur Begründung dienenden **Tatsachen und Beweismittel** angeben. Aus der Formulierung als Sollvorschrift ergibt sich, dass es grundsätzlich unschädlich ist, wenn keine Begründung erfolgt. Da ein

Verfahrensmangel aber nach § 144 Abs 2 Nr 3 geltend gemacht werden muss, ist insoweit aber eine Begründung erforderlich (siehe RdNr 467).

Hingegen ist der Beschwerdeführer nicht verpflichtet, Gründe für die **grundsätzliche Bedeutung** der Rechtssache darzulegen oder die **abweichende Entscheidung** zu bezeichnen. Um die Chancen der Zulassung zu erhöhen, ist aber eine Begründung generell zu empfehlen. An die Bezeichnung und Begründung sind keine strengeren Anforderungen zu stellen als an die Begründung der Berufung (dazu RdNr 396). Anders als bei der Rüge von Verfahrensmängeln ist das LSG an die vorgetragene Begründung nicht gebunden. Kommt der Rechtssache grundsätzliche Bedeutung zu oder liegt eine Divergenz vor, kann das LSG die Berufung auch **ohne entsprechende Begründung zulassen.** **467**

2. Rüge von Verfahrensmängeln

Gemäß § 144 Abs 2 Nr 3 sind Verfahrensmängel geltend zu machen. **468**
An die erforderliche Rüge sind aber nicht die gleichen Anforderungen zu stellen wie bei einer Nichtzulassungsbeschwerde zum BSG (vgl BSG SozR 1500 § 150 Nr 11). Es reicht, wenn sich **aus dem Vorbringen schlüssig** ergibt, welcher Mangel des Verfahrens gemeint ist und worin er besteht (BSG SozR 1500 § 150 Nr 11).

Die verletzte Verfahrensvorschrift muss nicht ausdrücklich bezeichnet **469**
werden. Die **unsubstantiierte Behauptung,** es liege ein Verfahrensmangel vor, auf dem das Urteil des SG beruhe, reicht aber ebensowenig wie der Vortrag, das Urteil des SG sei materiell-rechtlich unrichtig.

Erfolgt keine Rüge, kann das LSG die Berufung auch bei einem offen- **470**
sichtlich vorliegenden (anderen) Verfahrensmangel **nicht von Amts wegen zulassen.** Dies gilt selbst dann, wenn es sich um einen „von Amts wegen zu beachtenden Verfahrensmangel", zB um einen der in § 551 ZPO genannten absoluten Revisionsgründe, handelt (BSG SozR 1500 § 150 Nr 11). Diese sind erst dann von Amts wegen zu beachten, wenn die Berufung zulässig ist.

Der Verfahrensmangel muss **spätestens bis zur Entscheidung** über **471**
die Nichtzulassungsbeschwerde geltend gemacht werden.

Die Pflicht zur Geltendmachung von Verfahrensmängeln nach § 144 **472**
Abs 2 Nr 3 betrifft nicht die Zulässigkeit, sondern die **Begründetheit der Beschwerde** (*Kummer* NZS 1993, 337, 342).

Der Verfahrensmangel muss **tatsächlich vorliegen,** die bloße Behaup- **473–474**
tung reicht nicht. Dass die Möglichkeit besteht, dass das Urteil **auf dem Verfahrensmangel beruht,** muss nicht gerügt werden.

VII. Die Entscheidung des LSG

1. Allgemeines

475 Das LSG entscheidet gemäß § 145 Abs 4 S 2 **durch Beschluss,** ob es die Berufung zulässt oder nicht. Der Beschluss ergeht **ohne ehrenamtliche Richter,** es sei denn, es wird eine mündliche Verhandlung durchgeführt. Bezüglich der Tatsachen, die die Zulassung rechtfertigen können, muss uU Beweis erhoben werden. Eine Zurückverweisung an das SG ist nicht möglich (*May* SGb 1994, 53, 57). In § 145 ist dies nicht vorgesehen, § 159 Abs 1 bezieht sich nach seinem Wortlaut nur auf Urteile.

476 Wird die **Berufung zugelassen,** muss der Beschluss gemäß § 145 Abs 4 S 2 nicht begründet werden. Das Beschwerdeverfahren wird gemäß § 145 Abs 5 S 1 **als Berufungsverfahren fortgesetzt.** Die gesonderte Einlegung der Berufung ist nicht erforderlich. Auch die anderen Beteiligten können jetzt Berufung einlegen, wenn sie das Urteil anfechten wollen. Sie müssen die Berufung innerhalb der einmonatigen Frist einlegen, die mit der Zustellung des Zulassungsbeschlusses zu laufen beginnt (*Kummer* NZS 1993, 337, 343). Andernfalls liegt eine unselbständige Anschlussberufung vor. Das BSG ist grundsätzlich an die Zulassung der Berufung durch das LSG im Verfahren der Nichtzulassungsbeschwerde gebunden und prüft Verfahrensfehler im Beschwerdeverfahren nicht von Amts wegen (BSG SozR 3–5533 Nr 100 Nr 1).

Beschlussformel des LSG bei Zulassung der Berufung

Auf die Beschwerde des Klägers wird die Berufung gegen das Urteil des Sozialgerichts München vom ... zugelassen. Das Beschwerdeverfahren wird als Berufungsverfahren fortgeführt. Die Kosten des Beschwerdeverfahrens folgen der Kostenentscheidung in der Hauptsache.

477 Wird die **Zulassung abgelehnt** (Ablehnung ist der Oberbegriff für Verwerfung als unzulässig und Zurückweisung als unbegründet), ist dem Beschluss gemäß § 145 Abs 4 S 3 eine kurze **Begründung** beizufügen. Der Beschluss ist **zuzustellen.** Mit der Ablehnung der Beschwerde wird das Urteil des SG gemäß § 145 Abs 4 S 4 rechtskräftig, es sei denn, die Berufung war gar nicht zulassungsbedürftig (*May* SGb 1994, 53, 55). Eine Nichtzulassungsbeschwerde zum BSG ist nicht gegeben.

Beschlussformel des LSG bei Ablehnung der Zulassung

Die Beschwerde des Klägers gegen die Nichtzulassung der Berufung im Urteil des Sozialgerichts München vom ... wird zurückgewiesen (bzw als unzulässig verworfen). Außergerichtliche Kosten des Beschwerdeverfahrens sind nicht zu erstatten.

2. Kostenentscheidung

Eine Kostenentscheidung ergeht **nur bei einer negativen Entscheidung,** weil mit der Nichtzulassung der Berufung das Verfahren abgeschlossen ist. Ob außergerichtliche Kosten zu erstatten sind, richtet sich nach den allgemeinen Grundsätzen (dazu RdNr 610ff). Bei einer **positiven Entscheidung** ergeht keine Kostenentscheidung, weil die Kosten des Beschwerdeverfahrens **den Kosten der Hauptsache folgen,** wenn die Berufung zugelassen wird. Die spätere Entscheidung des LSG über die Kosten des Berufungsverfahrens enthält dann auch die Kostenentscheidung über das Beschwerdeverfahren (vgl BSG SozR 1500 § 193 Nr 2 und 7). Zur Tenorierung siehe oben. **478**

Gebührenrechtlich ist die Nichtzulassungsbeschwerde gemäß § 17 Nr 9 RVG ein **eigener Rechtszug.** Der Rechtsanwalt erhält gemäß Nr 3511 VV eine Verfahrensgebühr von 50,– bis 570,– Euro, wenn gemäß § 3 RVG Betragsrahmengebühren entstehen, die auf die Verfahrensgebühr für ein anschließendes Berufungsverfahren angerechnet wird (zur Höhe der Anwaltsgebühren siehe RdNr 617ff). **479**

3. Einbeziehung von Folgebescheiden nach § 96

Folgebescheide, die gemäß § 96 eigentlich Gegenstand des Verfahrens werden (dazu RdNr 204ff), werden nicht in das Verfahren der Nichtzulassungsbeschwerde einbezogen, weil in diesem Verfahren vom LSG nicht geprüft wird, ob die angefochtenen Bescheide rechtswidrig sind, sondern nur, ob die Berufung zuzulassen ist. Wird die **Berufung nicht zugelassen,** muss der Folgebescheid daher gesondert angefochten werden, weil er nicht Gegenstand des Berufungsverfahrens werden kann, und zwar durch ein Ergänzungsurteil des SG (siehe § 140). Der Konstruktion, der neue Bescheid gelte analog § 171 Abs 2 als mit der Klage bei dem SG angefochten (so *Behn* SozVers 1993, 281, 284), kann nicht gefolgt werden (so auch *Benkel* NZS 1995, 292, 293). Wird die **Berufung zugelassen,** wird der Bescheid Gegenstand des Berufungsverfahrens. Wurde der Bescheid **vor Verkündung des SG-Urteils** erlassen, **480** vom SG aber übersehen oder erst im Nachhinein bekannt, liegt ein Verfahrensmangel vor, der auf Rüge hin zur Zulassung der Berufung führen kann.

F. Das Revisionsverfahren

I. Allgemeines

Die Revision dient neben dem Interesse der Beteiligten am Einzelfall in erster Linie der Einheitlichkeit der Rechtsprechung und Rechtsfortbildung. Gemäß § 163 ist das BSG **an tatsächliche Feststellungen gebunden,** die in dem angefochtenen Urteil bzw Beschluss getroffen wurden, außer wenn in Bezug auf diese Feststellungen zulässige und begründete Revisionsgründe vorgebracht wurden (siehe hierzu RdNr 507). Da das angefochtene Urteil vom BSG **nur in rechtlicher Hinsicht überprüft** werden kann, wird ein Antrag bei der Behörde, einen Zugunstenbescheid nach § 44 SGB X zu erteilen, häufig schneller zum Erfolg führen, wenn Tatsachenfragen im Vordergrund stehen. Im Revisionsverfahren sind **Klageänderungen** und **Beiladungen** (außer der Beiladung der Bundesrepublik in Angelegenheiten der Kriegsopferversorgung oder wenn der Beizuladende zustimmt) gemäß § 168 unzulässig. Neue Verwaltungsakte, die während des Revisionsverfahrens ergehen, werden nicht Gegenstand des Verfahrens, sondern gelten gemäß § 171 Abs 2 als mit der Klage beim SG angefochten. Nach § 165 sind die Vorschriften für das Berufungsverfahren (mit Ausnahme der §§ 153 Abs 2 und 4, 155 Abs 2 bis 4) und somit über § 153 Abs 1 auch die für das Klageverfahren entsprechend anwendbar, soweit sich aus den §§ 160ff nichts anderes ergibt. Anders als im Klage- und Berufungsverfahren, in dem sich formelle Fehler idR kaum auswirken, besteht im Revisionsverfahren eine **Formenstrenge,** die unmissverständliche und an den gesetzlichen Vorschriften ausgerichtete Erklärungen verlangt. **481**

II. Zulässigkeit

1. Zulassung der Revision

a) Allgemeines

Die Revision ist nur statthaft, wenn sie **ausdrücklich zugelassen** wurde. Die Zulassung kann auf vier Arten erfolgen: durch das LSG im Urteil, durch das BSG auf eine Nichtzulassungsbeschwerde hin durch Beschluss (dazu RdNr 508ff) und durch das SG entweder im Urteil oder durch nach- **482** träglichen Beschluss (zur Sprungrevision siehe RdNr 487 ff). Die Revision darf nur unter den in § 160 Abs 2 Nr 1 bis 3 abschließend aufgeführten Voraussetzungen zugelassen werden. Die Zulassung durch das SG ist nach § 161 Abs 2 nur unter den Voraussetzungen des § 160 Abs 2 Nr 1 und 2 möglich. Die Revision **muss zugelassen werden,** wenn die Voraussetzungen hierfür vorliegen. Wurde sie trotzdem nicht zugelassen, liegt darin kein wesentlicher Verfahrensfehler, der zur Zulässigkeit führen kann. Nach § 160 Abs 3 ist das **BSG an die Zulassung gebunden.**

b) Voraussetzungen

483 Nach § 160 Abs 2 ist die Revision zuzulassen, wenn die Rechtssache entweder grundsätzliche Bedeutung hat (siehe RdNr 484) oder das Urteil von einer Entscheidung des BSG, des GmSOGB oder des BVerfG abweicht und auf dieser Abweichung beruht (dazu RdNr 485). Der dritte in § 160 Abs 2 aufgeführte Zulassungsgrund hat nur Bedeutung für die Zulassung der Revision durch das BSG aufgrund einer Nichtzulassungsbeschwerde (siehe hierzu RdNr 508 ff). Das LSG und das SG müssen **von Amts wegen** darüber entscheiden, ob die Revision zugelassen wird. Eine dahingehende Antragstellung ist gemäß § 161 Abs 1 nur bei der nachträglichen Zulassung der Sprungrevision erforderlich.

484 Gemäß § 160 Abs 2 Nr 1 ist die Revision zuzulassen, wenn die **Rechtssache grundsätzliche Bedeutung** hat. Dies ist der Fall, wenn zu erwarten ist, dass die Entscheidung geeignet ist, im Revisionsverfahren die Rechtseinheit zu erhalten oder zu sichern oder die Fortbildung des Rechts zu fördern. Die Rechtsfrage muss klärungsbedürftig und klärungsfähig sein. Zur grundsätzlichen Bedeutung siehe im Einzelnen RdNr 528 ff.

485 Gemäß § 160 Abs 2 Nr 2 ist die Revision ferner zuzulassen, wenn das Urteil des LSG (bzw des SG bei der Sprungrevision) von einer Entscheidung des BSG, des GmSOGB oder des BVerfG abweicht und auf dieser Abweichung beruht. Der Zulassungsgrund der **Abweichung (= Divergenz)** liegt vor, wenn das Urteil auf einer bestimmten Rechtsauffassung beruht, die im Widerspruch zu einer Rechtsauffassung steht, die das BSG, der GmSOGB oder das BVerfG einer Entscheidung zugrunde gelegt haben. Zur Divergenz siehe im Einzelnen RdNr 537 ff.

486 Gemäß § 160 Abs 2 Nr 3 ist die Revision ferner zuzulassen, wenn ein **Verfahrensmangel** geltend gemacht wird, auf dem die angefochtene Entscheidung beruhen kann. Dieser Zulassungsgrund hat nur für die Zulassung der Revision durch das BSG aufgrund einer Nichtzulassungsbeschwerde Bedeutung (s hierzu RdNr 508 ff). Zum Begriff des Verfahrensmangels und Beispielen hierfür siehe RdNr 444, 445.

c) Zulassung der Sprungrevision durch das SG

487 Gemäß § 161 Abs 1 ist gegen Urteile des SG unter Übergehung des LSG die Revision statthaft, wenn der Gegner schriftlich zustimmt und sie vom SG zugelassen worden ist. Die **Zulassung** der Revision durch das SG kann **auf zwei Arten** erfolgen: entweder bereits im Urteil oder nachträglich durch Beschluss. Auf welche Art die Zulassung erfolgt, ist für die Frage entscheidend, wann die Zustimmungserklärung des Gegners vorliegen muss, dazu RdNr 493. Die Revision darf nur zugelassen werden, wenn die Voraussetzungen des § 160 Abs 2 Nr 1 oder 2 vorliegen (siehe RdNr 490). Die Zulassung im Urteil erfolgt von Amts wegen, die durch Beschluss nur auf Antrag hin. Sie kann auch dann zugelassen werden, wenn die Berufung nach § 144 Abs 1 an sich unzulässig ist. Das BSG ist gemäß § 161 Abs 2 S 2 **an die Zulassung gebunden.** Die Zulassung der Sprungrevision durch das SG **verpflichtet das LSG** bei gleichwohl durchgeführtem Berufungsverfahren **nicht zur Zulassung der Revision** (BSG SozR 3–5425 § 15 Nr 1).

In der Zulassung der Revision liegt immer **zugleich die Zulassung** **488**
der Berufung, und zwar auch dann, wenn das SG im Urteil ausgeführt hat, die Berufung sei nicht zuzulassen, weil keine Tatsachen streitig seien (BSG SozR 1500 § 150 Nr 15). Wurde die Sprungrevision zugelassen, steht den Beteiligten ein **Wahlrecht** zu, ob sie die Berufung oder Revision einlegen. Hat ein Beteiligter Berufung und der andere Revision eingelegt, ist das später eingelegte Rechtsmittel unzulässig, wenn beide den gleichen Streitgegenstand betreffen (BSGE 24, 281 = NJW 1966, 1775).

Ob die Revision eingelegt bzw als Gegner hierzu die Zustimmung **489**
erklärt wird, sollte danach entschieden werden, ob die tatsächlichen Feststellungen des SG im Urteil zutreffend sind. Das BSG ist an diese nämlich gemäß § 163 gebunden (zu den Ausnahmen siehe RdNr 507), zudem kann die Sprungrevision nach § 161 Abs 4 – anders als die „normale Revision" – nicht auf Mängel des Verfahrens gestützt werden. Das BSG hat aber von Amts wegen zu beachtende Verfahrensmängel zu berücksichtigen (BSG SozR 1500 § 161 Nr 26). Liegt das abgesetzte Urteil des SG noch nicht vor, ist daher bei der Einlegung der Sprungrevision bzw bei der Abgabe der Zustimmungserklärung **Vorsicht geboten,** weil das BSG von dem Sachverhalt ausgehen muss, den das SG seinem Urteil zugrundelegt. Unterstellt das SG zB einen bestimmten Sachverhalt als richtig, kann dieser – anders als im Berufungsverfahren – im Revisionsverfahren nicht mehr bestritten bzw berichtigt werden.

Nach § 161 Abs 2 S 1 darf die Revision **nur zugelassen werden,** wenn **490**
die Rechtssache grundsätzliche Bedeutung hat (dazu RdNr 484) oder eine Divergenz zu höchstrichterlichen Entscheidungen vorliegt (dazu RdNr 485), die Zulassung wegen eines Verfahrensmangels scheidet aus. Erfolgt die Zulassung im Urteil, sollte die Entscheidung in den Tenor aufgenommen werden, wurde sie in den Gründen ausgesprochen, ist dies wirksam. Ein **Schweigen** bedeutet Nichtzulassung (siehe RdNr 381). Das Urteil muss in der **Rechtsmittelbelehrung** sowohl über die Berufung als auch über die Revision belehren.

491 Wurde die Revision vom SG nicht bereits im Urteil zugelassen, kann es sie **nachträglich durch Beschluss** zulassen, wenn innerhalb eines Monats nach Zustellung des Urteils des SG ein **schriftlicher Antrag** gestellt wird, dem die schriftliche Zustimmungserklärung des Gegners beigefügt ist. Der Antrag ist nicht unzulässig, wenn der Antragsteller bereits Berufung eingelegt hat; es kann also **gleichzeitig** der Antrag auf Zulassung der Revision gestellt und zur Fristwahrung Berufung eingelegt werden. Dies kann zweckmäßig sein, wenn der Gegner die Zustimmung mündlich erklärt hat, die schriftliche Zustimmungserklärung aber noch nicht vorliegt. So kann vermieden werden, dass einerseits der Antrag auf Zulassung der Revision als unzulässig abgelehnt wird, wenn die Zustimmungserklärung nicht rechtzeitig eingeht, und andererseits die Berufungsfrist versäumt wird, weil ein unzulässiger Antrag auf Zulassung der Revision nicht erneut die Berufungsfrist in Lauf setzt (siehe RdNr 494).

492 Wird die Revision zugelassen, wird gemäß § 161 Abs 5 mit der Einlegung der Revision die **Berufung nachträglich unzulässig.** Dies gilt auch dann, wenn die Berufung von einem anderen Beteiligten eingelegt wurde, weil nach § 161 Abs 5 sowohl die Einlegung der Revision als auch die Zustimmung als Verzicht auf die Berufung gelten. Wurde die Revision **im Urteil ausdrücklich nicht zugelassen,** ist der Antrag, die Revision durch Beschluss zuzulassen, nicht unzulässig (a. A. *Meyer-Ladewig/Keller/Leitherer* § 161 RdNr 7a), weil sich zB eine Divergenz erst aus den Urteilsgründen oder durch eine abweichende Entscheidung zwischen Urteilsverkündung und Zustellung ergeben kann.

493 Die Zustimmungserklärung des Gegners muss nicht bereits vorliegen, wenn das SG die Revision im Urteil zulässt. Bei der nachträglichen Zulassung durch Beschluss muss sie dem SG vorliegen, sie muss also spätestens bis zum Ablauf der Antragsfrist beim SG eingegangen sein. Die Zustimmung des Beigeladenen ist nicht erforderlich (GmSOBG SozR 1500 § 161 Nr 18 = NJW 1976, 1682), es sei denn, er ist vom SG verurteilt worden. Beantragt der Beigeladene die Zulassung der Sprungrevision, muss die Zustimmung des Klägers und des Beklagten vorliegen. Die Zustimmung muss **schriftlich** erfolgen, sie kann auch bereits im Termin zur mündlichen Verhandlung zur Niederschrift erklärt werden, und zwar auch bereits vor der Urteilsverkündung. Die Zustimmungserklärung ist eine **Prozesshandlung,** die nicht widerrufen werden kann und nicht dem Vertretungszwang des § 73 Abs 4 unterliegt. Sie muss **eindeutig** sein und liegt nicht schon in dem im Termin vor dem SG gestellten Antrag, die Revision zuzulassen (BSG SozR 1500 § 161 Nr 3 = NJW 1976, 536). Aus der Erklärung muss sich vielmehr ergeben, dass Einverständnis mit der **Einlegung** der Sprungrevision besteht (BSG SozR 3–1500 § 161 Nr 7 = NZS 1994, 192).

494 Bei der Entscheidung **durch Beschluss** haben die ehrenamtlichen Richter mitzuwirken. Die Zulassung der Revision ist aber auch dann

wirksam und für das BSG bindend, wenn sie vom Vorsitzenden allein beschlossen wurde (BSGE 51, 23) oder die erforderliche Zustimmungserklärung nicht vorgelegen hat (BSG SozR 1500 § 161 Nr 31). Die **Ablehnung** der Zulassung ist gemäß § 161 Abs 2 S 3) **unanfechtbar,** sie ist kein Verfahrensfehler, der zur Zulässigkeit der Berufung führen kann. Ist der Antrag in der gesetzlichen Form und Frist gestellt und die Zustimmungserklärung des Gegners beigefügt worden, beginnt gemäß § 161 Abs 3 S 1 mit der Zustellung des ablehnenden Beschlusses eine **neue Berufungsfrist** bzw die Frist zur Einlegung der Nichtzulassungsbeschwerde zum LSG zu laufen, über die in der Rechtsmittelbelehrung des Beschlusses zu belehren ist. Entsprach der Antrag diesen Erfordernissen nicht, ist er als unzulässig abzulehnen, so dass das Urteil des SG rechtskräftig wird, wenn die Berufungsfrist bereits abgelaufen ist. Wurde die **Revision zugelassen,** muss in der Rechtsmittelbelehrung über die Revision belehrt werden.

Bei der **Einlegung der Revision** ist nach § 161 Abs 1 S 3, wenn die Re- **495**
vision im Urteil bzw Gerichtsbescheid des SG zugelassen wurde, der Revisionsschrift die Zustimmungserklärung beizufügen (dazu Meyer NZS 1995, 356). Wird dies versäumt, kann Wiedereinsetzung in den vorigen Stand gewährt werden (BSG SozR 3–1500 § 137 Nr 1). Es reicht aus, wenn sie bis zum Ablauf der Revisionsfrist beim BSG eingeht oder wenn auf eine sich in den Akten des SG befindliche Urschrift der Einwilligungserklärung verwiesen wird und diese Akten noch vor Ablauf der Revisionsfrist beim BSG eingehen (BSG SozR 1500 § 161 Nr 2 = NJW 1977, 1944). Der Revisionskläger muss aber auch dann noch während der Revisionsfrist auf die Zustimmungserklärung hinweisen, wenn das SG im Urteil ausgeführt hat, der Revisionsgegner habe der Sprungrevision zugestimmt (BSG SozR 1500 § 161 Nr 8).

Die der Revisionsschrift beizufügende Zustimmungserklärung kann **495a**
durch eine vorgelegte **beglaubigte** Abschrift bzw Fotokopie des Protokolls der mündlichen Verhandlung vor dem SG ersetzt werden, in der die Beteiligten übereinstimmend erklärt haben, sie seien mit der **Einlegung** der Sprungrevision einverstanden (BSG SozR 1500 § 161 Nr 5). Für die schriftliche Zustimmungserklärung des Gegners ist eine unbeglaubigte Fotokopie der außerhalb der mündlichen Verhandlung vor dem SG abgegebenen Zustimmungserklärung nicht ausreichend (BSG SozR 3–1500 § 161 Nr 3 und 11). In folgenden Fällen wurde die Vorlage der Zustimmungserklärung als wirksam angesehen: dem BSG wird fristgerecht ein Telefax vorgelegt, mit dem der Gegner die Zustimmung zur Einlegung der Sprungrevision erteilt hat (BSG SozR 3–1500 § 161 Nr 10), das Schriftstück, in dem der Gegner die Zustimmung erklärt hat, wird per Telefax an das BSG weiterleitet (BSG SozR 3–1500 § 161 Nr 12), die per Telefax zugeleitete Zustimmung wird vom Revisionskläger seinerseits per Telefax an das BSG weitergeleitet (BSG SozR 3–1500 § 161 Nr 13), es wird eine

vom prozessbevollmächtigten Rechtsanwalt beglaubigte Abschrift einer gerichtlichen Ausfertigung der Sitzungsniederschrift des SG vorgelegt (BSG SozR 3–1500 § 161 Nr 14).

2. Einlegung der Revision

a) Form

496 Anders als bei der Klageerhebung oder Berufungeinlegung bestehen bei der Revisionseinlegung **strenge Formvorschriften,** deren Nichteinhaltung zur Unzulässigkeit der Revision führt. Gemäß § 164 Abs 1 S 1 kann die Revision **nur beim BSG** eingelegt werden. Die Einlegung bei anderen Behörden ist nicht fristwahrend, § 91 Abs 1 gilt nicht. Die Revision muss **schriftlich** eingelegt werden und vom Prozessbevollmächtigten eigenhändig **unterzeichnet** sein. Die Einlegung mit **Telegramm** oder **Telefax** ist möglich (siehe RdNr 390). Fehlt auf dem durch Telefax übermittelten Schriftsatz die Wiedergabe der Unterschrift des Prozessbevollmächtigten, ist die Revision nicht formgerecht eingelegt (BSG SozR 1500 § 160a Nr 53). Formwirksam ist auch ein Schriftsatz, der durch elektronische Übertragung einer Textdatei mit eingescannter Unterschrift auf ein Faxgerät des Gerichts übermittelt wurde (GmSOGB SozR 3–1750 § 130 Nr 1).

496a Die Revision kann auch durch **elektronisches Dokument** nach Maßgabe des § 65a (eingeführt durch das Gesetz über die Verwendung elektronischer Kommunikationsformen in der Justiz) eingelegt werden (vgl RdNr 157a). Nach § 1 der nach § 65a erforderlichen Verordnung vom 18. 12. 2006 können beim BSG ab 1. 1. 2007 in allen Verfahrensarten elektronische Dokumente eingereicht werden.

497 Die Revisionsschrift muss nach § 164 Abs 1 S 2 das **angefochtene Urteil angeben,** es sind also das Gericht, das Aktenzeichen, die Beteiligten und das Datum der Urteilsverkündung **genau zu bezeichnen.** Diesem Erfordernis ist nur genügt, wenn bei der Einlegung aus der Revisionsschrift oder sonstigen beigefügten oder während der Revisionsfrist eingereichten Unterlagen sowohl der Rechtsmittelkläger als auch der Rechtsmittelbeklagte erkennbar sind. Das angefochtene Urteil muss für das BSG und den Rechtsmittelgegner eindeutig und sicher gekennzeichnet werden. Es reicht nicht, wenn das BSG die erforderlichen Angaben nur durch eigene Ermittlungen (zB telefonische Rückfrage) zur Kenntnis bekommt. Ein Telegramm mit folgendem Inhalt reicht zB nicht: „Gegen das am 18.11. 1985 zugestellte Urteil des LSG Rheinland-Pfalz vom 16.10. 1985 Az S 3 U 36/84 legen wir die zugelassene Revision ein der Hauptgeschäftsführer in Vertretung“ (BSG SozR 1500 § 164 Nr 29 = NJW 1987, 1358). Innerhalb der Revisionsfrist können erforderliche **Angaben nachgeholt** werden. Eine Antragstellung und Begründung muss erst die Revisionsbe-

gründungsschrift enthalten. Eine Ausfertigung oder beglaubigte Abschrift des angefochtenen Urteils und gemäß § 93 Abschriften der Revisionsschrift für die übrigen Beteiligten sollen beigefügt werden. Geschieht dies nicht, wird die Revision dadurch nicht unzulässig.

Vor dem BSG besteht gemäß § 73 Abs 4 für die Beteiligten, soweit es sich nicht um Behörden handelt, **Vertretungszwang.** Die Beteiligten müssen sich also grundsätzlich bei allen Prozesshandlungen von Prozessbevollmächtigten vertreten lassen, die in § 73 Abs 2 S 1 abschließend aufgeführt sind. Der Revisionsbeklagte muss keinen zugelassenen Prozessbevollmächtigten bestellen; er wird dann zwar zum Termin geladen, kann in diesem jedoch nicht auftreten und sich auch nicht schriftsätzlich äußern. Bezüglich einiger Prozesshandlungen werden **Ausnahmen vom Vertretungszwang** zugelassen, weil es nicht sinnvoll wäre, einen sonst nicht vertretenen Beteiligten nur für eine einzelne Prozesshandlung zur Bestellung eines Prozessbevollmächtigten zu zwingen. Dies gilt zB für den Antrag auf Prozesskostenhilfe (§ 73 Abs 4 S 1), wohl auch für die Klagerücknahme durch einen nicht vertretenen Revisionsbeklagten, die Rücknahme einer vom Revisionskläger selbst eingelegten Revision, die Erteilung des Einverständnisses zur Entscheidung ohne mündliche Verhandlung, den Antrag, das Ruhen des Verfahrens anzuordnen (BSG zur bis 30. 6. 2008 geltenden Vorsrift des § 166 – SozR 1500 § 166 Nr 6). Die von einem nicht vertretungsberechtigten Beteiligten eingelegte Revision kann nicht nachträglich genehmigt werden. **Vertretungsbefugt** ist nach § 73 Abs 2 S 1 der an einem deutschen Gericht zugelassene **Rechtsanwalt oder Rechtslehrer an einer deutschen Hochschule mit Befähigung zum Richteramt.** Diesen sind Rechtsbeistände und Prozessagenten nicht gleichgestellt. Als Prozessbevollmächtigte sind ferner die in § 73 Abs 2 S 2 Nr 5 bis 9 genannten Organisationen zugelassen. Diese müssen durch Personen mit Befähigung zum Richteramt handeln. Behörden und juristische Personen des öffentlichen Rechts sowie private Pflegeversicherungsunternehmen können sich durch Beschäftigte mit Befähigung zum Richteramt vertreten lassen. **498**

b) Frist

Für die Revisionseinlegung und die Revisionsbegründung laufen gesonderte Fristen. Gemäß § 164 Abs 1 ist die Revision **innerhalb eines Monats** nach Zustellung des Urteils oder des Beschlusses, mit dem die Revision zugelassen worden ist, einzulegen. Bei im Ausland zugestellten Urteilen beträgt die Frist in entsprechender Anwendung des § 87 Abs 1 S 2 drei Monate. Zur Fristberechnung siehe RdNr 160ff, zur Wiedereinsetzung in den vorigen Stand RdNr 165ff. Anders als bei der Begründungsfrist ist eine **Fristverlängerung nicht möglich.** **499**

3. Begründung der Revision

a) Frist

500 Nach § 164 Abs 2 S 1 ist die Revision **innerhalb von zwei Monaten** nach Zustellung des Urteils oder des Beschlusses, mit dem die Revision zugelassen wurde, zu begründen. Bei Zustellungen im Ausland beträgt die Frist vier Monate (BSG SozR 1500 § 160a Nr 4). Die Frist läuft **unabhängig von der Revisionseinlegung.** Ist die Revision bereits in der Revisionsschrift begründet worden, können weitere Begründungen nur bis zum Ablauf der Begründungsfrist nachgeschoben werden. Ist dem Revisionskläger wegen der Versäumung der Revisionsfrist **Wiedereinsetzung** in den vorigen Stand gewährt worden, steht ihm zur Begründung eine weitere Frist von einem Monat zur Verfügung (BSG SozR 1500 § 164 Nr 9 = MDR 1978, 171). Zur Wiedereinsetzung in den vorigen Stand siehe im Übrigen RdNr 165ff. Gemäß § 164 Abs 2 S 2 kann der Vorsitzende des zuständigen Senats des BSG auf einen vor ihrem Ablauf gestellten Antrag hin die **Begründungsfrist verlängern.** Anders als bei der Begründung der Nichtzulassungsbeschwerde kann die Frist länger als einen Monat und **wiederholt** verlängert werden. Der Antrag kann bereits in der Revisionsschrift vorsorglich gestellt werden und unterliegt dem Vertretungszwang. Er muss vor Ablauf der Begründungsfrist beim BSG eingegangen sein, die Verlängerung kann dann noch nach Ablauf der Frist gewährt werden und muss dem Prozessbevollmächtigten nicht vor Ablauf der vorausgehenden Frist zugegangen sein. Gemäß § 65 S 2 wird die verlängerte Frist **vom Ablauf der vorigen Frist an** berechnet, wobei nach hM die neue Frist erst mit Ablauf des folgenden Werktages beginnt, wenn der letzte Tag der vorausgehenden Frist ein Samstag, Sonntag oder gesetzlicher Feiertag war.

b) Form

501 Nach § 164 Abs 2 S 1 muss die Revision **schriftlich begründet** werden. Erforderlich ist die eigenhändige **Unterschrift** des Prozessbevollmächtigten (dazu RdNr 496). Auch für die Revisionsbegründung besteht **Vertretungszwang** (dazu RdNr 498). Zur ordnungsgemäßen Begründung gehört die Darlegung, aus welchen Gründen und mit welchen Erwägungen das angefochtene Urteil angegriffen wird. Es reicht deshalb nicht aus, lediglich die Rechtsansicht des LSG als unrichtig zu bezeichnen; es muss hinzugefügt werden, warum sie nicht geteilt wird. Als Ergebnis der eigenen Nachprüfung hat der Prozessbevollmächtigte die **Gründe darzulegen,** die das Urteil nach der Meinung des Revisionsklägers unrichtig erscheinen lassen. Hierzu ist zumindest eine kurze Auseinandersetzung mit den Gründen des angefochtenen Urteils erforderlich. Dabei dürfen nicht lediglich leerformelhafte Begründungen verwendet werden. Mit der Floskel,

„es wird die Verletzung materiellen Rechts, nämlich des § xy, gerügt", ist zwar die verletzte Rechtsnorm ausreichend bezeichnet, dies reicht jedoch für eine ordnungsgemäße Begründung nicht aus (BSG SozR 1500 164 Nr 5). Die Revisionsbegründung muss kenntlich machen, ob und welche der Nachprüfung des BSG nach § 162 unterliegende Norm des Bundesrechts der Revisionskläger für verletzt hält. Für den Fall, dass dies nicht eine materiell-rechtliche, sondern eine Norm des Verfahrensrechts ist, sind die Tatsachen zu bezeichnen, die den Mangel ergeben. Es ist darzulegen, dass und weshalb die Rechtsansicht des LSG bzw SG nicht geteilt wird; dies kann nur mit rechtlichen Erwägungen geschehen (BSG SozR 1500 § 164 Nr 5). Werden mit der Revision **mehrere selbständige Ansprüche** verfolgt, ist für jeden von ihnen eine Begründung erforderlich. Hat das LSG die **Berufung als unzulässig verworfen,** ist die Revisionsbegründung nicht formgerecht, wenn der Revisionskläger in ihr nur materiell-rechtliche Rügen erhebt (BSG SozR 1500 § 164 Nr 25).

Die **Bezugnahme auf Schriftsätze,** die außerhalb des Revisionsverfahrens abgegeben worden sind, zB auf die Klage- oder Berufungsbegründung oder auf vor der Zustellung des angefochtenen Urteils abgefasste Schriftsätze in Parallelverfahren, genügt grundsätzlich nicht den gesetzlichen Erfordernissen der Revisionsbegründung. Es reicht zB nicht, wenn ausgeführt wird, es gehe um die Frage, ob eine Bestimmung verfassungswidrig sei; zu dieser Frage sei bereits das Verfahren mit dem Aktenzeichen xy anhängig. Der Kläger mache sich die Ausführungen seiner Bevollmächtigten in diesem Verfahren zu eigen (BSG SozR 1500 § 164 Nr 28 = NJW 1987, 1359). Auf die **Ausführungen in der Nichtzulassungsbeschwerde** kann aber grundsätzlich Bezug genommen werden. Die vollinhaltliche Bezugnahme reicht aber dann nicht aus, wenn mit der Beschwerde mehrere Zulassungsgründe geltend gemacht werden. In einem solchen Fall muss sich aus der Revisionsschrift eindeutig ergeben, welche der Zulassungsgründe nunmehr der Stützung der Revision dienen sollen (BSG SozR 1500 § 164 Nr 27). Wurden zB im Beschwerdeverfahren als Zulassungsgründe sowohl die grundsätzliche Bedeutung iSd § 160 Abs 2 Nr 1 als auch Verfahrensmängel gemäß § 160 Abs 2 Nr 3 geltend gemacht, reicht es nicht, wenn in der Revisionsschrift lediglich ausgeführt wird, dass dem Rechtsstreit grundsätzliche Bedeutung zukomme und im Übrigen ohne Einschränkung auf die Begründung in der Beschwerdeschrift Bezug genommen werde. Die Vorlage eines Schriftsatzes mit einer – auch hinsichlich des Antrags – unveränderten Wiederholung der sowohl auf grundsätzlicher Bedeutung als auch auf Divergenz und Verfahrensfehler gestützten Begründung der Nichtzulassungsbeschwerde genügt nicht den Anforderungen einer Revisionsbegründung (BSG SozR 3–1500 § 164 Nr 9). **502**

Das Erfordernis der bestimmten **Antragstellung** wird vom BSG weit **503**
ausgelegt. So ist es unschädlich, wenn der Antrag in der Zukunftsform

statt in der Gegenwartsform („Ich werde beantragen“ statt „Ich beantrage“) gestellt wird oder das Wort Antrag nicht ausdrücklich gebraucht wird. Es genügt, wenn die Revisionsbegründung erkennen lässt, welches **prozessuale Ziel** der Revisionskläger erreichen will (BSG SozR 1500 § 164 Nr 10). Die Bezugnahme auf in der Vorinstanz gestellte Anträge ist ausreichend, dies kann aber zu Schwierigkeiten führen, wenn mehrere Anträge gestellt worden sind. Zwar muss nach § 164 Abs 2 S 3 die **verletzte Rechtsnorm bezeichnet** werden, es ist aber unschädlich, wenn die gesetzliche Bestimmung nicht genau angegeben oder fehlerhaft zitiert wird. Es muss sich aus dem Vortrag aber hinreichend klar ergeben, welche Norm als verletzt angesehen wird. Die Revisionsbegründung entspricht nicht den gesetzlichen Anforderungen, wenn sie keine Rechtsausführungen enthält, die zumindest einen der das angefochtene Urteil tragenden Gründe in Frage stellen (BSG SozR 3–1500 § 164 Nr 11). Ist ein Berufungsurteil auf mehrere, voneinander unabhängige, selbständig tragende Erwägungen gestützt, muss der Revisionskläger für jede dieser Erwägungen darlegen, warum sie die Entscheidung nicht tragen; andernfalls ist die Revision unzulässig (BSG SozR 3–1500 § 164 Nr 12).

504 Besondere Sorgfalt ist geboten, wenn **Verfahrensfehler gerügt** werden. Im Revisionsverfahren besteht bezüglich der Verfahrensfehler (hierzu RdNr 444) ein **unbeschränktes Rügerecht,** das bei der Sprungrevision nach § 161 Abs 4 jedoch eingeschränkt ist (siehe RdNr 489). Es können daher auch solche Verfahrensfehler geltend gemacht werden, auf die gemäß § 160 Abs 2 Nr 3 eine Nichtzulassungsbeschwerde nicht gestützt werden kann. Es ist daher auch die Rüge zulässig, das LSG habe § 109 oder § 128 Abs 1 S 1 verletzt. Nach § 164 Abs 2 S 3 muss der Revisionsführer bei einer Verfahrensrüge die **Tatsachen bezeichnen,** die den Mangel ergeben. Wird zB gerügt, das LSG sei einem **Beweisantrag** ohne hinreichende Begründung nicht gefolgt, muss dieser so genau bezeichnet werden, dass er für das BSG ohne weiteres auffindbar ist (BSG SozR 1500 § 160 Nr 5). Wird eine **Verletzung der Amtsermittlungspflicht** gerügt, muss vorgetragen werden, warum und zu welchen weiteren Ermittlungen sich das LSG hätte gedrängt fühlen müssen und zu welchem günstigeren Ergebnis diese Ermittlungen geführt hätten. Bei **nicht einvernommenen Zeugen** ist anzugeben, welche Aussagen von diesen zu welchem Beweisthema vermutlich zu erwarten gewesen wären oder was ein nicht gehörter Zeuge über die Aussagen vernommener Zeugen hinaus oder abweichend von ihnen hätte bekunden können (BSG SozR 1500 § 160a Nr 24). Wird gerügt, das LSG habe die Grenzen des Rechts auf **freie Beweiswürdigung** überschritten, muss der Revisionsführer angeben, zu welchem Ergebnis nach seiner Ansicht eine gesetzmäßige Beweiswürdigung geführt hätte (BSG SozR Nr 28 zu § 164). Bei der Rüge, das LSG habe gegen die **Denkgesetze** verstoßen, ist es notwendig, die Gedankenkette des LSG wiederzugeben und auszuführen, an welcher Stelle und wodurch sich die

Gedankenführung des Gerichts zu allgemeinen Denkgesetzen in Widerspruch setzt (BSG SozR Nr 47 zu § 164). Wird gerügt, das **rechtliche Gehör** sei verletzt oder ein **Vertagungsantrag** sei zu Unrecht abgelehnt worden, muss angegeben werden, welcher Sachverhalt hätte vorgetragen werden und weshalb das Gericht deshalb zu einer anderen Entscheidung hätte kommen können. Wird geltend gemacht, das **Urteil des LSG sei verspätet abgesetzt** worden und daher nicht mit Gründen versehen, ist dieser Verfahrensmangel nur ausreichend bezeichnet, wenn in der Begründung der Zeitpunkt der Niederlegung des unterschriebenen Urteils auf der Geschäftsstelle angegeben ist (BSG SozR 3–1500 § 164 Nr 5); zumindest ist darzulegen, dass und mit welchem Ergebnis versucht worden ist, den Inhalt des amtlichen Vermerkes über den Zeitpunkt der Urteilsübergabe zu erfahren (BSG SozR 3–1500 § 164 Nr 6). Generell muss bei der Rüge von Verfahrensfehlern ausgeführt werden, dass das angefochtene Urteil **auf dem Mangel beruhen kann.**

III. Entscheidung über die zulässige Revision

Das BSG entscheidet auf die sogenannte **Vollrevision** hin. Die Beteilig- **505**
ten können also gegen das angefochtene Urteil grundsätzlich alle materiellen und verfahrensrechtlichen Rügen vorbringen. Der Revisionsbeklagte ist berechtigt, **Gegenrügen** vorzubringen. Er kann zB geltend machen, tatsächliche Feststellungen des LSG seien verfahrensfehlerhaft zustande gekommen. Dies ist bis zum Schluss der mündlichen Verhandlung möglich. Das BSG kann auch in der Sache entscheiden, wenn das LSG die Berufung als unzulässig verworfen hat und in tatsächlicher Hinsicht keine weiteren Ermittlungen anzustellen sind. Ist der Rechtsstreit nicht entscheidungsreif, weil weitere Sachermittlungen durchzuführen sind, wird das Urteil aufgehoben und die Sache zur erneuten Verhandlung und Entscheidung zurückverwiesen. Gemäß § 170 Abs 5 ist das Gericht, an das zurückverwiesen wird, an die rechtliche Beurteilung des BSG gebunden.

Die Revision kann gemäß § 162 nur darauf gestützt werden, dass das **506**
angefochtene Urteil auf der Verletzung einer Vorschrift des Bundesrechts oder einer sonstigen im Bezirk des Berufungsgerichts geltenden Vorschrift beruht, deren Geltungsbereich sich über den Bezirk des Berufungsgerichts hinaus erstreckt. **Nicht revisibel** ist zB Landesrecht, wenn es nicht über den Bezirk eines LSG hinaus gilt, und ausländisches Recht.

Nach § 163 ist das BSG **an tatsächliche Feststellungen gebunden,** die **507**
im angefochtenen Urteil getroffen wurden, außer wenn diesbezüglich zulässige und begründete Revisionsgründe vorgebracht werden. Grundsätzlich dürfen im Revisionsverfahren keine neuen Tatsachen vorgebracht werden. Das BSG ist an die tatsächlichen Feststellungen im angefochte-

nen Urteil **ausnahmsweise nicht gebunden,** wenn geltend gemacht wird, das Verfahren der Tatsacheninstanz leide an wesentlichen Verfahrensmängeln, die tatsächlich vorliegen. In Betracht kommen die Gründe, die auf eine Nichtzulassungsbeschwerde hin wegen eines Verfahrensmangels zur Zulassung der Revision führen würden (siehe RdNr 444), zB Verletzung der Amtsermittlungspflicht, Verstoß gegen die Denkgesetze oder allgemeine Erfahrungssätze. Die **Abgrenzung,** ob eine Tatsachenfeststellung oder eine rechtliche Auslegung vorliegt, ist oft nicht einfach. So kann zB die Frage, ob ein Verschulden leicht oder grob fahrlässig ist, nur beschränkt daraufhin überprüft werden, ob der Tatrichter von einem zutreffenden Begriff der groben Fahrlässigkeit ausgegangen ist (BSG SozR 2200 § 1301 Nr 8). Die Auslegung von privaten Willenserklärungen, zu denen auch der sachlich-rechtliche Inhalt eines gerichtlichen Vergleichs gehört, ist eine bindende Tatsachenfeststellung, soweit sie die Frage betrifft, was die Erklärenden tatsächlich geäußert haben und was sie – entsprechend ihrem „inneren Willen“ – tatsächlich gemeint haben. Insoweit kann nur geprüft werden, ob das LSG Verfahrensvorschriften, insbesondere Denkgesetze oder Erfahrungssätze verletzt hat (BSG SozR 2200 § 1265 Nr 24). Die rechtliche Würdigung der Erklärungen und die Anwendung von Auslegungsgrundsätzen kann frei überprüft werden (BSG SozR 2200 § 368 a Nr 5).

G. Die Nichtzulassungsbeschwerde zum BSG

I. Allgemeines

Hat das LSG die Revision nicht zugelassen, kann diese Nebenentscheidung („Die Revision wird nicht zugelassen“) gemäß § 160a Abs 1 beim BSG selbständig mit der Nichtzulassungsbeschwerde angefochten werden, um die Zulassung der Revision doch noch zu erreichen. **Gegenstand der Nichtzulassungsbeschwerde** ist allein die Frage, ob einer der drei Gründe für die Zulassung der Revision (siehe RdNr 528ff) vorliegt, nicht aber die Frage, ob das LSG in der Sache richtig entschieden hat. Der materiell-rechtliche Inhalt des Urteils des LSG kann nur mit der ggf anschließenden Revision angegriffen werden, wenn diese aufgrund der Nichtzulassungsbeschwerde zugelassen wurde. Wegen der **besonderen Formenstrenge** hat die Nichtzulassungsbeschwerde nur zu einem geringen Prozentsatz der Fälle Erfolg. Es sollte daher insbesondere dann, wenn tatsächliche Fragen im Vordergrund stehen, die Überlegung angestellt werden, ob nicht durch den Antrag auf Erlass eines neuen Bescheides oder eines sog Zugunstenbescheides nach § 44 SGB X eher und schneller ein Erfolg erreicht werden kann. 508

Die Nichtzulassungsbeschwerde ist ein **Rechtsmittel,** durch das gemäß § 160a Abs 3 der Eintritt der **Rechtskraft gehemmt** wird. Das angefochtene Urteil des LSG wird erst mit der Entscheidung über die (fristgerecht eingelegte) Nichtzulassungsbeschwerde rechtskräftig (vgl GmSOGB SozR 1750 § 705 Nr 1 = NJW 1984, 1027). Sie muss vor einer Verfassungsbeschwerde **zur Erschöpfung des Rechtsweges** eingelegt werden. 509

II. Statthaftigkeit

Die Nichtzulassungsbeschwerde ist **nur gegen Urteile oder Beschlüsse nach §§ 153 Abs 4, 158 eines LSG** statthaft, nicht gegen Urteile oder Gerichtsbescheide eines SG mit dem Ziel, die Zulassung der Sprungrevision zu erreichen, wenn deren Zulassung vom SG abgelehnt wurde. Voraussetzung ist, dass das LSG die Revision nicht zugelassen hat. Enthält das Urteil des LSG keinen Ausspruch über die Zulassung, gilt die Revision als nicht zugelassen. Das **Schweigen über die Zulassung** ist kein wesentlicher Verfahrensmangel, der zur Zulassung führen 510 kann (BSG SozR 1500 § 160 Nr 52). Ist dem Urteil des LSG eine fehlerhafte Rechtsmittelbelehrung angefügt (Revision zulässig), obwohl im Tenor oder in den Urteilsgründen keine ausdrückliche Zulassung ausgesprochen wurde, liegt darin keine Zulassung (BSGE 2, 67). Die Nichtzulassungsbeschwerde ist **nur gegen revisible Entscheidungen** des LSG statthaft; nicht zB gegen Beschlüsse (ausgenommen der Beschlüsse, durch die gemäß §§ 153 Abs 4, 158 die Berufung zurückgewiesen wurde, weil diese durch § 158 S 3 den Urteilen gleichgestellt sind); ferner nicht gegen Zwischenurteile oder nur wegen der Kostenentscheidung des LSG (BSG SozR 1500 § 160 Nr 54).

511 Die Nichtzulassungsbeschwerde kann auch **auf Teile des angefochtenen Urteils beschränkt** werden, wenn das LSG über mehrere tatsächlich und rechtlich selbständige und abtrennbare Ansprüche entschieden hat. Wurde die Revision vom LSG nur teilweise zugelassen, ist die Nichtzulassungsbeschwerde bezüglich des Teils statthaft, für den die Revision nicht zugelassen wurde.

512 Der Beschwerdeführer muss **durch das Urteil des LSG beschwert** sein. Dies ist zB schon dann gegeben, wenn das LSG nur einem Hilfsantrag entsprochen hat. Eine Beschwer ist nicht gegeben, wenn statt einer Klageabweisung als unzulässig, nur eine Abweisung der Klage als unbegründet erreicht werden könnte. Voraussetzung ist ferner, dass ein **Rechtsschutzbedürfnis** vorliegt. Daran fehlt es zB, wenn die nachfolgende Revision unzulässig wäre.

III. Einlegung der Nichtzulassungsbeschwerde

1. Allgemeines

513 Anders als im Klage- oder Berufungsverfahren bestehen im Verfahren der Nichtzulassungsbeschwerde **strenge Formvorschriften,** deren Nichteinhaltung zur Unzulässigkeit führt. Gemäß § 160a Abs 1 ist die Nichtzulassungsbeschwerde schriftlich **beim BSG einzulegen.** Da § 91 gemäß § 165 iVm § 153 Abs 1 nicht anzuwenden ist, kann sie zur Fristwahrung nicht bei anderen Behörden – auch nicht beim LSG, das das Urteil erlassen hat – eingelegt werden. Für das LSG besteht keine Abhilfemöglichkeit. Das LSG kann die Revision also auf die Beschwerde hin nicht nachträglich zulassen. Wegen der Abschaffung des Abhilfeverfahrens durch das SGGArbGÄndG mit Wirkung zum 1. 4. 2008 wurde § 160a, der dies ausdrücklich normiert hatte, aufgehoben. Als Rechtsmittel kann sie **nicht bedingt oder hilfsweise** eingelegt werden.

Wird mit der Nichtzulassungsbeschwerde gleichzeitig auch die Revision eingelegt, ist nur die Revision unzulässig (BSG SozR 1500 § 160

Nr 1 = NJW 1975, 1855). Die Revision kann aber, wenn sie auf die Nichtzulassungsbeschwerde hin zugelassen wurde, erneut eingelegt werden. Die **Umdeutung einer eingelegten Revision** in eine Nichtzulassungsbeschwerde ist idR nicht möglich. Das gilt insbesondere, wenn das Rechtsmittel als Revision bezeichnet wurde (BSG SozR 1500 § 160a Nr 6 = NJW 1975, 1800 mwN).

2. Beschwerdefrist

Für die Einlegung und die Begründung der Nichtzulassungsbeschwer- **514**
de laufen gesonderte Fristen. Gemäß § 160a Abs 1 S 1 ist die Beschwerde **innerhalb eines Monats nach Zustellung** des angefochtenen Urteils beim BSG einzulegen (zur Begründungsfrist siehe RdNr 524). In entsprechender Anwendung des § 87 Abs 1 S 2 beträgt die Frist drei Monate, wenn das Urteil des LSG **im Ausland zugestellt** wurde (BSGE 40, 40 = SozR 1500 § 160a Nr 4). Die längere Frist gilt nicht, wenn das Urteil an einen Bevollmächtigten im Inland zugestellt worden ist (BSG SozR 1500 § 151 Nr 4).

Fehlt im Urteil des LSG die **Rechtsmittelbelehrung** oder ist diese **515**
unrichtig, beträgt die Frist gemäß § 66 Abs 2 S 1 **ein Jahr.** Bei einer Urteilsergänzung beginnt eine neue Frist zu laufen. Durch eine bloße Urteilsberichtigung wird die Frist nicht verlängert, es sei denn, der Beteiligte wird dadurch weitergehend beschwert. Die Einlegung bei anderen Gerichten oder Behörden wahrt die Beschwerdefrist nicht, da § 91 gemäß § 165 iVm § 153 Abs 1 nicht gilt. Die **Frist kann nicht verlängert werden.** Bei einer Fristversäumnis gelten bezüglich der Wiedereinsetzung in den vorigen Stand die allgemeinen Grundsätze (hierzu RdNr 165ff). Eine Wiedereinsetzung ist auch möglich, wenn die Nichtzulassungsbeschwerde vom BSG bereits als unzulässig verworfen wurde (vgl BSG SozR 1500 § 67 Nr 2). Wurde wegen Versäumung der Beschwerdefrist Wiedereinsetzung bewilligt, beginnt mit der Zustellung des Beschlusses für die Begründung eine neue Monatsfrist zu laufen (BSG SozR 1500 § 164 Nr 9). Anders als im Berufungs- und Revisionsverfahren ist **keine unselbständige Anschlussbeschwerde** möglich (BSG SozR 3–1500 § 160 Nr 3).

3. Form der Beschwerde

a) Schriftlich

Die Nichtzulassungsbeschwerde muss **schriftlich,** dh durch einen von **516**
einem zugelassenen Prozessbevollmächtigten unterzeichneten Schriftsatz eingelegt werden. Dies ergibt sich daraus, dass auch für das Verfahren der Nichtzulassungsbeschwerde Vertretungszwang besteht. Ausreichend ist die Einlegung durch **Telegramm,** das fernmündlich aufgegeben und

zugesprochen sein kann, oder durch **Telefax,** auf dem die Unterschrift wiedergegeben sein muss (BSG SozR 1500 § 160a Nr 53), möglich ist außerdem die Einlegung durch **elektronisches Dokument nach § 65a** (vgl RdNr 157a, 496a). Die **telefonische** Einlegung reicht auch dann nicht, wenn sie von einem Urkundsbeamten des BSG protokolliert wird. Die Einlegung zur Niederschrift des Urkundsbeamten der Geschäftsstelle des BSG ist ebenfalls nicht möglich.

517 Erforderlich ist die **eigenhändige Unterschrift** des Prozessbevollmächtigten. Eine abgekürzte Namensform (sog Paraphe) reicht nicht (BSG SozR 1500 § 151 Nr 3 = NJW 1975, 1799; siehe jetzt aber BFH NJW 1996, 1432); desgleichen nicht Faksimilestempel oder sonstige Stempel (BSGE 8, 142). Der in Maschinenschrift wiedergegebene Name des Verfassers mit einem **Beglaubigungsvermerk** genügt nur bei Behörden (BSG SozR 1500 § 164 Nr 15), nicht bei Bevollmächtigten von Privatpersonen, es sei denn, der eigenhändige Beglaubigungsvermerk stammt vom Verfasser selbst (BSGE 29, 21). Die Unterschrift auf einem beigefügten Anschreiben wird als ausreichend angesehen. Die fehlerhafte Unterschrift ist **innerhalb der Beschwerdefrist nachholbar.** Auf Telegrammen oder Fernschreiben ist sie nicht erforderlich, es muss aber der Absender erkennbar sein.

b) Vertretungszwang

518 Für das Verfahren der Nichtzulassungsbeschwerde besteht Vertretungszwang, obwohl dieser in § 160a Abs 1 S 2 nicht ausdrücklich vorgeschrieben ist. Der Beschwerdeführer muss also durch einen Prozessbevollmächtigten iSd § 73 Abs 4 vertreten sein (vgl RdNr 498). (Zum isolierten Antrag auf Prozesskostenhilfe und Beiordnung eines Rechtsanwalts, siehe RdNr 575ff.) Der Vertretungszwang kann nicht dadurch umgangen werden, dass von einem zugelassenen Bevollmächtigten nur ein vom Beschwerdeführer selbst gefertigter Schriftsatz unterzeichnet wird.

c) Notwendiger Inhalt

519 Durch Angabe des betreffenden LSG, des Urteilsdatums und Aktenzeichens muss klar erkennbar sein, **gegen welches Urteil** sich die Nichtzulassungsbeschwerde richtet. Ferner muss bei der Einlegung aus der Rechtsmittelschrift und sonstigen beigefügten oder während der Rechtsmittelfrist eingereichten Unterlagen sowohl der **Rechtsmittelkläger** als auch der **Rechtsmittelgegner erkennbar** sein. Für Vermutungen über die Person der Verfahrensbeteiligten darf beim Ablauf der Rechtsmittelfrist kein Raum mehr bleiben. Die ladungsfähige Anschrift des Rechtsmittelgegners ist nicht erforderlich.

520 Das Rechtsmittel muss **als Nichtzulassungsbeschwerde gekennzeichnet** sein. Die Umdeutung eines als Revisionsschrift bezeichneten Schriftsatzes ist nicht möglich. Die Nichtzulassungsbeschwerde ist nicht unzulässig, wenn der Beschwerdeschrift entgegen § 160a Abs 1 S 3 keine Ausfertigung oder beglaubigte **Abschrift des angefochtenen Urteils** beigefügt wurde („soll"), wenn durch entsprechende Angaben klar erkennbar ist, gegen welches Urteil sich die Beschwerde richtet (BSG SozR 1500 § 160a Nr 16). Bei elektronischer Einlegung nach § 65a ist der Beschwerdeführer nicht gehalten, die angefochtene Entscheidung gesondert in Papierform zu übermitteln. Eine **Vollmacht** kann auch noch nach Ablauf der Beschwerdefrist nachgereicht werden (vgl BSGE 32, 253).

IV. Begründung der Nichtzulassungsbeschwerde

1. Allgemeines zum Inhalt der Begründung

Das BSG stellt an die Begründung der Nichtzulassungsbeschwerde **521**
hohe Anforderungen; dies ist nicht verfassungswidrig (BVerfG SozR 1500 Nrn 44, 45, 48). Die meisten Beschwerden scheitern bereits daran, dass nicht wenigstens einer der in § 160a Abs 2 S 3 abschließend aufgeführten **drei Zulassungsgründe** innerhalb der Frist ausdrücklich oder sinngemäß behauptet wird. Geschieht dies nicht, wird die Beschwerde als unzulässig verworfen (BSG SozR 1500 § 160a Nr 9). In der Begründung muss daher die grundsätzliche Bedeutung der Rechtssache oder/und eine Divergenz oder/und ein Verfahrensmangel des LSG dargelegt werden. Bei der Rüge von Verfahrensmängeln ist zu beachten, dass diese nicht auf eine Verletzung der §§ 109 und 128 Abs 1 S 1 und auf die des § 103 nur beschränkt gestützt werden kann (siehe RdNr 565f).

Die Begründung ist allein auf die Darstellung auszurichten, **dass und warum zumindest einer der drei Zulassungsgründe** vorliegt; ausschließlich dies ist „Streitgegenstand" der Nichtzulassungsbeschwerde. Da sich die Beschwerde allein gegen die Nebenentscheidung des LSG „Die Revision wird nicht zugelassen" richtet, ist es unerheblich, ob das LSG in der Hauptsache falsch entschieden hat. Es ist daher idR verfehlt, bereits im Verfahren der Nichtzulassungsbeschwerde durch eine Auseinandersetzung mit der Sachentscheidung des LSG die Revisionsbegründung vorwegzunehmen, weil damit idR keiner der drei Zulassungsgründe dargetan wird.

Die pauschale **Verweisung auf vorinstanzliches Vorbringen** ist unzu- **522**
lässig. Es kann daher nicht auf den Akteninhalt oder Schriftsätze Bezug genommen werden. Da durch den bestehenden Vertretungszwang gewährleistet werden soll, dass ein postulationsfähiger Bevollmächtigter den Prozessstoff prüft, darf der Prozessbevollmächtigte nicht auf **von**

Mandanten gefertigte Schriftsätze verweisen oder diese durch bloße Unterzeichnung zum eigenen Vortrag machen. Eingereichte Schriftsätze eines Beteiligten, die zB nur mit dem Zusatz versehen sind: „Ich mache diese Ausführungen zu meinen eigenen", genügen ohne eigene erkennbare Prüfung nicht den Erfordernissen einer Begründung (BSG SozR 1500 § 160 Nr 44 mwN und BVerfG SozR 1500 § 164 Nr 17; SozR 3–1500 § 160a Nr 9; BVerfG SozR 3–1500 § 160a Nr 12). Die bloße **Bezugnahme auf andere Verfahren** entspricht nicht den Anforderungen. Es reicht zB nicht der Vortrag, es gehe um die Frage, ob eine Bestimmung verfassungswidrig sei; zu dieser Frage sei bereits das Verfahren mit dem Aktenzeichen xy anhängig; der Kläger mache sich die Ausführungen seiner Bevollmächtigten in diesem Verfahren zu eigen (BSG SozR 1500 § 164 Nr 28 = NJW 1987, 1359).

523 **Neuer Tatsachenvortrag** ist entsprechend § 163 ausgeschlossen. Ist das Urteil des LSG **nebeneinander auf mehrere Begründungen gestützt,** wobei jede hinweggedacht werden kann, ohne dass sich das Ergebnis ändert, ist für jede Begründung ein Zulassungsgrund geltend zu machen (BSG SozR 1500 § 160a Nr 38). Wird zB eine Divergenz geltend gemacht, muss vorgetragen werden, dass sich diese auf alle Begründungen des Urteils auswirkt. Es muss für jede Begründung des LSG eine gesonderte Rüge erfolgen.

2. Begründungsfrist

524 Die Nichtzulassungsbeschwerde ist gemäß § 160a Abs 2 **innerhalb von zwei Monaten nach Zustellung des Urteils** des LSG zu begründen. Entsprechend § 87 Abs 1 S 2 verlängert sich die Begründungsfrist, wenn das Urteil des LSG im **Ausland** zugestellt wurde, auf **vier Monate** (BSGE 40, 40, 41 = SozR 1500 § 160a Nr 4). Dies gilt nicht, wenn es an einen Bevollmächtigten im Inland zugestellt wurde. Die Frist läuft unabhängig vom Zeitpunkt der Einlegung der Nichtzulassungsbeschwerde; es handelt sich also um eine **selbständige Frist,** die mit der ordnungsgemäßen Zustellung des Urteils des LSG zu laufen beginnt. Gegenüber dem Revisionsverfahren besteht die Besonderheit, dass die Frist zur Begründung der Nichtzulassungsbeschwerde auf Antrag **nur einmal bis zu einem Monat verlängert** werden kann. Der Verlängerungsantrag unterliegt ebenfalls dem Vertretungszwang. Er muss vor Ablauf der Monatsfrist beim BSG eingegangen sein und ist zu begründen (zB Urlaub, Arbeitsüberlastung, Erkrankung, rechtlich besonders schwierig gelagerter Fall, Erfordernis der Akteneinsicht bei neuem Mandat).

525 **Wiedereinsetzung** in den vorigen Stand kann unter den Voraussetzungen des § 67 (dazu RdNr 165ff) gewährt werden. Dies ist nicht möglich, wenn der Bevollmächtigte schuldhaft nicht rechtzeitig den Antrag

auf Fristverlängerung gestellt hat (BSG SozR 1500 § 67 Nr 16). Die Wiedereinsetzung ist auch noch möglich, wenn die Frist zur Einlegung der Nichtzulassungsbeschwerde schuldlos versäumt wurde und auch bereits die Begründungsfrist von zwei Monaten verstrichen ist. Wird bezüglich der Beschwerdefrist Wiedereinsetzung gewährt, steht zur Begründung eine weitere Frist von einem Monat zur Verfügung, die mit Zustellung des die Wiedereinsetzung bewilligenden Beschlusses des BSG beginnt (BSG SozR 1500 § 164 Nr 9).

Das BSG kann grundsätzlich nur das Vorbringen des Beschwerde- 526
führers prüfen, das bis zum Ablauf der Begründungsfrist bei ihm eingegangen ist. **Nachgereichte Begründungen bleiben unberücksichtigt.** Rechtsausführungen nach Abschluss der Begründungsfrist, die nur der Veranschaulichung, Interpretation, Auslegung oder Ergänzung des rechtzeitigen Vorbringens dienen, sind jedoch zu beachten.

3. Form der Begründung

Bezüglich der Form der Begründung bestehen gegenüber der Einle- 527
gung keine Besonderheiten, so dass auf RdNr 516, 517 verwiesen wird. Die Begründung muss schriftlich, dh durch einen vom Bevollmächtigten eigenhändig **unterzeichneten Schriftsatz** erfolgen. Telegramme oder Telebriefe (Telefax, Telekopie), wobei auf letzteren die Unterschrift des Prozessbevollmächtigten wiedergeben sein muss, sind ausreichend (BSG SozR 1500 § 160a Nr 53). Es muss sich aus dem Schriftsatz ergeben, dass es sich um die Begründung handelt und wer der Absender ist. Dieser muss von einem **zugelassenen Bevollmächtigten** iSd § 73 Abs 4 verfasst sein. Mit der bloßen Vorlage eines von diesem unterzeichneten Schriftsatzes, den der Beteiligte selbst entworfen hat, ist dem Begründungserfordernis nicht genügt (BSG SozR 3–1500 § 166 Nr 4 = NZA 1992, 664).

V. Die drei Zulassungsgründe und ihre Darlegung

1. Grundsätzliche Bedeutung der Rechtssache

a) Begriff grundsätzliche Bedeutung

Nach der Definition des BSG hat eine Rechtssache grundsätzliche Be- 528
deutung, wenn zu erwarten ist, dass die Entscheidung geeignet ist, in künftigen Revisionsverfahren die **Rechtseinheit zu erhalten oder zu sichern oder die Fortbildung des Rechts zu fördern** (BSG SozR 1500 § 160a Nr 7). Das ist gegeben, wenn es im Rechtsstreit um eine klärungsbedürftige und klärungsfähige Rechtsfrage geht, deren Entschei-

dung über den Einzelfall hinaus Bedeutung besitzt (BSG SozR 1500 § 160 Nr 53). Die Rechtsfrage darf höchstrichterlich noch nicht geklärt sein. Es kann sich um eine Frage des materiellen oder des Verfahrensrechts handeln; eine tatsächliche Frage reicht nicht.

529 Eine Rechtssache ist idR, wenn schon eine Entscheidung des BSG zu der Rechtsfrage vorliegt, nur noch dann von grundsätzlicher Bedeutung, wenn der Rechtsprechung des BSG in nicht geringfügigem Umfang **in der Literatur widersprochen** wird (BSG SozR 1500 § 160a Nr 13) oder die **Verfassungswidrigkeit** einer Norm oder Fragen des europäischen Gemeinschaftsrechts zu klären sind. Dass ein größerer Personenkreis betroffen ist, kann nur als Indiz für eine grundsätzliche Bedeutung gewertet werden. Die Rechtsfrage muss **klärungsbedürftig** und **klärungsfähig** sein (siehe RdNr 535).

b) Darlegung der grundsätzlichen Bedeutung

530 An die Darlegung der grundsätzlichen Bedeutung der Rechtssache stellt das BSG hohe Anforderungen. In der Begründung müssen nacheinander folgende Punkte dargelegt werden:
- **Bezeichnung der Rechtsfrage**
- **Entscheidungserheblichkeit**
- **Grundsätzliche Bedeutung**
- **Klärungsfähigkeit**
- **Klärungsbedürftigkeit**

531 **aa) Bezeichnung der Rechtsfrage.** Es ist die vom BSG nach einer Zulassung der Revision zu entscheidende **Rechtsfrage klar zu bezeichnen** (BSG SozR 1500 § 160 Nr 53). Dabei ist von der Entscheidung des LSG auszugehen, dh es ist anzugeben, über welche Rechtsfrage das LSG ausdrücklich oder stillschweigend entschieden hat. Es empfiehlt sich, die Rechtsfrage auch **als Frage zu formulieren.** Diese kann zwar abstrakt zur Auslegung eines gesetzlichen Tatbestandsmerkmales gestellt werden (zB: unter welchen Voraussetzungen ist das Tatbestandsmerkmal a des § b erfüllt?); da die Rechtsfrage entscheidungserheblich sein muss, ist eine auf den Einzelfall bezogene Fragestellung besser (zB: ist das Tatbestandsmerkmal a des § b erfüllt, wenn ein Versicherter die Voraussetzung c erfüllt?). Letzteres ist insbesondere dann angezeigt, wenn zu dem Problem bereits Rechtsprechung des BSG vorliegt, um die (weitere) Klärungsbedürftigkeit der speziellen Frage herauszustellen.

532 **bb) Entscheidungserheblichkeit.** Es ist schlüssig darzulegen, dass und warum die vom LSG entschiedene Rechtsfrage auch für die angestrebte Revision rechtserheblich sein wird. Dieses Erfordernis ist nicht verfassungswidrig (BVerfG SozR 1500 § 160a Nr 44). Es muss dargetan werden, dass **zumindest eine grundsätzliche Rechtsfrage** bei Zulassung der Revision notwendigerweise vom BSG **zu entscheiden** ist. Es reicht nicht, wenn nur die Möglichkeit der Klärung besteht, weil die Rechtsfrage nur nach einer Zurückverweisung und weiteren Sachaufklärung entschieden werden kann. Hat das LSG die Berufung als unzulässig verworfen, muss dargelegt werden, dass das Berufungsurteil insoweit überhaupt tatsächliche Feststellungen enthält (BSG SozR 3–1500 § 160a Nr 16). Das BSG verlangt darüber hinaus, dass der vom BSG einzuschlagende Weg der Nachprüfung des angefochtenen Urteils und damit insbesondere der Schritt darzustellen ist, der die Entscheidung der Rechtsfrage notwendig macht (SozR 1500 § 160a Nr 31).

cc) Grundsätzliche Bedeutung. Zur Darlegung der Grundsätzlichkeit der Rechtsfrage sind Ausführungen erforderlich, aus denen sich ergibt, dass die angestrebte Entscheidung **über den Einzelfall hinaus allgemeine Bedeutung besitzt,** von ihr also erwartet werden kann, dass sie in einer bisher noch nicht geschehenen, jedoch die Interessen der Allgemeinheit berührenden Weise das Recht oder die **Rechtsanwendung fortentwickeln oder vereinheitlichen** wird (BSG SozR 1500 § 160 Nrn 39 und 53 mwN). Eine grundsätzliche Bedeutung ist nicht dargetan, wenn lediglich Ausführungen dazu gemacht werden, dass das LSG falsch entschieden habe (BSG SozR 1500 § 160a Nr 7) oder von falschen tatsächlichen Voraussetzungen ausgegangen sei. **533**

Auch die Frage der **Verfassungswidrigkeit einer Vorschrift** kann die Zulassung der Revision wegen grundsätzlicher Bedeutung rechtfertigen. Die bloße Behauptung der Verfassungswidrigkeit einer Norm ist nicht ausreichend, es muss dargetan werden, welche Norm des Grundgesetzes verletzt sein soll und aus welchen Gründen. Insbesondere bei behaupteten Verstößen gegen den Gleichheitsgrundsatz ist zu erläutern, worin Ungleichbehandlung und Willkür erblickt werden (BSGE 40, 158 = SozR 1500 § 160a Nr 11; SozR aaO Nr 17). Entsprechendes gilt, wenn die **Lückenhaftigkeit einer Norm** behauptet wird (BSG SozR 1500 § 160a Nr 47). Die nicht konkretisierte Behauptung, es seien noch eine Vielzahl **gleichgelagerter Fälle anhängig,** reicht nicht. Ausführungen zur grundsätzlichen Bedeutung der Rechtssache sind auch für einen Versicherungsträger nicht deshalb entbehrlich, weil er das Recht nicht nur in Einzelfällen anzuwenden hat (BSG SozR 1500 § 160a Nr 39). **534**

dd) Klärungsfähigkeit. Das BSG muss nach der Zulassung der Revision in der Lage sein, über die klärungsbedürftige Rechtsfrage auch sachlich entscheiden zu können. Ist dem BSG aus prozessualen Gründen eine Entscheidung verwehrt (zB weil das LSG übersehen hat, dass die Berufung unzulässig war oder sonstige Prozessvoraussetzungen nicht vorliegen), kommt der Rechtssache trotz Klärungsbedürftigkeit mangels der erforderlichen Klärungsfähigkeit keine grundsätzliche Bedeutung zu (BSG SozR 1500 § 160 Nr 39). Gleiches gilt, wenn das LSG über nicht revisibles Recht entschieden hat (BSG SozR 1500 § 160 Nr 10). Es muss dargetan werden, dass zumindest eine grundsätzliche Rechtsfrage bei Zulassung der Revision **notwendigerweise vom BSG zu entscheiden** **535**

ist. Zur Darlegung der Klärungsfähigkeit gehört, dass der Beschwerdeführer den nach seiner Auffassung vom BSG einzuschlagenden Weg der Nachprüfung des angefochtenen Urteils und dabei insbesondere den Schritt darstellt, der die Entscheidung der als grundsätzlich bezeichneten Rechtsfrage notwendig macht (BSG SozR 1500 § 160a Nr 31).

536 **ee) Klärungsbedürftigkeit.** Es ist darzulegen, dass die Rechtsfolge und damit die von ihr geprägte Rechtssache klärungsbedürftig ist, da ihr nur dann eine grundsätzliche Bedeutung zukommt. Die Klärungsbedürftigkeit ist zu verneinen, wenn die Beantwortung der **Rechtsfolge so gut wie unbestritten ist** (BSG SozR 1500 § 160a Nr 59). Wird geltend gemacht, die Rechtsfrage sei streitig, ist im Einzelnen darzulegen, in welchem Umfang, von welcher Seite und aus welchen Gründen die Beantwortung der Rechtsfrage umstritten und inwiefern sie im allgemeinen Interesse klärungsbedürftig ist (BSG SozR 1500 § 160 Nr 17). Eine Rechtsfrage ist nicht klärungsbedürftig, wenn die Antwort von vornherein praktisch außer Zweifel steht (BSGE 40, 40 = SozR 1500 § 160a Nr 4) oder ihre Beantwortung – ggf nach einer klarstellenden Regelung des Gesetzgebers – unmittelbar dem Gesetz zu entnehmen ist (BSG SozR 1300 § 13 Nr 1). Die Klärungsbedürftigkeit ist allein mit einer nicht näher erläuterten und dem Wortlaut des Gesetzes widersprechenden Auslegung nicht dargelegt (BSG SozR 1500 § 160a Nr 59). Die bloße Behauptung, dass eine Vielzahl von Verfahren gleichen Inhalts anhängig seien, reicht zB nicht. Eine Rechtsfrage, die das **BSG bereits entschieden** hat, ist im Allgemeinen nicht mehr klärungsbedürftig und kann somit keine grundsätzliche Bedeutung haben, es sei denn, die Beantwortung der Frage ist klärungsbedürftig geblieben oder später erneut geworden (BSG SozR 3–4100 § 111 Nr 1). Es kann aber eine Divergenz vorliegen, wenn zunächst zutreffend die grundsätzliche Bedeutung geltend gemacht wurde und das BSG nach Ablauf der Begründungsfrist über die Rechtsfrage entschieden hat. Eine **außer Kraft getretene Vorschrift** kann idR keine grundsätzliche Rechtsfrage mehr aufwerfen. Das gilt nur dann nicht, wenn noch eine erhebliche Anzahl von Fällen zu entscheiden sind und darin die Klärungsbedürftigkeit der Rechtsfrage liegt. Dies ist ggf genau und im Einzelnen darzulegen (BSG SozR 1500 § 160a Nr 19). Gleiches gilt für **Übergangsvorschriften.**

2. Divergenz (Abweichung)

a) Begriff Divergenz

537 Der Zulassungsgrund der Divergenz liegt vor, wenn das Urteil des LSG auf einer bestimmten Rechtsauffassung beruht, die im Widerspruch zu einer Rechtsauffassung steht, die das BSG, der GmSOGB oder das BVerfG einer Entscheidung zugrunde gelegt haben. Die Abweichung von Entscheidungen anderer oberster Bundesgerichte, eines anderen LSG oder des EuGH reicht nicht. IdR wird dann aber eine grundsätzliche Bedeutung vorliegen. Eine Abweichung liegt vor, wenn ein **gleicher Sachverhalt in rechtlicher Hinsicht anders beurteilt** wird. Eine Abweichung in der Tatsachenbeurteilung reicht nicht. Sie kommt nur in Betracht, wenn das LSG einen tragenden abstrakten Rechtssatz in Abweichung von einem vorhandenen Rechtssatz des BSG, des GmSOGB oder des BVerfG aufgestellt hat. Das **LSG muss die Rechtsfrage entschieden haben,** es reicht nicht, wenn es diese übersehen hat (BSG SozR 1500 § 160a Nr 67). Eine Divergenz liegt auch vor, wenn das LSG allgemein und grundsätzlich eine eindeutige Stellungnahme gegen die Rechtsprechung des BSG vermeidet, in seinen näheren Darlegungen aber erkennen lässt, dass es diese Rechtsprechung nur **erheblich modifiziert** übernehmen will (SozR 1500 § 160 Nr 28).

Hat das BSG seine Rechtsprechung geändert oder modifiziert, kommt **538** eine Divergenz nur in Betracht, wenn durch das angefochtene Urteil des LSG die letzte Entscheidung des BSG in Frage gestellt ist. Abzustellen ist auf die **aktuelle höchstrichterliche Rechtsprechung** (BSG SozR 1500 § 160 Nr 61). Wurde zutreffend die grundsätzliche Bedeutung der Rechtssache geltend gemacht und hat nach Ablauf der Beschwerdebegründungsfrist der Große Senat des BSG zu der umstrittenen Rechtsfrage entschieden, ist die Revision wegen Divergenz zuzulassen, wenn das LSG anders entschieden hat (BSG SozR 1500 § 160 Nr 25). BSG und LSG müssen dieselbe Vorschrift unterschiedlich ausgelegt haben. Eine Rechtsfrage ist nicht mehr klärungsbedürftig, wenn zur **Auslegung vergleichbarer Regelungen** schon höchstrichterliche Entscheidungen ergangen sind (BSG SozR 3–1500 § 160 Nr 8).

Da das BSG kein irrevisibles Recht auslegen darf, muss die Divergenz **539** **revisibles Recht** betreffen. Die bloße **Möglichkeit einer Divergenz,** die nicht im Revisionsverfahren, sondern erst im Wege **weiterer Sachaufklärung** nach einer Zurückverweisung durch das LSG festgestellt werden könnte, genügt nicht, um die Revision zuzulassen (BSG SozR 1500 § 160a Nr 39). Gemäß § 170 Abs 5 ist das LSG an ein **zurückverweisendes Urteil des BSG** gebunden. Weicht es gleichwohl von der rechtlichen Beurteilung des BSG ab, liegt ein Verfahrensfehler, keine Divergenz vor (Kummer DAngVers 1989, 174 mwN).

b) Darlegung der Divergenz

Auch an die Darlegung der Divergenz stellt das BSG hohe Anforde- **540** rungen. Da es sich bei der Divergenzrevision um einen Sonderfall der Grundsatzrevision handelt (SozR 1500 § 160 Nr 28), sind auch die Klärungsfähigkeit und -bedürftigkeit sowie die Entscheidungserheblichkeit darzustellen. Die Nichtzulassungsbeschwerde wird zwar häufig mit einer Divergenz begründet, sie hat aber nur selten Erfolg. Das LSG muss sich nämlich in derselben Rechtsfrage in Widerspruch zum BSG gesetzt haben. Meistens scheitert die Divergenzrüge daran, dass die Identität der Rechtsfrage nicht besteht und nicht dargestellt oder eine falsche Rechtsanwendung mit Divergenz verwechselt wird. In der Begründung müssen nacheinander folgende Punkte dargelegt werden:

– **Bezeichnung der divergierenden Entscheidung**
– **Benennung des Rechtssatzes des LSG**
– **Benennung des divergierenden Rechtssatzes des BSG**
– **Darstellung der Abweichung**
– **Beruhen auf der Abweichung**
– **Entscheidungserheblichkeit**
– **Klärungsfähigkeit**
– **Klärungsbedürftigkeit**

541 **aa) Bezeichnung der divergierenden Entscheidung.** Wird die Nichtzulassungsbeschwerde darauf gestützt, es liege eine Abweichung des Urteils des LSG von einer Entscheidung des BSG, des GmSOGB oder des BVerfG vor, muss die Entscheidung, von der das LSG abgewichen sein soll, so genau bezeichnet werden, dass sie ohne große Schwierigkeit auffindbar ist. Dies ist idR nur dann der Fall, wenn Datum und Aktenzeichen oder die Fundstelle der Entscheidung genannt werden (BSG SozR 1500 § 160a Nr 14). Es reicht nicht, wenn nur auf einen Artikel in einer Tageszeitung verwiesen wird, aus dem sich nicht das zutreffende Aktenzeichen der Entscheidung des BSG ergibt (BSG SozR 3–1500 § 160 Nr 1). Ist ein Urteil des BSG zwar verkündet, aber vor Ablauf der Begründungsfrist noch nicht abgesetzt worden, reicht es ausnahmsweise aus, wenn die Entscheidung genannt worden ist, von der das Urteil des LSG angeblich abweicht und Ausführungen dazu gemacht werden, dass nach Maßgabe der bekanntgewordenen Maßstäbe in dem angezogenen Urteil das angefochtene Urteil nicht zutreffen dürfte (BSG SozR 1500 § 160a Nr 67).

542 **bb) Benennung des Rechtssatzes des LSG.** Es ist auszuführen, bezüglich welcher konkreten Rechtsfrage eine das Urteil des LSG tragende Abweichung in dessen rechtlichen Darlegungen (nicht in der Tatsachenbeurteilung) enthalten ist. Die konkrete rechtliche Aussage des LSG, die die Abweichung enthält, ist zu nennen. Es ist also der abweichende abstrakte Rechtssatz, den das LSG seiner Entscheidung zugrunde gelegt hat, herauszuarbeiten. Es empfiehlt sich, den tragenden Rechtssatz des Urteils zu formulieren, auch wenn dieser vom LSG nicht ausdrücklich formuliert wurde. Unzureichend ist die bloße Behauptung der Abweichung oder zB die allgemein gehaltene Formulierung: „Nach der Entscheidung des BSG vom 31. 1. 1973 – 12 RJ 334/71, von welcher das LSG abgewichen ist, ist die Klägerin als arbeitslos anzusehen" (BSG SozR 1500 § 160a Nr 21).

543 **cc) Benennung des divergierenden Rechtssatzes des BSG.** Der Rechtssatz des BSG, des GmSOGB oder des BVerfG, von dem das LSG

abgewichen sein soll, ist genau zu benennen. Wird eine Divergenz behauptet, muss dargelegt werden, zu welcher konkreten Rechtsfrage eine das Berufungsurteil tragende Abweichung in dessen rechtlichen Ausführungen enthalten ist bzw inwiefern das Urteil des LSG von der Entscheidung des BSG abweichen soll (BSG SozR 1500 § 160a Nr 14). Es muss dargelegt werden, **mit welcher konkreten Aussage** das angegriffene Urteil von der höchstrichterlichen Entscheidung abgewichen ist (BSG SozR 1500 § 160a Nr 29).

dd) Darstellung der Abweichung. Es ist darzustellen, worin genau 544
die Abweichung bestehen soll (BSG SozR 1500 § 160a Nr 14), es sei denn, die beiden Rechtssätze sind so konträr, dass der Widerspruch offensichtlich ist. Insbesondere sind verdeckte Widersprüche exakt darzulegen. Die Beschwerdebegründung muss erkennen lassen, welcher abstrakte Rechtssatz in dem abweichenden Urteil enthalten ist und welcher im Urteil des LSG enthaltene Rechtssatz dazu im Widerspruch steht (BSG SozR 1500 § 160a Nr 67).

ee) Beruhen auf der Abweichung. Es muss genau dargelegt werden, 545
dass das Urteil des LSG auf der Abweichung beruht. Das ist gegeben, wenn dieses bei Zugrundelegung der Rechtsauffassung der Entscheidung, von der abgewichen wird, anders hätte ausfallen müssen. Ist das Urteil des LSG **kumulativ mehrfach begründet,** genügt es nicht, die Abweichung nur für eine Begründung darzulegen. Es muss dargetan werden, dass sich die Abweichung auf alle Begründungen des Urteils auswirkt (BSG SozR 1500 § 160a Nr 5). Wenn das BSG verlangt, eine Abweichung sei nicht formgerecht bezeichnet, wenn trotz naheliegender rechtlicher Gestaltung die schlüssige Darlegung fehle, dass die Entscheidung des LSG nicht mit einer anderen als der vom LSG angeführten rechtlichen Begründung bestätigt werden könne, die Divergenzfrage mithin auch für das BSG entscheidungserheblich sei (BSG SozR 1500 § 160a Nr 54), werden die Anforderungen an eine Begründung überspannt.

Die Entscheidung des BSG und das Urteil des LSG müssen dieselbe 546
Rechtslage betreffen. Liegt eine **zwischenzeitliche Rechtsänderung** vor, ist die schlüssige Darstellung erforderlich, warum die frühere Rechtsprechung des BSG für das im Streitfall maßgebliche geänderte Recht erheblich geblieben ist (BSG SozR 1500 § 160a Nr 58).

ff) Entscheidungserheblichkeit. Es ist schlüssig darzulegen, dass und 547
warum die vom LSG entschiedene Rechtsfrage auch für die angestrebte Revision rechtserheblich sein wird (hierzu RdNr 532).

gg) Klärungsfähigkeit. Es ist darzulegen, dass das BSG nach der Zu- 548
lassung der Revision in der Lage ist, über die klärungsbedürftige Rechtsfrage auch sachlich entscheiden zu können (hierzu RdNr 535).

hh) Klärungsbedürftigkeit. Es ist darzulegen, dass die Rechtsfrage 549
und damit die von ihr geprägte Rechtssache klärungsbedürftig ist (hierzu RdNr 536).

3. Verfahrensmangel

a) Allgemeines

550 Unter Mängeln des Verfahrens sind **Verstöße gegen das Verfahren regelnde Vorschriften** zu verstehen (BSGE 15, 169, 172). In Betracht kommen nur Mängel, die den **Weg zum Urteil** bis zur Zustellung betreffen. Für die Nichtzulassungsbeschwerde sind nur Verfahrensmängel beachtlich, die dem Verfahren vor dem LSG anhaften; Mängel des Verfahrens vor dem SG nur, wenn sie sich in einem Mangel des Berufungsverfahrens fortsetzen. Mängel des vorausgegangenen Verwaltungsverfahrens sind im Rahmen der Nichtzulassungsbeschwerde unbeachtlich, da sie den sachlich-rechtlichen Inhalt des Urteils betreffen. Gleiches gilt für (irrevisible) landesrechtliche Verfahrensvorschriften (BSG SozR 1500 § 160 Nr 44). Ein Mangel, der nur eine unanfechtbare Vorentscheidung des LSG (zB Beschluss bezüglich der Ablehnung eines Sachverständigen wegen Besorgnis der Befangenheit) betrifft, reicht nicht (BSG SozR 1500 § 160 Nr 57). Bei der Prüfung, ob ein Verfahrensmangel vorliegt, ist **von der Rechtsauffassung des LSG auszugehen.** Das Gericht handelt zB nicht verfahrensfehlerhaft, wenn nach seiner materiell-rechtlichen Auffassung kein Vorverfahren erforderlich ist (BSG SozR 1500 § 160 Nr 33).

b) Darlegung des Verfahrensmangels

551 Zur Begründung der auf einen Verfahrensmangel gestützten Nichtzulassungsbeschwerde müssen folgende Punkte dargelegt werden:
- **Bezeichnung des Verfahrensmangels**
- **Beruhen auf dem Verfahrensmangel**

Soll die Verletzung des § 103 gerügt werden, sind weitere Darlegungen erforderlich, siehe hierzu RdNr 555 ff.

552 **aa) Bezeichnung des Verfahrensmangels.** Bei der Rüge von Verfahrensmängeln müssen die **Tatsachen, die den Mangel ergeben, genau bezeichnet** werden. Das BSG (SozR 1500 § 160a Nr 14) hat hierzu folgendes ausgeführt: „Bezeichnet ist der Verfahrensmangel noch nicht, wenn nur ein allgemein gehaltener Hinweis gegeben wird, sondern nur dann, wenn er in den ihn (vermeintlich) begründenden Tatsachen substantiiert dargetan wird. Es ist daher eine Begründung erforderlich, die das BSG in die Lage versetzt, sich **allein anhand der Beschwerdebegründung ein Urteil zu bilden,** ob die angegriffene Entscheidung auf einem Verfahrensmangel beruhen kann. Das BSG soll dadurch in die Lage versetzt werden, sich bereits anhand der Beschwerdebegründung ein Urteil darüber zu bilden, ob die geltend gemachten Tatsachen – ihre Richtigkeit unterstellt – es als möglich erscheinen lassen, dass das Urteil darauf beruht. Der Verfahrensmangel muss also in der Beschwerdeschrift **schlüssig bezeichnet** werden; dies ist nur dann der Fall, wenn die Tatsa-

chen, die den Mangel ergeben sollen, im einzelnen genau bezeichnet sind."

Beispiele: Wird als Verfahrensmangel gerügt, das LSG habe einen Beschluss, mit dem die Ablehnung eines Sachverständigen wegen Besorgnis der Befangenheit abgelehnt worden sei, ohne Beratung verkündet, sind ua folgende Ausführungen zu machen (vgl BSG SozR 1500 § 160 Nr 57): Ist die Beratung vor der Verkündung des Beschlusses tatsächlich unterblieben oder nur nicht in das Protokoll aufgenommen worden? Wurde nach Verkündung des Beschlusses die unterlassene Beratung gerügt? Warum ist dies ggf unterblieben? Der bloße Hinweis auf das Protokoll, das keinen Vermerk über die Beratung enthält, reicht nicht. – Eine Besetzungsrüge „auf Verdacht", dh ohne zweckentsprechende Aufklärung und schlüssige Rüge, reicht zB nicht. **553**

bb) Beruhen auf dem Verfahrensmangel. Auf einem Verfahrensmangel kann eine Entscheidung beruhen, wenn zumindest die Möglichkeit besteht, dass das Gericht **ohne diesen zu einem sachlich günstigeren Ergebnis** hätte kommen können. Die Beschwerdebegründung muss daher Ausführungen dazu enthalten, dass das LSG ohne den Verfahrensmangel für den Beschwerdeführer zu einem günstigeren Ergebnis gekommen wäre. Auch die Verletzung des Anspruchs auf **rechtliches Gehör** ist nur dann ein zur Zulassung der Revision führender Verfahrensmangel, wenn die angefochtene Entscheidung darauf beruhen kann (BSG SozR 1500 § 160 Nr 31). Bei absoluten Revisionsgründen (§ 202 SGG iVm § 551 ZPO) ist zu vermuten, dass die Entscheidung darauf beruht (BSGE 4, 281, 287; BSG Breithaupt 1984, 915, 916f). Die Rüge einer (irrevisiblen) **landesrechtlichen Verfahrensvorschrift** reicht nicht (BSG SozR 1500 § 160 Nr 44). **554**

c) Besonderheiten bei der Rüge einer Verletzung des § 103

aa) Allgemeines. Gemäß § 160 Abs 2 Nr 3 HS 2 kann eine Nichtzulassungsbeschwerde auf eine Verletzung der Aufklärungspflicht (§ 103) nur gestützt werden, wenn der Verfahrensmangel sich auf einen Beweisantrag bezieht, dem das LSG ohne hinreichende Begründung nicht gefolgt ist. Das LSG muss seine Amtsermittlungspflicht nach § 103 dadurch verletzt haben, dass es eine vom Beschwerdeführer beantragte Beweiserhebung nicht durchgeführt hat. Voraussetzung ist, dass sich das LSG **aus seiner Sicht hätte gedrängt fühlen müssen,** diesen Beweis zu erheben (BSG SozR 1500 § 160 Nr 5; SozR 1500 § 160a Nr 34). Auch wenn die Nichtzulassungsbeschwerde auf die Rüge gestützt wird, das LSG habe nicht auf die Folgen einer fehlenden Mitwirkung bei der Aufklärung des Sachverhaltes hingewiesen, handelt es sich in Wahrheit um die Rüge einer Verletzung des § 103 (BSG SozR 1500 § 160 Nr 34). **555**

bb) Voraussetzungen und erforderliche Darlegung. Bei der Rüge einer Verletzung des § 103 sind folgende Darlegungen erforderlich: **556**

- **genaue Bezeichnung des Beweisantrages**
- **Darstellung der Rechtsauffassung des LSG**

- **das LSG ist dem Beweisantrag ohne hinreichende Begründung nicht gefolgt**
- **mögliches Ergebnis der unterbliebenen Beweiserhebung**
- **Beruhen auf der unterlassenen Beweisaufnahme**
- **keine Heilung gemäß § 295 Abs 2 ZPO**

557 **(1) Bezeichnung des Beweisantrages.** Vor dem LSG muss iSd einschlägigen Vorschriften der ZPO ein **hinreichend substantiierter Beweisantrag gestellt** worden sein. Beim Zeugenbeweis müssen zB die Tatsachen, über die die Vernehmung des Zeugen stattfinden sollte, beim Sachverständigenbeweis die zu begutachtenden Punkte bezeichnet worden sein (BSG SozR 1500 § 160 Nr 45). Die allgemein gehaltene Bitte um erneute Überprüfung des Sachverhalts und die Einholung eines Gutachtens von Amts wegen reicht nicht. Es genügt, wenn der Beweisantrag in einem **vorbereitenden Schriftsatz** gestellt wurde, es sei denn, aus den näheren Umständen ist zu entnehmen, dass er in der letzten mündlichen Verhandlung nicht mehr aufrechterhalten wurde (BSG SozR 1500 § 160 Nr 12). War ein Beteiligter im Berufungsverfahren rechtskundig vertreten, kann er im Verfahren über die Nichtzulassungsbeschwerde dann nicht rügen, das LSG habe einen Beweisantrag übergangen, wenn dieser weder im Berufungsurteil erwähnt ist noch im letzten Termin zur mündlichen Verhandlung – und sei es hilfsweise – gestellt, wiederholt oder in Bezug genommen wurde (BSG SozR 3–1500 § 160 Nr 29). Wer im Berufungsverfahren schriftsätzlich einen Beweisantrag stellt und nach einer Anhörungsmitteilung gemäß § 153 Abs 4 S 2 den Antrag nicht wiederholt, wird grundsätzlich so behandelt, als hätte sich der Antrag erledigt (BSG SozR 3–1500 § 160 Nr 31). Gleiches gilt bei einem unentschuldigten Ausbleiben im Termin zur mündlichen Verhandlung bezüglich eines zuvor angekündigten Beweisantrages, wenn nicht unmittelbar vor dem Termin hinreichend deutlich zum Ausdruck gebracht wird, dass im Falle eines Ausbleibens über den Beweisantrag entschieden werden soll (BSG SozR 3–1500 § 160 Nr 35). Ein Beweisantrag ist nicht aufrecht erhalten, wenn nach Antragstellung weitere Ermittlungen durchgeführt werden, das Beweisergebnis mitgeteilt wird und sich der Beteiligte danach mit einer Entscheidung ohne mündliche Verhandlung einverstanden erklärt (BSG SozR 3–1500 § 160 Nr 20). Das Erfordernis, dass ein Beweisantrag gestellt worden sein muss, kann nicht dadurch umgangen werden, dass statt der Verletzung der Aufklärungspflicht eine Verletzung der Hinweispflicht (§ 106) gerügt wird, die darin liegt, dass das LSG nicht die Stellung eines Beweisantrages angeregt hat (BSG SozR 1500 § 160 Nr 13). Die mögliche Rüge ist auf die Punkte beschränkt, die durch den Beweisantrag (das Beweisthema) geklärt werden sollten. Ob der angebotene Beweis das LSG zu einem anderen Punkt hätte beeinflussen können, ist ohne Bedeutung (BSG SozR 1500 § 160 Nr 35). Ein **Antrag nach § 109** reicht nicht; dieser enthält nicht zugleich einen Antrag nach § 103. Der Beweisantrag

muss vielmehr unzweifelhaft erkennen lassen, dass eine weitere Sachaufklärung von Amts wegen für erforderlich gehalten wird (BSG SozR 1500 § 160 Nr 67).

Der Beweisantrag, dem das LSG nicht gefolgt ist, ist so **genau zu bezeichnen,** dass er für das BSG **ohne weiteres auffindbar** ist; es ist ein Sachverhalt darzulegen, der möglicherweise einen in Betracht kommenden Verfahrensmangel ergeben könnte (BSG SozR 1500 § 160 Nr 5). Der pauschale Vortrag, das LSG habe nicht alle Beweise erhoben oder alle Zeugen vernommen, reicht zB nicht. Wurde der **Beweisantrag mündlich gestellt,** muss die Begründung den Hinweis darauf enthalten, dass dieser protokolliert oder im Urteilstatbestand aufgeführt ist (BSG SozR 1500 § 160 Nr 64). **558**

(2) Rechtsauffassung des LSG. Dafür, ob das LSG seine Amtsermittlungspflicht nach § 103 dadurch verletzt hat, dass es eine Beweiserhebung, die der Beschwerdeführer beantragt hat, nicht durchgeführt hat, ist entscheidend auf die Rechtsauffassung des LSG abzustellen (BSG SozR 1500 § 160 Nr 5). Nur wenn das LSG sich nach den Gesamtumständen des Falles auch nach seiner materiell-rechtlichen Auffassung (von seinem rechtlichen Ausgangspunkt aus) hätte **gedrängt fühlen müssen, den Beweis zu erheben,** kann die Revision zugelassen werden. Hat das LSG zB die Berufung als unzulässig angesehen, musste es sich nicht gedrängt fühlen, ein beantragtes Gutachten einzuholen. **559**

Es ist detailliert darzulegen, **aufgrund welcher Rechtsauffassung** das LSG sich hätte gedrängt fühlen müssen, Tatfragen für klärungsbedürftig zu halten und sie auch aufzuklären, dh weitere Beweise zu erheben (BSG SozR 1500 § 160a Nrn 34, 60). Ist das LSG einem in der Berufungsbegründung gestellten **Beweisantrag gefolgt** (hat es zB – wie beantragt – ein Gutachten eingeholt), ist zur Begründung darzulegen, inwiefern es sich durch den gestellten Beweisantrag – ohne Antrag auf eine weitere Beweiserhebung – zu weiteren Ermittlungen gedrängt sehen musste und weshalb der Antrag durch die angestellten Ermittlungen nicht erledigt war (BSG SozR 1500 § 160a Nr 56). **560**

(3) Ohne hinreichende Begründung nicht gefolgt. Das LSG muss dem Beweisantrag ohne hinreichende Begründung nicht gefolgt sein. Damit soll ausgeschlossen werden, dass allein die Tatsache, dass das LSG dem Beweisantrag nicht stattgegeben hat, die Zulassung der Revision zur Folge hat. Es soll verhindert werden, dass – wie etwa im Zivilprozess – schon die Nichterhebung eines beantragten Beweises grundsätzlich fehlerhaft ist (BSG SozR 1500 § 160 Nr 5). Entgegen dem missverständlichen Wortlaut des § 160 Abs 2 Nr 3 kommt es darauf an, dass die **Ablehnung des Beweisantrags selbst nicht hinreichend begründet** ist (nicht darauf, dass die vom LSG hierfür im Urteil angeführte Begründung unzureichend ist). Ohne „hinreichenden" Grund bedeutet ohne einen Grund, der hinreichend für die Annahme ist, dass das LSG sich hätte ge- **561**

drängt fühlen müssen, den beantragten Beweis zu erheben. Die Revision ist also nur zuzulassen, wenn fest steht, dass das LSG dadurch, dass es einen beantragten Beweis nicht erhoben hat, § 103 verletzt hat, weil es sich hätte **gedrängt fühlen müssen, den beantragten Beweis zu erheben** (BSG SozR 1500 § 160 Nr 5).

562 **(4) Mögliches Ergebnis der unterbliebenen Beweiserhebung.** Es ist darzulegen, welches günstigere Ergebnis die Beweisaufnahme gehabt hätte. Wird zB gerügt, es sei entgegen einem Beweisantrag ein Zeuge nicht gehört worden, ist anzugeben, was dieser über die Aussage vernommener Zeugen hinaus oder abweichend von ihnen hätte bekunden können (BSG SozR 1500 § 160a Nr 24).

563 **(5) Beruhen auf der unterlassenen Beweisaufnahme.** Es ist darzulegen, dass und warum das Urteil des LSG auf der unterlassenen Beweisaufnahme beruht. Dazu sind Ausführungen erforderlich, **zu welchem konkreten anderen Ergebnis** das LSG bei Durchführung der Beweisaufnahme gekommen wäre. Angriffe gegen die Beweiswürdigung allein reichen nicht.

564 **(6) Keine Heilung gemäß § 295 Abs 2 ZPO.** Wird der Verfahrensmangel eines übergangenen Beweisantrages darauf gestützt, das LSG habe sich nicht auf ein von ihm eingeholtes Gutachten stützen dürfen, ist in der Beschwerdebegründung darzulegen, dass etwaige Mängel des Gutachtens nicht geheilt sind. Die Vorschriften der §§ 556, 295 ZPO gelten im sozialgerichtlichen Verfahren entsprechend. Es muss in der Beschwerdebegründung aufgezeigt werden, wann und wo der Mangel des Berufungsverfahrens gerügt wurde oder weshalb Vorschriften iSd § 295 Abs 2 ZPO verletzt sind, auf deren Befolgung wirksam nicht verzichtet werden kann (BSG SozR 1500 § 160a Nr 61).

d) Ausschluss der Rüge einer Verletzung der §§ 109, 128 Abs 1 S 1

565 Ein Verfahrensmangel kann gemäß § 160 Abs 2 Nr 3 nicht auf eine Verletzung der §§ 109, 128 Abs 2 S 1 gestützt werden. Bezüglich der Rüge, § 109 sei verletzt, gilt dies auch für den Fall, dass das LSG den Antrag aus offensichtlich nicht zutreffenden Gründen abgelehnt hat (BSG SozR 1500 § 160 Nr 34). Ein Beweisantrag nach § 109 enthält zugleich einen Beweisantrag nach § 103, so dass statt der unzulässigen Rüge, § 109 sei verletzt, eine Verletzung des § 103 gerügt werden könnte.

566 Eine **Verletzung des § 128 Abs 1 S 1** kann nicht zur Zulassung der Revision führen. Dieser Ausschluss hindert das BSG aber nicht an der für Sachaufklärungsrügen (§ 103) vorgeschriebenen Prüfung, ob das LSG einem Beweisantrag ohne hinreichende Begründung nicht gefolgt ist (BSG SozR 1500 § 160 Nr 49 unter Aufgabe der früheren Rechtsprechung in BSG SozR 1500 § 160 Nr 5 für den Fall einer unzulässigerweise vorweggenommenen Beweiswürdigung durch eine nicht durchgeführte Beweisaufnahme). Es kann nicht geltend gemacht werden, das LSG habe bei der

Tatsachenfeststellung (Beweiswürdigung) **Denkgesetze oder Erfahrungssätze verletzt.** Damit wird nämlich gerügt, es liege ein Überschreiten der immanenten Grenzen vor, die der freien richterlichen Beweiswürdigung gezogen sind (BSG SozR 1500 § 160 Nr 26 und 41). Mit der Rüge, das LSG habe den vernommenen **Zeugen beeidigen** müssen, wird die Verletzung der §§ 103 und 128 Abs 1 S 1 gerügt; sie führt daher jedenfalls dann, wenn die Beeidigung nicht beantragt wurde, nicht zur Zulassung der Revision (BSG SozR 1500 § 160 Nr 41).

e) Einzelfälle

Der Verfahrensmangel einer Verletzung des **rechtlichen Gehörs** ist zB **567**
dann nicht richtig bezeichnet, wenn nicht angegeben wird, welches Vorbringen verhindert worden ist und inwiefern die angefochtene Entscheidung darauf beruhen kann (BSG SozR 1500 § 160a Nr 36). Es ist also darzulegen, was vorgetragen worden wäre. Die Verletzung des rechtlichen Gehörs muss – wenn die Möglichkeit bestand – noch vor dem LSG beanstandet worden sein. Es muss daher dargestellt werden, wie und wann eine erfolglose Beanstandung erfolgte oder dass dies nicht möglich war.

Macht der Beschwerdeführer geltend, das LSG habe den **Streitgegen-** **568**
stand verkannt, so genügt er seiner Darlegungslast nur, wenn er den Verfahrensgang unter Auslegung der den Streitgegenstand bestimmenden Entscheidungen und Erklärungen lückenlos schildert (BSG SozR 1500 § 160a Nr 62). Wird die **Nichtanhörung eines Zeugen** gerügt, ist darzulegen, was ein vom LSG entgegen einem Beweisantrag nicht gehörter Zeuge über die Aussagen vernommener Zeugen hinaus oder abweichend von ihnen hätte bekunden können (BSG SozR 1500 § 160a Nr 24). Allein die **Kostenentscheidung** betreffende Verfahrensmängel können nicht zur Zulassung der Revision führen (BSG Breithaupt 1985, 625).

VI. Entscheidung des BSG

1. Allgemeines

Das BSG entscheidet gemäß § 160a Abs 4 S 1 über die Nichtzulas- **569**
sungsbeschwerde **durch Beschluss**, und zwar idR ohne mündliche Verhandlung. Von einer Begründung kann nach Abs 4 S 2 abgesehen werden. Hiergegen bestehen keine verfassungsrechtlichen Bedenken (BVerfG, NJW 2004, 1371). Das BSG prüft nur die bis zum Ablauf der Begründungsfrist vorgetragenen Zulassungsgründe. Es sind folgende **vier Entscheidungen möglich:** 1. Verwerfung als unzulässig, 2. Zurückweisung als unbegründet, 3. Zulassung der Revision und 4. kann das BSG nach § 160a Abs 5 mit Beschluss das angefochtene Urteil aufheben und die Sache zur erneuten Verhandlung und Entscheidung zurückverweisen,

wenn ein Verfahrensmangel des LSG vorgelegen hat. Die Nichtzulassungsbeschwerde wird durch Beschluss **als unzulässig verworfen,** wenn nicht wenigstens einer der drei Zulassungsgründe behauptet wurde oder wenn andere Voraussetzungen für eine Sachentscheidung nicht vorliegen (zB wenn die Beschwerde nicht durch einen Prozessbevollmächtigten iSd § 73 Abs 4 eingelegt wurde). In diesem Fall entscheidet das BSG gemäß § 160a Abs 4 S 1, iVm § 169 S 3 ohne Zuziehung der ehrenamtlichen Richter. Dies ist nicht verfassungswidrig (BVerfG SozR 1500 § 160a Nr 30 = NJW 1978, 2499).

570 Ist die Nichtzulassungsbeschwerde zwar zulässig, aber unbegründet, wird sie **als unbegründet zurückgewiesen.** Sie ist begründet, wenn zum Zeitpunkt der Entscheidung ein vom Beschwerdeführer form- und fristgerecht gerügter Zulassungsgrund vorliegt. In diesem Fall wird die **Revision zugelassen** oder die Sache durch Beschluss an das LSG zurückverwiesen (siehe RdNr 569). Die Zulassung kann bei einer objektiven Klagehäufung auch nur teilweise erfolgen, dh auf einen selbständigen prozessualen Anspruch beschränkt werden. Die **Rücknahme** der Nichtzulassungsbeschwerde bewirkt den Verlust des Rechtsbehelfs (BSG SozR 1500 § 160a Nr 23 = NJW 1976, 1911). Für die Rücknahme ist die Einwilligung des Beschwerdegegners nicht erforderlich.

2. Wirkung der Entscheidung

571 Wird die Nichtzulassungsbeschwerde als **unzulässig** verworfen oder als **unbegründet** zurückgewiesen, wird das Urteil des LSG mit der Herausgabe des Beschlusses aus dem Gericht rechtskräftig. Wurde die Nichtzulassungsbeschwerde fristgerecht eingelegt, tritt die Rechtskraft nicht bereits (rückwirkend) mit Ablauf der Rechtsmittelfrist des Urteils des LSG ein (GmSOGB SozR 1750 § 705 Nr 1 = NJW 1984, 1027). Die Rechtskraft wird rückwirkend wieder beseitigt, wenn – auch nach bereits erfolgter Verwerfung der Nichtzulassungsbeschwerde – wegen der Fristversäumnis Wiedereinsetzung gewährt wird. Wird der **Beschwerde stattgegeben,** beginnt gemäß § 160a Abs 4 S 5 mit der Zustellung der Entscheidung der Lauf der Revisionsfrist, wenn diese mit einer ordnungsgemäßen Rechtsmittelbelehrung versehen ist. Wird die Revision nicht eingelegt, wird das Urteil des LSG mit Ablauf der Frist rechtskräftig. Das muss auch für eine verspätet eingelegte Revision gelten (str, aA: erst mit der Zustellung des Verwerfungsbeschlusses), da es ein Beteiligter nicht in der Hand haben kann, die Rechtskraft nachträglich durch eine (uU Monate) verspätet eingelegte Revision zu beseitigen (Ausnahme: es wird Wiedereinsetzung gewährt).

572 Die **Zulassung eröffnet die Vollrevision,** die Revision ist also nicht auf die mit der Nichtzulassungsbeschwerde geltend gemachten Gründe

oder den im Zulassungsbeschluss angegebenen Grund beschränkt. Mit der Revision können zB auch Verfahrensmängel gerügt werden, wenn mit der Zulassungsbeschwerde nur die grundsätzliche Bedeutung geltend gemacht wurde. Da die Zulassung zugunsten aller Beteiligten wirkt, kann auch ein durch das Urteil des LSG beschwerter **anderer Beteiligter Revision einlegen,** der selbst keine oder eine erfolglose Nichtzulassungsbeschwerde eingelegt hat.

VII. Kosten

Der Beschluss über die Nichtzulassungsbeschwerde enthält nur dann einen Kostenausspruch, wenn die Revision nicht zugelassen wird. Entschieden wird idR nur über die **außergerichtlichen Kosten,** da Gerichtskosten nur in den Fällen des § 197a anfallen. Wird die Revision zugelassen, ergeht idR kein gesonderter Ausspruch. Die Kosten des Beschwerdeverfahrens folgen den Kosten der Hauptsache (BSG SozR 1500 § 193 Nr 2). Die Entscheidung über die Kosten des Revisionsverfahrens enthält dann auch die Kostenentscheidung für das Beschwerdeverfahren (BSG SozR 1500 § 193 Nr 7). Wird die zugelassene Revision nicht eingelegt, hat nur auf Antrag ein Kostenbeschluss zu ergehen. Da die Nichteinlegung der Rücknahme der Revision gleichsteht, hat grundsätzlich der Beschwerdeführer die Kosten zu tragen. Für den Kostenausspruch haben aber die allgemeinen Grundsätze zu gelten, wenn der Rechtsstreit zB deshalb als erledigt erklärt wird, weil die Behörde nach Zulassung der Revision ein Anerkenntnis abgegeben hat. Das Verfahren der Nichtzulassungsbeschwerde ist ein **gesondertes Verfahren,** für das eine gesonderte Gebühr nach Nr 3512 VV zum RVG anfällt (s RdNr 620). **573**

VIII. Prozesskostenhilfe (PKH) für die Nichtzulassungsbeschwerde

1. Allgemeines

Auch für das Verfahren der Nichtzulassungsbeschwerde kann PKH bewilligt werden. Es gelten grundsätzlich die gleichen Voraussetzungen wie im Klage- oder Berufungsverfahren (siehe hierzu RdNr 145ff). Bezüglich der Erfolgsaussichten kommt es nicht nur darauf an, ob die Nichtzulassungsbeschwerde selbst Erfolg hat. Die PKH ist zu versagen, wenn eine zugelassene Revision materiell-rechtlich nicht zum Erfolg führen könnte (BSG SozR 1750 § 114 Nr 1) oder die Berufung als unzulässig verworfen werden müsste (BSG SozR 1750 § 114 Nr 5). **574**

2. Isoliert gestellter Antrag auf PKH

575 Statt der Einlegung der Nichtzulassungsbeschwerde durch einen beim BSG zugelassenen Bevollmächtigten iSd § 73 Abs 4 kann von einem Beteiligten auch nur der (isolierte) Antrag auf Gewährung von PKH und Beiordnung eines Rechtsanwalts gestellt werden. Für diesen Antrag besteht **kein Vertretungszwang** (§ 73 Abs 4 S 1); er muss aber **innerhalb der Beschwerdefrist** beim BSG eingehen. Ferner ist die auf dem vorgeschriebenen Vordruck abzugebende **Erklärung über die persönlichen und wirtschaftlichen Verhältnisse** – wenn nicht Entschuldigungsgründe vorliegen – bis zum Ablauf der Beschwerdefrist vorzulegen (BSG SozR 1750 § 117 Nr 1 und 3). Auch einem Antragsteller, der laufende Leistungen der Sozialhilfe bezieht, kann PKH nicht bewilligt werden, wenn bis zum Ablauf der Beschwerdefrist die Frage nach dem Bestand einer Rechtsschutzversicherung nicht beantwortet ist (BSG SozR 1750 § 117 Nr 4). Dies ist nicht verfassungswidrig (BVerfG SozR 1750 § 117 Nrn 2, 5, 6). Der isoliert gestellte PKH-Antrag erfordert **keine Begründung,** das BSG hat die Erfolgsaussichten von Amts wegen zu prüfen. Das gilt auch, wenn der isolierte Antrag durch einen zugelassenen Bevollmächtigten gestellt wurde.

576 Ist die Frist für die Nichtzulassungsbeschwerde versäumt worden, weil zunächst nur der isolierte PKH-Antrag gestellt wurde, ist dem Antragsteller auch dann **Wiedereinsetzung** in den vorigen Stand zu gewähren, wenn der PKH-Antrag keine Aussicht auf Erfolg hatte, der Antragsteller sich aber als „arm" iSd § 114 Abs 1 ZPO ansehen durfte (BSG SozR 1500 § 67 Nr 15). Hat ein beim BSG **zugelassener Bevollmächtigter** die Nichtzulassungsbeschwerde zusammen mit einem Antrag auf PKH eingelegt, ohne zum Ausdruck zu bringen, dass die Vertretung mit der Einlegung der Beschwerde ende, muss die Nichtzulassungsbeschwerde auch fristgerecht begründet werden. Gleiches gilt, wenn die Einlegung nicht ausdrücklich **auf den PKH-Antrag beschränkt** wurde. Wird in diesen Fällen die Begründungsfrist versäumt, kann keine Wiedereinsetzung gewährt werden (BSGE 40, 111 = SozR § 160a Nr 8). Der Beschwerdeführer kann aber (nur) innerhalb der Begründungsfrist noch selbst einen PKH-Antrag stellen, wenn sein Prozessbevollmächtigter, der die Nichtzulassungsbeschwerde ohne Begründung und ohne PKH-Antrag eingelegt hat, das Mandat niederlegt (BSG SozR Nr 3 zu § 167).

577 Wird **auf den isoliert gestellten Antrag PKH bewilligt** und Wiedereinsetzung gewährt, hat der beigeordnete Rechtsanwalt gemäß § 67 Abs 2 die versäumten Rechtshandlungen **innerhalb eines Monats** nachzuholen. Die Nichtzulassungsbeschwerde muss also innerhalb der Frist von einem Monat nach Zustellung des Beiordnungsbeschlusses **eingelegt und begründet** werden. Der Fristverlängerungsantrag reicht zur Wahrung der

Begründungsfrist nicht (BSG SozR Nr 20 zu § 67 SGG). Wird einem Beteiligten ein nicht von ihm ausgewählter und noch nicht für ihn tätig gewesener Rechtsanwalt beigeordnet, beginnt die Frist für die Nachholung der Begründung mit der Zustellung des Beiordnungsbeschlusses an den Beteiligten persönlich und nicht mit der Zustellung an den Rechtsanwalt (BSG SozR 1500 § 64 Nr 1).

Wird der **isolierte Antrag auf PKH abgelehnt,** kann im Wege der **578**
Wiedereinsetzung innerhalb eines Monats nach Zustellung des ablehnenden Beschlusses noch durch einen zugelassenen Bevollmächtigten die Nichtzulassungsbeschwerde eingelegt werden. Auch für die Begründung steht (nur) ein Monat zur Verfügung (BSG SozR 1500 § 67 Nr 13). Da sich die Beiordnung nur auf das Verfahren der Nichtzulassungsbeschwerde erstreckt, ist **im Revisionsverfahren ein gesonderter Antrag** zu stellen.

H. Die Beschwerde

I. Voraussetzungen

Gemäß § 172 Abs 1 findet **gegen Entscheidungen des SG,** die **nicht Urteile** sind, die Beschwerde statt, und zwar unabhängig davon, ob diese durch die Kammer oder allein durch den Vorsitzenden erlassen wurden. Nicht beschwerdefähig sind **Gerichtsbescheide,** weil gegen diese gemäß § 105 Abs 2 S 1 nur das Rechtsmittel eingelegt werden kann, das zulässig wäre, wenn das SG durch Urteil entschieden hätte. Auch **Entscheidungen des LSG** sind gemäß § 177 grundsätzlich nicht beschwerdefähig. Bei Entscheidungen über den Rechtsweg kann das LSG aber gemäß § 177 SGG iVm § 17a Abs 4 S 4 GVG die weitere Beschwerde zum BSG zulassen (siehe RdNr 15); zur Beschwerde bei Ablehnung eines Rechtshilfeersuchens siehe § 5 SGG iVm § 159 GVG. Die Nichtzulassungsbeschwerden zum LSG (§ 145) und zum BSG (§ 160a) sind Rechtsmittel eigener Art. Zur Erinnerung gegen Entscheidungen des ersuchten oder beauftragten Richters und gegen Entscheidungen des Urkundsbeamten siehe § 178. 579

Die Beschwerde ist ein **Rechtsmittel,** dem unter den Voraussetzungen des § 175 **aufschiebende Wirkung** zukommt. Nach § 175 S 3 kann der Vollzug der angefochtenen Entscheidung einstweilen ausgesetzt werden. 580

Voraussetzung der Beschwerde ist eine **beschwerdefähige Entscheidung** des SG. Nach hM ist die Beschwerde auch dann statthaft, wenn die Berufung in der Hauptsache nicht statthaft ist (s aber RdNr 58h für die einstweilige Anordnung). In der Praxis werden folgende (idR ablehnende) Beschlüsse des SG am häufigsten mit der Beschwerde angefochten: Gewährung von **Prozesskostenhilfe** und Beiordnung eines Rechtsanwalts. Übernahme der Kosten für ein nach **§ 109 eingeholtes Gutachten** auf die Staatskasse. Verhängung von **Ordnungsgeld** gegen zum Termin nicht erschienene Zeugen oder Beteiligte. Ablehnung des Erlasses einer **einstweiligen Anordnung.** 581

Nicht beschwerdefähig sind neben Urteilen und Gerichtsbescheiden die in § 172 Abs 2 aufgezählten Entscheidungen. Durch den Ausschluss des Beschwerderechts soll eine unnötige Verzögerung der Entscheidung in der Hauptsache vermieden werden. Eine Anfechtung ist in diesen Fällen daher nur zusammen mit der Hauptsache möglich. Auch bei den in § 172 Abs 2 neben der **prozessleitenden Verfügung** ausdrücklich genannten Entscheidungen handelt es sich um prozessleitende Verfügun- 582 gen. Diese dienen insbesondere dem Fortgang des Verfahrens und der Sachaufklärung. Hierunter fallen zB die Anordnungen zur Aufklärung des Sachverhalts nach § 106, Vertagungsbeschlüsse, Fristbestimmungen, Beweis-, Verbindungs- und Trennungsbeschlüsse, Terminsbestimmungen oder -aufhebungen. Durch das SGGArbGGÄndG wurde die Beschwerde gegen Beschlüsse über die Ablehnung von Gerichtspersonen ebenfalls ausgeschlossen. Nachdem jedoch die Entscheidung über die Ablehnung gemäß § 60 Abs 2 dem LSG obliegt und dessen Entscheidung nach § 177 ohnehin nicht mit der Beschwerde angefochten werden kann, hätte es dieser Einfügung ansich nicht bedurft.

583 Durch das SGGArbGGÄndG wurde zur Entlastung der Landessozialgerichte die **Möglichkeit,** gegen Entscheidungen der **SG Beschwerde** einzulegen, durch Einfügung eines Abs 3 in § 172 **in vier Fallgruppen weiter eingeschränkt. § 172 Abs 3 gilt für ab 1. 4. 2008 eingehende Beschwerden.** Es werden von der Neuregelung daher auch Beschwerden gegen Entscheidungen, die vor dem 1. 4. 2008 bereits ergangen waren, erfasst. Fraglich ist allerdings, ob ein Beteiligter, dem Mitte März 2008 eine Entscheidung mit Rechtsmittelbelehrung nach altem Recht zugestellt worden war, nicht eine schutzwürdige Rechtsposition erlangt hat, sodass seine Beschwerde, wenn sie nach altem Recht zulässig war, als zulässig angesehen werden müsste (vgl zur Berufung RdNr 345).

584 Es handelt sich nach Abs 3 Nr 1 um **Verfahren des einstweiligen Rechtsschutzes, wenn in der Hauptsache die Berufung nicht zulässig wäre**, dh um Verfahren, die eine Geld-, Dienst- oder Sachleistung von weniger als 750,– Euro oder eine Erstattungstreitigkeit mit einem Beschwerdewert von unter 10.000,– Euro betreffen, es sei denn, es ginge um wiederkehrende oder laufende Leistungen für mehr als ein Jahr. Die Möglichkeit, die Beschwerde in entsprechender Anwendung des § 144 Abs 2 zuzulassen, besteht mangels einer Verweisung auf diese Vorschrift nicht. Der Ausschluss der Beschwerde bezieht sich auf alle im Verfahren des einstweiligen Rechtsschutzes ergangenen Entscheidungen, also auch auf die Entscheidung über die Gewährung von Prozesskostenhilfe. Eine andere Auslegung wäre nicht sachgerecht, da ansonsten die Entscheidung des Erstgerichts in der Sache zwar nicht anfechtbar wäre, die Sachentscheidung aber mit der Gefahr divergierender Entscheidungen durch das LSG im Rahmen des Prozesskostenhilfeverfahrens wieder überprüft würde.

585 Des weiteren wird in Nr 2 die Beschwerde gegen die **Ablehnung von Prozesskostenhilfe, wenn das Gericht ausschließlich die persönlichen oder wirtschaftlichen Voraussetzungen verneint,** ausgeschlossen. Wird hingegen die Ablehnung auf fehlende Erfolgsaussicht gestützt, bleibt die Beschwerdemöglichkeit erhalten.

586 Gegen **Kostengrundentscheidungen nach § 193** ist die Beschwerde nach Nr 3 nun grundsätzlich ausgeschlossen. Gemeint sind damit die Beschlüsse nach § 193 Abs 1 S 3, nach dem das Gericht auf Antrag entscheidet, ob und in welchem Umfang die Beteiligten einander außergerichtliche Kosten – wenn ein Mahnverfahren gemäß § 182a vorausgegangen ist auch hinsichtlich der Gerichtskosten – zu erstatten haben, wenn das Verfahren nicht durch Urteil (oder Gerichtsbescheid) beendet wird. Damit wird eine Gleichbehandlung mit dem nicht gerichtskostenfreien Verfahren nach § 197a Abs 1 erreicht, da in diesem isolierte Kostengrundentscheidungen schon bislang unanfechtbar waren (§ 197a Abs 1 S 1 3. Halbsatz in Verbindung mit § 158 VwGO).

Darüber hinaus ist auch **gegen Entscheidungen nach § 192 Abs 2** (in dieser Vorschrift sind die Missbrauchsgebühren in Verfahren gegen Bescheide der Kassenärztlichen und der Kassenzahnärztlichen Vereinigung bezüglich der sog Praxisgebühr gemäß § 28 Abs 4 SGB V geregelt)**, wenn in der Hauptsache kein Rechtsmittel gegeben ist und der Beschwerdewert 200,– Euro nicht übersteigt,** nach Nr 4 die Beschwerde ausgeschlossen (vgl RdNr 598a). **586a**

Bei einigen Entscheidungen ist die Beschwerde **durch Sonderregelungen ausgeschlossen.** Hierunter fallen zB folgende Beschlüsse: Gewährung der Wiedereinsetzung in den vorigen Stand (§ 67 Abs 4 S 2); Bewilligung der Prozesskostenhilfe (§ 73a SGG iVm § 127 Abs 2 ZPO); Beiladungen (§ 75 Abs 3 S 3); Klageänderung (§ 99 Abs 4); Nichtzulassung der Sprungrevision (§ 161 Abs 2 S 3); Verweisungen wegen örtlicher Unzuständigkeit (§ 98 S 2); Beschränkung der Akteneinsicht (§ 120 Abs 3 S 2). **586b**

Beschwerdeberechtigt ist jeder, der durch eine beschwerdefähige Entscheidung des SG **beschwert** ist. Auch ein Dritter, der nicht Beteiligter des Klageverfahrens ist, kann beschwert sein, zB derjenige, dessen Beiladung abgelehnt wurde. Zeugen und Sachverständigen steht ein Beschwerderecht zu, wenn sie zB mit Ordnungsmaßnahmen belegt wurden. **586c**

II. Einlegung der Beschwerde

1. Frist

Die Frist für die Einlegung der Beschwerde beträgt nach § 173 **einen Monat** nach Bekanntgabe der Entscheidung. Umstritten ist, ob die Frist bei einer Bekanntgabe **im Ausland** in analoger Anwendung des § 87 Abs 1 S 2 drei Monate beträgt. Da dies bei den Fristen für die Berufung und die Revision allgemein anerkannt ist und insoweit keine unterschiedliche Interessenlage besteht, ist dies zu bejahen (so auch LSG Nds Breithaupt 1992, 159; *Zeihe* § 173 Anm 3a; nach der wohl hM beträgt die Frist ebenfalls nur einen Monat, *Meyer-Ladewig/Keller/Leitherer* § 173 RdNr 5; *Krasney/Udsching* X RdNr 22). Enthält der angefochtene Be- **587** schluss eine fehlerhafte **Rechtsmittelbelehrung** oder fehlt diese ganz, beträgt die Frist nach § 66 Abs 2 ein Jahr. Die Frist wird durch die Einlegung bei einer anderen Behörde nicht gewahrt, § 91 Abs 1 ist nicht entsprechend anwendbar. Ist die Beschwerdefrist versäumt, kann gemäß § 67 Abs 4 S 1 nur das LSG **Wiedereinsetzung** in den vorigen Stand gewähren.

2. Form

588 Gemäß § 173 S 1 ist die Beschwerde **beim SG einzulegen,** dessen Entscheidung angefochten wird. Nachdem das Abhilfeverfahren durch das SGGArbGGÄndG abgeschafft ist, macht die Vorschrift allerdings nur noch wenig Sinn, da das SG nun nicht mehr prüfen muss, ob eine Abhilfe vorzunehmen ist. Nach dem mWv 2. 1. 2002 durch das 6. SGGÄndG eingefügten § 173 S 2 kann die Beschwerde fristwahrend auch **beim LSG** eingelegt werden. Die Beschwerde ist **schriftlich** oder zur Niederschrift des Urkundsbeamten der Geschäftsstelle einzureichen (siehe Schriftsatzmuster Nr 22), nicht mündlich und nicht telefonisch, aber durch elektronisches Dokument (siehe RdNr 157 a). **In der mündlichen Verhandlung** kann sie auch zu Protokoll erklärt werden. An die Form werden wie bei der Klageerhebung keine besonderen Anforderungen gestellt, insbesondere muss die Beschwerde nicht als solche bezeichnet werden. Sie darf wie alle Rechtsmittel nicht bedingt eingelegt werden. Abschriften sind gemäß § 93 für die übrigen Beteiligten beizufügen.

III. Entscheidung über die Beschwerde

1. Abhilfeentscheidung des SG

§ 174, die Vorschrift, die ein Abhilferecht des SG festlegte, wurde
590 durch das SGGArbGGÄndG mit Wirkung ab 1. 4. 2008 aufgehoben, weil es für die SGe zu einem erhöhten Arbeitsaufwand führte und für den Abhilfesuchenden in der Praxis in der Regel nicht ertragreich war. Der Prüfaufwand, ob eine Abhilfe in Betracht kommt, war angesichts der großen Aktenmengen im sozialgerichtlichen Verfahren zunehmend erheblich.

2. Entscheidung des LSG

591 **Das LSG** hat gemäß § 176 über die Beschwerde **durch Beschluss** zu entscheiden, der zu begründen und zuzustellen ist. Unzulässige Be-

schwerden werden verworfen, unbegründete zurückgewiesen. Das LSG kann bei einer begründeten Beschwerde in der Sache selbst entscheiden oder die Sache an das SG zurückverweisen, wenn zB weitere Sachermittlungen durchzuführen sind. Die Entscheidung erfolgt bei freigestellter mündlicher Verhandlung. Die ehrenamtlichen Richter wirken gemäß § 12 Abs 1 S 2 nur mit, wenn ausnahmsweise aufgrund mündlicher Verhandlung entschieden wird.

Zum Zeitpunkt der Entscheidung des LSG muss der Beschwerdefüh- **592**
rer noch **beschwert** sein. Dies ist zB dann nicht mehr gegeben, wenn das Verfahren in der Hauptsache bereits erledigt ist und sich die mit der Beschwerde angefochtene Entscheidung auch anderweitig (zB bezüglich der Kosten) nicht mehr auswirken kann.

3. Kostenentscheidung

Die Entscheidungen des LSG über Beschwerden enthalten nach **593**
hM grundsätzlich **keine gesonderte Kostenentscheidung,** weil die Beschwerde Teil des Verfahrens vor dem SG ist (LSG Bremen Breithaupt 1982, 731; LSG Hamburg Breithaupt 1986, 91). Eine gesonderte Kostenentscheidung muss aber ergehen, wenn am Beschwerdeverfahren Personen beteiligt sind, die nicht Beteiligte des Hauptsacheverfahrens sind; ferner zB im selbständigen Antragsverfahren auf Erlass einer einstweiligen Anordnung oder bei der Verhängung von Ordnungsgeldern gegen Zeugen und Sachverständige. IdR ist aber im Beschwerdeverfahren ein Anspruch auf Erstattung außergerichtlicher Kosten nicht möglich. Die Mehrarbeit kann aber uU durch eine Anhebung der Gebühren bei der Kostenfestsetzung nach § 197 berücksichtigt werden.

IV. Die Anhörungsrüge

Die durch das Anhörungsgesetz vom 19. 12. 2004 mit Wirkung zum **593a**
1. 1. 2005 eingefügte Anhörungsrüge stellt zwar trotz ihrer Regelung im Zweiten Abschnitt – „Rechtsmittel" – des Zweiten Teiles – „Verfahren" – des SGG mangels Devotlutiveffekt **kein Rechtsmittel,** sondern einen **außerordentlichen Rechtsbehelf, der die Rechtskraft der angefochtenen Entscheidung unberührt lässt,** dar. Wegen ihrer Regelungsnähe zur Beschwerde soll jedoch an dieser Stelle kurz auf sie eingegangen werden.

1. Anwendungsbereich

593b Sie findet **nur gegen Endentscheidungen**, dh gegen Urteile und Beschlüsse die ein Verfahren im letzten Rechtszug abschließen, statt. Bei einstweiligen Anforderungen ist jedoch zu beachten, dass die Anhörungsrüge dann nicht statthaft ist, wenn im Hauptsacheverfahren noch eine Korrektur erreicht werden kann. Die Anhörungsrüge kommt nur in Betracht, wenn ein anderer Rechtsbehelf nicht gegeben ist **(Subsidarität).** Das bedeutet, dass die Anhörungsrüge auch ausgeschlossen ist, wenn ein Rechtsmittel oder ein Rechtsbehelf grundsätzlich statthaft wäre, der Rechtsmittelführer aber die entsprechende Frist versäumt hat.

2. Voraussetzung

593c Die Anhörungsrüge kann sich nur auf eine **Verletzung des Anspruchs auf rechtliches Gehör** (RdNr 87–92) eines Beteiligten stützen. Auf andere Verfahrensfehler findet sich keine Anwendung. Die Verletzung des Anspruchs auf rechtliches Gehör muss darüber hinaus entscheidungserheblich sein. Es darf kein Rügeverlust eingetreten sein (RdNr 564).

3. Form – Frist

593d Sie ist **schriftlich** oder zur Niederschrift des Urkundsbeamten nach Maßgabe des § 65 a auch durch elektronisches Dokument (vgl RdNr 157 a) bei dem Gericht einzureichen, das die Entscheidung erlassen hat. Die **Frist** beträgt **zwei Wochen** nach Kenntnis von der Verletzung. Sie beginnt frühestens mit der Bekanntgabe der Entscheidung. Es kommt auf die positive Kenntnis, nicht das Kennenmüssen an. Nach Ablauf eines Jahres seit Bekanntgabe der Entscheidung ist sie unzulässig.

4. Entscheidung

593e Zuständig für die Entscheidung ist der **„judex a quo“.** Ist die Rüge nicht statthaft, nicht in gesetzlicher Form oder nicht fristgerecht erhoben, wird sie als unzulässig verworfen. Ist der Anspruch auf rechtliches Gehör nicht verletzt oder die Verletzung nicht entscheidungserheblich, wird die Rüge zurückgewiesen. Die Entscheidung ergeht durch unanfechtbaren Beschluss. Ist die Rüge zulässig und begründet, hilft ihr das Gericht ab, indem das Verfahren fortgeführt wird.

I. Die Kosten

I. Gerichtskosten

1. Grundsatz

Das Kostenrecht ist durch das 6. SGGÄndG vom 17. 8. 2001 (BGBl I 2144) **mWv 2. 1. 2002 umgestaltet** worden. Nach der bis zum 1. 1. 2002 geltenden Fassung des § 183 war das Verfahren vor den Gerichten der Sozialgerichtsbarkeit in allen Instanzen grundsätzlich gerichtskostenfrei. Lediglich die Körperschaften und Anstalten des öffentlichen Recht mussten nach der aF des § 184 Pauschgebühren entrichten. Daneben bestand für das Gericht die Möglichkeit, einem Beteiligten bei einer missbräuchlichen Rechtsverfolgung gemäß § 192 Mutwillenskosten aufzuerlegen. **594**

Zum 2. 1. 2002 wurden folgende **zwei unterschiedliche Regelungen** eingeführt. **1.** Gehört entweder der Kläger oder der Beklagte zu dem **in § 183 genannten Personenkreis** (siehe RdNr 594 a), verbleibt es im Wesentlichen bei der bisherigen Regelung. Diese Personen müssen keine Gerichtskosten zahlen und die in § 183 nicht genannten Personen müssen gemäß § 184 Pauschgebühren entrichten. **2.** Gehört **weder der Kläger noch der Beklagte** zu den in § 183 genannten Personen, werden nach dem neuen **§ 197a** Kosten nach dem GKG erhoben, zudem gelten die §§ 184 bis 195 nicht. Für die Kostengrundentscheidung gilt nicht § 193 SGG, sondern die §§ 154ff VwGO. – Nach der **Übergangsvorschrift** des Art 17 SGGÄndG ist das neue Kostenrecht nur auf Verfahren anzuwenden, die vor dem 2. 1. 2002 rechtshängig geworden sind. Durch das SGGArbGGÄndG wurde mit Wirkung ab 1. 4. 2008 § 183 geringfügig redaktionell geändert (der Begriff „Behinderte" durch den Begriff „behinderte Menschen" ersetzt) und § 192, die Vorschrift über Verschuldenskosten, um einen Abs 4 ergänzt (vgl RdNr 595ff) und § 197b neu eingeführt (vgl RdNr 597d). **594a**

2. Gerichtskostenfreier Personenkreis

Gerichtskostenfrei sind die in § 183 genannten Personen. Es handelt es sich um **Versicherte, Leistungsempfänger** einschließlich der **Hinterbliebenenleistungsempfänger, behinderte Menschen und deren Sonderrechtsnachfolger** nach § 56 SGB I. § 183 S 3 stellt klar, dass auch **594b** solche Personen kostenfrei sind, die noch nicht Versicherte oder Leistungsempfänger sind, sondern dies vor den Sozialgerichten mit Rechtsmitteln geltend machen. Für diese Personen ist auch die von Amts wegen durchzuführende Beweiserhebung, zB die Einholung medizinischer Sachverständigengutachten, kostenfrei (zu den Ausnahmen siehe RdNr 594b). Das Kostenrisiko beschränkt sich daher idR auf die eigenen Kosten, insbesondere auf die Gebühren, die einem beauftragten Rechtsanwalt zu zahlen sind, wenn diese nicht aufgrund einer Entscheidung des Gerichts vom Prozessgegner zu erstatten sind. Die **nicht begünstigten Personen** – es handelt sich hauptsächlich um die Körperschaften und Anstalten des öffentlichen Rechts, insbesondere die Sozialversicherungsträger – haben statt der Gerichtskosten nach dem GKG die in § 184 genannten **Pauschgebühren zu zahlen.**

594c Die Pauschgebühren sind unabhängig davon zu entrichten, ob das Rechtsmittel des Klägers Erfolg hatte oder nicht. Dies gilt zB auch, wenn ein Unternehmen der privaten Pflegeversicherung klagt oder von einem Versicherten auf eine Leistung verklagt wird. Da dies zu dem Ergebnis führen kann, dass die Pauschgebühr höher ist als zB die Beiträge zur Pflegeversicherung, die von diesen Unternehmen eingeklagt werden, haben diese gegen diese Regelung eine Verfassungsbeschwerde zum BVerfG eingelegt. Das Bundesverfassungsgericht sah die Regelung jedoch als insgesamt verfassungsgemäß an (BVerfG 76/130). **Beigeladene** haben keine Pauschgebühr zu entrichten. Diesen können aber uU gemäß § 197a Abs 2 S 1 Kosten nach dem GKG auferlegt werden, wenn sie nicht zum privilegierten Personenkreis des § 183 S 1 gehören und verurteilt wurden.

594d **Ausnahmen von der Kostenfreiheit** bestehen bei den in § 183 S 4 aufgeführten Fällen. So können vom Gericht Kosten erhoben werden, wenn eingereichten Schriftsätzen für die Prozessgegner nicht **Fotokopien** in hinreichender Anzahl beigefügt wurden (§ 93 S 3), ferner, wenn sie sich Fotokopien aus den Akten des Gerichts erteilen lassen (§ 120 Abs 2 S 1). Kosten können ferner für ein **nach § 109 eingeholtes Gutachten** (dazu RdNr 271ff) und für nach § 192 vom Gericht verhängte Verschuldenskosten (dazu RdNr 595ff) anfallen. Hat ein Unternehmen der privaten Pflegeversicherung gemäß § 182a Beitragsansprüche nach dem SGB XI im **Mahnverfahren** vor dem Amtsgericht geltend gemacht und wird der Beklagte nach Abgabe der Sache an das SG von diesem verurteilt, die Beiträge zu zahlen, können dem Beklagten die Kosten des Mahnverfahrens auferlegt werden.

3. Anwendung des Gerichtskostengesetzes in Fällen des § 197a

594e Gehört weder der Kläger noch der Beklagte zu dem in § 183 genannten Personenkreis, werden nach § 197a Kosten nach dem Gerichtskostengesetz erhoben. Da sie in § 183 Abs 1 S 1 nicht aufgeführt sind, zählen zum **kostenflichtigen Personenkreis** insbesondere juristische Personen, und zwar unabhängig davon, ob es sich um eine öffentlich- oder privatrechtliche juristische Person handelt. Kostenpflichtig sind zB auch Arbeitgeber, die auf einen Eingliederungszuschuss klagen, oder Vertragsärzte bei einem Rechtsstreit mit der Kassenärztlichen Vereinigung, ferner Sozialleistungsträger bei Erstattungsstreitigkeiten nach den §§ 110ff SGB X.

4. Verschuldenskosten

a) Allgemeines

§ 192 ist durch das 6. SGGÄndG vom 17. 8. 2001 (BGBl I 2144) **595** mWv 2. 1. 2002 neu gefasst worden und hat die bis dahin geltende Möglichkeit ersetzt, einem Beteiligten sog Mutwillenskosten aufzuerlegen. Durch das Gesetz zur Änderung desVertagsarztrechts (VAÄndG) vom 22. 12. 2006 war § 197a bereits um einen Abs 1a ergänzt worden, mit dem Sonderregelungen für die Anfechtung von Bescheiden der Kassenärztlichen und Kassenzahnärztlichen Vereinigung getroffen wurden. Durch das SGGArbGGÄndG wurde schließlich § 192 erneut geändert. In Abs 1 S 1 Nr 2 wurden die Worte „in einem Termin" gestrichen, der erst eingeführte Abs 1a wurde zum Abs 2 und ein Abs 4, der unter bestimmten Voraussetzungen gestattet, der Behörde Verschuldenskosten aufzuerlegen, wurde mit Wirkung zum 1. 4. 2008 eingefügt.

b) Verschuldenskosten nach Abs 1

Gemäß § 192 Abs 1 kann das Gericht einem Beteiligten ganz oder teil- **596** weise die Kosten auferlegen, die dadurch verursacht werden, dass (1.) durch Verschulden des Beteiligten die Vertagung einer mündlichen Verhandlung oder die Anberaumung eines neuen Termins nötig geworden ist oder (2.) der Beteiligte den Rechtsstreit fortführt, obwohl ihm vom Vorsitzenden die Mißbräuchlichkeit der Rechtsverfolgung oder -verteidigung dargelegt worden ist und er auf die Möglichkeit der Kostenauferlegung bei Fortführung des Rechtsstreits hingewiesen worden ist. Die Vorschrift ist ein notwendiger Ausgleich für die grundsätzlich bestehende Kostenfreiheit. Kosten können nach § 192 **allen Beteiligten,** also auch Behörden und Beigeladenen (siehe zur Kostenauferlegung von Beigeladenen auch § 197a Abs 2), nicht jedoch Bevollmächtigten und Dritten, wie zB Zeugen oder Sachverständigen, auferlegt werden. Dass einem Bevollmächtigten keine Kosten auferlegt werden können, ist nicht aus § 192 Abs 1 S 2 abzuleiten, weil sich diese Regelung nur auf das Verschulden der Tatbestände des S 1 Nr 1 und 2 bezieht (aA *Krasney-Udsching* XII. RdNr 38). Verschuldenskosten können im Urteil und **auch durch Beschluss** auferlegt werden können, wenn das Verfahren nicht durch Urteil, sondern auf andere Weise beendet wird. Die Verhängung von Verschuldenskosten ist nach Abs 1 unter zwei unterschiedlichen Voraussetzungen möglich, nämlich bei schuldhafter Verschleppung des Prozesses und bei Missbräuchlichkeit der Prozessführung.

aa) Verschleppung des Prozesses

597 Nach Nr 1 muss die Vertagung einer mündlichen Verhandlung oder die Anberaumung eines neuen Termins zur mündlichen Verhandlung nötig geworden sein. Im ersten Fall muss tatsächlich eine mündliche Verhandlung stattgefunden haben, es reicht nicht, wenn ein Termin auf Antrag abgesetzt worden ist. Die Vertagung muss aus **Verschulden** eines Beteiligten erfolgt sein, wobei nach Abs 1 S 2 das Verschulden eines Vertreters oder Bevollmächtigten gleich steht. Nicht erforderlich sind Verschleppungsabsicht, Mutwillen oder grobes Verschulden. Es reicht **Fahrlässigkeit** (*Meyer-Ladewig/Keller/Leitherer* § 192 RdNr 5).

Beispiele für Verschulden: Nichterscheinen im Termin, obwohl das persönliche Erscheinen angeordnet war – verspätete Beauftragung eine Bevollmächtigten – verspätete Einreichung von Schriftsätzen – verspäteter Beweisantrag.

bb) Missbräuchlichkeit

597a Nach Nr 2 muss ein Beteiligter den Rechtsstreit fortführen, obwohl ihm vom Vorsitzenden die Missbräuchlichkeit der Rechtsverfolgung oder -verteidigung dargelegt worden ist. Aufgrund der Änderung durch das SGGArbGGÄndG ist es jetzt nicht mehr erforderlich, dass in einem Termin zur mündlichen Verhandlung oder in einem Erörterungstermin auf die Missbräuchlichkeit hingewiesen wurde. Es ist daher jetzt nicht mehr nötig, dass ein Termin stattgefunden hat. Ein schriftlicher Hinweis reicht aus. Da dem Berichterstatter idR gemäß § 155 Abs 1 die Aufgaben des Vorsitzenden übertragen sind, kann der Hinweis auch durch den Berichterstatter erfolgen. Der Beteiligte muss ferner auf die Möglichkeit der Kostenauferlegung bei Fortführung des Rechtsstreits hingewiesen worden sein.

597b Missbräuchlichkeit eines Beteiligten iSd § 192 setzt voraus, dass dieser die Erfolglosigkeit der weiteren Prozessführung kennt und **entgegen besserer Einsicht** von der weiteren Rechtsverfolgung nicht Abstand nimmt. Der bloße Verdacht (BSG SozR Nr 4 zu § 192) oder das Weiterprozessieren bei objektiver Aussichtslosigkeit allein reichen daher nicht. Missbräuchlichkeit liegt idR nicht schon vor, wenn ein Beteiligter geltend macht, er müsse wegen einer beabsichtigten Verfassungsbeschwerde den Rechtsweg ausschöpfen. Das **Handeln eines Bevollmächtigten** oder Vertreters muss sich der Beteiligte gemäß Abs 1 S 2 zurechnen lassen, so dass Verschuldenskosten zB in Betracht kommen, wenn der Bevollmächtigter trotz besserer Einsicht von der weiteren Prozessführung nicht Abstand nimmt.

c) Verschuldenskosten nach Abs 2

Der durch das Vertagsarztrechtsänderungsgesetz eingefügte Tatbestand sieht eine Auferlegung von Verschuldenskosten mindestens in Höhe des Pauschbetrages für die jeweilige Instanz bei Anfechtungsklagen gegen einen Bescheid der Kassenärztlichen oder Kassenzahnärztlichen Vereinigung auf Zahlung der nach § 28 Abs 4 SGB V zu zahlenden Zuzahlung unter zwei Voraussetzungen vor. Die Klage muss missbräuchlich gewesen sein (Nr 1) und die Kassenärztliche Vereinigung oder die Kassenzahnärztliche Vereinigung muss spätestens in dem Bescheid den Kläger darauf hingewiesen haben, dass ihn eine Zuzahlung eines Kostenbeitrags treffen kann (Nr 2). Werden Kosten nach § 192 Abs 2 verhängt, entfällt die Pauschgebühr nach § 184 für die Kassenärztliche Vereinigung oder die Kassenzahnärztliche Vereinigung. **597c**

d) Verschuldenskosten nach Abs 4

Der neue Abs 4 ermöglicht erstmals, der Behörde ganz oder teilweise die Kosten aufzuerlegen, die dadurch verursacht werden, dass die Behörde erkennbare und notwendige Ermittlungen im Verwaltungsverfahren unterlassen hat, die im gerichtlichen Verfahren nachgeholt werden (S 1). § 192 Abs 4 ist nur anwendbar, wenn die letzte Behördenentscheidung nach Inkrafttreten des SGGArbGGÄndG erfolgte. Die Entscheidung ergeht durch einen Beschluss (S 2), der im Ermessen des Gerichts steht. Die Entscheidung ist, wenn sie vom SG erlassen wird, mit der Beschwerde anfechtbar, ansonsten unanfechtbar (§ 177). **597d**

e) Kostengläubiger

Kostengläubiger kann neben der Staatskasse auch ein anderer Beteiligter sein. So ist es zB möglich, einer Behörde die von ihr nach § 184 zu zahlenden Pauschgebühren zuzusprechen. Ist der Kostengläubiger im Urteilstenor **nicht genau bezeichnet,** ist die Verhängung von Verschuldenskosten unwirksam, weil eine Vollstreckung nicht möglich ist. Bei der **Festsetzung der Höhe** der Kosten ist eine Schätzung unter Berücksichtigung der Gerichtshaltungskosten vorzunehmen (LSG Bremen Breithaupt 1983, 753; LSG NRW Breithaupt 1994, 70). Dabei bestimmt jetzt § 192 Abs 1 S 3 ausdrücklich, dass mindestens der Betrag nach § 184 Abs 2 für die jeweilige Instanz anzusetzen ist. **597e**

f) Rechtsmittel

Hat das SG die Verschuldenskosten im Urteil auferlegt, kommt als **Rechtsmittel** nur die Berufung in Betracht, die Beschwerde ist nicht zulässig (LSG Berlin Breithaupt 1991, 263). Da die Berufung gemäß § 144 Abs 4 nicht statthaft ist, wenn diese nur bezüglich der Mutwillenskosten eingelegt wird (siehe RdNr 370), muss das Urteil **in der Hauptsache** **598**

angefochten werden. Die Entscheidung des SG ist dann auch bezüglich der Mutwillenskosten voll überprüfbar. Ist die Berufung nach § 144 Abs 1 zulassungsbedürftig, kann sie auch dann nicht zugelassen werden, wenn die Voraussetzungen des § 144 Abs 2 erfüllt sind (dazu RdNr 369).

598a **§ 192 Abs 3 S 1** bestimmt ausdrücklich, dass die Auferlegung von Verschuldenskosten **nicht durch eine Klagerücknahme hinfällig** wird, weil an sich durch die Rücknahme die Wirkungen des Urteils insgesamt, also auch bezüglich der Verschuldenskosten, entfallen. Gemäß **Abs 2 S 2** kann das Rechtsmittelgericht die Verhängung der Verschuldenskosten aber durch eine zu begründende Entscheidung aufheben. Wurden die Verschuldenskosten nach Abs 1 vom SG nicht im Urteil, sondern **durch Beschluss verhängt,** ist unabhängig von deren Höhe und davon, ob die Berufung an sich zulässig wäre, die Beschwerde statthaft. Nachdem Kostengrundentscheidungen nicht mehr anfechtbar sind, lässt sich die Entscheidung des Gesetzgebers allerdings schwer nachvollziehen. Wurden Verschuldenskosten nach Abs 2 durch Beschluss verhängt, ist die Beschwerde ausgeschlossen, wenn in der Hauptsache kein Rechtsmittel gegeben ist und der Wert des Beschwerdegegenstandes 200,– Euro nicht übersteigt (§ 172 Abs 2 Nr 4 – vgl RdNr 586a).

II. Erstattung außergerichtlicher Kosten

1. Grundsatz

599 Durch das 6. SGGÄndG vom 17. 8. 2001 (BGBl I 2144) sind die Regelungen über die Kostenentscheidung des Gerichts bezüglich der Erstattung der außergerichtlichen Kosten mWv 2. 2. 2002 umgestaltet worden. Bis zum 1. 1. 2002 galt uneingeschränkt die Regelung des § 193, dh natürliche und juristische Personen des Privatrechts mussten grundsätzlich anderen Beteiligten nur ausnahmsweise außergerichtliche Kosten erstatten (siehe RdNr 601). **Aufwendungen von Behörden** waren nur unter den Voraussetzungen des mWv 1. 1. 1993 eingefügten und zum 1. 1. 2002 wieder aufgehobenen § 193 Abs 4 S 2 **erstattungsfähig.** Nach dieser Vorschrift waren Aufwendungen von Behörden, Körperschaften und Anstalten des öffentlichen Rechts (nur) in den im früheren **§ 116 Abs 2 S 1 Nr 1 und 4 BRAGO** genannten Fällen erstattungsfähig, soweit es sich um Streitigkeiten in **Angelegenheiten nach dem SGB V** handelte. Durch das 6. SGGÄndG wurden differenzierte Regelungen eingefügt. Unterfällt ein Rechtsstreit § 197a, dh gehört weder der Kläger noch der Beklagte zu den in § 183 genannten Personen, sind nicht die §§ 184 bis 195 SGG, sondern die §§ 154 bis 162 VwGO entsprechend anzuwenden (dazu RdNr 614aff). In den übrigen Fällen, dh wenn der Kläger oder der

Beklagte zu den in § 183 genannten Personen gehört, verbleibt es bei der Anwendung der §§ 184 bis 195. Bezüglich der Kostengrundentscheidung des Gerichts ist also § 193 anzuwenden. Als **Übergangsvorschrift** bestimmt Art 17 Abs 1 des 6. SGGÄndG, dass § 197a nur auf Fälle anzuwenden ist, die nach dem 1. 1. 2002 rechtshängig geworden sind.

2. Kostenfreiheit der in § 183 genannten Personen

Die in § 183 genannten Personen (siehe RdNr 594a) müssen anderen Beteiligten des Verfahrens außergerichtliche Kosten **nur ausnahmsweise erstatten** (siehe RdNr 601), weil die Aufwendungen der Prozessgegner, der nach § 184 Abs 1 Pauschgebührenpflichtigen (idR Behörden, Körperschaften oder Anstalten des öffentlichen Rechts – RdNr 594a) nach § 193 Abs 4 nicht erstattungsfähig sind (Ausnahme: das Gericht kann zB einem Unternehmen der privaten Pflegeversicherung gemäß § 193 Abs 1 S 2 die Gerichtskosten für ein vorausgegangenes Mahnverfahren – siehe § 182a – zusprechen). Hingegen kann das Gericht die Behörden gemäß § 193 Abs 1 S 1 im Urteil bzw auf Antrag durch Beschluss verpflichten, Personen des Privatrechts die außergerichtlichen Kosten zu erstatten. **600**

Gegenüber anderen Personen des Privatrechts kommt eine Erstattung von außergerichtlichen Kosten ausnahmsweise in Betracht, wenn es sich bei diesen um **Beigeladene** handelt. So kann zB eine geschiedene Ehefrau beim Rechtsstreit um die Hinterbliebenenrente aus der Versicherung des verstorbenen früheren Ehemannes (§ 243 SGB VI) verpflichtet werden, der beigeladenen Witwe die außergerichtlichen Kosten zu erstatten, wenn sie unterliegt. **601**

3. Kostengrundentscheidung nach § 193

a) Allgemeines

aa) Von Amts wegen. Wird das **Verfahren durch Urteil beendet,** hat das Gericht gemäß § 193 Abs 1 in diesem von Amts wegen zu entscheiden, ob und in welchem Umfang die Beteiligten einander Kosten zu erstatten haben (zur Kostenentscheidung bei anderweitiger Erledigung siehe RdNr 605ff). Anders als im Zivilprozess sind daher **Kostenanträge nicht erforderlich,** gleichwohl gestellte Anträge sind nur als Anregungen anzusehen, an die das Gericht nicht gebunden ist. Das Gericht muss auch entscheiden, ob einem **Beigeladenen** außergerichtliche Kosten zu erstatten sind. Da der Kostenausspruch bezüglich des Beigeladenen in der Praxis relativ häufig übersehen wird, sollte dieser vorsorglich einen Kostenantrag stellen. **602**

Eine Kostenentscheidung erfolgt grundsätzlich **nur in Endurteilen,** nicht aber in Zwischenurteilen, bei Teilurteilen nur ausnahmsweise, zB **603** bei einem Teilurteil gegen einen von mehreren Beteiligten (so *Meyer-Ladewig* § 193 RdNr 2b). Bei Zurückverweisungen bleibt die Kostenentscheidung dem Gericht vorbehalten, an das zurückverwiesen wurde. Hat das Gericht im Urteil ganz oder teilweise nicht über die Kosten entschieden, ist über diese gemäß § 140 Abs 2 S 2 auf Antrag durch Beschluss zu entscheiden. Auch in **Gerichtsbescheiden** nach § 105 und in **Beschlüssen nach §§ 153 Abs 4, 158, 169** ist von Amts wegen über die Kosten zu entscheiden, weil diese den Urteilen gleichgestellt sind. Bei **Nichtzulassungsbeschwerden** erfolgt eine Kostenentscheidung nur, wenn diese verworfen bzw zurückgewiesen werden, nicht hingegen, wenn die Berufung bzw Revision zugelassen wird, weil die Kosten dann der Hauptsache folgen (siehe RdNr 478 und 573).

604 Ein gesonderter Kostenausspruch hat ferner bei **selbständigen Beschlussverfahren** zu erfolgen, nicht aber zB bei Beschwerdeentscheidungen im Rahmen eines Hauptsacheverfahrens (dazu RdNr 593 und von Eicken SGb 1991, 295). Hingegen wird durch den Antrag auf Erlass einer **einstweiligen Anordnung** ein kostenrechtlich selbständiges Verfahren eingeleitet, so dass der Beschluss eine Kostenentscheidung enthalten muss. Dies gilt unabhängig davon, ob der Antrag vor oder nach der Klageerhebung in der Hauptsache gestellt wurde. Ein neben einem Klageverfahren anhängiges Verfahren auf Erlass einer einstweiligen Anordnung kann insbesondere deshalb nicht als ein einheitliches Verfahren angesehen werden, weil idR eine Verbindung zur gemeinsamen Verhandlung und Entscheidung wegen der Eilbedürftigkeit des Anordnungsverfahrens nicht möglich ist. Auch bei einem Verfahren, das durch den **Antrag auf Anordnung der Vollziehung** eines angefochtenen Bescheides in Zulassungssachen des Kassenarztrechtes eingeleitet wird, hat eine gesonderte Kostenentscheidung zu erfolgen (BSG SozR 3–1500 § 193 Nr 6 = NZS 1994, 142).

605 **bb) Auf Antrag.** Wird das Verfahren nicht durch Urteil, sondern durch die **Rücknahme** der Klage bzw des Rechtsmittels, durch ein angenommenes **Anerkenntnis** oder durch übereinstimmende **Erledigungserklärung** beendet, entscheidet das Gericht gemäß § 193 Abs 1 S 3 **auf Antrag durch Beschluss.** Für die Klage- und Berufungsrücknahme ist dies in den §§ 102 S 3 und 156 Abs 2 S 2 nochmals ausdrücklich geregelt, über § 165 gilt dies auch für die Rücknahme der Revision. Bei einem **Vergleich** trägt gemäß § 195 jeder Beteiligte seine Kosten, wenn in diesem keine Bestimmung über die Kosten getroffen worden ist. Nach hM kann im Vergleich jedoch die Geltung des § 195 ausgeschlossen werden, so dass das Gericht nach § 193 Abs 1 S 3 auf Antrag über die Kosten entscheiden muss.

606 Der Ansicht, dass § 195 auch beim **außergerichtlichen Vergleich** gilt, wenn dieser keine Kostenregelung enthält (so *Meyer-Ladewig/Keller/Leitherer* § 195 RdNr 4), ist deshalb nicht zu folgen, weil dieser den

Rechtsstreit an sich nicht erledigt, sondern als Klagerücknahme bzw übereinstimmende Erledigungserklärung anzusehen ist (dazu RdNr 321). Das Gericht muss daher auf Antrag der Beteiligten gemäß § 193 über die Kosten entscheiden. Gilt eine Streitsache **nach der Aktenordnung als erledigt,** zB bei einer Unterbrechung oder dem Ruhen des Verfahrens, kann nicht nach § 193 Abs 1 über die Kosten entschieden werden (aA *Zeihe* § 193 Anm 11h), weil das Verfahren nur „aktentechnisch" erledigt ist. Zudem bestünde bei einer späteren Fortsetzung des Verfahrens die Gefahr sich widersprechender Kostenentscheidungen. Bei einer nur **teilweisen Erledigung** des Verfahrens auf andere Weise wird im abschließenden Urteil über die gesamten Kosten entschieden.

Hat sich die **Beklagte in einem Vergleichsangebot verpflichtet,** dem **607** Kläger dessen notwendige außergerichtlichen Kosten in einem bestimmten Umfang zu erstatten, ist kein **Kostenbeschluss nach § 193 Abs 1 erforderlich.** Ein angenommenes Kostenanerkenntnis ist ein Vollstreckungstitel iSd § 199 Abs 1 Nr 3 und damit **Rechtsgrundlage für die Kostenfestsetzung** durch den Urkundsbeamten der Geschäftsstelle nach § 197 (LSG Nds Breithaupt 1991, 614). Der Antrag eines Beteiligten, durch Beschluss über die Kosten zu entscheiden, ist mangels Rechtsschutzinteresses unzulässig; denn der Urkundsbeamte der Geschäftsstelle hat auf Antrag schon aufgrund eines solchen angenommenen Kostenanerkenntnisses gemäß § 197 die Höhe der zu erstattenden Kosten festzusetzen (BSG SozR 3–1500 § 193 Nr 4 = NZA 1992, 1146). Das vorbehaltlose Anerkenntnis, die außergerichtlichen Kosten dem Grunde nach zu übernehmen, **umfasst auch** die notwendigen Aufwendungen für das dem Klageverfahren zwingend vorgeschaltete **Widerspruchsverfahren** (SG Duisburg *Breithaupt* 1995, 542).

Bei der Beschlussfassung wirken die ehrenamtlichen Richter nur in- **608** nerhalb der mündlichen Verhandlung mit. Der Kostenantrag ist an **keine Frist** gebunden, er kann jedoch uU verwirkt sein. **Kostenschuldner** kann neben dem Kläger oder der Beklagten auch der Beigeladene sein; dies kommt insbesondere dann in Betracht, wenn er verurteilt wurde oder er den unterlegenen Beteiligten unterstützt hat. Einem Arbeitgeber sind auch die seinem beigeladenen Betriebsrat im Rechtsstreit entstandenen Kosten zu erstatten. Der Betriebsvertretung selbst steht ein Erstattungsanspruch nur zu, wenn diese als Klägerin am Prozess teilnimmt (BSG SozR 3–4100 § 71 Nr 1).

Erging die Kostenentscheidung des SG durch Beschluss, ist sie nach **609** § 172 Abs 3 Nr 3 nun nicht mehr anfechtbar (vgl RdNr 586). Die Kostenentscheidung im Urteil kann nicht isoliert, sondern nur zusammen mit der Hauptsache im Rechtsmittelverfahren angefochten werden. Das Verbot der **reformatio in peius** gilt im Kostenrecht nicht (BVerwGE 14, 171); das LSG kann daher zB im Berufungsverfahren eine für den Berufungskläger günstige Kostenentscheidung des SG auch dann zu dessen

Ungunsten abändern, wenn sich der Gegner dem Rechtsmittel nicht angeschlossen hat.

b) Inhalt der Kostenentscheidung

610 Die Entscheidung, ob und in welchem Umfang die Beteiligten einander Kosten zu erstatten haben, richtet sich – anders als in den Fällen des § 197a (dazu RdNr 614aff) – allein nach den §§ 193ff; die Vorschriften der ZPO oder VwGO, die starr auf den Erfolg in der Hauptsache abstellen, sind nicht anzuwenden. Es ist im sozialgerichtlichen Verfahren daher möglich, dass auch ein obsiegender Beteiligter mit Kosten belastet wird. Die Entscheidung ist grundsätzlich **nach sachgemäßem Ermessen** zu treffen. Bei der Ermessensausübung ist in erster Linie vom Verfahrensausgang bzw im Beschlussverfahren vom **vermutlichen Verfahrensausgang** auszugehen, der nach dem zum Zeitpunkt der Erledigung vorliegenden bisherigen Sach- und Streitstand zu beurteilen ist. Dabei kann sich das Gericht auf eine **summarische Überprüfung der Erfolgsaussichten** beschränken, weil allein wegen einer Kostenentscheidung keine Beweiserhebung durchgeführt werden darf.

611 Bezüglich der nach sachgemäßem Ermessen zu treffenden Entscheidung gelten die gleichen Erwägungen, die im Zivilrecht bei der Kostenentscheidung gemäß § 91a ZPO nach „billigem Ermessen" anzustellen sind (BSG SozR Nr 4 zu § 193 SGG = NJW 1957, 1334). Das Gericht hat stets die **Umstände des Einzelfalles** zu berücksichtigen. Anders als im Zivil- oder Verwaltungsgerichtsprozess hat nicht immer der Beteiligte automatisch die Kosten zu tragen, der ein Rechtsmittel zurücknimmt. So kann etwa eine (durch Klagerücknahme oder Urteil) obsiegende Behörde zur Kostenerstattung verpflichtet werden, wenn sie die **Klageerhebung veranlasst** hat, zB durch eine falsche Rechtsmittelbelehrung, eine fehlerhafte Begründung des angefochtenen Bescheides oder eine unzureichende Sachaufklärung.

612 Bei der Kostenentscheidung kann der Rechtsgedanke des § 63 Abs 1 S 2 SGB X herangezogen werden, wonach Kosten auch dann zu erstatten sind, wenn das Rechtsmittel nur deshalb keinen Erfolg hat, weil die **Verletzung von Verfahrens- oder Formvorschriften** unbeachtlich ist. Umgekehrt kann eine Verpflichtung der Behörde zur Kostenerstattung in entsprechender Anwendung des § 93 ZPO entfallen, wenn sie einer geänderten Rechtslage durch ein **sofortiges Anerkenntnis** Rechnung trägt und durch ihr Verhalten zur Erhebung der Klage keine Veranlassung gegeben hat. Dies kann aber nicht angenommen werden, wenn sich erst aufgrund einer Beweisaufnahme herausstellt, dass zB der Versicherungsfall der verminderten Erwerbsfähigkeit erst nach der Klageerhebung eingetreten ist und der Versicherungsträger daraufhin ein entsprechendes Angebot abgibt. In diesem Fall sind die Kosten idR **entsprechend dem Obsiegen zu quoteln** (so BayLSG *Breithaupt* 1986, 365). Nach aA soll eine Kostenerstattung dann nicht in Betracht kommen, wenn ein Ereignis hinzugetreten ist, das unabhängig von den Gründen, die zur Klage geführt haben, die Erwerbsminderung bewirkt hat (LSG Hamburg Breithaupt 1990, 173; dazu auch LSG Hessen *Breithaupt* 1995, 166 und *Roos* SGb 1995, 333).

Kriterien für die Kostenentscheidung sind vor allem (siehe LSG 613 BaWü *Breithaupt* 1995, 158):

- die Erfolgsaussicht (dh welcher Beteiligte hätte bei summarischer Überprüfung ohne das erledigende Ereignis obsiegt),
- das erreichte Prozessergebnis,
- die Umstände, die zur Erhebung der Klage führten,
- die Umstände, die zur Erledigung des Rechtsstreits geführt haben.

Beispiele aus der Rechtsprechung: Bei ungewissen Erfolgsaussichten hat die Behörde 614–615 die Hälfte der außergerichtlichen Kosten zu erstatten (LSG SchlH Breithaupt 1978, 907). Hat der Kläger im Widerspruchsverfahren vergeblich beantragt, ihm das Ergebnis von Ermittlungen mitzuteilen, und wurde dieses auch im Widerspruchsbescheid nur unvollständig wiedergegeben, hat die Behörde Anlass zur Klageerhebung gegeben und dem Kläger die Hälfte der Kosten zu erstatten (LSG RhPf Breithaupt 1981, 365). Ist eine Vorschrift vom BVerfG für verfassungswidrig erklärt worden, auf die der angefochtene Bescheid gestützt war, ist zu prüfen, wie die Behörde ohne diese hätte entscheiden müssen (BSG SozR Nr 7 zu § 193 = NJW 1961, 991). Erledigt sich die Hauptsache infolge einer Rechtsänderung zugunsten des Klägers, ist bei der Kostenentscheidung zu berücksichtigen, ob der Kläger ohne die Rechtsänderung voraussichtlich ohne Erfolg geblieben wäre (BSG SozR 1500 § 193 Nr 2). Umgekehrt kommt eine Kostenerstattung in Betracht, wenn sich die Rechtslage zuungunsten geändert hat und der Kläger ohne diese obsiegt hätte. Nach BSG, Beschluss vom 4. 7. 1990 – 1 RA 15/89 = MittLVA Rheinpr 1991, 121 sind bei einer Rechtsänderung die Hälfte der Kosten zu erstatten.

4. Kostengrundentscheidung nach § 197a SGG iVm §§ 154–162 VwGO

Gehört in einem Rechtszug weder der Kläger noch der Beklagte zu den 616 in § 183 genannten Personen (zum Personenkreis siehe RdNr 594a), richtet sich die Kostengrundentscheidung gemäß § 197a Abs 1 S 1 nach den entsprechend anzuwendenden §§ 154 bis 162 VwGO. Dies gilt nach dem durch das 7. SGG-Änderungsgesetz mit Wirkung ab 1. 1. 2005 eingeführten § 197a Abs 3 auch für Träger der Sozialhilfe (nicht für Träger der Grundsicherung für Arbeitsuchende!), soweit sie an Erstattungsstreitigkeiten mit anderen Trägern beteiligt sind, obwohl sie nach § 64 Abs 3 S 2 SGB X, ebenso wie die Träger der Grundsicherung, weiterhin von den Gerichtskosten (und Pauschgebühren nach § 184) freigestellt sind.

Nach den Bestimmungen der VwGO gelten folgende Grundsätze: 617

- Anders als bei der Kostenentscheidung nach § 193 hat gemäß § 154 Abs 1 VwGO der **unterliegende Teil immer die Kosten** des Verfahrens zu tragen.

- Die Kosten eines **ohne Erfolg eingelegten Rechtsmittels** fallen gemäß § 154 Abs 2 VwGO demjenigen zur Last, der das Rechtsmittel eingelegt hat.
- Wenn ein Beteiligter **teils obsiegt, teils unterliegt,** sind die Kosten gemäß § 155 Abs 1 VwGO gegeneinander aufzuheben oder verhältnismäßig zu teilen. Sind die Kosten gegeneinander aufgehoben, fallen die Gerichtskosten jedem Teil zur Hälfte zur Last.
- Wer einen **Antrag, eine Klage, ein Rechtsmittel oder einen anderen Rechtsbehelf zurücknimmt,** hat gemäß § 155 Abs 2 VwGO die Kosten zu tragen.
- Hat der Beklagte durch sein Verhalten keine Veranlassung zur Erhebung der Klage gegeben, fallen dem Kläger gemäß § 156 VwGO die Prozesskosten zur Last, wenn der **Beklagte den Anspruch sofort anerkennt.**

618 **Die Gerichtsgebühren richten sich grundsätzlich nach dem Streitwert.** Im Verfahren vor den Gerichten der Sozialgerichtsbarkeit ist nach § 52 Abs 1 S 1 der Streitwert, soweit nichts anderes bestimmt ist, nach der sich aus dem Antrag des Klägers für ihn ergebenden Bedeutung der Sache nach Ermessen zu bestimmen. Bietet der bisherige Sach- und Streitstand für die Bestimmung des Streitwertes keine genügenden Anhaltspunkte, so ist ein Streitwert von 5000,– Euro anzunehmen (§ 52 Abs 2 GKG). Die Bestimmung des Streitwertes nach Ermessen entfällt gemäß § 13 Abs 2 GKG, wenn der Antrag des Klägers eine bezifferte Geldleistung oder einen hierauf gerichteten Verwaltungsakt betrifft; dann ist deren Höhe maßgeblich. Die **Festsetzung des Streitwertes erfolgt durch das Gericht im Urteil oder durch besonderen Beschluss nach § 63 Abs 1 S 1 oder Abs 2 S 1 GKG.** Der Beschluss ist, soweit er beschwerdefähig ist, zu begründen. Die Beschwerde ist nach § 68 Abs 1 GKG zulässig, wenn der Beschwerdewert 200 Euro übersteigt oder bei Zulassung wegen grundsätzlicher Bedeutung. Die Beschwerdefrist beträgt 6 Monate seit Rechtskraft der Entscheidung in der Hauptsache oder anderweitiger Erledigung (§ 68 Abs 1 S 3 in Verbindung mit § 63 Abs 3 S 2 GKG).

Anhaltspunkte für die Bemessung des Streitwertes ergeben sich aus dem **„Streitwertkatalog für die Sozialgerichtsbarkeit“** (NZS 07, 472 ff). Hat der Rechtsstreit für einen Beigeladenen eine erheblich geringere wirtschaftliche Bedeutung als für die Hauptbeteiligten, so kann dem durch die Festsetzung eines gesonderten, **niedrigeren Gegenstandwertes für den Beigeladenen** Rechnung getragen werden (BSG, Beschluss vom 19. 2. 1996 – 6 RKa 40/93). Bei einer kombinierten Anfechtungs- und Verpflichtungsklage kann es, wenn die **Leistung im Ermessen** der Behörde liegt, gerechtfertigt sein, den Streitgegenstand niedriger anzusetzen (BSG SozR 1930 § 8 Nr 3).

619 Der Gegenstandswert für eine **Untätigkeitsklage** ist mit einem Bruchteil der im Verwaltungsverfahren geltend gemachten Beschwer anzuset-

zen, aber eine Schematisierung sollte nicht erfolgen, da auch die wirtschaftliche Bedeutung der Verzögerung zu berücksichtigen ist (LSG NRW Breithaupt 1995, 155). Es kommt darauf an, inwieweit der erstrebte Bescheid den Kläger seinem Endziel näher bringt, wobei die wirtschaftliche Bedeutung des begehrten Verwaltungsaktes ausschlaggebend ist. Für die Untätigkeitsklage ist idR ein Rahmen von 10 bis 25 vH des Schätzwertes des angestrebten Verwaltungsaktes angemessen (LSG RhPf Breithaupt 1995, 562).

Beispiele zur Höhe des Gegenstandswertes: Arbeitnehmerüberlassung – Bei Klage gegen Rücknahme oder Widerruf der Erlaubnis der bei normalen Geschäftsbetrieb erzielbare Gewinn. **Betriebsprüfung** bei Klage des Arbeitgebers – Höhe der angegriffenen Beitragsforderung, Regelstreitwert bei Anberaumung einer Betriebsprüfung. **Erstattungsanspruch der BA** nach § 147 a SGB III – für Grundlagenbescheid Regelstreitwert, ansonsten volle Erstattungssumme. **Feststellung eines sozialversicherungspflichtigen Beschäftigungsverhältnisses** – Regelstreitwert. Bei Streitigkeiten um die **Zulassung von Ärzten** ist idR der Gewinn anzusetzen, den der Bewerber aus der beruflichen Tätigkeit im Laufe von etwa dei Jahren erzielen kann oder im Falle der Versagung bzw Entziehung der Zulassung hätte erzielen können (BSG 1. 9. 2005, B6 KA 41/04; 12. 9. 2006 B 6 KA 70/05). Beim Streit um **zuständigen Unfallversicherungsträger**: dreifacher Jahresbetrag des Unfallversicherungsträgers. **Veranlagung zum Gefahrtarif:** erstrebte Beitragsersparnis; anzusetzen zweifacher Differenzbetrag. **620**

Aufgrund der Einführung von Gerichtskosten für die in § 197 a genannten Verfahren entstand das Problem, dass sich das BSG bei der Beitreibung von Gerichtskosten vor den Zivilgerichten einen Titel beschaffen musste. Um das BSG davon zu entlasten, wurde durch das SGGArbGGÄndG vom 26. 3. 2008 **§ 197 b** eingefügt. Nach Satz 1 dieser Vorschrift gelten für **Ansprüche, die beim BSG entstehen, die Justizverwaltungsordnung und die Justizbeitreibungsordnung.** Diese Verordnungen enthalten Regelungen zur Vollstreckung von Gerichtskosten oder von Ordnungs- und Zwangsgeldern. Vollstreckungsbehörde ist nach § 197 b S 2 die beim BSG gebildete Justizbeitreibungsstelle. **621**

5. Erstattungsfähige Kosten

Erstattungsfähig sind nach § 193 Abs 2 die zur **zweckentsprechenden Rechtsverfolgung oder Rechtsverteidigung notwendigen Aufwendungen** der Beteiligten. Nach § 197 a iVm § 162 Abs 1 VwGO gilt dies auch für die Gerichtskosten. Erstattungsfähig sind alle Aufwendungen, die dazu gedient haben, den Sachverhalt aufzuklären, andere Beweiserhebungen zu sparen, das gesamte Verfahren zu vereinfachen und zu beschleunigen, den Rechtsstreit gerichtlich oder außergerichtlich zu erledigen, wenn sie nicht höher gewesen sind als diejenigen, die gleichartige Aufklärungsmaßnahmen nach § 106 Abs 2 und 3 erfordert hätten. Insoweit ist die Rechtsprechung zu § 91 ZPO entsprechend heranzuziehen. **622**

Nach § 193 Abs 3 bzw § 197a iVm § 162 Abs 2 VwGO sind die gesetzlichen **Gebühren und Auslagen eines Rechtsanwaltes** oder Rechtsbeistandes stets erstattungsfähig.

622a Erstattungsfähig sind bei einer Kostenentscheidung nach § 193 auch die Kosten für das dem Rechtsstreit vorgeschaltete **Widerspruchsverfahren.** Diese sind notwendige Aufwendungen iSd § 193 Abs 2 und können festgesetzt werden, nicht hingegen die Kosten für das dem Widerspruchsverfahren vorausgegangene Verwaltungsverfahren (zur Kostenerstattung des isolierten Widerspruchsverfahrens nach § 63 SGB X siehe RdNr 66ff). Ob im Widerspruchsverfahren die Zuziehung des Rechtsanwalts iSd § 63 Abs 2 SGB X notwendig war, ist nicht zu prüfen, weil diese Vorschrift nur anwendbar ist, wenn sich dem Widerspruchsverfahren kein Klageverfahren anschließt (so SG Berlin Breithaupt 1990, 438; aA *Meyer-Ladewig* § 193 RdNr 5: Zuziehung aber idR notwendig). Bei einer Kostenentscheidung nach § 197a bestimmt der entsprechend anzuwendende § 162 Abs 2 S 2 VwGO, dass Gebühren und Auslagen eines Vorverfahrens nur erstattungsfähig sind, wenn das Gericht die Zuziehung eines Bevollmächtigten für das Vorverfahren für notwendig erklärt hat. Dies kann entweder bereits im Urteil oder durch einen gesonderten Beschluss erfolgen.

6. Höhe der Rechtsanwaltsgebühren

a) Grundsatz

623 Das Gebührenrecht wurde zum 1. 7. 2004 durch das RVG umgestaltet. Die BRAGO ist nach § 61 RVG weiter anzuwenden, wenn der unbedingte Auftrag zur Erledigung derselben Angelegenheit vor dem 1. 7. 2004 erteilt wurde. Wie die Rechtsanwaltsgebühren in sozialgerichtlichen Angelegenheiten zu berechnen sind, richtet sich danach, ob im Verfahren das GKG anzuwenden ist oder nicht. Ist das GKG nicht anwendbar, entstehen gemäß § 3 Abs 1 S 1 RVG Betragsrahmengebühren (zur Frage der Verfassungswidrigkeit der Begrenzung des Gebührenrahmens zum Recht der BRAGO siehe BVerfG SozR 3–1930 § 116 Nr 1). In sonstigen Verfahren werden die Gebühren gemäß § 3 Abs 1 S 2 nach dem Gegenstandswert berechnet, wenn der Auftraggeber nicht zu den in § 183 SGG genannten Personen gehört. Bei diesen Personen handelt es sich um **Versicherte, Leistungsempfänger** einschließlich der **Hinterbliebenenleistungsempfänger, behinderte Menschen und deren Sonderrechtsnachfolger** nach § 56 SGB I. Gemäß § 183 S 3 zählen dazu auch solche Personen, die noch nicht Versicherte oder Leistungsempfänger sind, sondern dies vor den Sozialgerichten mit Rechtsmitteln gelten machen.

b) Betragsrahmengebühren

Abweichend vom Recht der BRAGO fällt idR nicht nur eine Rahmengebühr an, durch die die gesamte anwaltliche Tätigkeit abgegolten wird. Jetzt erhält der Rechtsanwalt neben der **Verfahrensgebühr** idR auch eine **Terminsgebühr.** Nach der Anmerkung zu VV Nr 3106 entsteht die Terminsgebühr nicht nur, wenn ein Termin zur mündlichen Verhandlung wahrgenommen wird, sondern auch in folgenden Fällen: **624**

- in einem Verfahren, für das die mündliche Verhandlung vorgeschrieben ist, wenn im Einverständnis mit den Parteien ohne mündliche Verhandlung entschieden wird
- wenn nach § 105 Abs 1 ohne mündliche Verhandlung durch Gerichtsbescheid entschieden wird
- wenn das Verfahren nach angenommenem Anerkenntnis ohne mündliche Verhandlung endet.

Die Verfahrensgebühr beträgt **625**

- vor dem SG **40,– bis 460,– Euro** (Mittelgebühr 250,– Euro), VV Nr 3102
- vor dem LSG **50,– bis 570,– Euro** (Mittelgebühr 310,– Euro), VV Nr 3204
- vor dem BSG **80,– bis 800,– Euro** (Mittelgebühr 440,–Euro), VV Nr 3212

Bei Nichtzulassungsbeschwerden nach § 145 zum LSG und nach § 160a zum BSG erhält der Rechtsanwalt eine Verfahrensgebühr in gleicher Höhe, diese Gebühr wird aber gemäß VV Nr 3511 bzw Nr 3512 auf die Verfahrensgebühr für ein nachfolgendes Berufungs- bzw Revisionsverfahren angerechnet.

Die **Terminsgebühr** beträgt

- vor dem SG und LSG **20,– bis 380,– Euro** (Mittelgebühr 200,– Euro), VV Nr 3106 und Nr 3205
- vor dem BSG **40,– bis 700,– Euro** (Mittelgebühr 370,– Euro).

Die **Einigungsgebühr** beträgt

- vor dem SG **30,– bis 350,– Euro** (Mittelgebühr 190,– Euro), VV Nr 1006
- vor dem LSG und BSG **40,– bis 460,– Euro** (Mittelgebühr 250,– Euro), VV Nr 1007

Die Gebühren fallen **für jede Instanz gesondert** an. Bei einer Zurückverweisung fällt vor dem Gericht, an das zurückverwiesen wurde, ebenfalls eine gesonderte Gebühr an. Durch die Betragsrahmengebühren wird die **gesamte Tätigkeit** des Rechtsanwalts in der jeweiligen Instanz **abgegolten.** Daneben können lediglich die üblichen Auslagen geltend gemacht werden (siehe RdNr 633), zur Verzinsung siehe RdNr 634. **626**

Ein gesonderter Gebührenanspruch entsteht nicht nur für jede Instanz, sondern **für jedes selbständige Verfahren.** Gebührenrechtlich selbständig sind die Verfahren, bei denen das Gericht einen gesonderten Kostenausspruch zu erlassen hat (dazu RdNr 603, 604 und von Eicken SGb **627**

1991, 295). Selbständig sind zB Verfahren, die durch den Antrag auf Erlass einer **einstweiligen Anordnung** eingeleitet werden, und zwar unabhängig davon, ob das Hauptsacheverfahren bereits anhängig war. Die Verfahren der **Nichtzulassungsbeschwerde** zum LSG oder BSG nach den §§ 145, 160a lösen einen Gebührenanspruch auch dann aus, wenn im Fall der Zulassung keine gesonderte Kostenentscheidung zu ergehen hat und die Kosten der Hauptsache folgen. Für ein **Beschwerdeverfahren** im Rahmen eines Hauptsacheverfahrens fallen nach hM keine gesonderten Gebühren an, ein Ausgleich für die Mehrarbeit des Rechtsanwalts ist durch einen höheren Ansatz der Betragsrahmengebühr vorzunehmen (siehe RdNr 593).

628 Für das **Widerspruchsverfahren** steht dem Rechtsanwalt nach VV Nr 2500 eine Geschäftsgebühr in Höhe von 40,– bis 520,– Euro (Mittelgebühr 280,– Euro) zu. Eine Gebühr von mehr als 240,– Euro kann nur gefordert werden, wenn die Tätigkeit umfangreich und schwierig war. Sind aber bei einem nachfolgenden Gerichtsverfahren die Gebühren nach dem Gegenstandswert zu berechnen, gilt dies auch für das Widerspruchsverfahren (so BSG SozR 1300 § 63 Nr 11 zum Recht der BRAGO).War eine Tätigkeit im Verwaltungsverfahren vorausgegangen, beträgt die Gebühr für das Widerspruchsverfahren nach VV 2501 lediglich 40 bis 260 Euro, weil der Rechtsanwalt im Widerspruchsverfahren bereits eingearbeitet war. Eine Kostenerstattung für das Verwaltungsverfahren findet nicht statt. Der Rechsanwalt kann nur von seinem Mandanten Zahlung erhalten.

629 Eine **Erledigungsgebühr** kann nach VV RVG Nr 1005 gefordert werden für die Einigung oder Erledigung in sozialrechtlichen Angelegenheiten, in denen im gerichtlichen Verfahren Beitragsrahmengebühren entstünden. Diese Gebührenposition im Widerspruchsverfahren verlangt aber nach der Rechtsprechung regelmäßig eine Tätigkeit des Rechtsanwalts, die über die bloße Einlegung und Begründung des Widerspruchs hinausgeht (BSG 7. 11. 2006 – B1 KR 23/06 R).

c) Bestimmungsrecht des Rechtsanwalts

630 Die Höhe der Gebühr hat der Anwalt gemäß § 14 Abs 1 S 1 RVG nach **billigem Ermessen** unter Berücksichtigung aller Umstände, insbesondere der Bedeutung der Angelegenheit, des Umfangs und der Schwierigkeit der anwaltlichen Tätigkeit sowie der Vermögens- und Einkommensverhältnisse des Auftraggebers zu bestimmen. Die vom Rechtsanwalt getroffene Bestimmung ist nach § 14 Abs 1 S 4 RVG **nicht verbindlich, wenn sie unbillig ist.** Die Rechtsprechung ist bezüglich der Frage, ob die Bestimmung der Gebühren unbillig ist, relativ restriktiv. Das BSG (SozR 1300 § 63 Nr 2) „neigt der Ansicht zu", nicht erst eine um 20 vH überhöhte Gebühr als unbillig und damit unverbindlich anzusehen, sondern schon jede, „die von der billigen Gebühr nicht unerheblich abweicht". Nach

LSG RhPf Breithaupt 1993, 170 ist die Bestimmung nur unbillig, wenn die geforderte Gebühr die nach Ansicht des Gerichts gerechtfertigte Höhe um mehr als 20 vH überschreitet. Der Rechtsanwalt sollte daher die Bedeutung der Angelegenheit und die besonderen Schwierigkeiten der Sache insbesondere deshalb darstellen, weil dies vom Urkundsbeamten aus dem Akteninhalt allein nur schwer einzuschätzen ist (siehe Schriftsatzmuster Nr 25).

Bei der Bemessung ist **von der Mittelgebühr auszugehen,** dh von der **631** Hälfte der Summe aus der Mindest- und Höchstgebühr. Diese gilt für Sachen von durchschnittlicher Bedeutung, durchschnittlichem Umfang, durchschnittlicher Schwierigkeit und bei durchschnittlichen Einkommens- und Vermögensverhältnissen des Auftraggebers. In Anbetracht der meist existentiellen Bedeutung eines Streits um **Rente wegen verminderter Erwerbsfähigkeit** ist der Ansatz einer erheblich über die Mittelgebühr hinausgehenden Gebühr nicht unbillig (SG Freiburg AnwBl 1984, 570: der Ansatz der Höchstgebühr ist idR nicht unbillig; SG Düsseldorf AnwBl 1984, 570: überdurchschnittliche Bedeutung; SG Karlsruhe AnwBl 1984, 571: Überschreiten der Mittelgebühr ist auch dann angemessen, wenn kein Termin stattgefunden hat). In Verfahren auf Anerkennung eines **Impfschadens** ist idR die Höchstgebühr angemessen (SG Saarland AnwBl 1986, 211).

d) Gebühren nach dem Gegenstandswert

In den Angelegenheiten, bei denen das GKG anzuwenden ist, dh wenn **632** weder der Kläger noch der Beklagte zu den in § 183 genannten Personen gehört (siehe RdNr 594 a), werden die Gebühren nach dem Gegenstandswert berechnet. Für die **Berechnung des Gegenstandswertes** gilt § 23 RVG. Nach dieser Vorschrift bestimmt sich im gerichtlichen Verfahren der Gegenstandswert für die Anwaltsgebühren grundsätzlich nach den für die Gerichtsgebühren geltenden Wertvorschriften, dh nach dem GKG (siehe RdNr 617 ff).

e) Auslagen

Nach VV Nr 7001, Nr 7002 und Nr 7008 hat der Rechtsanwalt **633** Anspruch auf die üblichen Auslagen **(Umsatzsteuer, Postgebühren, Schreibauslagen)** sowie Fahrkosten. Zudem besteht nach VV Nr 7000 ein Anpruch auf Erstattung der Kosten für **Fotokopien,** die zB von Gutachten aus den Verwaltungsakten gefertigt wurden, soweit sie für eine zuverlässige und angemessene Unterrichtung notwendig waren.

f) Verzinsung

Durch die Einfügung des § 197 Abs 1 S 2 durch das 6. SGGÄndG vom **634** 17. 8. 2001 (BGBl I 2144) ist geklärt, dass die Gebühren gemäß § 104 Abs 1 S 2 ZPO auf Antrag **ab Antragstellung zu verzinsen** sind.

7. Kostenfestsetzung

635 Gemäß § 197 Abs 1 S 1 setzt der Urkundsbeamte des SG auf Antrag den Betrag der zu erstattenden Kosten fest. § 197 betrifft **nur die vom Gegner zu erstattenden Kosten,** eine Festsetzung gegen den eigenen Mandanten kommt nach § 11 Abs 8 RVG bei Rahmengebühren nur in Betracht, wenn die Mindestgebühren geltend gemacht werden oder der Auftraggeber der Höhe der Gebühren ausdrücklich zugestimmt hat.

636 Für die Festsetzung der zu erstattenden außergerichtlichen Kosten ist **der Urkundsbeamte des SG für alle Instanzen zuständig,** der Antrag ist daher an das SG zu richten. Die Festsetzung hat dann für jede Instanz getrennt zu erfolgen. Die Festsetzung hat auch dann zu erfolgen, wenn gegen ein Urteil Berufung bzw Revision eingelegt und die Vollstreckung nach § 199 Abs 2 nicht ausgesetzt wurde, weil bezüglich der Kostenentscheidung keine aufschiebende Wirkung eintritt (siehe RdNr 399).

8. Erinnerung

637 Gegen die Entscheidung des Urkundsbeamten der Geschäftsstelle des SG kann gemäß § 197 Abs 2 **binnen eines Monats nach Bekanntgabe** Erinnerung eingelegt werden. Die Einlegung der Erinnerung eines Rechtsanwalts im eigenen Namen ist nur bei der Festsetzung der Gebühren im Rahmen der Prozesskostenhilfe zulässig. Hilft der Urkundsbeamte der Erinnerung nicht ab, entscheidet das Gericht ohne mündliche Verhandlung und ohne ehrenamtliche Richter durch Beschluss, der nicht mit der Beschwerde angefochten werden kann. Für die Erinnerung fällt keine gesonderte Gebühr an.

J. Vorläufiger Rechtsschutz

I. Allgemeines

Der vorläufige Rechtsschutz wurde **zum 2. 1. 2002** durch das 6. SGGÄndG vom 17. 8. 2001 (BGBl I 2144) **neu geregelt.** Bis dahin waren die Regelungen des SGG unvollständig; denn es gab zB keine Vorschrift, die den Erlass einstweiliger Anordnungen regelte. Es war aber durch den Beschluss des BVerfG vom 19. 10. 1977 (BVerfGE 46, 166 = NJW 1978, 693 = SozR 1500 § 198 Nr 1) klargestellt worden, dass ein Anspruch auf vorläufigen gerichtlichen Rechtsschutz besteht, wenn ohne diesen schwere und unzumutbare, anders nicht abwendbare Nachteile entstehen, zu deren nachträglicher Beseitigung die Entscheidung in der Hauptsache nicht mehr in der Lage ist. Der zum 2. 1. 2002 eingefügte § 86b Abs 1 enthält Regelungen bezüglich des einstweiligen Rechtsschutzes bei der aufschiebenden Wirkung von Widerspruch und Anfechtungsklage, § 86b Abs 2 bestimmt, unter welchen Vorausssetzungen das Gericht eine einstweilige Anordnung erlassen kann. 638

Nachdem seit 1. 1. 2005 die Sozialgerichtsbarkeit für die Grundsicherung für Arbeitssuchende (SGB II) und die Sozialhilfe (SGB XII) zuständig ist, ist die Anzahl der zu entscheidenden Anträge auf einstweiligen Rechtsschutz bei den Sozialgerichten erheblich gestiegen. War es vor dem 1. 1. 2005 noch möglich, im Bereich der Sozialversicherung und auch für den Bereich des im SGB III geregelten Arbeitsförderungsrechts einschließlich der Arbeitslosenhilfe den Erlass einer einstweiligen Anordnung unter Hinweis auf duchsetzbare Ansprüche auf Sozialhilfe nach dem BSHG abzulehnen, scheidet diese Möglichkeit für den Anwendungsbereich des SGB II und SGB XII wegen des Nachrangs dieser Leistungen nun völlig aus. 638a

II. § 86b Abs 1 – Aussetzung der Vollziehung, Wiederherstellung der aufschiebenden Wirkung

1. Anordnung des Sofortvollzugs

Gemäß § 86b Abs 1 S 1 Nr 1 kann das Gericht der Hauptsache auf 639
Antrag in den Fällen, in denen Widerspruch oder Anfechtungsklage auf-

schiebende Wirkung haben (siehe dazu RdNr 52ff und 189ff), die sofortige Vollziehung ganz oder teilweise anordnen. Der Vorschrift kommt kaum eine praktische Bedeutung zu, weil die Behörde gemäß § 86a Abs 2 Nr 5 die Möglichkeit hat, den Sofortvollzug anzuordnen und die Anordnung idR nur bei Verwaltungsakten mit Drittwirkung in Betracht kommt, zB wenn die Witwenrente einer geschiedenen Ehefrau des verstorbenen Versicherten aufgrund der Bewilligung einer Rente an dessen Ehefrau gekürzt wird.

2. Anordnung der aufschiebenden Wirkung

640 Hat der **Widerspruch oder die Anfechtungsklage** keine aufschiebende Wirkung (siehe dazu RdNr 55ff und 192ff), kann das Gericht der Hauptsache gemäß § 86b Abs 1 S 1 Nr 2 die aufschiebende Wirkung ganz oder teilweise anordnen. Die Vorschrift regelt den einstweiligen Rechtsschutz in Anfechtungssachen. Die Regelung entspricht § 80 Abs 5 VwGO. Sie kommt insbesondere in Betracht, wenn eine Behörde Versicherungs-, Beitrags- oder Umlagepflichten geltend macht (siehe § 86a Abs 2 Nr 1) oder einen Leistungen nach dem SGB II (Arbeitslosengeld II, Sozialgeld) bewilligenden Bescheid aufhebt, zurücknimmt, widerruft oder herabsetzt (vgl RdNr 58 und 196). Wird ein Antrag auf Anordnung der aufschiebenden Wirkung gestellt, obwohl der Widerspruch oder die Klage ohnehin aufschiebende Wirkung hat, diese jedoch von der Behörde nicht beachtet wird, ist durch Beschluss die aufschiebende Wirkung festzustellen (deklaratorischer Beschluss LSG Nds-Bremen 23. 6. 2006, L9 AS 127/06 ER). Die Vorschrift greift auch ein, wenn die Behörde gemäß § 86a Abs 2 Nr 5 die sofortige Vollziehung angeordnet hat.

641 Wie bei der Klage müssen für den Erlass der Anordnung die **allgemeinen Prozessvoraussetzungen** vorliegen. Es muss zB der Rechtsweg zu den Sozialgerichten gegeben sein. Auch die allgemeinen Regelungen über die Beteiligtenfähigkeit und Prozessfähigkeit gelten. Gegen einen Verwaltungsakt muss **Widerspruch eingelegt oder Anfechtungsklage erhoben sein.** Der Verwaltungsakt darf sich **nicht erledigt haben** und **noch nicht bestandskräftig sein.** Ein **Rechtsschutzbedürfnis** ist nötig. Dieses liegt nicht vor, wenn auch ohne gerichtliche Entscheidung die Vollziehung ausgeschlossen ist oder die Verwaltung verbindlich erklärt hat, dass sie vor rechtskräftigem Abschluss der Anfechtungsklage nicht vollziehen werde. Der Antrag nach Abs 1 Nr 2 setzt keinen erfolglosen Antrag nach § 86a Abs 3 an die Verwaltung voraus.

642 Das Gericht entscheidet nur auf Antrag nach Anhörung der übrigen Beteiligten gem § 86b Abs 4 **durch Beschluss** bei freigestellter mündlicher Verhandlung (nicht wie die Verwaltung von Amts wegen). Ohne mündliche Verhandlung wirken die ehrenamtlichen Richter gemäß § 12

Abs 1 S 2 nicht mit. Der Antrag ist an keine besondere Form oder Frist gebunden. Der Antrag kann schon vor Erlass des Widerspruchsbescheides bzw vor Erhebung der Anfechtungsklage gestellt werden. Findet ein Widerspruchsverfahren nicht statt, kann der Antrag frühestens mit Klageerhebung gestellt werden. Für den Antrag gelten die zusätzlichen Anforderungen nach § 92 einschließlich deren Konsequenzen (RdNr 175ff). Der Antrag kann umgedeutet werden in einen Antrag auf Feststellung der aufschiebenden Wirkung oder auf Erlass einer einstweiligen Anordnung. Zuständig ist das Gericht der Hauptsache, dh vor Klageerhebung das Gericht, das für die Hauptsache zuständig wäre; nach Einlegung von Rechtsmitteln also das Rechtsmittelgericht, und zwar auch dann, wenn das SG den Antrag übergangen hat. Umstritten ist, ob bei der Prüfung von § 86b Abs 1 in den Fällen des § 86a Abs 2 ein Regel-Ausnahmeverhältnis im Sinne eines Suspensiveffektes besteht mit der Folge, dass im Zweifel das Vollziehungsinteresse den Vorrang hat (bejahend *Krasney/Udsching* V 33).

Bei der Prüfung, ob die Anordnung zu erlassen ist, hat das Gericht eine **643** **Interessenabwägung** zwischen den Belangen der Öffentlichkeit und des Antragstellers vorzunehmen. Hierbei kommt es insbesondere auf die Bedeutung und die Dringlichkeit des streitigen Anspruchs, das Gewicht der hiervon berührten öffentlichen Interessen und darauf an, ob entstehende Nachteile später wieder ausgeglichen werden können. Dabei können die Erfolgsaussichten der Klage nicht unberücksichtigt bleiben. Sind diese ungewiss, ist der Vollzug jedenfalls dann auszusetzen, wenn er sich als **unbillige Härte** darstellen würde. Ist die Klage offensichtlich unzulässig oder unbegründet, kommt eine Aussetzung nicht in Betracht. Hat eine Klage Aussicht auf Erfolg, ist idR auszusetzen. Tatsachen, die erst nach Erlass des angefochtenen Bescheides bekannt wurden, können berücksichtigt werden. Weitere Interessensgesichtspunkte sind: die wirtschaftlichen Verhältnisse des Antragstellers, die Gefahr einer Grundrechtsverletzung und das Verhalten der Behörde. Der Vollzug kann **auch teilweise ausgesetzt,** mit einer **Auflage** versehen und in den Fällen, in denen eine laufende Leistung herabgesetzt oder entzogen wurde, von einer **Sicherheitsleistung** abhängig gemacht werden. Hinsichtlich des „Ob" des vorläufigen Rechtsschutzes besteht kein Ermessen. Der Amtsermittlungsgrundsatz gilt auch hier, so dass zB die Verwaltungsakten beizuziehen sind, ohne die idR eine Entscheidung nicht möglich ist. Dies darf jedoch nicht dazu führen, dass die Entscheidung über den Antrag auf Erlass einer Anordnung so lange hinausgezögert wird, bis der Rechtsstreit in der Hauptsache entscheidungsreif ist.

Ist der Sachverhalt nicht geklärt und lässt sich bei einer allein möglichen **644** und gebotenen **summarischen Prüfung** der Anspruch auf einstweiligen Rechtsschutz nicht begründen, ist der Erlass einer einstweiligen Anordnung nach den Grundsätzen der Beweislastverteilung abzulehnen.

Tatsachen und Beweismittel müssen glaubhaft (überwiegend wahrscheinlich) gemacht werden.

645 Das **Bundesverfassungsgericht** hat in seinem Beschluss vom 12. 5. 2005 (BvR 569/05) allerdings für den Fall eines **Eilantrags auf Gewährung von Grundsicherungsleistungen für Arbeitssuchende** festgestellt, dass auch in dem Bereich der Eilentscheidungen grundsätzlich sowohl auf eine Folgenabwägung als auch auf eine Prüfung der Erfolgsaussichten abzustellen ist. Im letztgenannten Fall müsse aber die Sach– und Rechtslage **nicht nur summarisch geprüft werden**. Außerdem müssen Fragen des **Grundrechtsschutzes** einbezogen werden. Falls eine vollständige Aufklärung der Sach- und Rechtslage im Eilverfahren nicht möglich sei, müsse eine umfassende Güter- und Folgenabwägung durchgeführt werden.

646 **Kostenrechtlich** sind Verfahren nach § 86b Abs 1 eigenständige Verfahren (siehe bereits zum früheren Recht BSG SozR 3–1500 § 193 Nr 6 = NZS 1994, 142). Sie sind also nicht nur unselbständige Teile des Hauptsacheverfahrens und lösen damit einen **eigenständigen Kostenerstattungsanspruch** aus. Daher sind die außergerichtlichen Kosten nicht lediglich bei der Kostenfestsetzung des Hauptsacheverfahrens zu berücksichtigen. Richten sich die Gebühren des Rechtsanwalts nach dem Gegenstandswert (wie zB im Kassenarztrecht, siehe RdNr 626ff), ist dieser daher für das Verfahren gesondert in Höhe von 25% des Gegenstandswertes der Hauptsache festzusetzen (BSG aaO).

646a Als **Rechtsmittel** gegen Beschlüsse des SG ist die **Beschwerde** gegeben, und zwar nicht nur für den Antragsteller bei einem ablehnenden Beschluss, sondern auch für den Gegner bei einem stattgebenden Beschluss. Die Beschwerde ist nicht zulässig, wenn in der Hauptsache die Berufung nicht zulässig wäre (§ 172 Abs 3 Nr 1, vgl RdNr 584).

III. § 86b Abs 2 – Einstweilige Anordnungen

1. Allgemeines

647 § 86b Abs 2 regelt den vorläufigen Rechtsschutz bei Verpflichtungs-, Leistungs-, Unterlassungs- und Feststellungsklagen. Es werden ebenso wie bei § 123 VwGO zwei Arten der einstweiligen Anordnung unterschieden. Nach S 1 kann das Gericht der Hauptsache auf Antrag in Bezug auf den Streitgegenstand eine einstweilige Anordnung erlassen. Voraussetzung ist, dass die Gefahr besteht, dass durch eine Veränderung des bestehenden Zustandes die Verwirklichung eines Rechts des Antragstellers vereitelt oder wesentlich erschwert werden könnte (Sicherungsanordnung). Nach S 2 kann eine einstweilige Anordnung zur Regelung

eines vorläufigen Zustandes in Bezug auf ein streitiges Rechtsverhältnis erlassen werden (Regelungsanordnung). Da bei der Anfechtung eines belastenden Verwaltungsaktes die Aussetzung der Vollziehung (vgl RdNr 640ff) Vorrang hat, kommt der Sicherungsanordnung nur eine geringe Bedeutung zu.

2. Voraussetzungen

Wie bei der Klage müssen für den Erlass einer einstweiligen Anord- 648
nung die **allgemeinen Prozessvoraussetzungen** vorliegen. Es muss zB der Rechtsweg zu den Sozialgerichten und eine andere Klageart als die Anfechtungsklage gegeben sein. Für eine einstweilige Anordnung ist ein Antrag erforderlich. Eine **Frist** für die Antragstellung besteht nicht, insbesondere kann der Antrag gemäß § 86b Abs 3 auch bereits **vor der Klageerhebung** in der Hauptsache gestellt werden. Nach dem Erlass eines rechtskräftigen Urteils in der Hauptsache ist er jedoch nicht mehr zulässig, es sei denn, es werden neue Tatsachen glaubhaft gemacht.

Der Antrag ist schriftlich oder zur Niederschrift des Urkundsbeamten 649
der Geschäftsstelle zu stellen, insoweit bestehen gegenüber der Klageerhebung keine Besonderheiten. Die durch das SGGArbGGÄndG eingeführten zusätzlichen Anforderungen gelten auch hier. Der Antrag auf Aussetzung der Vollziehung kann in eine einstweilige Anordnung umgedeutet werden. Ein **Rechtsschutzbedürfnis** ist erforderlich, das dann nicht angenommen werden kann, wenn der erhobene Anspruch anderweitig, zB durch Beantragung eines Vorschusses nach den §§ 42, 43 SGB I erreicht werden kann. Wird auch dieser verweigert, ohne dass der Anspruch dem Grunde nach bestritten wird, ist der Antrag idR begründet. Der Antrag kann jederzeit zurückgenommen werden (zur Rücknahmefiktion RdNr 322b). Die Hauptsache muss noch nicht anhängig sein. Dies gilt auch für vertragsärztliche Zulassungssachen (Bay LSG Breithaupt 00, 245). Vor der Entscheidung des Zulassungsausschusses ist ein Antrag auf einstweiligen Rechtsschutz jedoch nicht zulässig.

3. Anordnungsanspruch – Anordnungsgrund

Der Antrag ist nur zulässig, wenn der Antragsteller neben dem mate- 650
riellrechtlichen Anspruch (Anordnungsanspruch) einen Anordnungsgrund geltend macht. Fehlt dieser offensichtlich, ist der Antrag bereits unzulässig. Sind der Anordnungsanspruch – die Rechtsposition, deren Durchsetzung im Hauptsacheverfahren beabsichtigt wird – sowie der Anordnungsgrund – die Eilbedürftigkeit der begehrten vorläufigen Regelung – nicht glaubhaft gemacht, ist der Antrag auf Erlass der einstweiligen Anordnung nicht begründet.

651 Durch die **Sicherungsanordnung** können grundsätzlich alle Rechte gesichert werden, zB Ansprüche auf Erteilung einer Arbeitserlaubnis, auf Gewährung von Renten oder Heil- und Hilfsmitteln. **Anordnungsgrund** ist **bei der Sicherungsanordnung** die Gefahr der Rechtsvereitelung oder Erschwerung der Rechtsverwirklichung durch eine Veränderung des bestehenden Zustands. Die bloße Möglichkeit beeinträchtigender Maßnahmen ist noch keine Gefahr.

652 Durch die **Regelungsanordnung** soll ein vorläufiger Zustand in Bezug auf ein streitiges Rechtsverhältnis geregelt werden. In Betracht kommen zB Beitragszahlungspflichten aufgrund eines Sozialrechtsverhältnisses, die Beteiligung an der kassenärztlichen Versorgung oder die Gewährung von Grundsicherungsleistungen nach dem SGB II. Anordnungsgrund ist hier die Notwendigkeit der Abwendung wesentlicher Nachteile. Bei der Regelung eines vorläufigen Zustandes (Regelungsanordnung) ist ein **Anordnungsgrund** gegeben, wenn diese Regelung, vor allem bei dauernden Rechtsverhältnissen, um wesentliche Nachteile abzuwenden oder drohende Gewalt zu verhindern oder aus anderen Gründen nötig erscheint. Bei der Beurteilung dieser Frage hat das Gericht eine **Interessenabwägung** zwischen den Belangen der Öffentlichkeit und des Antragstellers vorzunehmen. Hierbei kommt es insbesondere auf die Bedeutung und die Dringlichkeit des streitigen Anspruchs, das Gewicht der hiervon berührten öffentlichen Interessen und darauf an, ob entstehende Nachteile später wieder ausgeglichen werden können.

653 Ist die Klage **offensichtlich unzulässig oder unbegründet,** ist ein Recht, das geschützt werden soll, nicht vorhanden. Der Antrag ist in diesem Fall, auch wenn ein Anordnungsgrund gegeben ist, abzulehnen. Bei offensichtlicher Zulässigkeit und Begründetheit vermindern sich die Anforderungen an den Anordnungsgrund, dann ist dem Antrag auf einstweilige Anordnung meist stattzugeben. Dennoch kann auch in diesem Fall nicht gänzlich auf den Anordnungsgrund verzichtet werden. Insoweit besteht ein wesentlicher Unterschied zur Anordung nach § 86 Abs 1, bei der dem Antrag unabhängig von der Eilbedürftigkeit stattzugeben ist. Bei **offenem Ausgang des Hauptsacheverfahrens ist eine umfassende Interessenabwägung erforderlich.** Die einstweilige Anordnung ist zu erlassen, wenn es dem Antragsteller unter Berücksichtigung der Interessen aller Beteiligten nicht zuzumuten ist, die Hauptsacheentscheidung abzuwarten. Abzuwägen sind die Folgen, die entstünden, wenn das Gericht die einstweilige Anordnung nicht erließe, sich im Hauptsacheverfahren jedoch herausstellte, dass der Anspruch bestehe und umgekehrt das Gericht die Anordnung erließe, sich aber im Hauptsacheverfahren herausstellte, dass der Anspruch nicht bestünde. Einzubeziehen sind in die Interessenabwägung: Intensität einer drohenden Grundrechtsverletzung, wirtschaftliche Verhältnisse, unbillige Härte, Mitverantwortung des Antragstellers, Verhalten des Antragstellers. Bei einem Bagatellbetrag besteht ebenso wie

bei einem Anspruch auf Geldleistungen für die Vergangenheit kein Anordnungsgrund (vgl Schriftsatzmuster Nr 25).

Sowohl bei der Sicherungsanordnung als auch bei der Regelungsanordnung muss **der Anordnungsanspruch** und der **Anordnungsgrund** hinsichtlich seiner **tatsächlichen Voraussetzungen glaubhaft gemacht** worden sein und hinsichtlich der rechtlichen Voraussetzungen zur vollen Überzeugung des Gerichts vorliegen. Der Amtsermittlungsgrundsatz gilt jedoch auch hier, sodass zB die Verwaltungsakten beizuziehen sind, ohne die idR eine Entscheidung nicht möglich ist. Dies darf jedoch nicht dazu führen, dass die Entscheidung über den Antrag auf Erlass einer einstweiligen Anordnung so lange hinausgezögert wird, bis der Rechtsstreit in der Hauptsache entscheidungsreif ist. Ist der Sachverhalt nicht geklärt und lässt sich bei einer allein möglichen und gebotenen **summarischen Prüfung** der Anspruch auf einstweiligen Rechtsschutz nicht begründen, ist der Erlass einer einstweiligen Anordnung nach den Grundsätzen der Beweislastverteilung abzulehnen. Dies gilt jedoch für den Bereich der Existenzsicherung (SGB II und SGB XII) nach dem Beschluss des Bundesverfassungsgerichts von 12. 5. 2005 nur eingeschränkt (vgl RdNr 644). Ergibt die summarische Prüfung, dass ein Anordnungsanspruch nicht gegeben ist, muss abschließend geprüft werden. Ist dies nicht möglich, ist eine Folgenabwägungsentscheidung zu treffen. **654**

Ein Antrag auf Erlass einer einstweiligen Anordnung ist auch zulässig, wenn die Verwaltung die Leistungsbewilligung durch einen noch nicht bestandskräftigen Versagungsbescheid nach § 66 Abs 1 SGB I abgelehnt hat (LSG Niedersachsen-Bremen 11. 1. 2008 L 7 AS 772/07 ER; vgl Schriftsatzmuster Nr 25). Wäre dies nicht möglich, könnte die Verwaltung durch Erlass eines rechtswidrigen, aber wirksamen Bescheides nach § 66 Abs 1 SGB I die Gewährung von Sozialleistungen im einstweiligen Rechtsschutzverfahren verhindern. Ein Antrag auf Erlass einer einstweiligen Anordnung kommt auch bei Ablehnung eines Antrages auf Rücknahme nach § 44 SGB X in Betracht. Im Gegensatz zur Rechtslage vor Inkrafttreten des SGB II und SGB XII kann nunmehr der Erlass einer einstweiligen Anordnung **nicht mehr unter Hinweis auf einen Anspruch auf Leistungen nach dem SGB II oder SGB XII abgelehnt werden.** **655**

4. Verfahren

Das Gericht entscheidet gemäß § 86b Abs 4 durch Beschluss. Außerhalb der mündlichen Verhandlung wirken die ehrenamtlichen Richter gemäß § 12 Abs 1 S 2 nicht mit. In dringenden Fällen kann gemäß § 155 Abs 2 S 2 beim LSG der Vorsitzende entscheiden. Dem Antragsgegner ist vor der Entscheidung **rechtliches Gehör** zu gewähren, nur ausnahmswei- **656** se kann in Eilfällen eine Entscheidung ohne vorherige Anhörung ergehen. Liegt ein Fall der notwendigen Beiladung vor, hat diese vor der Entscheidung zu erfolgen. **Zuständiges Gericht** ist für den Erlass der einstweiligen Anordnung, wenn die Hauptsache bereits anhängig ist, das bereits angerufene Gericht. Ist die Sache im Berufungsverfahren anhängig, ist das LSG zuständig. Ein unzuständig angegangenes Gericht hat die Sache auf Antrag an das zuständige zu verweisen. Ist die Hauptsache noch nicht anhängig, ist das Gericht zuständig, das auch für die Hauptsache zuständig wäre.

5. Inhalt der Entscheidung

657 Das Gericht prüft, ob **Anordnungsanspruch und Anordnungsgrund glaubhaft gemacht** sind, ist das der Fall, muss die Anordnung erlassen werden. Ein Ermessen hinsichtlich des „Ob" der Anordnung steht nicht zu. Das Ermessen kann nur hinsichtlich der Frage, welche Anordnung im einzelnen zu treffen ist, ausgeübt werden. Die einstweilige Anordnung darf nicht mehr geben als mit der Hauptsache erreicht weden kann. Insoweit ist für Ermessensentscheidungen der Behörde umstritten, ob die Behörde auch zu einem bestimmten Verhalten verpflichtet werden kann, wenn keine Ermessensreduzierung auf Null eingetreten ist. Für den Bereich existenzsichernder Leistungen nach dem SGB II und SGB XII dürfte dies zu bejahen sein.

658 Die einstweilige Anordnung darf die **Entscheidung in der Hauptsache nicht vorwegnehmen.** Eine echte Vorwegnahme liegt jedoch nur vor, wenn die Maßnahme nachträglich nicht mehr für die Vergangenheit korrigiert werden kann. Im Übrigen muss dieser Grundsatz dann durchbrochen werden, wenn es um die Abwehr unzumutbarer, anders nicht abwendbarer Nachteile geht, zu deren nachträglicher Beseitigung die Entscheidung in der Hauptsache nicht mehr in der Lage wäre. So kann die Anordnung vorläufiger Zahlungen, die zur Deckung des lebensnotwendigen Unterhaltsbedarfs des Antragstellers notwendig sind, nicht mit der Begründung abgelehnt werden, die Anordnung führe zu einer zumindest teilweisen Befriedigung des in der Hauptsache streitigen Anspruchs (LSG RhPf Breithaupt 1979, 89). Es dürfen nur solche vorläufigen Maßnahmen angeordnet werden, die in der Hauptsache sachlich auch durch Urteil zugesprochen werden könnten. Es ist aber zB zulässig, eine Behörde zu verpflichten, eine Leistung für einen zunächst nur zeitlich beschränkten Zeitraum zu gewähren, wenn der Anspruch bei einer Entscheidung in der Hauptsache zeitlich unbeschränkt zuzusprechen wäre.

659 Grundsätzlich ist eine einstweilige Anordnug für **vor der Antragstellung bei Gericht liegende Leistungszeiträume** ausgeschlossen. Leistungen werden in der Regel für einen Zeitraum ab Antragstellung bei Ge-

richt zugesprochen. Ausnahmsweise kommt aber eine Gewährung für die Zeit vor Antragstellung in Betracht, nämlich dann, wenn die Nichtgewährung in der Vergangenheit in die Gegenwart fortwirkt und eine gegenwärtige Notlage bewirkt **(Nachholbedarf).** Dies kann im Bereich der Grundsicherung für Arbeitsuchende in Betracht kommen, wenn der Vermieter die Räumung der Wohnung betreibt, weil der Hilfebedürftige wegen der Zahlungsverweigerung des SGB II-Trägers seine Unterkunftskosten nicht bestreiten konnte. Leistungen sollen im SGB II auch nicht für einen über den Bewilligungszeitraum hinausgehenden Zeitraum bewilligt werden. Im Allgemeinen ist die **Leistungsdauer im Tenor sachgerecht zu begrenzen.**

6. Kosten

Das Verfahren ist auch bezüglich der einstweiligen Anordnung grundsätzlich **kostenfrei,** es sei denn, es handelt sich um ein Verfahren nach § 197a. Wegen der Verpflichtung zur **Erstattung außergerichtlicher Kosten** hat eine gesonderte Entscheidung zu erfolgen, da es sich um eine gesonderte Angelegenheit handelt. **Kostenrechtlich** sind Verfahren nach § 86b Abs 2 eigenständige Verfahren und lösen damit einen **eigenständigen Kostenerstattungsanspruch** aus. Daher sind die außergerichtlichen Kosten nicht lediglich bei der Kostenfestsetzung des Hauptsacheverfahrens zu berücksichtigen. Richten sich die Gebühren des Rechtsanwalts nach dem Gegenstandswert (wie zB im Kassenarztrecht, siehe RdNr 626ff), ist dieser daher für das Verfahren gesondert in Höhe von 25% des Gegenstandswertes der Hauptsache festzusetzen. **660**

7. Rechtsmittel

Beschlüsse des SG – die des LSG sind gemäß § 177 unanfechtbar – können gemäß § 172 Abs 1 mit der **Beschwerde** angefochten werden, und zwar auch dann, wenn es sich um einen stattgebenden Beschluss handelt. Die Beschwerde ist nur zulässig, wenn die Berufung in der Hauptsache nach § 144 Abs 1 zulässig wäre (§ 172 Abs 3 Nr 1 RdNr 584). Sie hat nach § 175 S 1 keine aufschiebende Wirkung, der Vollzug kann aber nach § 175 S 3 ausgesetzt werden. **661**

K. Die Vollstreckung

Im Sozialrecht kommt der Vollstreckung eine nicht so große praktische Bedeutung zu, weil unterlegene Behörden (so jedenfalls für den Bereich der Sozialversicherung und des sozialen Entschädigungsrechtes), Urteile in der Regel (siehe aber RdNr 666) von sich aus ausführen. Verzögert sich die Ausführung eines Urteils, ist oftmals durch **Maßnahmen der Dienstaufsicht schneller** ein Erfolg zu erreichen als durch eine relativ umständliche Vollstreckung. Es kommt hinzu, dass es sich bei den sozialgerichtlichen Urteilen überwiegend um Grundurteile nach § 130 handelt, so dass der genaue Betrag der zugesprochenen Leistung idR nicht fest steht und die Ausführung des Urteils somit in erster Linie in der Berechnung der Leistung besteht. **662**

Das Vollstreckungsrecht ist in den §§ 198 bis 201 geregelt. Das SGG verweist bezüglich der Vollstreckung **zugunsten natürlicher Personen** oder juristischer Personen des Privatrechts in § 198 Abs 1 auf das Achte Buch der ZPO. Die Vollstreckung **zugunsten der öffentlichen Hand** richtet sich gemäß § 200 nach den Vorschriften des Verwaltungsvollstreckungsgesetzes. **663**

Die Vollstreckung aus **Verpflichtungsurteilen** erfolgt nach § 201 Abs 1 durch Festsetzung von Zwangsgeldern (so zB LSG Nds Breithaupt 1992, 344). Bei einem auf eine kombinierte Anfechtungs- und Leistungsklage ergangenen **Grundurteil** mit vollstreckbarem Inhalt ist nach § 201 zu vollstrecken (BSG SozR 3–1500 § 199 Nr 1). Wurde auf eine **Anfechtungsklage** hin ein Entziehungsbescheid aufgehoben, ist ein derartiges Gestaltungsurteil nicht vollstreckbar. Aus einer **bindenden früheren Bewilligung** kann jedoch unmittelbar auf die hierin bezifferte Leistung geklagt werden, was erst zu einem entsprechend der ZPO durchsetzbaren Vollstreckungstitel nach § 199 Abs 1 Nr 1 führt. Die hierfür zur Verfügung stehende echte Leistungsklage nach § 54 Abs 5 setzt keinen vorherigen Antrag bei der Verwaltung voraus, die Zahlung gemäß der Bewilligung fortzusetzen. Sie kann ggf auch mit dem Antrag auf Erlass einer einstweiligen Anordnung verbunden werden (siehe dazu BSG SozR 3–1300 § 45 Nr 24). **664**

Vollstreckungstitel sind nach § 199 Abs 1 gerichtliche Entscheidungen, einstweilige Anordnungen, Anerkenntnisse, Vergleiche, Kostenfestsetzungsbeschlüsse und Vollstreckungsbescheide. Die Vollstreckung ist ausgeschlossen, wenn das eingelegte Rechtsmittel aufschiebende Wirkung hat (RdNr 397). Die Vorschriften der ZPO über die **vorläufige Vollstreckbarkeit** gelten nach § 198 Abs 2 nicht, so dass Entscheidungen daher grundsätzlich nicht rechtskräftig sein müssen. **665**

666 Problematisch ist, dass bei **einstweiligen Anordnungen** hinsichtlich der Vollziehung neben §§ 200 und 201 gem § 86b Abs 2 S 4 auch die §§ 928 – 932 ZPO gelten. § 929 Abs 2 ZPO bestimmt eine **Monatsfrist,** die von Amts wegen zu beachten ist und die mit der stattgebenden Entscheidung zu laufen beginnt. Ist diese verstrichen, ist die **Vollziehung nicht mehr zulässig.** Diese uneingeschränkte Verweisung auf § 929 Abs 2 ZPO ist bei existenzsichernden Leistungen nach dem SGB II und SGB XII im Hinblick auf den verfassungsrechtlichen Auftrag des Staates, ein soziokulturelles Existenzminimum zu sichern, bedenklich, da es leider nicht nur in Ausnahmefällen vorkommt, dass die Leistungsträger (Arbeitsgemeinschaften, kommunale Träger und Sozialhilfeträger) die einstweiligen Anordnungen nicht vollziehen und die Leistungsempfänger in Unkenntnis ihrer rechtlichen Möglichkeiten die Gerichte nicht erneut innerhalb der Monatsfrist anrufen und die Zwangsgeldfestsetzung nach § 201 beantragen bzw nach § 199 die Vollstreckung betreiben.

Schriftsatzmuster

Nr 1 Widerspruchseinlegung

Rechtsanwältin
Helga Mustermann

Deutsche Rentenversicherung Nordbayern[1]
Wittelsbacherring 11
85444 Bayreuth

In Sachen
Max Maier, Kaiserstraße 2, Nürnberg
14 160236 H 504[2]

lege ich hiermit unter Vorlage einer Vollmacht[3] namens und im Auftrag meines Mandanten gegen den Bescheid vom ......

Widerspruch

ein.

Begründung:[4]

Mit Bescheid vom ...... wurde der Antrag meines Mandanten auf Gewährung der Altersrente nach § 37 SGB VI mit der Begründung abgelehnt, die Wartezeit von 35 Jahren sei nicht erfüllt. Dies ist jedoch nicht zutreffend, weil mein Mandant neben den anerkannten deutschen Versicherungszeiten auch Beitragszeiten in Frankreich und Österreich zurückgelegt hat, die für die Erfüllung der Wartezeit nach der EWG-Verordnung 1408/71 berücksichtigt werden müssen. Da mein Mandant die übrigen Voraussetzungen erfüllt, steht ihm der Anspruch auf die Altersrente zu.

Zum Nachweis der in den anderen Staaten zurückgelegten Zeiten füge ich folgende Unterlagen bei ......

Rechtsanwältin

---

[1] Der Widerspruch ist gemäß § 84 Abs 1 bei der Stelle einzureichen, die den angefochtenen Verwaltungsakt erlassen hat. Die Frist wird gemäß § 84 Abs 2 aber auch durch Einreichung bei einer anderen Stelle gewahrt (siehe RdNr 48).

[2] Das Aktenzeichen der Behörde sollte immer angegeben werden, um unnötige Verzögerungen durch Rückfragen zu vermeiden.

[3] Gemäß § 13 Abs 1 S 3 SGB X hat der Bevollmächtigte seine Vollmacht nur auf Verlangen der Behörde schriftlich nachzuweisen.

[4] Begründung und Antragstellung sind grundsätzlich nicht erforderlich, siehe RdNr 43. Der Widerspruch sollte jedoch begründet werden, weil er sonst idR mit der bisherigen Begründung zurückgewiesen wird. Ergibt sich das Begehren eindeutig aus der Begründung, kann von einer gesonderten Antragstellung abgesehen werden.

Nr 2 Fristwahrende Einreichung des Widerspruchs bei einer anderen Behörde

Rechtsanwältin
Helga Mustermann

Landeshauptstadt München
Marienplatz 8

München

In Sachen
Hans Huber, Mozartsraße 2, München
54 160241 H 504

gegen

Deutsche Rentenversicherung Bund,
Ruhrstraße 2, Berlin

lege ich hiermit unter Vorlage einer Vollmacht namens und im Auftrag meines Mandanten gegen den Bescheid der BfA vom ...... gemäß § 84 Abs 2 SGG zur Fristwahrung[1]

W i d e r s p r u c h

ein. Bitte leiten Sie den Widerspruch gemäß § 84 Abs 2 S 2 SGG an die zuständige Deutsche Rentenversicherung weiter.

Rechtsanwältin

[1] Zur Fristwahrung durch Einreichung des Widerspruchs bei einer anderen Behörde siehe RdNr 48.

Nr 3 Antrag auf Kostenentscheidung im Widerspruchsverfahren

Rechtsanwältin
Helga Mustermann

Deutsche Rentenversicherung Bayern Süd
Thomas-Dehler-Str. 3
München

In Sachen
Hans Huber, Mozartstraße 2, München
14 160241 H 504

beantrage ich, gemäß § 63 SGB X über die Kosten des Widerspruchsverfahrens[1] zu entscheiden, da der Widerspruchsbescheid vom ...... insoweit keine Entscheidung enthält. Meine Zuziehung war iSd § 63 Abs 2 SGB X notwendig,[2] weil es sich für meinen in rechtlichen Dingen ungewandten Mandanten um eine sachlich und rechtlich schwierige Angelegenheit handelte und er seine Rechte allein nicht ausreichend wahren konnte.

Da dem Widerspruch in vollem Umfang abgeholfen wurde, ist auch die Übernahme der gesamten Kosten gerechtfertigt. Meine Gebühren gebe ich zur Festsetzung wie folgt bekannt.

Geschäftsgebühr nach VV Nr 2500[3]		Euro ...,..
Postpauschale VV Nr 7002		Euro ...,..
Fotokopiekosten VV Nr 7000		Euro ...,..
16% Umsatzsteuer VV Nr 7008		Euro ...,..
	insgesamt	Euro ...,..

Rechtsanwältin

[1] Zur Kostenerstattung im Widerspruchsverfahren siehe RdNr 66 ff.

[2] Zur Notwendigkeit der Zuziehung eines Bevollmächtigten siehe RdNr 71.

[3] Zur Höhe der Anwaltsgebühren im Widerspruchsverfahren siehe RdNr 628. Die Höhe der angesetzten Gebühr muss näher begründet werden, wenn eine Gebühr von mehr als 240,– gefordert wird. Der zuständige Sachbearbeiter wird nämlich allein aus den Akten die überdurchschnittliche Bedeutung und insbesondere die wirtschaftlichen Verhältnisse des Mandanten nicht abschätzen können. Eine Erledigungsgebühr kann nur ausnahmsweise geltend gemacht werden, siehe RdNr 629.

Nr 4 Formlose Klageerhebung

Rechtsanwältin
Helga Mustermann

Sozialgericht München[1]
Richelstraße 11
80634 München

In Sachen
Hans Huber, Mozartstraße 2, München – Kläger –

gegen

Deutsche Rentenversicherung Bayern Süd, Thomas-Dehler-Str. 3, München,
14 160241 H 504[2] – Beklagte –

erhebe ich unter Vorlage einer Vollmacht[3] namens und im Auftrag des Klägers gegen den Bescheid der Beklagten vom ...... in der Gestalt des Widerspruchsbescheides vom ...... zur Fristwahrung

Klage

Antragstellung und Begründung[4] bleiben einem gesonderten Schriftsatz vorbehalten. Ich bitte, mich vom Eingang der Akten der Beklagten zu verständigen, um Akteneinsicht nehmen zu können.[5]

Rechtsanwältin

---

[1] Zur örtlichen Zuständigkeit siehe RdNr 179 ff. Die Anschrift des zuständigen Gerichts ist idR der Rechtsmittelbelehrung des angefochtenen Bescheides zu entnehmen.

[2] Da das SG die Akten der Beklagten beiziehen muss, sollte das Aktenzeichen immer angegeben werden, um Verzögerungen durch unnötige Rückfragen zu vermeiden.

[3] Die Vorlage einer Vollmacht ist im sozialgerichtlichen Verfahren erforderlich, siehe RdNr 143. Die Bezugnahme auf eine im Verwaltungs- oder Widerspruchsverfahren vorgelegte Vollmacht reicht idR nicht. Im Berufungs- und Revisionsverfahren kann auf die im Klageverfahren vorgelegte Vollmacht Bezug genommen werden.

[4] Eine Frist zur Antragstellung und Begründung ist nicht vorgeschrieben, siehe RdNr 175.

[5] Zur Akteneinsicht siehe RdNr 284 ff.

Nr 5 Fristwahrende Klageerhebung bei einer anderen Behörde[1]

Rechtsanwältin
Helga Mustermann

Landeshauptstadt München
Marienplatz 8
München

In Sachen
Peter Bock, Via Appia 2, I-Roma – Kläger –

gegen

Deutsche Rentenversicherung Bund,
Ruhrstraße 2, Berlin
54 160241 H 504 – Beklagte –

erhebe ich unter Vorlage einer Vollmacht namens und im Auftrag des Klägers gegen den Bescheid der Beklagten vom ...... in der Gestalt des Widerspruchsbescheides vom ...... zur Fristwahrung

Klage

zum Sozialgericht Berlin.[2] Ich bitte darum, die Klageschrift gemäß § 91 Abs 2 SGG an dieses Gericht weiterzuleiten.

Rechtsanwältin

---

[1] Zur Fristwahrung durch Einreichung der Klageschrift bei anderen inländischen Behörden siehe RdNr 163.

[2] Zuständig ist nach § 57 Abs 3 der Sitz der Beklagten, wenn der Kläger zum Zeitpunkt der Klageerhebung seinen Wohnsitz im Ausland hat, siehe RdNr 182.

Nr 6 Klagebegründung

Rechtsanwältin
Helga Mustermann

Sozialgericht München
Richelstraße 11
80634 München

Az S 41/Ar 356/04

In Sachen
Hans Huber

gegen

Deutsche Rentenversicherung Bayern Süd

stelle ich den Antrag zu erkennen:

I. Die Beklagte wird unter Aufhebung ihres Bescheides vom ...... in der Gestalt des Widerspruchsbescheides vom ...... verurteilt, dem Kläger Rente wegen verminderter Erwerbsfähigkeit[1] zu gewähren.
II. Die Beklagte hat dem Kläger die außergerichtlichen Kosten zu erstatten.[2]

Begründung:

Entgegen der Ansicht der Beklagten liegen beim Kläger die Voraussetzungen für die Gewährung einer Rente wegen verminderter Erwerbsfähigkeit vor. Die Beklagte hat im Verwaltungsverfahren die gesundheitlichen Einschränkungen des Klägers nicht hinreichend berücksichtigt und den Sachverhalt insoweit nicht vollständig aufgeklärt. Der Kläger leidet an folgenden Gesundheitsstörungen ...... (ist auszuführen). Dadurch werden wesentliche Einschränkungen des beruflichen Leistungsvermögens verursacht ...... (ist auszuführen). Der Kläger ist daher nicht mehr in der Lage, einer Berufstätigkeit unter betriebsüblichen Bedingungen mindestens drei Stunden nachzugehen. Er befindet sich in ständiger ärztlicher Behandlung bei folgenden Ärzten (genaue Anschriften). Vom ...... bis (genaue Daten) befand er sich in stationärer Behandlung im Krankenhaus (genaue Anschrift).[3] Der Kläger

[1] Eine zeitliche Festlegung des Beginns der Rentenzahlung ist nicht erforderlich. Von welchem Zeitpunkt an in der Rentenversicherung ein Anspruch auf Rente besteht, ist gemäß § 99 SGB VI vom Datum der Rentenantragstellung und vom Eintritt der Erwerbsminderung abhängig, der durch die Einholung von medizinischen Sachverständigengutachten erst geklärt werden soll. Ggf. kann im Termin zur mündlichen Verhandlung der Zeitpunkt des Rentenbeginns näher festgelegt werden. Zur Rente wegen verminderter Erwerbsfähigkeit siehe eingehend Kasseler Kommentar, §§ 43 und 240 SGB VI.

[2] Ein Kostenantrag muss nicht gestellt werden, weil das Gericht hierüber von Amts wegen zu entscheiden hat. Das gleiche gilt für den Antrag auf Zulassung der Berufung oder Revision.

[3] Die Anschriften sollten angegeben werden, um dem Gericht die Gelegenheit zu geben, Befundberichte, Röntgenaufnahmen, Krankengeschichten usw beizuziehen. Die Einrei-

hat die behandelnden Ärzte mit der anliegenden Erklärung von ihrer Schweigepflicht entbunden. Seit der letzten Begutachtung im Verwaltungsverfahren hat sich der Gesundheitszustand des Klägers wie folgt erheblich verschlechtert ...... (ist auszuführen). Zudem kann der Kläger wegen Art und Schwere seiner Behinderung nicht auf dem allgemeinen Arbeitsmarkt tätig sein. Ich beantrage, den Kläger gemäß § 106 SGG durch einen gerichtlichen Sachverständigen untersuchen und begutachten zu lassen. Hilfsweise wird beantragt, gemäß § 109 SGG[1] ein Gutachten von Dr. ...... (genaue Anschrift) einzuholen.

Rechtsanwältin

Anlage: Entbindungserklärung

---

chung eigener ärztlicher Atteste ist nicht erforderlich, da das Gericht verpflichtet ist, den Sachverhalt von Amts wegen aufzuklären und die Kosten für selbstbeschaffte Atteste uU nicht ersetzt werden.

[1] Der Antrag kann auch erst gestellt werden, wenn die von Amts wegen durchzuführende Sachermittlung des Gerichts abgeschlossen ist. Zum Gutachten nach § 109 siehe RdNr 254ff.

Nr 7 Antrag auf Wiedereinsetzung in den vorigen Stand[1]

Rechtsanwältin
Helga Mustermann

An das
Sozialgericht München
Richelstraße 11
80634 München

Az.: 41 RA 123/04

In dem Rechtsstreit
Muster ./.Deutsche Rentenversicherung Bund

stelle ich den Antrag, dem Kläger wegen der Versäumung der Klagefrist Wiedereinsetzung in den vorigen Stand zu bewilligen.

Das Fristversäumnis beruht darauf, dass die Angestellte N. die ordnungsgemäß adressierte Klageschrift infolge einer Verwechslung der Telefaxnummer nicht an das SG, sondern an die Staatsanwaltschaft übermittelt hat. Die Mitarbeiterin, die sich im zweiten Lehrjahr befindet und ständig mit der Zustellung von Telefaxen betraut ist, hat irrtümlich aus einer ihr zur Verfügung gestellten übersichtlichen Liste mit Nummern der Gerichte eine falsche Nummer gewählt, obwohl an einem Display abgelesen werden konnte, ob die Nummer auch tatsächlich gewählt wurde. Bisher ist kein Fall von Fehlleitungen aufgetreten. Zur Glaubhaftmachung überreiche ich anbei die eidesstattliche Versicherung der Angestellten N.

Frau N. hat bereits durch längere fehlerfreie Arbeit ihre Zuverlässigkeit bewiesen. Eine Überprüfung der Absendung der Klageschrift ist mir nicht möglich gewesen, weil ich mich um 18.05 Uhr nicht mehr im Büro befunden habe. Zudem ist ein Rechtsanwalt nicht verpflichtet, die richtige Absendung fristwahrender Schriftstücke selbst zu kontrollieren (BGH NJW 1994, 329). Es handelt sich unter Beachtung der besonderen Umstände des Falles um einen Vorgang, für den allein die Angestellte N. ein Verschulden trifft, nicht aber mich oder den Kläger. Dieser hat jedoch nur für eigenes oder das Verschulden seiner Bevollmächtigten einzustehen. Ein Verschulden liegt insbesondere nicht darin, dass die Klageschrift kurz vor Fristablauf durch Telefax übermittelt werden sollte (vgl. BSG SozR 3–1500 § 67 Nr 7).

Rechtsanwältin

[1] Dem Muster liegt das Urteil des BSG vom 26. 8. 1994 – 13 RJ 11/94 zugrunde.

Nr 8 Isolierte Anfechtungsklage[1]

Rechtsanwältin
Helga Mustermann

An das
Sozialgericht München
Richelstraße 11
80634 München

In Sachen
Max Muster, Musterstraße 1, München – Kläger –

gegen

Bundesagentur für Arbeit – Beklagte –

erhebe ich unter Vorlage einer Vollmacht namens und im Auftrag des Klägers Klage. Ich stelle den Antrag:

Der Bescheid der Beklagten vom ...... in der Gestalt des Widerspruchsbescheides vom ...... wird aufgehoben.

Begründung:

Die Beklagte war nicht berechtigt, den Arbeitslosengeld-Bewilligungsbescheid nach § 48 SGB X aufzuheben, auch wenn der Kläger auf Anfrage der Arbeitsagentur, warum er die angebotene Stelle eines Bauhelfers nicht angenommen und mit dem Arbeitgeber keine Verbindung aufgenommen habe, angegeben hat: „Vergessen, weil ich als Kind öfter auf den Kopf gefallen bin". Es lag nämlich ein wichtiger Grund dafür vor, dass der Kläger die ihm angebotene Stelle nicht angenommen hat, so dass nach § 144 SGB III keine Sperrzeit eingetreten ist. Als wichtiger Grund wird geltend gemacht, dass der Kläger körperlich nicht mehr in der Lage ist, im Bauwesen zu arbeiten. Ich beantrage, zu dieser Frage ein ärztliches Sachverständigengutachten einzuholen. Vorsorglich weise ich darauf hin, dass die Beklagte die Beweislast dafür, dass der Arbeitslose wegen unberechtigter Arbeitsablehnung eine Sperrzeit verwirkt hat, auch grundsätzlich hinsichtlich der Frage trifft, ob die Ablehnung aus einem wichtigen Grund erfolgte.[2]

Rechtsanwältin

---

[1] Dem Muster liegt das Urteil des BSG SozR 3–4100 § 119 Nr 7 zugrunde.

[2] Dazu und zu den übrigen Voraussetzungen für den Eintritt einer Sperrzeit siehe *Niesel*, Kommentar zum SGB III, Erläuterungen zu § 144.

Nr 9 Kombinierte Anfechtungs- und Feststellungsklage[1]

Rechtsanwältin
Helga Mustermann

Sozialgericht München
Richelstraße 11
80634 München

In Sachen
Hans Huber, Mozartstraße 2, München

gegen

die Bau-Berufsgenossenschaft ......

erhebe ich unter Vorlage einer Vollmacht namens und im Auftrag des Klägers gegen den Bescheid der Beklagten vom ...... in der Gestalt des Widerspruchsbescheides vom ......

(Aktenzeichen der Beklagten: ......)

Klage

mit dem Antrag zu erkennen:

I. Der Bescheid der Beklagten vom ...... in der Gestalt des Widerspruchsbescheides vom ...... wird aufgehoben.
II. Es wird festgestellt, dass die beim Kläger vorliegende Lärmschwerhörigkeit eine Berufskrankheit nach Nr 2301 der Anlage 1 zur BKVO ist.

Begründung:

Der Kläger leidet unstreitig unter einer Lärmschwerhörigkeit, die auf die berufliche Lärmeinwirkung während seiner Tätigkeit als Baggerführer zurückzuführen ist und eine MdE von 10 vH bedingt. Die Beklagte vertritt die Ansicht, die festgestellte Lärmschwerhörigkeit sei noch keine Berufskrankheit nach Nr 2301 der Anlage 1 zur BKVO, weil die MdE unter 20 vH liege; sie sei deshalb zu keinerlei Feststellung verpflichtet.

Zwar hat der Kläger gegen die Beklagte noch keinen Anspruch auf Leistungen, weil die MdE nicht 20 vH erreicht und er auch keine sog. Stützrente bezieht. Die Beklagte ist aber verpflichtet, eine Berufskrankheit schon vor Eintritt des Leistungsfalls festzustellen. Der Kläger kann daher die Feststellung verlangen, dass die Entschädigungsverpflichtung der Beklagten für einen drohenden künftigen Leistungsfall besteht. Wer wie der Kläger einen – nicht ausgeheilten – Gesundheitsschaden geltend macht, der die Tatbestandsmerkmale einer Berufskrankheit erfüllt, hat grundsätzlich – nicht zuletzt aus Gründen der Beweissicherung – ein berechtigtes Interesse an der baldigen Feststellung seiner Rechtsposition.

Rechtsanwältin

---

[1] Dem Muster liegt das Urteil des BSG vom 27. 7. 1989 (SozR 2200 § 551 Nr 35) zugrunde.

Nr 10 Kombinierte Anfechtungs- und Verpflichtungsklage[1]

Rechtsanwältin
Helga Mustermann

Sozialgericht München
Richelstraße 11
80634 München

S 41/RA 356/04

In Sachen
Eva Huber

gegen

Deutsche Rentenversicherung Bund

stelle ich den Antrag zu erkennen:

> Die Beklagte wird unter Aufhebung des Bescheides vom ...... in der Gestalt des Widerspruchsbescheides vom ...... verurteilt, über den Antrag der Klägerin vom ...... unter Beachtung der Rechtsauffassung des Gerichts erneut zu entscheiden.

Begründung:

Die Klägerin begehrt von der Beklagten die Übernahme der Kosten für eine selbst begonnene Entwöhnungskur. Am 14. 11. 1995 begab sich die drogensüchtige Klägerin in die Fachklinik für Drogenabhängige. Am 8. 1. 1996 ging der Sozialbericht dieser Klinik bei der Beklagten ein. Mit den angefochtenen Bescheiden hat die Beklagte den Antrag auf medizinische Reha-Maßnahmen mit der Begründung abgelehnt, Kosten für Maßnahmen, die ohne ihre vorherige Zustimmung begonnen worden seien, könnten nach ihren Richtlinien nicht übernommen werden.

Die Ablehnung der Kostenübernahme durch die Beklagte ist ermessensmissbräuchlich. Zwar handelt ein Versicherungsträger grundsätzlich nicht ermessensfehlerhaft, wenn er eine Reha-Leistung mit der Begründung ablehnt, der Antrag sei erst nach der Durchführung der Maßnahme gestellt worden. Dies gilt jedoch dann nicht, wenn diese sich über einen längeren Zeitraum erstreckt und im Zeitpunkt der verspäteten Antragstellung noch nicht abgeschlossen ist. Da der Beklagten eine Pflicht zur Beratung und Betreuung der Klägerin oblag, durfte sie sich ab Kenntnis der ärztlich festgestellten Behandlungsbedürftigkeit und Suizidgefahr nicht abwartend verhalten. Zwar stand es in ihrem Ermessen, ob sie für die Zukunft eine andere Behandlung vorsehen wollte, sie durfte aber nicht untätig bleiben und auch für die Zeit ab 8. 1. 96 einen Antrag abwarten und diesen mit der Begründung ablehnen, er hätte vor Beginn gestellt werden müssen.

Rechtsanwältin

[1] Dem Muster liegt das Urteil BSGE 57, 157 = SozR 2200 § 1236 Nr 45 zugrunde.

Nr 11 Untätigkeitsklage

Rechtsanwältin
Helga Mustermann

Sozialgericht München
Richelstraße 11
80634 München

In Sachen
Hans Huber, Mozartstraße 2, München – Kläger –

gegen

Deutsche Rentenversicherung ...... – Beklagte –

Az der Beklagten: ......

erhebe ich unter Vorlage einer Vollmacht namens und im Auftrag des Klägers

Untätigkeitsklage[1]

mit dem Antrag zu erkennen:

Die Beklagte wird verurteilt, erneut über den Antrag des Klägers vom ...... auf Gewährung einer medizinischen Reha-Maßnahme zu entscheiden.

Begründung:

Der Kläger hat bereits vor über sechs Monaten den Antrag auf die Gewährung einer medizinischen Reha-Maßnahme gestellt, über den bis heute nicht entschieden wurde. Da die Beklagte dem Kläger bisher auch keine Zwischenmitteilung hat zukommen lassen und ihm bei einer telefonischen Rückfrage erklärt wurde, die Anträge würden nach der Reihenfolge der Eingänge bearbeitet, ist Klage geboten.

Rechtsanwältin

[1] Zur Untätigkeitsklage siehe RdNr 116ff.

Nr 12 Antrag auf Prozesskostenhilfe und Beiordnung[1]

Rechtsanwältin
Helga Mustermann

Sozialgericht München
Richelstraße 11
80634 München

S 41/AR 356/04

In Sachen
Max Huber

gegen

Deutsche Rentenversicherung ......

stelle ich unter Vorlage der Erklärung über die persönlichen und wirtschaftlichen Verhältnisse den Antrag, dem Kläger Prozesskostenhilfe zu bewilligen und mich ihm beizuordnen.

Begründung:

Der Kläger begehrt mit seiner Klage die Verurteilung der Beklagten zur Gewährung einer Rente wegen verminderter Erwerbsfähigkeit. Die Beiordnung eines Anwalts ist erforderlich, weil es sich für den rechtsunkundigen Kläger um eine rechtlich und tatsächlich schwierige Angelegenheit handelt. Obwohl der Kläger als Hilfsarbeiter auf den allgemeinen Arbeitsmarkt verweisbar ist, kommt es nicht nur auf medizinische, sondern auch auf rechtliche Fragen an. Im Hinblick auf die Rechtsprechung des BSG zu den Voraussetzungen für die Rentengewährung an Versicherte, die auf den allgemeinen Arbeitsmarkt verweisbar sind, kann von einer einfachen und klar überschaubaren Rechtslage nicht gesprochen werden (LSG Essen, Beschluss vom 12. 5. 1986 – L 8 S 18/85 = AnwBl 1986, 456).

Rechtsanwältin

[1] Zur Prozesskostenhilfe siehe RdNr 145 ff.

Nr 13 Antrag auf Einholung eines Gutachtens nach § 109

Rechtsanwältin
Helga Mustermann

Sozialgericht München
Richelstraße 11
80634 München

S 41/AR 356/04

In Sachen
Hans Huber

gegen

Deutsche Rentenversicherung ......

stelle ich den Antrag, gemäß § 109 SGG von

Dr. Paul Medicus
Arzt für Orthopädie
Mozartstraße 10
München

ein Gutachten einzuholen.

Rechtsanwältin

Nr 14 Antrag auf Übernahme der Kosten für ein Gutachten nach § 109[1]

Rechtsanwältin
Helga Mustermann

Sozialgericht München
Richelstraße 11
80634 München

S 41/AR 356/04

In Sachen
Hans Huber

gegen

Deutsche Rentenversicherung ......

stelle ich den Antrag, die verauslagten Kosten für das gemäß § 109 SGG von Dr. Medicus eingeholte Gutachten auf die Staatskasse zu übernehmen, da es wesentlich zur Sachaufklärung beigetragen hat. Das Gutachten hat hinsichtlich der Befunderhebung und der Diagnose gegenüber dem nach § 106 SGG von Dr. X eingeholten Gutachten wesentliche neue Erkenntnisse gebracht. Nicht zuletzt deshalb hat die Beklagte daraufhin ein Vergleichsangebot unterbreitet.

Rechtsanwältin

[1] Zu den Voraussetzungen für die Übernahme der Kosten auf die Staatskasse siehe RdNr 271 ff.

Nr 15 Beschwerde wegen der Kosten für ein Gutachten nach § 109

Rechtsanwältin
Helga Mustermann

Sozialgericht München
Richelstraße 11
80634 München

S 41/AR 356/04

In Sachen
Hans Huber

gegen

Deutsche Rentenversicherung ......

lege ich gegen den Beschluss des SG München vom ......

Beschwerde[1]

ein.

Begründung:

Der Antrag des Kläger, die von ihm verauslagten Kosten für das gemäß § 109 SGG von Dr. Medicus eingeholte Gutachten auf die Staatskasse zu übernehmen, ist entgegen der Ansicht des SG begründet.

Das Gutachten hat wesentlich zur Sachaufklärung beigetragen. Dr. Medicus hat in seinem Gutachten neue Gesichtspunkte aufgezeigt, die das SG dazu veranlasst haben, ein weiteres Gutachten von Dr. X einzuholen. Wenn das SG dann bei seiner Urteilsfindung dem Gutachten des Dr. X den Vorzug gegeben hat, kann daraus nicht abgeleitet werden, dass das Gutachten des Dr. Medicus keinen wesentlichen Beitrag zur Sachverhaltsaufklärung gebracht hat. Gegenüber dem ersten von Amts wegen eingeholten Gutachten des Dr. A. enthielt das Gutachten des Dr. Medicus nicht nur erheblich abweichende Befunde und Diagnosen, sondern beruhte auch auf einer eingehenderen apparativen Untersuchung, so dass dem Gutachten gegenüber dem des Dr. A. ein höherer Beweiswert zukam.

Rechtsanwältin

---

[1] Zur Beschwerde siehe RdNr 579 ff.

Nr 16 Beweissicherungsverfahren[1]

Rechtsanwältin
Helga Mustermann

Sozialgericht München
Richelstraße 11
80634 München

In Sachen
Hans Huber, Mozartstraße 2, München – Antragsteller –

gegen

Deutsche Rentenversicherung ...... – Antragsgegnerin –

Aktenzeichen der Beklagten: ......

stelle ich unter Vorlage einer Vollmacht namens und im Auftrag des Antragstellers den Antrag auf Durchführung eines

Beweissicherungsverfahrens.

Begründung:

Der Antragsteller bezieht nach dem in beglaubigter Fotokopie anliegenden Bescheid von der Antragsgegnerin Altersrente. Bei der Rentenberechnung wurden Beiträge, die für den Antragsteller während seiner Tätigkeit als Schlosser vom ...... bis ...... bei der Firma X in Y entrichtet wurden, nicht berücksichtigt, weil eine Beitragsentrichtung weder nachgewiesen noch glaubhaft gemacht worden sei. Der Antragsteller hat nunmehr den Lohnbuchhalter seines früheren Arbeitgebers ausfindig gemacht, der nach dem anliegenden Schreiben eine Beitragsentrichtung für die streitige Zeit bestätigen kann, jedoch so krank ist, dass mit seinem baldigen Ableben zu rechnen ist. Ich beantrage daher, den ehemaligen Lohnbuchhalter (genaue Anschrift) als Zeugen einzuvernehmen.[2]

Rechtsanwältin

---

[1] Zum Beweissicherungsverfahren siehe RdNr 293 f.

[2] Eine Formulierung der Beweisfragen ist nicht erforderlich, das Gericht muss die Beweiserhebung auch insoweit von Amts wegen durchführen.

Nr 17 Berufungseinlegung zur Fristwahrung

Rechtsanwältin
Helga Mustermann

An das
Bayer. Landessozialgericht
Ludwigstraße 15
80539 München

In Sachen
Max Muster, Musterstraße 1, München,

– Kläger und Berufungskläger –

gegen

Bundesagentur für Arbeit

– Beklagte und Berufungsbeklagte –

lege ich unter Bezugnahme auf die bereits in erster Instanz vorgelegte Vollmacht namens und im Auftrag des Klägers gegen das Urteil des Sozialgerichts München vom ...... (Az.: ......) Berufung ein. Ich stelle den Antrag:

> Die Beklagte wird unter Aufhebung des Urteils des Sozialgerichts München vom ...... und des Bescheides vom ...... in der Gestalt des Widerspruchsbescheides vom ..... verurteilt, dem Kläger für die Zeit vom ..... bis ..... Arbeitslosengeld zu gewähren.

Zur Begründung verweise ich zunächst auf meine Ausführungen in erster Instanz.

Rechtsanwältin

Nr 18 Nichtzulassungsbeschwerde zum LSG

Rechtsanwältin
Helga Mustermann

An das
Bayer. Landessozialgericht[1]
Ludwigstraße 15
80539 München

Az.: S 41 AR 123/04

In dem
Rechtsstreit

Meyer ./. Deutsche Rentenversicherung Bayern Süd

lege ich gegen die Nichtzulassung der Berufung im Urteil vom ...... (Az.: ......)

Beschwerde

ein und beantrage, die Berufung zuzulassen.

Begründung:

Das Urteil vom ...... leidet an einem wesentlichen Verfahrensmangel, auf dem dieses auch beruht. Das SG hat die Klage mit der Begründung abgewiesen, der Kläger habe als Leistung zur Rehabilitation keinen Anspruch auf orthopädische Arbeitsschuhe im Wert von 400,– €, weil seine Erwerbsfähigkeit nicht im Sinne des § 10 SGB VI wegen einer körperlichen Behinderung erheblich gefährdet oder gemindert sei. Das SG hat diese medizinische Feststellung ohne Einholung eines Sachverständigengutachtens getroffen, obwohl ich mit Schriftsatz vom ...... vorsorglich die Einholung eines Gutachtens nach § 109 SGG beantragt hatte. Da das SG nicht bekanntgegeben hat, worauf es seine medizinische Sachkunde stützt, liegt nicht nur eine Verletzung der §§ 103 und 109, sondern auch des rechtlichen Gehörs vor.

Rechtsanwältin

---

[1] Die Nichtzulassungsbeschwerde ist, anders als die übrigen Beschwerden, beim LSG einzulegen.

Nr 19 Fristwahrende Einlegung der Nichtzulassungsbeschwerde zum BSG

Rechtsanwältin
Helga Mustermann

Bundessozialgericht[1]
Graf-Bernadotte-Platz 5
34114 Kassel

In Sachen
Hans Huber, Mozartstraße 2, München

– Kläger, Berufungskläger und Beschwerdeführer –

gegen

Deutsche Rentenversicherung Bayern Süd,
vertreten durch die Geschäftsführung,
Thomas-Dehler-Str. 3, München,[2]

– Beklagte, Berufungsbeklagte und Beschwerdegegnerin –

lege ich unter Vorlage einer Vollmacht[3] namens und im Auftrag des Klägers gegen das Urteil[4] des Bayerischen Landessozialgerichts vom ......, Aktenzeichen: ......,

Nichtzulassungsbeschwerde

mit dem Antrag ein, die Revision zuzulassen.

Vorsorglich stelle ich den Antrag, die Begründungsfrist gemäß § 160a Abs 2 S 2 SGG um einen Monat[5] zu verlängern, da mich der Kläger erst gestern mit der Wahrnehmung seiner Interessen beauftragt hat und ich vorab Einsicht in die Akten nehmen muss.

Rechtsanwältin

---

[1] Die Nichtzulassungsbeschwerde ist beim BSG einzulegen, die Einlegung beim LSG oder anderen Behörden wahrt die Frist nicht.

[2] Der Beschwerdegegner ist mit genauer ladungsfähiger Anschrift zu benennen.

[3] Wurde der Kläger auch im Berufungsverfahren vertreten, kann auf die bereits vorgelegte Vollmacht Bezug genommen werden.

[4] Das angefochtene Urteil ist genau nach Gericht, Aktenzeichen und Datum der Verkündung zu bezeichnen.

[5] Die Begründungsfrist kann nur einmal bis zu einem Monat verlängert werden.

Nr 20 Begründung der Nichtzulassungsbeschwerde zum BSG

Rechtsanwältin
Helga Mustermann

An das
Bundessozialgericht
34114 Kassel

In dem
Rechtsstreit
Hans Schulpech, Maistraße 5, Essen

– Kläger und Beschwerdeführer –

gegen

Stadt Essen, vertreten durch die Eigenunfallversicherung der Stadt Essen, Essen, Rathaus Porscheplatz

– Beklagte und Beschwerdegegnerin –

begründe ich die mit Schriftsatz vom ...... eingelegte Nichtzulassungsbeschwerde wie folgt:

Der Kläger nahm als Schüler des Gymnasiums G. in E. an einer Klassenfahrt teil. In M. waren sie in einer Jugendherberge untergebracht. Gegen 24.00 Uhr entstand unter mehreren Schülern in einem Zimmer eine „Handtuchschlacht", in deren Verlauf es dazu kam, dass ein anderer Schüler dem Kläger das Knie in den Leib stieß, wobei dieser ein stumpfes Bauchtrauma mit einer Dünndarmperforation erlitt. Die Beklagte lehnte die Anerkennung eines Arbeitsunfalls im Rahmen der Schülerunfallversicherung mit der Begründung ab, der Unfall habe sich nach Abschluss der schulischen Gemeinschaftsveranstaltung und deshalb außerhalb des organisatorischen Verantwortungsbereichs der Schule zugetragen und sei daher dem unversicherten Privatbereich zuzuordnen (Bescheid vom ...... in der Gestalt des Widerspruchsbescheides vom ......). Das SG Duisburg hat die Klage abgewiesen, das LSG NRW die Berufung zurückgewiesen (Urteile vom ...... und ......).

Es wird eine Abweichung des Urteils des LSG von dem Urteil des BSG vom 5. 10. 1995 – 2 RU 44/94, abgedruckt SozR 3–2200 § 539 Nr 34 gerügt.

Das LSG hat in seinem Urteil ausgeführt, ein Arbeitsunfall liege deshalb nicht vor, weil während einer Klassenfahrt vom Versicherungsschutz alle typischen eigenwirtschaftlichen Tätigkeiten der Schüler ausgenommen seien. Dazu zählten auch Verrichtungen, die die Schüler in ihrer freien Zeit selbstbestimmt vornähmen. Die der Regeneration und Erholung und damit ausschließlich der Befriedigung persönlicher Bedürfnisse dienende Nachtruhe habe spätestens mit dem Verlassen und Abschließen des Jugendtraktes durch die Aufsichtsperson gegen 23.30 Uhr begonnen. Ein innerer Zusammenhang mit dem versicherten Schulbesuch ergäbe sich auch nicht daraus, dass der Mitschüler den Kläger im Rahmen einer Rangelei verletzt habe. Ein Versicherungsschutz habe auch unter diesem Gesichtspunkt zur Voraussetzung, dass sich der Vorfall noch im organisatorischen Bereich der Schule ereignet habe. Ebensowenig sei der Kläger einer besonderen, dem Aufenthalt mit der Klasse in der Jugendherberge eigentümlichen Gefahr erlegen.

Mit dieser Begründung hat das LSG in seinem Urteil den tragenden Rechtssatz aufgestellt, auf einer Klassenfahrt liege bei der gemeinsamen Unterbringung der Schüler in der Balgerei während der Nachtzeit eine wesentlich allein privatwirtschaftliche Betätigung. Eine solche Rauferei unter Schulkameraden im Alter des Klägers auf Klassenfahrten in einer Situation wie der vorliegenden sei nicht typisch.

Demgegenüber hat das BSG im Urteil vom 5. 10. 1995 – 2 RU 44/94 den gegenteiligen tragenden Rechtssatz aufgestellt, dass auf einer Klassenfahrt bei der gemeinsamen Unterbringung der Schüler in der Balgerei während der Nachtzeit keine wesentlich allein privatwirtschaftliche Betätigung liege. Vielmehr sei eine solche Rauferei unter Schulkameraden im Alter des Klägers auf Klassenfahrten in einer Situation wie der vorliegenden gerade typisch und sei von dem zuständigen Träger der gesetzlichen Unfallversicherung als Arbeitsunfall zu entschädigen.

Die einerseits vom LSG im angefochtenen Urteil und andererseits vom BSG im bezeichneten Urteil aufgestellten Rechtssätze sind miteinander unvereinbar, weil sie sich diametral widersprechen. Es liegt somit eine Divergenz iSd § 160 Abs 2 Nr 2 SGG vor.

Das Urteil des LSG beruht auch auf dieser Abweichung; denn hätte das LSG seiner Entscheidung den vom BSG aufgestellten Rechtssatz zugrunde gelegt, hätte es feststellen müssen, dass das stumpfe Bauchtrauma Folge des Arbeitsunfalls ist.

Rechtsanwältin

Nr 21 Revisionsschrift

Rechtsanwältin[1]
Helga Mustermann

Bundessozialgericht[2]
Graf-Bernadotte-Platz 5
34114 Kassel

In Sachen

Hans Huber, Mozartstraße 2, München
– Kläger, Berufungskläger und Revisionskläger[3] –

gegen

Berufsgenossenschaft ......[4]
vertreten durch die Geschäftsführung,
– Beklagte, Berufungsbeklagte und Revisionsbeklagte –

lege ich hiermit namens und im Auftrag des Klägers unter Vorlage einer Vollmacht gegen das Urteil[5] des Bayerischen Landessozialgerichts vom ......, Az: ......,

Revision

ein.[6]

Eine Ausfertigung des angefochtenen Urteils füge ich bei.[7] Ich beantrage, die Revisionsbegründungsfrist[8] gemäß § 164 Abs 2 S 2 SGG bis zum ...... zu verlängern, da mir das Mandat erst heute übertragen wurde und ich mich in den Prozeßstoff zunächst einarbeiten muß.

Rechtsanwältin

---

[1] Vor dem BSG besteht Vertretungszwang.

[2] Die Revision ist beim BSG einzulegen, die Einlegung bei anderen Stellen wahrt die Frist nicht, da § 91 nicht gilt.

[3] Aus der Revisionsschrift muss erkennbar sein, wer Rechtsmittelkläger und wer Rechtsmittelbeklagter ist.

[4] Name und ladungsfähige Anschrift des Beklagten sind anzugeben, da der Revisionsbeklagte genau zu bezeichnen ist.

[5] Das angefochtene Urteil ist genau anzugeben.

[6] Antragstellung und Begründung können gesondert erfolgen.

[7] Eine Ausfertigung oder beglaubigte Abschrift soll nach § 164 Abs 1 S 2 beigefügt werden. Geschieht dies nicht, wird die Revision dadurch nicht unzulässig.

[8] Diese beträgt gemäß § 164 Abs 2 S 1 zwei Monate nach Zustellung des Urteils oder des Beschlusses über die Zulassung der Revision.

Nr 22 Revisionsbegründung[1]

Rechtsanwältin[2]
Helga Mustermann

Bundessozialgericht[3]
Graf-Bernadotte-Platz 5
34114 Kassel

2 RU 7/85
In Sachen
Eva Huber

gegen

Berufsgenossenschaft ......

stelle ich den Antrag zu erkennen:

I. Die Urteile des Sozialgerichts München vom ...... und des Bayer. Landessozialgerichts vom ...... sowie der Bescheid der Beklagten vom ...... in der Gestalt des Widerspruchsbescheides vom ...... werden aufgehoben.
II. Die Beklagte wird verurteilt, der Klägerin wegen der Folgen des Arbeitsunfalles vom ...... eine Verletztenrente in Höhe von 20 vH der Vollrente zu gewähren.

Begründung:

Entgegen der Ansicht der Beklagten und der Vorinstanzen stand die Klägerin, als sie um 18.00 Uhr die Wohnung verließ, um mit dem Pkw zu der von ihr betriebenen Gaststätte zu fahren und dort ihren Ehemann abzulösen, unter Versicherungsschutz. Daran ändert der Umstand nichts, dass sie unterwegs ihre beiden fünf und sieben Jahre alten Kinder von einer am Weg gelegenen Kindertagesstätte abholen und zur Gaststätte mitnehmen wollte, weil der Ehemann diese auf seinem Heimweg zur Wohnung mitnehmen sollte. Bei dem Sturz der Klägerin auf dem Weg vom Straßentor zum Haus, in dem sich die Kinder aufhielten, handelte es sich um einen Arbeitsunfall, der von der Beklagten zu entschädigen ist.

Die Klägerin war als selbständige Unternehmerin versichert. Als Arbeitsunfall gilt ua ein mit der Tätigkeit zusammenhängender Weg nach dem Ort der Tätigkeit. Den Unfall erlitt die Klägerin zwar auf dem Grundstück der unmittelbar am Weg zur Gaststätte gelegenen Kindertagesstätte, so dass sie damit vom unmittelbaren Weg nach dem Ort der Tätigkeit abgewichen ist. Die Versicherung ist jedoch nicht ausgeschlossen, wenn die Versicherte vom unmittelbaren Weg zwischen der Wohnung und dem Ort der Tätigkeit abweicht,

---

[1] Dem Muster liegt das Urteil des BSG vom 26. 3. 1986 (SozR 2200 § 550 Nr 72) zugrunde.

[2] Vor dem BSG besteht Vertretungszwang.

[3] Die Revision ist beim BSG einzulegen, die Einlegung bei anderen Stellen wahrt die Frist nicht, da § 91 nicht gilt.

weil ihr Kind, das mit ihr in einem Haushalt lebt, wegen ihrer oder ihres Ehegatten beruflicher Tätigkeit fremder Obhut anvertraut wird (BSG NJW 1983, 2286).

Rechtsanwältin

Nr 23 Beschwerde[1]

Rechtsanwältin
Helga Mustermann

Sozialgericht München[2]
Richelstraße 11
München

S 41/AR 86/96

In Sachen
Hans Huber

gegen

Deutsche Rentenversicherung ......

lege ich namens und im Auftrag des Klägers gegen den Beschluss des SG München vom ......

Beschwerde

mit dem Antrag ein, die Beklagte zu verpflichten, dem Kläger die außergerichtlichen Kosten zumindest teilweise zu erstatten.

Begründung:

Das SG hat mit Beschluss vom ...... die Verpflichtung der Beklagten zur Erstattung der außergerichtlichen Kosten mit der Begründung abgelehnt, diese habe nach Kenntnisnahme des ärztlichen Sachverständigengutachtens unverzüglich den Anspruch auf Rente anerkannt. Der Sachverständige habe festgestellt, der Versicherungsfall sei erst nach dem Erlass des angefochtenen Bescheides eingetreten, so dass dieser nicht unrichtig gewesen sei. Es sei daher unbillig, die Beklagte mit den außergerichtlichen Kosten zu belasten, weil der Kläger sein Begehren auch mit einer neuen Antragstellung hätte erreichen können. Das SG verkennt damit, dass kein sofortiges Anerkenntnis iSd § 93 ZPO vorliegt, weil eine Beweisaufnahme durchgeführt wurde. Es ist unbillig, dass der Kläger mit den gesamten außergerichtlichen Kosten belastet wird, obwohl er das gleiche Kostenrisiko wie die Beklagte zu tragen hatte. Ferner darf nicht verkannt werden, dass nur das vom Gericht eingeholte Sachverständigengutachten zum Erfolg der Klage geführt hat. Der Anspruch auf Kostenerstattung kann nicht mit der Begründung versagt werden, der Rechtsstreit sei

---

[1] Dem Muster liegt ein Beschluss des Bayer. LSG (Breithaupt 1986, 365) zugrunde.

[2] Die Beschwerde ist beim SG einzulegen, das den angefochtenen Beschluss erlassen hat, nicht beim LSG.

nicht erforderlich gewesen, weil die Beklagte auf einen neuen Antrag hin die Rente ebenfalls zuerkannt hätte. Bei der Kostenentscheidung dürfen nur Umstände berücksichtigt werden, die das gerichtliche Verfahren selbst betreffen. Die Beklagte hat dem Kläger die außergerichtlichen Kosten zumindest teilweise zu erstatten.

Rechtsanwältin

Nr 24 Antrag auf Erlass einer einstweiligen Anordnung[1]

Rechtsanwältin
Helga Mustermann

Sozialgericht München
Richelstraße 11
München

In Sachen

Hans Huber ......

gegen

AOK München

beantrage ich, die Antragsgegnerin im Wege der einstweiligen Anordnung zu verpflichten, die Behandlungskosten für die stationäre Unterbringung des Antragstellers in der Klinik xy ab Antragstellung zu übernehmen.

Begründung:

Der Antragsteller (Ast), der bei der Antragsgegnerin (Ag) krankenversichert ist, leidet unter den im anliegenden Attest des Dr. ...... aufgeführten Krankheiten und befindet sich seit dem ...... ununterbrochen in stationärer ärztlicher Behandlung in der Klinik xy. Die Kosten der Unterbringung übernahm die Ag zuletzt aufgrund einer Kostenzusage bis zum ...... (anliegender Bescheid vom ......). Den Antrag auf weitere Kostenübernahme lehnte die Ag mit Bescheid vom ...... in der Gestalt des Widerspruchsbescheides vom ...... mit der Begründung ab, es sei nicht mehr von einer Notwendigkeit der Krankenhausbehandlung auszugehen, es liege vielmehr bereits ein Pflegefall vor, für den sie nicht leistungspflichtig sei. Das Klageverfahren ist zur Zeit noch anhängig.

Ein Anordnungsanspruch besteht, weil ohne die beantragte einstweilige Regelung die Gefahr gegeben ist, dass der Anspruch des Ast auf Krankenhausbehandlung vereitelt wird. Nach dem anliegenden Gutachten des Dr. ...... liegt weiterhin eine Behandlungsfähigkeit vor. Es werden nämlich weiterhin eine Vielzahl von Behandlungsmaßnahmen durchgeführt, die keinesfalls nur dem pflegerischen Bereich zuzuordnen sind.

Ein Anordnungsgrund liegt vor, weil die finanzielle Leistungsfähigkeit des Ast durch die bisherigen Zahlungen an die Klinik xy überschritten ist. Nach der anliegenden eidesstattlichen Versicherung verfügt der Ast zur Zeit über keinerlei Einkommen oder Vermögen, so dass er nicht in der Lage ist, die immensen laufenden Behandlungskosten zu bezahlen. Da die Kostentragung derzeit nicht gesichert ist, muss zur Vermeidung einer Entlassung aus der Klinik eine vorläufige Regelung getroffen werden. Dem Ast kann deshalb ein Abwar-

[1] Das Muster ist einem Beschluss des Hessischen LSG vom 12. 4. 1990 – L-1/Kr-87/90 (A) nachgebildet.

ten der Entscheidung in der Hauptsache nicht zugemutet werden. Da mit einer Klinikentlassung Tatsachen geschaffen würden, die nicht mehr rückgängig gemacht werden können, liegt eine besondere Eilbedürftigkeit vor. Der Ast kann deshalb auch nicht darauf verwiesen werden, zunächst die Sozialhilfe in Anspruch zu nehmen; denn es ist nicht damit zu rechnen, dass diese unverzüglich eine Kostenübernahmeerklärung erteilen wird.

Rechtsanwältin

Nr 25 Antrag auf Erlass einer einstweiligen Anordnung[1]/SGB II

Rechtsanwältin
Helga Mustermann

Sozialgericht Nürnberg
Weintraubengasse 1
Nürnberg

In Sachen

Gerda Müller ......

gegen

Arbeitsgemeinschaft(ARGE) Nürnberg 900, vertreten durch den Geschäftsführer,

Richard-Wagner-Platz 5, 90443 Nürnberg – AZ ......

beantrage ich

> die Antragsgegnerin im Wege der einstweiligen Anordnung zu verpflichten vorläufig Leistungen zur Sicherung des Lebensunterhalts nach dem SGB II in gesetzlicher Höhe ab Eingang dieses Antrages für die Dauer von vier Monaten zu gewähren.

Begründung:

Die Antragstellerin wendet sich gegen die Nichtgewährung von Grundsicherungsleistungen für Arbeitsuchende.

I.

Die am ...... geborene Antragstellerin bezog ab dem 1. 5. 2006 Grundsicherungsleistungen für Arbeitssuchende von der Antragsgegnerin. Zuletzt bewilligte ihr die Antragsgegnerin derartige Leistungen mit Bescheid vom 28. 3. 2007 für den Zeitraum vom 1. 5. 2007 bis 31. 10. 2007 in Höhe von 614,60 Euro monatlich. Bereits bei der ersten Antragstellung im Mai 2006 hatte die Antragstellerin ein Untermietverhältnis mit Herrn A. in der Wohnung Veilchenstraße begründet. Seit Mai 2007 wohnt sie nun in dessen neuer Wohnung Lupinenstraße zur Untermiete.

Dort führte die Antragsgegnerin am 19. 9. 2007 einen Hausbesuch durch. Mit Schreiben vom 26. 9. 2007 wurde der Antragstellerin daraufhin mitgeteilt, dass sie mit Herrn A in einer eheähnlichen Gemeinschaft lebe, weshalb sich ein geringerer Leistungsanspruch errechne. Sie wurde aufgefordert, bis 3. 10. 2007 gemeinsam mit Herrn A einen Neuantrag zu stellen und

[1] Das Muster ist teilweise einem Beschluss des LSG Niedersachsen-Bremen vom 11. 4. 2008 – L-7/AS-772/07 ER nachgebildet.

Kontoauszüge von Herrn A sowie eine Mietbescheinigung des Vermieters vorzulegen. Für den Fall der nicht fristgerechten Erledigung wurde die Versagung der Geldleistungen angedroht.

Nachdem die Antragstellerin unter Hinweis darauf, dass eine eheähnliche Gemeinschaft nicht vorliege, den Neuantrag für die Zeit ab 1. 11. 2007 alleine stellte und die Vorlage der geforderten Unterlagen ablehnte, versagte die Antragsgegnerin durch Bescheid vom 6. 10. 2007 wegen fehlender Mitwirkung nach § 66 SGB I die Leistungen ab 1. 11. 2007. Der gegen diese Entscheidung erhobene Widerspruch wurde durch Bescheid vom 10. 11. 2007 zurückgewiesen.

II.

Der Antrag auf einstweiligen Rechtsschutz ist nach § 86 Abs 2 S 2 SGG begründet. Zwar müsste eine Leistungsversagung in der Hauptsache mit einer Anfechtungsklage angegriffen werden, im Verfahren des einstweiligen Rechtsschutzes würde ein Antrag auf Anordnung der aufschiebenden Wirkung nach § 86 Abs 1 Nr 2 SGG im Ergebnis jedoch keine effektive Rechtschutzgewährung bewirken. Denn mit der Anordnung der aufschiebenden Wirkung eines Rechtsmittels würde die Antragstellerin die begehrten Leistungen für den streitigen Zeitraum nicht erlangen können.

Die Voraussetzungen für den Erlass einer Regelungsanordnung nach § 86 Abs 2 S 2 SGG liegen vor. Die Voraussetzungen des Anordnungsanspruchs – die Rechtsposition, deren Durchsetzung im Hauptsacheverfahren beabsichtigt ist – sowie des Anordnungsgrundes – die Eilbedürftigkeit der begehrten vorläufigen Regelung- sind gegeben. Eine fehlende Mitwirkung lag nicht vor weil eine Verpflichtung der Antragstellerin zur Vorlage von Kontoauszügen des Herrn A nicht bestand Die Anforderung dieser Unterlagen betrifft einen privaten Dritten, der nicht am Sozialrechtsverhältnis beteiligt ist Die Antragsgegnerin ist gehalten, sich diese Auskünfte gemäß § 60 Abs 4 S 1 SGB II von Herrn A selbst zu beschaffen.

Die Antragstellerin und Herr A bestreiten das Vorliegen einer eheähnlichen Gemeinschaft. Zwar bestehen möglicherweise nach den Umständen des Falls Anhaltspunkte dafür, dass die Antragstellerin und Herr A eine Bedarfsgemeinschaft im Sinne des §7 Abs 3 Nr 3 c SGB II bilden. Eine abschließende Klärung ist im vorliegenden Verfahren des einstweiligen Rechtsschutzes aber nicht möglich. Es liegen damit die Voraussetzungen für eine Folgenabwägungsentscheidung vor. Diese ist zugunsten der Antragstellerin zu treffen. Mit der begehrten Entscheidung wird das verfassungsrechtlich gewährleistete soziokulturelle Existenzminimum abgesichert. Der Hilfebedürftigen muss es möglich sein, in der Umgebung von Nichthilfeempfängern ähnlich zu leben wie diese. Für die Abwägungsentscheidung bedeutet dies, dass die Antragstellerin eine auf dem Sozialstaatsprinzip und der Verpflichtung des Staates zum Schutz der Menschenwürde beruhende Position für sich reklamieren kann. Demgegenüber hat das Interesse der Antragsgegnerin, dass finanzielle Mittel nur den gesetzlichen Regelungen entsprechend verwendet werden dürfen, zurückzutreten. Es geht für die Antragstellerin um die Befriedigung existenzieller, vom Grundgesetz anerkannter Bedürfnisse. Grundsicherungsleistungen sind daher vorläufig im Wege der einstweiligen Anordnung zu gewähren.

Rechtsanwältin

Nr 26 Antrag auf Kostenfestsetzung[1]

Rechtsanwältin
Helga Mustermann

Sozialgericht München
Richelstraße 11
München

S 41/AR 86/04

In Sachen
Max Huber

gegen

Deutsche Rentenversicherung ......

beantrage ich, die außergerichtlichen Kosten des Klägers wie folgt festzusetzen und den Betrag ab Antragstellung mit 5% über dem Basiszinssatz für verzinslich zu erklären.[2]

1. Widerspruchsverfahren[3]

Geschäftsgebühr, VV Nr 2500		Euro ...,..
Postpauschale, VV Nr 7002		Euro ...,..
Fotokopiekosten, VV Nr 7000		Euro ...,..
16% Umsatzsteuer, VV Nr 7008		Euro ...,..
2. Klageverfahren		
Verfahrensgebühr, VV Nr 3102		Euro ...,..
Terminsgebühr, VV Nr 3106		Euro ...,..
Postpauschale, VV Nr 7002		Euro ...,..
Fotokopiekosten, VV Nr 7000		Euro ...,..
16% Umsatzsteuer, VV Nr 7008		Euro ...,..
3. Berufungsverfahren		
Verfahrensgebühr, VV Nr 3204		Euro ...,..
Terminsgebühr, VV Nr 3205		
Postpauschale, VV Nr 7002		Euro ...,..
Fotokopiekosten, VV Nr 7000		Euro ...,..
16% Umsatzsteuer		Euro ...,..
	insgesamt	Euro ...,..

[1] Zur Kostenfestsetzung siehe RdNr 635.
[2] Zur Verzinsung siehe RdNr 634.
[3] Zur Höhe der Anwaltsgebühren siehe RdNr 623 ff.

Der Ansatz einer höheren Gebühr als der Mittelgebühr ist gerechtfertigt, weil es sich um einen Rechtsstreit von überdurchschnittlicher Bedeutung handelte. Die streitige Dauerrente stellt für den Kläger die finanzielle Sicherung für die Zukunft dar. Die Sache war überdurchschnittlich schwierig, weil neben den medizinischen Gutachten in den Akten der Beklagten die drei vom SG und das vom LSG eingeholte durchzuarbeiten und mit dem Kläger zu besprechen waren. Ferner waren Arbeitgeberauskünfte und eingeholte Befundberichte auszuwerten. Es fanden zwei mündliche Verhandlungen statt. Der Termin vom ...... nahm wegen der Anhörung des berufskundlichen Sachverständigen und eines Zeugen allein über drei Stunden in Anspruch.

Rechtsanwältin

Sachregister

Die angegebenen Zahlen beziehen sich auf die am Seitenrand abgedruckten Randnummern.

Buchanzeigen